ISBN 978-0-243-98826-6
PIBN 10721541

1 MONTH OF
FREE
READING

at

www.ForgottenBooks.com

By purchasing this book you are eligible for one month membership to ForgottenBooks.com, giving you unlimited access to our entire collection of over 700,000 titles via our web site and mobile apps.

To claim your free month visit:

www.forgottenbooks.com/free721541

DAS PLAGIAT IN DER GRIECHISCHEN LITERATUR

VON

DR. EDUARD STEMPLINGER

PROFESSOR AM KGL. LUDWIGSGYMNASIUM
IN MÜNCHEN

PREISGEKRÖNT
VON DER KGL. BAYERISCHEN AKADEMIE DER
WISSENSCHAFTEN ZU MÜNCHEN (MÄRZ 1911)

VERLAG VON B. G. TEUBNER IN LEIPZIG UND BERLIN 1912

OTTO CRUSIUS

GEWIDMET

INHALTSVERZEICHNIS.

Erster Teil.

Zweiter Teil.

Rhetorisch-ästhetische Theorien über das Plagiat.

Dritter Teil.

Literarische Praxis des Altertums.

EINLEITUNG.

VORARBEITEN.

Die Literatur der Humanisten hat eine große Verwandtschaft mit
dem Schrifttum jener Tage, als der griechische Einfluß in Rom immer
mächtiger wurde, als nacheinander griechische Hellenisten und Klassiker die römische Dichtung befruchteten, als die Asianer und Attiker
auf dem Forum um die Palme stritten, als Übersetzungen die Schätze
griechischen Geistes den bildungsbedürftigen Römern übermittelten,
als Horaz seinen Landsleuten die Mahnung zurief (a. p. 268):

> *„vos exemplaria Graeca*
> *Nocturna versate manu, versate diurna!“*

Was einst den Römern das geistige Griechenland war, das wurde den
Humanisten die Antike überhaupt. Hier wie dort sah man rück-
schauenden Blicks das goldene Zeitalter der Kunst und des Ge-
schmackes; die Abgeschlossenheit des vollendeten Griechentums ward
ein Dogma; sein Klassizismus zur Norm erhoben, die man nachzubilden suchen müsse, niemals aber übertreffen könne.

In der Literatur wurde die Form der Antike, die man studieren,
ablernen, nachahmen konnte, maßgebend, jener Stil, der mit klassischen
Reminiszenzen und Redeblumen sich spreizt, mühelos scheint, aber
für den Eingeweihten aus jeder Zeile das Kunstvolle herausschimmern
läßt. Die Schriften der Alten mußten zum geistigen Eigentum werden,
zur Schatzkammer, aus der man jederzeit sich Gedankenperlen holen
konnte. Was Petrarca einmal (ep. rer. fam. VI 2 p. 315 [1859]) von
sich bekennt: *Testatus sum me nihil novum, nihil fere meum dicere,*
immo vero nihil alienum; omnia enim, undecunque didicimus, nostra
sunt, nisi forsan abstulerit ea nobis oblivio —, dürfen die meisten
„Dichter und Redner“ der Renaissance unterschreiben. Man machte
aus den Entlehnungen kein Hehl. Bezeichnend sind die Lehren, die
Vida in seiner *ars poetica* (1527) den Dichtern seiner Zeit gibt:

> *Nec pudet interdum alterius nos ore loquutos.*
> *Cum vero cultis moliris furta poetis,*
> *Cautius ingredere et raptus memor occule versis*
> *Verborum indiciis atque ordine falle legentes*
> *Mutato,*

Lehren, die Vauquelin de la Fresnaye wie Sibilet (1548) und Scaliger
(1561) wiederholen. Ebenso ruft der Herold der französischen Plejade, Dubellay, in seiner *deffence et illustration de la langue françoyse*

(1549): *Les Romains immitaient les meilleurs auteurs grecs, se trans-formant en eux, les dévorant et après les avoir dévorés, les convertissant en sang et en nourriture … là doncques, Françoys, pillez-moy sans conscience les sacrés trésors!"* Den Theorien Ronsards und seiner Schule folgend predigte auch Opitz im 6. Kapitel seiner *„Poeterey"*, man solle *„wie die Römer mit den Griechen und die neuen Skribenten mit den Alten verfahren, und gantze Plätze aus andern entlehnen,.. sonderlich .. die Epitheta .. von den Griechen und Lateinern abstehlen."*

Übersetzungen griechischer Werke in die lateinische Sprache oder ausländischer in die heimische galten als Bereicherung der eigenen Literatur fast 'ebenso viel wie ein selbständiges Werk. So widmete Bruni seine *„Kommentare über griechische Geschichte"*, eine bloße Umarbeitung der Hellenika Xenophons, einem Gönner als eigenes Werk, ohne die Quelle zu nennen; auf dieselbe Weise verfuhr er mit seinen *„Kommentaren über den 1. punischen Krieg"*, die aus Polybios, seiner *„Gothischen Geschichte"*, die aus Prokopios überarbeitet ist. Wiederum ist das Vorgehen mit dem Beispiel der Alten begründet, wenn Bruni schreibt (ep. IX, 5): *„est autem haec non translatio, sed opus a me compositum, quemadmodum Livius a Valerio Antiate vel a Polybio Megalopolitano sumpsit et arbitratu suo disposuit.* Infolgedessen rühmt er sich (ep. IX 9), er habe geschrieben *non ut interpres, sed ut genitor et auctor.*

Poggio übersetzte die Kyrupaidie Xenophons so, wie sie nach seiner Meinung ein Römer geschrieben hätte, ebenso Diodor, so daß diese Übersetzungen als selbständige Arbeiten Poggios umgingen. Mathurin Regnier übersetzt fast alle seine Satiren, sogar die vielgerühmte Macette aus dem Italienischen (Ariosto, Caporali, Mauro), ohne seine Quellen zu nennen; ganze Gedichte Ronsards, Dubellays sind Überarbeitungen antiker und moderner Poesien…. Die ganze literarische Tätigkeit der Renaissance besteht aus einer Durchtränkung des nationalen Schrifttums mit antikem Geiste, wie sie in Nachbildung, Umgestaltung, Neuformung zutage tritt.

Der Humanismus weckte die von dem scholastischen Geiste mund-tot gemachte Persönlichkeit, er weckte aber auch den gefährlichsten Feind der Autorität, die Kritik. Wie er jahrhundertelang gläubig hingenommene Fälschungen aufdeckte, so begann er auch dem geistigen Eigentum erhöhte Aufmerksamkeit zu schenken und etwaige Übergriffe festzustellen.

Byron meint einmal humorvoll, ein Poet dürfe alles (außer Geld) eher entlehnen als die Gedanken eines anderen; sie würden sicher reklamiert. Diese Reklamationen begannen zugleich mit den Entlehnungen; schon Dubellay mußte sich im Vorwort zur Olive (1550) gegen den Vorwurf des Plagiates verteidigen, ebenso Bruni, Poggio u. a. All diese gelegentlichen Vorwürfe faßte schließlich Jac. Thomasius in seiner umfangreichen *dissertatio philosophica de plagio*[1]) *litterario* (Lips. 1673, 2. Ausgabe 1692), gestützt auf die Vorarbeiten früherer, die er (in § 4) gewissenhaft verzeichnet, zusammen. Das Thema ist bei ihm in der breitspurigen Gelehrsamkeit jener Tage in einem theoretisch-historischen und praktischen Teil ausgearbeitet. Mit großem Fleiß sind zunächst die etymologischen Fragen zusammengestellt, dann ganz von moralisch-ethischem Standpunkt aus die verschiedenen Formen der Entlehnung besprochen, immer im Hinblick auf das 6. Gebot. Das Hauptinteresse beanspruchen aber die 176 Plagiarii, unter ihnen zahlreiche antike Autoren, die an den Pranger gestellt sind. Thomasius eröffnete mit seiner Arbeit ein Feld, das verschiedene Nachfolger zu Berichtigungen und Ergänzungen lockte. Einen Nachtrag liefert J. A. Fabri, *Decas Decadum sive Plagiariorum et Pseudonymorum Centuria* (Lips. 1689) und Th. J. Almeloveen mit seinem *Syllabus Plagiariorum, iterata editio* (1. Ausgabe von 1686) *cum Henrici Sypesteinii de Plagiariis epistola*, abgedruckt in dessen *amoenitates Theologico-Philologicae* (Amsterdam 1694). Auf Seite 74—86 befindet sich ein recht brauchbarer indiculus zu Thomasius und Faber. Ferner ist hinzuweisen auf die Dissertation von Th. Crenius, *de furibus librariis* (Lugd. Bat. epistolica I (1705), II (1708), III (1709)) und Jo. Conr. Schwartz, *de Plagio litterario* (Lips. 1706). Taylors Zusammenstellung über *Plagiarii antiqui* (in den Lectiones Lysiacae bei Reiske, or. gr. VI 226—230) ist durch Thomasius überholt.

All diese Arbeiten, zum geringsten Teil auf antike Autoren bezugnehmend, bieten wohl einigen, wennschon bei weitem nicht erschöpfenden Stoff zur Frage über das Plagiat bei den Alten; aber ohne historischen Sinn werden die antiken Verhältnisse ohne weiteres

---

1) In dem 52. Epigramm des 1. Buches von Martialis ist bekanntlich die Allegorie vom *plagiarius* durchgeführt: die Hefte des Martial sind den freigelassenen Sklaven gleichgestellt (ähnlich Horaz ep. I 20). Fidentinus beansprucht sie als sein Eigentum. Quintianus soll für sie als *assertor* auftreten, d. h. als ihr Anwalt, der in ihrem Namen von dem Menschenräuber ihre Freiheit verlangt. Ursprünglich wurde *plagium* und *plagiarius* immer noch in metaphorischem Sinne gebraucht, so noch von dem Humanisten Laurentius Valla (praef. in lib. II Elegantiarum). Später verblaßte das Bild und *plagium litterarium* wurde ein in der Rechtssprache üblicher Terminus; dem Ausdruck *plagiator* begegnen wir erst im 19. Jahrh. [nach Tertullian adv. Marc. 1, 23 (= *plagiarius*)]; Plagiat ist nach dem französischen *plagiat* gebildet, im Deutschen erst seit 1813 nachweisbar.

mit den modernen zusammengeworfen; ohne der Arbeitsweise der
Schriftsteller nachzugehen, ohne der Frage der imitatio näherzutreten,
ohne den ästhetischen Grundanschauungen der Antike nachzuspüren,
begnügen sich diese Plagiatsammler möglichst viele „Fälle" zusammen-
zulesen und in salbungsreichen juristisch-theologischen Traktaten die
„Buchreuber", wie sie Rollenhagen nennt, zu verdammen.

Es fehlt auch weiterhin nicht an Beiträgen zur Plagiatfrage. Hatte
schon Valckenaer in seiner *diatribe de Aristobulo Judaeo* (von Luzac
1806 zu Leyden herausgegeben) mit epochemachendem Scharfsinn die
literarischen Fälschungen dieses Alexandriners aufgedeckt und dabei
über das Plagiat gelegentlich treffliche Bemerkungen eingeflochten, so
folgen nunmehr Studien, die das Abhängigkeitsverhältnis antiker Autoren in einzelnen Literaturgattungen feststellen. Den Reigen eröffnet
Boeckh mit seiner bahnbrechenden, ungemein reichhaltigen Untersuchung: *Graecae tragoediae principum, Aeschyli, Sophoclis, Euripidis
num ... genuina omnia sint* (Heidelberg 1808). Für die komischen
Dichter leistet dieselbe Arbeit im Geiste Boeckhs C. G. Cobet in seiner
Untersuchung: *de imitatione et furtis comicorum (Observationes criticae
in Platonis comici reliquias,* Amsterd. 1840, cap. II). Für die Redner
faßt die eigenen und anderer Beobachtungen Moritz Herm. Ed. Meier
in seiner Studie: *de furti literarii suspicione in poetas et oratores Atti-
cos collata* (opusc. acad. II p. 307 ff.) zusammen; für die Geschichtschreiber gibt uns Alfr. Gutschmid in seiner akademischen Antrittsrede (Kleine Schriften I (1889) S. 1—34) eine treffliche Übersicht über
die gegenseitige Ausnützung der Historiker und stellt dabei vortreffliche Gesichtspunkte zur Beurteilung dieser Arbeitsweise auf. Abgesehen von den Studien, die gerade in neuerer Zeit in die Werkstatt
römischer Dichter leuchten und zur Beurteilung von Originalität und
Nachahmung verschiedene neue Ausblicke gewannen, hat Hermann
Peter[1]) in seiner „*Geschichtlichen Literatur über die römische Kaiserzeit*" (Leipz. 1897 II S. 180 ff.) durch den Hinweis auf den allbeherr-
schenden Einfluß der Rhetorik in der griechischen und römischen Literatur das Plagiat von einem anderen Gesichtswinkel zu betrachten
gelehrt und über das Fortleben verschiedener rhetorischer τόποι κοινοί
hat Cas. Morawski grundlegende Studien veröffentlicht. Das „*Autor-
und Verlagsrecht im Altertum*" faßt Dziatzko mit Berücksichtigung der

---

1) Durch seine Liebenswürdigkeit war es mir unmittelbar vor Abschluß des
druckfertigen Manuskriptes noch möglich, Einblick in die Druckbogen seines
neuen Buches „*Wahrheit und Kunst*" zu erlangen, in welchem das 13. Kapitel
die Frage des „Plagiates" behandelt.

gesamten Vorarbeiten in einer erschöpfenden Untersuchung zusammen (Rh. Mus. N. F. 49 (1894) S. 559—76) und kommt zu dem Ergebnis (S. 561): es gab *„weder ein klagbares Recht des Schriftstellers oder seiner Rechtsnachfolger über die Verbreitung seiner literarischen Erzeugnisse, nachdem er sie erstmals aus der Hand gegeben, allein zu verfügen, noch auch ein entsprechendes Recht der Buchhändler, die Schrift eines Autors längere oder kürzere Zeit hindurch allein in Abschriften zu verbreiten."*

So scheinen denn alle Vorbedingungen zu einer Gesamtuntersuchung über das Plagiat in der antiken Literatur gegeben zu sein. In der Tat erschienen in neuester Zeit zwei zusammenfassende Werke, nämlich *„Il Plagio. Furti letterari artistici e musicali"* von Dom. Giurati (Milano 1903) und *„Über die Unsicherheit literarischen Eigentums bei Griechen und Römern"* von Ludw. Adam (Düsseldorf 1907). Indes streift Giurati (p. 43 s.) das antike Plagiat nur flüchtig und verlegt sein Schwergewicht auf die Renaissance und Neuzeit; L. Adam behandelt nur in einem Drittel seines weitschweifigen Buches das eigentliche Thema, ohne die Aufgabe auch nur im entferntesten zu lösen, da er sich im ganzen auf das Exerpieren der wichtigsten Vorarbeiten beschränkt und ohne in die Tiefe zu dringen im wesentlichen eine Apologie des griechischen Schrifttums gegenüber den Anwürfen des Klemens und Eusebios im Auge hat.

Es war somit in unsern Tagen, die nach den unzähligen Einzeluntersuchungen mehr und mehr zusammenfassende Querschnitte im Wirken und Schaffen der Völker bevorzugen, ein sehr glücklicher Gedanke, daß die Kommission der Zographosstiftung der Münchener Akademie der Wissenschaften (1907) als Preisaufgabe das Thema stellte: **„Das Plagiat in der griechischen Literatur, untersucht auf Grund der philologischen Forschungen, der rhetorisch-ästhetischen Theorie und der literarischen Praxis des Altertums"**.

In der Tat muß die ganze Frage auf dem Boden des Altertums selbst ausgetragen werden. Wir müssen uns zunächst loslösen von den Rechtsanschauungen unserer Zeit über das geistige Eigentum und uns in die Anschauungen der Antike zurückversetzen und auf den philologischen Untersuchungen des Altertums aufbauen. Sind diese ins rechte Licht gesetzt, dann gilt es die ästhetischen Ansichten des Altertums kennen zu lernen, insofern sie sich mit der literarischen Technik beschäftigen und im Anschluß daran die Praxis der Schaffenden zu beleuchten und mit den Theoremen zu vergleichen. Damit ist der Ring der Untersuchung geschlossen, die einen vollen Einblick in das geistige Schaffen der griechischen Schriftsteller gewähren muß.

ERSTER TEIL

DIE PHILOLOGISCHEN PLAGIATUNTERSUCHUNGEN DES ALTERTUMS.

I. QUELLEN DER ΚΛΟΠΑΙ-LITERATUR.

Wir finden von der κλοπαί-Literatur des Altertums nur mehr ver-versprengte Trümmer bei Eusebios, Klemens von Alexandrien, Macrobius. Und gemeiniglich glaubt man mit ihr, insofern sie sich mit griechischen Autoren befaßt, schnell fertig zu sein, wenn man sie auf die tendenziöse Fälschung und apologetische Absicht jüdischer Gelehrten wie Aristobulos oder christlicher Kirchenväter zurückführt, die entweder die vielgerühmte Weisheit hellenischer Meister aus den heiligen Schriften der Hebräer herleiteten oder dadurch in Verruf zu bringen suchten, daß sie die wechselseitige Dieberei der bedeutendsten Schriftsteller feststellten. Nichts falscher aber als die κλοπαί-Literatur bei den jüdischen oder christlichen Apologeten beginnen zu lassen: sie fassen nur die Plagiatforschungen früherer Tage in einem neuen Becken zusammen. Es ist daher unerläßlich zuvörderst den Rinnsalen nachzugehen, die schließlich in das Bett dieser Plagiatschriftstellerei münden.

1. DIE KOMMENTARE.

Die gewaltige Idee Alexanders d. Gr., die überwundenen Völker des Orients zu hellenisieren, versuchte man in den Diadochenreichen zu verwirklichen. Eine große Verschiebung der griechischen Literaturzentren folgte dem politischen Zusammenbruch des alten Hellas. In Alexandria, Antiochia, Pergamon, Rhodos, Tarsos vornehmlich wetteiferten die jungen hellenistischen Reiche in der Pflege der griechischen Wissenschaft und Kunst. Riesige Bibliotheken entstanden. Ihre Registrierung, nicht minder auch die Fälschungen schlauer Geschäftsleute, die die Hochkonjunktur im Bücherankauf und das Interesse der reichen Kreise für Bücher ausnützten, führte zur Prüfung der handschriftlichen Schätze. Die Philologie erblühte. Mit allen Mitteln der

Exegese und Kritik rückte man den aufgestapelten Büchermengen zu Leibe; die selbständige Produktion wich vielfach der kritischen, sichtenden, reproduzierenden.

Das Studium der Autoren, insbesondere deren Kommentierung, führte naturgemäß zur Vergleichung und Heranziehung von Parallelstellen, die eine vorliegende Stelle beleuchten, eine Lesart stützen, eine grammatikalische Phrase belegen, eine Beziehung zu einer Schrift desselben oder eines andern Verfassers klarlegen sollten. In den Scholienresten treffen wir dergleichen Parallelen Schritt auf Schritt. So verzeichnen die auf Didymos zurückgehenden alten Scholien zu Sophokles Parallelverse aus Homer (zu Ajas V. 501 und 514), Euripides (zu Ajas 554 und 787), Simonides (ebd. 377), Pindar (zu Elektra V. 696: ὅμοιον αὐτῷ Πινδαρικόν; vgl. zu V. 1026), Alkaios (zu Oidip. tyr. V. 56), Epicharm (zu Aj. V. 1074), Hesiod (zu Philoktet V. 456), aus nachhomerischen Epikern (zu Oid. Kol. V. 1375: τὰ δὲ παραπλήσια τῷ ἐποποιῷ [fr. 3 Kinkel]) u. ö. Oder in den Pindarscholien werden zu Ol. II 96 f. eine Stelle aus dem Zeushymnos des Kallimachos (V. 95) und aus Sappho (fr. 80), zu Ol. II 153a und III 16 Verse aus der Ilias (B 488) und Δ 320 zitiert. Diese Beispiele ließen sich aus den Homer-, Aristophanes-, Apollonios-, Aratos-, Kallimachosscholien mühelos vermehren und verdienten in der Tat einmal eine Zusammenfassung, die vielleicht zu überraschenden Ergebnissen hinsichtlich der Ähnlichkeit mit der Florilegienliteratur führen dürfte. Übrigens verfaßte Ptolemaios, der Vater des Homerexegeten Aristoneikos, bereits ein Buch über Gedankenparallelen bei den Tragikern („Realkonkordanz") (τὰ ὁμοίως εἰρημένα τοῖς τραγικοῖς, nach Suidas).

Im gleichen Sinne ist der Inhalt eines Werkes von Aristophanes von Byzanz aufzufassen, dessen Titel: Παράλληλοι Μενάνδρου τε καὶ ἀφ᾽ ὧν ἔκλεψεν ἐκλογαί uns Porphyrios bei Eusebios (Pr. ev. X 3, 12. 465d) erhalten hat[1]), offenbar eine weitere Frucht seiner zusammenfassenden und vergleichenden Komikerstudien (περὶ προσώπων, 275—77 N; περὶ τῶν Ἀθήνησιν ἑταιρίδων, 277—79 N). Der überlieferte Schrifttitel gibt zu großen Bedenken Anlaß. Aristophanes charakterisiert einmal[2]) den Dichter als hervorragenden Realisten, wenn er ihn mit dem vielzitierten Worte anspricht: ὦ Μένανδρε καὶ βίε, πότερος ἄρ᾽ ὑμῶν πότερον ἀπεμιμήσατο; andrerseits weist er ihm in einem Epigramm[3]) den zweiten Rang nach Homer zu. Fernerhin ist zu erwägen, daß

---

1) Nauck S. 280.
2) Syrianus zu Hermogenes rhet. gr. IV p. 101 W. (II 23, 8 Rabe).
3) Kaibel, Epigr. graeca ex lapidibus conl. 1085 = CIG 6083.

unter den zahlreichen Buchtiteln des Byzantiners sich kein Doppel-
titel findet. Streng genommen ist es auch fraglich, ob Porphyrios
den Buchtitel zitiert, ob er nicht diesen tendenziösen Inhalt (κλοπαί)
erst unterlegte. An und für sich ist es nicht unwahrscheinlich, daß
Aristophanes bei seinen Menandrosstudien die Parallelen dieses Dichters mit den Alten zusammenstellte, vielleicht auch um zu zeigen, wie
gut attisch und klassisch Menandros sei.

Wie eine an und für sich tendenzlose Parallelensammlung zu
Plagiatzwecken umgedeutet werden konnte, zeigt der ebenfalls von
Porphyrios erwähnte Latinos, der περὶ τῶν οὐκ ἰδίων Μενάνδρῳ sechs
Bücher verfaßte. Und daß Aristophanes die Übereinstimmungen Menanders mit älteren Autoren nicht zu Plagiatvorwürfen benützt, bezeugt Porphyrios selber, wenn er hinzufügt: ὃν ἠρέμα μὲν ἤλεγξεν
διὰ τὸ ἄγαν αὐτὸν φιλεῖν.

Auch die hübsche Anekdote bei Vitruvius (praef. ad VII, 4 ss.), wie
Aristophanes einen unverschämten Plagiator, der mit den gestohlenen
Versen eines Alten um den Preis ringt, an den Pranger stellt — man
vergleiche damit eine ähnliche Geschichte bei Thulliez (étude sur la
propriété littér. p. 180), wo ein provenzalischer Dichter, Fabres d'Uzès,
ebenfalls wegen eines unverschämten Plagiates ausgepeitscht wird —
kann nicht als Stütze der von mir verworfenen Ansicht angeführt
werden: sie soll ja nur die Belesenheit des Gelehrten beleuchten.[1]

In derselben Weise, ohne Plagiattendenz, schrieb Ammonios,
der Aristarcheer, über Platon als Stilnachahmer des Homer: ὁ Πλάτων
ἀπὸ τοῦ Ὁμηρικοῦ . . νάματος εἰς αὐτὸν μυρίας ὅσας παρατροπὰς
ἀποχετευσάμενος. καὶ ἴσως ἡμῖν ἀποδείξεων ἔδει, εἰ μὴ τὰ ἐπ᾽ εἴδους

---

1) (Ptolemaeus) Musis et Apollini ludos dedicavit et quemadmodum athleta-
rum sic communium(?) scriptorum victoribus praemia et honores constituit. his ita
institutis cum ludi adessent, iudices literati qui eos probarent erant legendi . . . .
itaque conventu ludorum cum secretae sedes iudicibus essent distributae, cum ceteris
Aristophanes citatus quemadmodum fuerat locus ei designatus sedit. primo poetarum
ordine ad certationem inducto cum recitarentur scripta, populus cunctus significando
monebat iudices quod probarent. itaque cum ab singulis sententiae sunt rogatae,
sex una dixerunt et quem maxime animadverterunt multitudini placuisse, ei primum
praemium, insequenti secundum tribuerunt. Aristophanes vero cum ab eo sententia
rogaretur, eum primum renuntiari iussit qui minime populo placuisset. cum autem
rex et universi vehementer indignarentur, surrexit et rogando impetravit, ut pate-
rentur se dicere. itaque silentio facto docuit unum ex his eum esse poetam, ceteros
aliena recitavisse, oportere autem iudicantes non furta sed scripta probare. admi-
rante populo et rege dubitante, fretus memoria e certis armariis infinita volumina
eduxit et ea cum recitatis conferendo coegit ipsos furatos de se confiteri. itaque rex
iussit cum his agi furti condemnatosque cum ignominia dimisit, Aristophanem vero . . .
supra bibliothecam constituit.

καὶ οἱ περὶ Ἀμμώνιον ἐκλέξαντες ἀνέγραψαν (Ps.-Long. περὶ ὕψ. 13, 3 und Didymos zu schol. VA I 540: περὶ τῶν ὑπὸ Πλάτωνός μετενηνεγμένων ἐξ Ὁμήρου).

Was Aristophanes im Hinblick auf einen Schriftsteller, was Ptolemaios hinsichtlich der Tragiker ausführt, faßt Aretades in einem Werk: περὶ συνεμπτώσεως (über zufälliges Zusammentreffen)[1]) zusammen. Blau[2]) zählt ihn zu den unmittelbaren Schülern des Aristarch, weil er in dem Didymosscholion (zu Homer Ω 110) mitten unter den Aristarcheern Apollodoros und Neoteles aufgeführt wird; W. Christ[3]) setzt seine Lebenszeit mit gutem Grunde vor Didymos. Aus diesem Buche holten sich die Plagiatstöberer viel Material, wie Porphyrios[4]) selbst zugesteht (ἐξ ὧν τοιαῦτα πολλά ἐστι γνῶναι). Es handelte wohl von den bei verschiedenen alten und neuen Autoren ähnlich lautenden Gedanken, ohne, wie der Titel bezeugt, irgendwelche Vorwürfe damit zu verbinden und kann gut als eine Kompilation der in den Kommentaren zerstreuten Parallelen entstanden gedacht werden.

Aber auch Interpreten von Autoren verschmähten es nicht, diese Zusammenstellungen gelegentlich zu verwerten. Eine Scholionstelle bei Aristophanes (Thesm. 21 p. 264 Dind.) führt auf diesen Gedanken. Es ist hier die Rede von dem bekannten Verse: σοφοὶ τύραννοι τῶν σοφῶν συνουσίᾳ, der dem Sophokles und Euripides zugewiesen wird. Im Anschluß daran sagt nun das Scholion weiter: ἐνταῦθα μέντοι ὑπονοεῖ μόνον, ἐν δὲ τοῖς Ἥρωσιν ἄντικρυς ἀποφαίνεται. καὶ Ἀντισθένης καὶ Πλάτων (rep. VIII 568A; Theag. 125D) Εὐριπίδου αὐτὸ εἶναι ἡγοῦνται, οὐκ ἔχω εἰπεῖν ὅ,τι παθόντες. ἔοικε δὲ ἤτοι πεπλανημένος [ἢ] συνεξαπατῆσαι τοὺς ἄλλους ⟨ἢ⟩ ὥσπερ ὑπονοοῦσί τινες συμπτώσεις τῷ τε Σοφοκλεῖ καὶ τῷ Εὐριπίδῃ, ὥσπερ καὶ ἐπὶ ἄλλων τινῶν. O. Crusius[5]) hat dieselbe Zusammenstellung, nur gekürzt, bei den Paroimiographen aufgedeckt, wo es heißt: σοφοὶ τύραννοι τῶν σοφῶν συνουσίᾳ. τοῦτο Σοφοκλέους ἐστὶν ἐξ Αἴαντος τοῦ Λοκροῦ (fr. 12 Dind.). Πλάτων δὲ (s. o.) φησὶν Εὐριπίδου εἶναι τὸ[ν] ἰαμβεῖον. καὶ οὐδὲν θαυμαστόν. συμπίπτουσι γὰρ ἀλλήλοις οἱ ποιηταί. Und der Scholiast bemerkt zu der einen Platonstelle (rep. VIII 568A) am Schlusse: καὶ θαυμαστὸν οὐδὲν εἰ συμπίπτοιεν ἀλλήλοις οἱ ποιηταί. Die Wiederholung des charakteristischen Ausdrucks (συμπίπτειν) läßt auf die gleiche Quelle schließen, die συμπτώσεις des Aretades. Da Are-

---

1) Zitiert bei Porphyrios-Eusebios a. O. 467d.
2) *De Aristarchi discipulis* (Diss. Jena 1883).
3) *Abh. der bayr. Ak. phil.-hist. Kl.* 1900. S. 473.   4) A. O. 467d.
5) *Anal. crit. ad paroemiogr.* p. 153.

tades auch sonst einmal (schol. A zu Ω 110) von **Didymos** zitiert wird,
da auf Didymos der Hauptstock der Aristophanesscholien zurückgeht,
so werden wir diesen mit großer Wahrscheinlichkeit als den Vermittler
dieses Aretadesfragmentes betrachten dürfen.

In diesen Zusammenhang sind nun gleich jene **Florilegien** zu
stellen, die wie Stobaios zu einzelnen Thesen und Schlagwörtern Belege aus Dichtern und Prosaikern sammelten, etwa wie wir sie in
Räubers „literarischen Salzkörnern", **Lipperheides** „Spruchwörter-
buch", bei **Büchmann** u. a. finden. Wichtig ist ein Papyrusfund aus
dem 3. Jahrhundert v. Chr. — Mahaffy setzt als Datum 250 v. Chr.
an[1]) —, in welchem gleichstimmige Sprüche von **Epicharm** und **Euripides** zusammengestellt sind, wie wir sie später bei **Philon**[2]), **Klemens
von Alexandrien**[3]) und **Stobaios** treffen. Hierdurch ist[4]) die Existenz
eines solchen Florilegiums schon für das 3. Jahrhundert erwiesen. Die
Eigenart des Chrysippos, zur Stütze seiner Ausführungen die Hilfe
anerkannter Autoritäten herbeizuziehen und seine Lehren mit häufigen
Dichterzitaten zu belegen[5]), wurde für die spätere Popularphilosophie
mustergiltig. So fordert auch Plutarch nachgerade zu derlei Parallelsammlungen auf (quom. ad poet. aud. deb. 35 F): ὅ,τι ἂν ἀστεῖον εὕ-
ρωμεν παρ᾽ αὐτοῖς (sc. ποιηταῖς) καὶ χρηστόν, ἐκτρέφειν χρὴ καὶ αὔξειν
ἀποδείξεσι καὶ μαρτυρίαις φιλοσόφοις, ἀποδιδόντας τὴν εὕρεσιν ἐκείνοις. Im Anschluß daran bringt er selbst einige Parallelen aus
Dichtern und Philosophen, wie auch sonst häufig. Zweifellos konnten
aus derlei Florilegien συμπτώσεις ebenso wie von den Skeptikern
ἐναντιώσεις[6]) und von den κλοπαί-Schriftstellern Plagiatbeweise entnommen werden. Und wie die Florilegien seit dem 3. Jahrhundert
bis tief hinab zur Melissa des Antonios (11. Jahrh.) ausgebeutet und
zu verschiedenen Zwecken verarbeitet worden sind, lassen uns die
gnomologischen Untersuchungen mit jedem Jahre deutlicher erkennen.

2. ΕΥΡΗΜΑΤΑ-LITERATUR.

Noch ein anderer Literaturzweig muß als Quelle der Plagiatliteratur in unsere Untersuchung hereinbezogen werden, die Schriften
περὶ εὑρημάτων. Seit Aristoteles und Herakleides Pontikos, dem ein

---

1) *The Flinders Petrie Papyri* ed. by Mahaffy (Dublin 1891); vgl. *Hibeh
pap.* I (1906) N. 7 aus der 2. Hälfte des 3. Jahrh.
2) *Quaest. in genes.* IV § 203.   3) Strom. VI 2, 8.
4) Vgl. **Kaibel**, *Hermes* 28, 62—64; Schürer III³ 455¹⁵⁹.
5) **Elter** (1893); vgl. **Galen**, *de plac. Hipp. et Plat.* p. 274. 260. 281. 300 M.
6) **Elter** (1897) p. 29.

Buch περὶ εὐρημάτων zugeschrieben wird (Diog. L. V 88), ging der Heurematastoff über in die peripatetische und polyhistorische Literatur und wurde zu verschiedenen kulturgeschichtlichen Problemen verwertet. Er erstreckt sich auf die Erfindungen „von Gebräuchen, praktischen Einführungen und Herrichtungen des Lebens wie auf literarische Neuerungen und zum erstenmal aufgestellte Lehrsätze".[1]) Neben Herakleides erscheinen als Verfasser solcher Werke Philostephanos, Aristodemos von Theben, Damastes, Phylarchos, Straton, Kydippos, Skammon u. a., von denen hauptsächlich doxographisch-literarische und kulturelle Erfindungen erörtert wurden. Am meisten scheinen die εὐρήματα-Auszüge aus den Werken des Ephoros (fr. 158—162 M), die schon von Strabon (p. 622) dem Historiker selbst zugeschrieben werden, in der Folgezeit benützt worden zu sein.[2])

Diese Literatur floß zunächst über in die βίοι und Sammelwerke eines Plinius, Favorinos, Hesychios u. a. Von den sophistischen Spekulationen aus mündete eine zweite Strömung in die poetische Literatur ein und zwar zunächst in die Tragödie und Komödie, von da wieder weiter in die elegische und epigrammatische Dichtung, meist kulturhistorischen Inhalts, von dem uns Leo (Plautin. Stud. S. 136 f.) einige Beispiele zeigte.[3])

Wenn man darüber handelte, wer zuerst ein Buch veröffentlichte[4]), welche Erfindung beispielsweise dem Sokrates[5]), Platon[6]), Aristoteles[7]), Pythagoras[8]), Alkmaion[9]) zuzuschreiben sei, wessen εὑρετής Antiphon[10]), Isaios[11]), Gorgias, Thrasymachos, Kephalos[12]) u. a. seien — es wurden auch derlei Ansprüche auf die Priorität bestritten, wie Aristoteles (rhet. I 9, 1368a) das Selbstlob des Isokrates, er habe das Enkomion als Literaturgattung erfunden, anficht —, so müssen von selbst Echtheits- und Plagiatfragen damit verknüpft werden, da sie mit der Priorität der Lehren oder Erfindungen in Wechselbeziehung stehen. Mit dem Selbstbewußtsein der Persönlichkeiten stiegen die Ansprüche auf Anerkennung des geistigen Eigentums und Prioritätszwiste, wie die bekannten Kämpfe neuerer Zeit um die Entdeckung der Differentialrechnung (Leibniz-Newton), des Zwischenkieferknochens (Goethe-Oken), mögen auch damals die Mit- und Nachwelt beschäftigt haben.

---

1) Leo, *Griechisch-römische Biogr.* S. 46.
2) Wendling, *Hermes* 28, 341 ff.; Norden, *Fleckeis. Jahrb.* Suppl. 19, 414 ff.
3) Die Literatur über Erfinderkataloge verzeichnet bei O. Stählin, Clem. Alex. I p. 47.
4) Favorinos fr. 26.   5) ib. fr. 27.   6) fr. 22.   7) fr. 34.   8) fr. 24.
9) fr. 39.   10) Westermann βίοι 230, 10: πρῶτος ἐπὶ τοῦτο τραπείς.
11) ib. 261, 12 f.: πρῶτος δὲ καὶ σχηματίζειν ἤρξατο.   12) Bei Suidas.

Daß in dieser εὑϱήματα-Literatur für Plagiatwitterer viel Stoff
enthalten sein mußte, ist klar, und sicherlich zählt sie neben den
Kommentaren, Parallelsammlungen und Florilegien zu ihren reichflie-
ßenden Quellen.

3. PERSÖNLICHE POLEMIK.

Indes zu diesen indirekten Quellen treten noch die schwerwie-
gendsten, die Plagiatvorwürfe, die persönlicher Polemik entsprungen,
gegen Zeitgenossen oder von Schulen gegen Schulen erhoben werden.

Sobald man anfing die Originalität des eigenen Schaffens hervorzuheben, begann man auch sein geistiges Eigentum zu schützen, zu eti-
kettieren, fremde Anleihen als Diebstahl zu bezeichnen, unbequeme
Konkurrenten als unselbständige Geister zu brandmarken.

Es ist nicht zu verwundern, daß diese persönlichen Invektiven
zunächst von Komödiendichtern ausgingen, die nach der bekannten
Klage des Antiphanes (II 90 K) gegenüber der Tragödie ohnehin im
Nachteil, bei der Sucht des Publikums stets neue Stoffe zu hören,
auf ihre Eigenart pochten und mit gegenseitiger Herabsetzung schnell
bei der Hand waren, einen Konkurrenten als erfindungsarmen, phantasie-
losen Versestoppler zu verhöhnen, der seine besten Gedanken aus anderer Werkstatt zusammenstehle.

Zunächst warfen sich die beiden Altmeister Kratinos und Eupolis auf den jungen Rivalen Aristophanes, um ihn bei ihren Zuhörern anzuschwärzen. Hatte ihm Kratinos, den der junge Dichter
in den „Rittern" (v. 524) als morsche Ruine verspottet hatte, zum
Vorwurf gemacht, er schmücke sich mit euripideischen Floskeln, obschon er den Modedramatiker nicht genug verhöhnen könne (ἐκωμῳ-
δεῖτο ἐπὶ τῷ σκώπτειν μὲν Εὑϱιπίδην, μιμεῖσθαι δ᾽ αὐτόν. Κϱατῖνος·
τίς δὲ σύ; κομψός τις ἔϱοιτο θεατής. Ὑπολεπτολόγος, γνωμοδιώκτης,
εὑϱιπιδαϱιστοφανίζων, schol. Plat. p. 330), so erhebt er in der Πυτίνῃ
wiederholt die Anklage, Aristophanes habe den Eupolis bestohlen
(ὁ Κϱατῖνος ἔγϱαψε τὴν Πυτίνην, δεικνὺς ὅτι οὐκ ἐλήϱησεν ἐν οἷς
κακῶς λέγει τὸν Ἀϱιστοφάνην ὡς τὰ Εὑπόλιδος λέγοντα, schol.
equ. v. 398). Aber die Jungen wehren sich; so greift Lysippos in
der Parabase seiner Βάκχαι die Selbständigkeit des Kratinos an, wenn
er beziehungsvoll sich rühmt (bei Poll. VII 41): οὐδ᾽ ἐπικνάψας καὶ
θειώσας τὰς ἀλλοτϱίας ἐπινοίας; ebenso wendet sich Aristophanes mit
aller Schärfe gegen seinen ehemaligen Freund und Gesinnungsgenossen
Eupolis. Dieser hatte dem Jüngeren allerdings den Fehdehandschuh
hingeworfen, wenn er ihm in den Βάπται ins Gesicht schleuderte,
Aristophanes habe die „Ritter" nicht allein gedichtet:

Κἀκείνους τοὺς Ἱππέας

συνεποίησα τῷ φαλακρῷ τούτῳ κἀδωρησάμην (schol. nub. 554). Aus einer andern Scholiennotiz (zu equ. 1291)[1]) ersehen wir, daß Eupolis damit die zweite Parabase der „Ritter" (v. 1288—1315) als sein Eigentum reklamierte. Demzufolge teilt auch Meineke (FCG II 577) und Kock (FCG I 276) die aristophanischen Verse in den Rittern dem Eupolis zu.[2])

Mithilfe durch andere wird übrigens auch dem Ekphantides vorgeworfen, der sich bei seinen Komödien der Mittätigkeit seines Dieners (Sklaven) Choirilos bedient haben soll (Hesychios u. d. W. Ἐκκεχοιριλωμένη).[3]) Anderwärts (ib. unter Χοιριλεκφαντίδης)[4]) erhellt, daß diese Invektiven von Kratinos stammen. Aristophanes steckte indes die Anschuldigungen des Eupolis nicht stillschweigend ein[5]): er warf ihm vor, seine „Ritter" in verhunzter Gestalt entwendet und die Rolle einer trunkenen Vettel dem Phrynichos gestohlen zu haben. (Εὔπολις μὲν τὸν Μαρικᾶν πρώτιστος παρείλκυσεν ἐκστρέψας τοὺς ἡμετέρους Ἱππέας κακὸς κακῶς, προσθεὶς αὐτῷ γραῦν μεθύσην τοῦ κόρδακος εἴνεχ᾽, ἣν Φρύνιχος πάλαι πεποίηχ᾽ .., nub. v. 554 ff.).

Hinwiederum bezichtigte Hermippos in den Phormophoren den Komiker Phrynichos des Plagiates (schol. Aristoph. av. v. 750).[6]) Didymos (schol. ran. v. 13)[7]) notiert zwar das Gerücht, Phrynichos werde wegen seiner Unselbständigkeit verspottet (ὡς ἀλλότρια λέγων), entdeckt aber dafür keinen Anhaltspunkt in den erhaltenen Stücken, weist indes die Möglichkeit nicht ab, daß sich in den verlorenen Komödien bedenkliche Parallelen finden möchten.[8])

---

1) ἐκ τοῦ „ὅστις οὖν τοιοῦτον ἄνδρα" φασί τινες Εὐπόλιδος εἶναι τὴν παράβασιν, εἴγε φησὶν Εὔπολις „Ξυνεποίησα τῷ φαλακρῷ".

2) Kirchhoff (*Hermes* 13, 287—96) findet bei genauer Analyse der „Ritter", daß die 2. Parabase mit der Handlung nicht organisch verknüpft sei; er vermutet, Eupolis habe sie als Einlage gedichtet, später aber wieder als Eigentum reklamiert.

3) οὐ Χοιρίλου οὖσα. Ἐκφαντίδῃ γὰρ τῷ κωμικῷ Χοίριλος θεράπων ἦν, ὃς συνεποιεῖτο κωμῳδίας.   4) Κρατῖνος τὸν Ἐκφαντίδην οὕτως εἶπεν διὰ τὸν Χοίριλον.

5) Lucas (*Cratinus et Eupolis* p. 91) stellt Worte und Sentenzen zusammen, die Eupolis und Aristophanes gemein haben; vgl. dazu noch Athen. IX 69 mit III 123 und Quint. inst. or. I 10, 18: apud (Eupolidem) Maricas, qui est Hyperbolus, nihil se ex musice* scire nisi litteras confitetur = Aristoph. equ. v. 188: ἀλλ᾽ ὦγαθ᾽, οὐδὲ μουσικὴν ἐπίσταμαι/ Πλὴν γραμμάτων.

6) Φρύνιχος ὁ κωμικός, οὗ μέμνηται Ἕρμιππος ἐν Φορμοφόροις ὡς ἀλλότρια ὑποβαλλομένου ποιήματα.

7) Δίδυμός φησιν, ὅτι νῦν Φρυνίχου τοῦ κωμικοῦ μέμνηται ὡς παρ᾽ ἕκαστα ἐν ταῖς κωμῳδίαις φορτικευομένου ... κωμῳδεῖται δὲ καὶ ... ὡς ἀλλότρια λέγων ... Φρύνιχος δὲ ὁ κωμικὸς οὐδὲν τούτων ἐποίησεν ἐν τοῖς σωζομένοις αὐτοῦ. εἰκὸς δὲ ἐν τοῖς ἀπολωλόσιν εἶναι αὐτοῦ τοιοῦτόν τι.

8) Über Anleihen der alten und neueren Komödie vgl. auch S. Kann 25—51 u. 60 ff.

Aristophanes beschuldigt übrigens auch zeitgenössische Tragiker
des Plagiates. So meint er boshaft (ran. v. 79f.)[1]), man wisse bei Io-
phon nicht recht, was er ohne die Hilfe seines Vaters Sophokles
fertig bringe. Wie Antiphanes und Telekleides beschuldigt er den
Euripides, er habe sich bei der Abfassung seiner Dramen der Mithilfe
des Sokrates und Mnesilochos bedient oder er habe die Chormusik
allüberallher zusammengestohlen (ran. v. 1295; 1310ff.; vgl. schol. zu
v. 1295[2]) u. 1317).[3]) Daß die Strenge und Sorgfalt der euripeideischen
Cantica seit dem Frieden des Nikias auffällig nachläßt, wissen wir;
vermutlich schloß sich der Rhythmus, die Melodik der neueren Richtung des Dithyrambos an. Uns ist darüber ein Urteil nicht mehr
möglich.[4])

Neben der Komödie pflegt die Philosophie die persönliche
Herabsetzung am meisten, wobei wiederum den Kynikern, den Komöden der Straße, die Palme zufällt. Die Kämpfe der verschiedenen
Sekten und Schulen wärmten die alten persönlichen Fehden immer
wieder auf und trugen neue Scheiter zum Scheiterhaufen. So hechelte
Krates von Theben in seinen παίγνια Philosophen wie Menedemos,
Asklepiades von Phlius oder Stilpon durch, so verspottete Bion auch
noch Grammatiker, Mathematiker und Naturphilosophen. Die Frage
der Priorität von Ideen wird in der Regel in den Vordergrund gerückt.

Das älteste Beispiel eines Plagiatvorwurfes auf philosophischem
Gebiete können wir auf Demokritos zurückführen. Dieser soll nach
Favorinos (bei Diog. L. IX 34) von Anaxagoras, seinem angeblichen
Lehrer, behauptet haben, er habe seine grundlegenden Theorien über
Sonne und Mond älteren Systemen entnommen (ὡς οὐκ εἴησαν αὐτοῦ
αἱ δόξαι αἵ τε περὶ ἡλίου καὶ σελήνης, ἀλλ᾽ ἀρχαῖαι, τὸν δ᾽ ὑφῃρῆ-
σθαι). Nach der Ansicht des Favorinos[5]) kam Demokritos zur persönlichen Polemik gegen Anaxagoras, weil dieser seinen Aufstellungen
nicht beitrat, eine mehr als naive Vermutung. Daß Anaxagoras *„aus
den Annahmen früherer und gleichzeitiger Philosophen sein System aus-*

---

1) οὐ πρίν γ᾽ ἂν Ἰοφῶντ᾽, ἀπολαβὼν αὐτὸν μόνον, ἄνευ Σοφοκλέους ὅτι
ποιεῖ κωδωνίσω, wozu der Scholiast bemerkt: κωμῳδεῖται γὰρ ὁ Ἰοφῶν ὁ υἱὸς
Σοφοκλέους ὡς τὰ τοῦ πατρὸς λέγων ποιήματα.

2) Der Scholiast sagt dazu: προφέρει καὶ Εὐριπίδης εἰς γέλωτα ἄλλα ἐξ ἄλλων δράματα συναγαγών, διὸ καὶ ἀσαφῆ, μίαν ἁρμονίαν οὐκ ἔχοντα.

3) Εὐριπίδης ὁμοίως τὰ Αἰσχύλου χορικὰ μέλη διεσπασμένως λέγει ἐξ ἄλλων
καὶ ἄλλων δραμάτων.

4) Man vergleiche damit, wie sich die römischen Komödiendichter gegenseitig Plagiate vorwerfen und ihre eigenen Entlehnungen beschönigen.

5) διασύρειν τε αὐτοῦ τὰ περὶ τῆς διακοσμήσεως καὶ τοῦ νοῦ, ἐχθρῶς ἔχοντα
πρὸς αὐτὸν ὅτι δὴ μὴ προσήκατο αὐτόν.

arbeitete, ist ohne weiteres anzunehmen."[1]) Für uns ist das besonders bemerkenswert, daß mit dem Erwachen der Sophistik das Individualitätsprinzip sich auch in der Philosophie durch Absprechen der Originalität Luft macht.

Sobald einmal einzelne überragende Geister Schulhäupter wurden und in schriftstellerisch tätigen Jüngern beredte Verteidiger und Ausbauer ihrer Ideen fanden, mußten Prioritätszwiste häufiger und erbitterter werden. So ist der zungenfertige Menedemos aus Eretria der Verbreiter einer häufig nachgesprochenen üblen Nachrede gegen den Sokratiker A i s c h i n e s, seinen Zeitgenossen. Nach jenem (Diog. L. II 60)[2]) soll Aischines die meisten Dialoge ohne Vorwissen des Sokrates mit Hilfe der Xanthippe unter seinem eigenen Namen veröffentlicht haben.[3]) A r i s t i p p o s drehte die nämliche Spule weiter. Als Aischines in Megara seine Dialoge vorlas, soll der Kyrenäer spöttisch gefragt haben: πόϑεν σοι, λῃστά, ταῦτα (Diog. L. II 62).[4]) Und ein jüngerer Zeitgenosse Epikurs, Idomeneus, weiß der Sache eine pikante Wendung zu geben (bei Athen. XIII 611d).[5]) Man müßte, meint er, die angemessene und zutreffende Redeweise bewundern[6]), wenn man nicht tatsächlich Aufzeichnungen des Sokrates vor sich hätte; er erhielt sie nach dem Tode des Meisters durch die Gefälligkeit der Xanthippe. Demgegenüber wird Xenophons Ehrlichkeit gerühmt, ὅτι καὶ τὰ Θουκυδίδου βιβλία λανϑάνοντα ὑφελέσϑαι δυνά-

---

1) Vgl. Zellers Ausführungen über „*Anaxagoras im Verhältnis zu seinen Vorgängern*", I 1020 ff.

2) διεβάλλετο δ' ὁ Αἰσχίνης καὶ μάλιστα ὑπὸ Μηνεδήμου τοῦ Ἐρετριέως ὡς τοὺς πλείστους διαλόγους ὄντας Σωκράτους ὑποβάλλοιτο, λαμβάνων παρὰ Ξανϑίππης.

3) Daß Schriften zwar ohne Erlaubnis des Verf., aber unter seinem Namen veröffentlicht wurden, kam auch vor. So trieb nach Zenobios V 6 u. Suidas (unter λόγοισιν Ἑρμόδωρος) Hermodoros, ein Schüler Platons, mit den Abschriften platonischer Dialoge einen schwungvollen Handel (vgl. Cicero, ad Att. 13, 21, 3); so klagt Diodor (V p. 186 Dind.), daß ihm einzelne Bücher vor der letzten Korrektur gestohlen und herausgegeben wurden; auch G a l e n sagt, daß seine Schriften wider seinen Willen verbreitet worden seien (διαδοϑέντων εἰς πολλοὺς ἄκοντος ἐμοῦ, XIX p. 51K). So beklagt sich auch O v i d über unbefugte Publizierung seiner Metamorphosen (trist. III 1, 23 ff.).

4) τούτους τοὺς διαλόγους καὶ Ἀρίστιππος ὑπώπτευεν. ἐν γοῦν Μεγάροις ἀναγινώσκοντος αὐτοὺς φασι σκῶψαι εἰπόντα· πόϑεν σοι, λῃστά, ταῦτα;

5) ὃν ἐκ τῶν φερομένων ὡς αὐτοῦ διαλόγων ϑαυμάζομεν ὡς ἐπιεικῆ καὶ μέτριον, πλὴν εἰ μὴ ὡς ἀληϑῶς τοῦ σοφοῦ Σωκράτους ἐστὶν συγγράμματα· ἐχαρίσϑη δὲ αὐτῷ ὑπὸ Ξανϑίππης τῆς Σωκράτους γυναικὸς μετὰ τὸν ἐκείνου ϑάνατον, ὡς οἱ ἀμφὶ Ἰδομενέα φασίν (= FHG II 490). (Vgl. außerdem Phot. bibl. 158 p. 101 B; Aristid. or. 45).

6) Vgl. darüber auch Aristeides or. 45 u. Demetrios de interpr. 297; ferner Z e l l e r II 241.

μενος αὐτὸς εἰς δόξαν ἤγαγεν (Diog. L. II 57). Die stilistische
Meisterschaft, mit der er Sokrates nachzeichnete, konnten sich eben
manche nicht anders als durch ein Plagiat oder einen Betrug erklären,
und der literarische Klatsch war auch damals im Schwange.

Epikur, der alles sich selber zu verdanken behauptete und seinen
Lehrern jedes Verdienst um seine Ausbildung bestritt (fr. 233, 235,
114 Us.), mußte sich von seinem ehemaligen Schüler Timokrates doch
den Vorwurf des Plagiates gefallen lassen. Dieser hatte sich mit
seinem Lehrer entzweit und gegen ihn ein Pasquill „Εὐφραντά" abgefaßt, das Dichtung und Wahrheit kühn ineinandermengte. Daraus
stammt die Nachricht[1]), Epikur habe in seiner (vielleicht frühesten)
Schrift περὶ κριτηρίου ἢ Κανών (Us. 94—96) und in den systematischen Teilen des großen Werkes περὶ φύσεως den τρίπους seines
Lehrers Nausiphanes, eine erkenntnistheoretische Untersuchung[2]) zum
größten Teil ausgebeutet. Uns ist es natürlich unmöglich, diesen Anschuldigungen nachzugehen.

Aber nicht bloß bei Komödiendichtern und Philosophen spielt
der Plagiatvorwurf eine Rolle, auch Redner, Ärzte, Grammatiker be-
klagen sich.

So rückt Isokrates seinen Gegnern voll stolzen Selbstgefühls
vor, daß sie ihn zwar plünderten[3]), wenn sie auch seine Reden öffentlich schmähten.[4]) Alkidamas hinwiederum greift, wenn auch versteckt, doch für die Zeitgenossen jener literarischen Kämpfe deutlich
genug, seinen Rivalen Isokrates an[5]), er schmücke sich reichlich mit
fremden Federn, ein Vorwurf, der dann später gegen den originalität-
eitlen Mann oft[6]) wiederholt und im einzelnen begründet ward.

---

1) Diog. L. X 7: ἐν ταῖς .. βίβλοις ταῖς περὶ φύσεως τὰ πλεῖστα ταὐτά ⟨τε⟩
λέγειν καὶ ἀντιγράφειν ἐν αὐταῖς ἄλλοις τε καὶ Ναυσιφάνει τὰ πλεῖστα (fr. 93);
ferner X 14: οἱ δέ φασιν ἐν τῷ Ἐπικούρου βίῳ τὸν Κανόνα γράψαι αὐτὸν ἐκ τοῦ
Ναυσιφάνους Τρίποδος, οὗ καὶ ἀκοῦσαί φασιν αὐτόν.

2) Vgl. Hirzel, Unters. zu Ciceros philos. Schr. I 132[1].

3) Panath. 16: τοῖς τε λόγοις παραδείγμασι χρώμενοι τοῖς ἐμοῖς καὶ ζῶντες
ἐντεῦθεν. Phil. 93: τοὺς ἄλλους ὁρῶν τοῖς ἐμοῖς χρωμένους.

4) ib. 263 (sagt der Schüler): τοὺς θαυμάζοντας μὲν τὰ σὰ μᾶλλον τῶν ἄλλων,
λοιδορουμένους δὲ τοῖς λόγοις τοῖς σοῖς ..

5) Soph. 4: ἐν πολλῷ δὲ χρόνῳ γράψαι καὶ κατὰ σχολὴν ἐπανορθῶσαι καὶ
παραθέμενον τὰ τῶν προγεγονότων σοφιστῶν συγγράμματα πολλαχόθεν εἰς ταὐτὸν
ἐνθυμήματα συναγεῖραι καὶ μιμήσασθαι τὰ τῶν εὖ λεγομένων ἐπιτυχίας ... καὶ
τοῖς ἀπαιδεύτοις ῥᾴδιον πέφυκεν.

6) Namentlich der Panegyrikus war die Zielscheibe der Angriffe. So behauptet Theon in seinen Progymnasmata (II 63): εὕροις δ' ἂν καὶ παρὰ Ἰσοκράτει ἐν τῷ πανηγυρικῷ τὰ ἐν τῷ Λυσίου ἐπιταφίῳ καὶ τῷ Ὀλυμπι⟨α⟩κῷ."
Ebenso sagt Plutarch (vit. Isokr. 837 F.): „ὃν (sc. τὸν πανηγ.) μετενηνοχέναι ἐκ

Die spätere Sophistik, die alles Gewicht auf die Schönheit der Form und auf den Prunk gelehrter Bildung legte, die sich über glücklich gefundene Wendungen mehr freute als über gewonnene Siege, war auch mit Plagiatvorwürfen rasch bei der Hand. So zieht Aristeides (III 1) mit heftigen Worten los gegen die ἐν τοῖς λόγοις τὰ ὑφ' ἑτέρων εἰρημένα καὶ προκατειλημμένα κλέπτοντας καὶ διεξιόντας ὡς αὐτῶν. Themistios (or. 1) eifert gegen einen zeitgenössischen Sophisten, λογάρια κεκομψευμένα ὑποσπάσας καὶ περικρούσας τε καὶ μεταμορφώσας, ὥσπερ ὁ Αὐτόλυκος τὰ φώρια. Eusebios beschuldigt den Christenverfolger Hierokles, der unter Diokletian den λόγος φιλαλήθης herausgegeben hatte, in seiner Gegenschrift offen des Plagiates: σφόδρα ἀναιδῶς ἐξ ἑτέρων οὐκ αὐτοῖς μονονουχὶ νοήμασιν, ἀλλὰ καὶ ῥήμασι καὶ συλλαβαῖς ἀποσεσυλημένα. Ebenso sagt Gregorios von Nyssa in seinem πρὸς Εὐνόμιον ἀντιρρητικὸς λόγος, jener τρίβων τῶν λόγων sei ein περισυλλέγοντα τὰς εὐηχοτέρας φωνὰς ἐκ συγγραμμάτων τινῶν, er sei durch seine wörtliche Herübernahme der Disputation des Hebräers Philon κατάφωρος τὴν κλοπήν. Aber es ist klar, daß man solch fanatische Worte nicht als bare Münze hinnehmen darf, zumal bei orthodoxen Streitigkeiten (vergleiche Hieronymus und Rufinus!) derlei Invektiven zum rhetorischen Aufputz gehören. Und bei der jüngsten Sophistik treten persönliche Verunglimpfungen ebenso regelmäßig hervor wie in den politischen Kämpfen unserer Tage.

Auf persönliche Reibereien ist ferner ein Angriff auf den Arzt Andreas zurückzuführen, der (nach dem Etym. M.)[1] von Eratosthenes βιβλιαίγισθος genannt wurde, da er, wie Aigisthos heimlich dem Agamemnon der Gattin Herz entwendete, so jenem heimlich Schriften abstahl. Wie aber der Herophileer Andreas[2] in seinen medizinisch-naturwissenschaftlichen Werken die geographischen, chronologischen und literarhistorischen Schriften des Eratosthenes ausgeschrieben haben soll, ist an und für sich recht sonderbar. Sofort erklärlich aber wird die Notiz, wenn wir für Eratosthenes den Namen Erasistratos einsetzen in Verbesserung eines Schreibfehlers, der leicht entstehen

---

τῶν Γοργίου καὶ Λυσίου" und Philostratos (v. Soph. I 17, 2) meint: „(ὁ πανηγ.) αἰτίαν ὅμως παρέδωκεν, ὡς ἐκ τῶν Γοργίᾳ σπουδασθέντων εἰς τὴν αὐτὴν ὑπόθεσιν συντεθείη." In erweiterter Form erzählt Photios (bibl. p. 487 b) dasselbe: „τάχα δ' ἄν τις αὐτὸν αἰτιάσαιτο κλοπῆς, ἐξ ὧν ἐν τῷ πανηγυρικῷ λόγῳ αὐτοῦ πολλὰ τῶν κατὰ τοὺς ἐπιταφίους λόγους εἰρημένων Ἀρχίνῳ τε καὶ Θουκυδίδῃ καὶ Λυσίᾳ ὑπεβάλετο."

1) Unter βιβλιαίγισθος. Ἀνδρέας ὁ ἰατρὸς ἐπεκλήθη ὑπὸ Ἐρατοσθένους· ὅτι λάθρα αὐτοῦ τὰ βιβλία μετέγραψε.

2) Vgl. Susemihl I 187 u. Wellmann bei Pauly-Wissowa.

konnte. Beide Männer befanden sich grundsätzlich auf verschiedenem
Standpunkt. Bei Plinius (20 § 200) und Dioskurides (M. med. IV 65
p. 557 Spr.) wird neben Erasistratos Andreas zitiert. Daß der jüngere
Andreas aus des Älteren Schriften Anleihen machte, ist ohne weiteres
glaublich, ebenso, daß der Schulgegner mit Vorwürfen nicht zurückhielt.

Wir müßten uns füglich wundern, wenn bei dieser Art von Polemik die Grammatiker geschwiegen hätten. In der Tat rühren sie
sich schon frühzeitig. Chamaileon, der bekannte Literarhistoriker und
Peripatetiker, beschuldigte[1]) seinen Landsmann und Rivalen Herakleides von Pontos, den Schüler von Platon und Aristoteles, er habe
ihm seine Nachrichten über Hesiod und Homer gestohlen. Eine
Illustration dafür möchten wir darin finden, daß die Notiz über Artemon bei Athenaios (XII 533 ef) aus Chamaileon, bei Plutarch (Perikl. 27)
aus Herakleides zitiert wird.

Hierher zu rechnen ist eine Plagiataffäre, die zu Strabons[2]) Zeiten
jedenfalls allseits besprochen wurde und sicherlich auch von seiten
der Beteiligten eine Polemik hervorrief. Eudoros und Ariston,
beide Peripatetiker, hatten ein Buch über den Nil herausgegeben, das,
abgesehen von der Disposition, in der Diktion und dem Ergebnis
gleichlautend war. Eudoros beschuldigte den Ariston des Plagiats;
Strabon konnte sich die beiden Bücher nicht verschaffen, er kannte
sie offenbar nur aus der Streitschrift des Eudoros, findet aber die
Diktion mehr aristonisch. Diels (Doxogr. 229) nimmt eine gemeinsame Quelle für beide an, wie mir scheint, mit Recht.

Heftige Vorwürfe erhebt Athenaios[3]) gegen seinen Zeitgenossen
und Landsmann Hephaistion, der uns als Metriker bekannt ist. Dieser,

---

1) Diog. L. V 92: Χαμαιλέων τε τὰ παρ' ἑαυτῷ φησι κλέψαντα αὐτὸν τὰ περὶ
Ἡσιόδου καὶ Ὁμήρου γράψαι.

2) Strabon (p. 790) erzählt die Sache ausführlich: ἀρκέσαι δύο μηνῦσαι τοὺς
ποιήσαντας καθ' ἡμᾶς τὸ περὶ τοῦ Νείλου βιβλίον, Εὔδωρόν τε καὶ Ἀρίστωνα
τὸν ἐκ τῶν περιπάτων. πλὴν γὰρ τῆς τάξεως τά γε ἄλλα καὶ τῇ φράσει καὶ τῇ
ἐπιχειρήσει ταὐτά ἐστι κείμενα παρ' ἀμφοτέροις. ἐγὼ γοῦν ἀπορούμενος ἀντιγράφων εἰς τὴν ἀντιβολὴν ἐκ θατέρου θάτερον ἀντέβαλον. πότερος δ' ἦν ὁ τἀλλότρια
ὑποβαλόμενος, ἐν Ἄμμωνος εὕροι τις ἄν. Εὔδωρος δ' ἠτιᾶτο τὸν Ἀρίστωνα. ἡ μέντοι φράσις Ἀριστώνειος μᾶλλόν ἐστιν.

3) p. 673 d—f: ταῦτα ἴσασιν οἱ θεοὶ ὡς πρῶτος αὐτὸς ἐν τῇ καλῇ Ἀλεξαν-
δρείᾳ εὗρον κτησάμενος τὸ τοῦ Μηνοδότου συγγραμμάτιον καὶ ἐπιδείξας πολλοῖς
ἐξ αὑτοῦ τὸ παρὰ τῷ Ἀνακρέοντι ζητούμενον. λαβὼν δὲ παρ' ἐμοῦ ὁ πᾶσιν κλοπὴν ὀνειδίζων Ἡφαιστίων ἐξιδιοποιήσατο τὴν λύσιν καὶ σύγγραμμα ἐξέδωκεν
ἐπιγράψας Περὶ τοῦ παρ' Ἀνακρέοντι λυγίνου στεφάνου. ὅπερ νῦν ἐν τῇ Ῥώμῃ
εὕρομεν παρὰ τῇ ἀντικοτυρραι [? Kaibel vermutet: ἐν οὐίκῳ Τυραρίῳ] Δημητρίῳ.
τοιοῦτος δέ τις καὶ περὶ τὸν καλὸν ἡμῶν Ἄδραστον ἐγένετο. ἐκδόντος γὰρ τούτου πέντε μὲν βιβλία Περὶ τῶν παρὰ Θεοφράστῳ ἐν τοῖς περὶ Ἠθῶν καθ' ἱστορίαν

der mit Plagiatvorwürfen gleich bei der Hand war, nahm ohne weiteres die Ergebnisse einer Studie über Anakreon, die Athenaios — nach einer Schrift von Menodotos — veröffentlicht hatte, in eine Spezialuntersuchung herüber (περὶ τοῦ παρ' Ἀνακρέοντι λυγίνου στεφάνου), ohne eigene Ergänzungen. Ebenso hatte er auch die erklärenden Anmerkungen über den Tragiker Antiphon, die der bedeutende Aristoteleskommentator Adrastos von Aphrodisias seinem Kommentar über die nikomachische Ethik einwob, in seiner Schrift „Über den bei Xenophon erwähnten Antiphon" wieder ohne selbständige Eigenforschung abgeschrieben.

Der Fall ist nicht uninteressant. Athenaios, der als Kompilator großen Stiles in seinem Sophistenmahl erscheint, hatte ein altes Büchlein des Menodotos (τῶν κατὰ τὴν Σάμον ἐνδόξων ἀναγραφή FHG III 103 M) aufgestöbert und aus ihm das Problem über Anakreons Aufenthalt in Samos aufgestellt und beantwortet. Und Hephaistion? Besaß die Unverfrorenheit, ebenfalls wie Athenaios jenes Büchlein zu exzerpieren. Ebenso verhält sich der zweite Fall. Nur scheint Hephaistion entweder den bei Xenophon (mem. Ib) erwähnten Sophisten und Gegner des Sokrates mit dem vom Tyrannen Dionysios getöteten Tragiker verwechselt zu haben oder Adrastos hatte in seinem Kommentar über beide ausführlich berichtet.

Schließlich polemisiert noch Joannes Tzetzes[1]) gegen einen zeitgenössischen Abschreiber, der ihm seinen Kommentar zu Lykophrons Alexandra gestohlen haben soll. Wenn man weiß, daß Tzetzes selber die Kommentare Theons u. a. ausbeutete und verwässerte, wirkt der Vorwurf erheiternd. Übrigens wenn auch heutzutage die Erläuterungen

καὶ λέξιν ζητουμένων, ἕκτον δὲ περὶ τῶν ἐν τοῖς Ἠθικοῖς Νικομαχείοις Ἀριστοτέλους, ἐννοίας ἀμφιλαφεῖς παραθεμένου περὶ τοῦ παρὰ Ἀντιφῶντι τῷ τραγωδιοποιῷ Πληξίππου καὶ πλεῖστα ὅσα καὶ περὶ αὐτοῦ τοῦ Ἀντιφῶντος εἰπόντος, σφετερισάμενος καὶ ταῦτα ἐπέγραψέν τι βιβλίον Περὶ τοῦ παρὰ Ξενοφῶντι ἐν τοῖς Ἀπομνημονεύμασιν (1, 6) Ἀντιφῶντος, οὐδὲν ἴδιον προσεξευρών, ὥσπερ κἀν τῷ Περὶ τοῦ λυγίνου στεφάνου.

1) Tzetzes Chil. VIII, 204, 486 ff.:

ταύτην δὲ τὴν ἐξήγησιν ἐσφετερίζετό τις,
οὐχὶ τὴν βίβλον παρ' αὐτοῦ λέγων ἐξηγηθῆναι·
ἀλλ' ἑρμηνεύων τὰ ῥητὰ σύμπαντα τὰ τῆς βίβλου,
τὴν βίβλον ἐπικρύπτων δέ, καὶ τοῖς φοιτῶσι λέγων,
οἰκεῖον τέκνα λογισμοῦ, ἅπερ ἐφερμηνεύοι,
ἀπόντα καὶ τὸν Τζέτζην δὲ καὶ λοιδορῶν καὶ τύπτων,
ἕως πολλοὶ τῶν φοιτητῶν τῇ κέλλῃ τῇ ἐκείνου,
λαθραίως παρεισφρήσαντες ἐφεῦρον τὸ βιβλίον ...
τοὺς δ' ἀχαρίστους ὑβριστὰς ἐκ τρισαλιτηρίων
ἐνόουν μὴ δεόμενοι τριπόδων χρηστηρίων.

zu den Schulklassikern von diesem Gesichtspunkte aus betrachtet würden, wären Reihen von Plagiaten festzustellen.

4. SPÄTERE ZEUGNISSE PERSÖNLICHER POLEMIK.

Neben diesen persönlichen Polemiken stoßen wir auch in den
Scholien, βίοι und Lexicis hie und da auf Angaben über Plagiate,
die zunächst zusammengestellt werden müssen.

Suidas[1]) erzählt uns (nach Hesychios) eine romantische Geschichte
von Diagoras, der an die Götter nicht mehr glaubte, seit ihm ein
Konkurrent einen Päan, der noch nicht aufgeführt worden war, entwendete, auf seine Klage hin einen Meineid schwor und mit jenem
gestohlenen Chorlied Glück hatte. Die Angaben über das ihm zugefügte,
von den Göttern ungeahndete Unrecht weichen in den Quellen voneinander ab[2]); sicher scheint nur das zu sein, daß Diagoras von der
Poesie zur Philosophie überging. Die Literarhistoriker suchten eben
für diesen Gesinnungswechsel einen plausiblen Grund und — fanden
ihn auch.

Eine andere Nachricht führt uns in die peripatetische Sphäre.
Über die Medea des Euripides berichtet die ὑπόθεσις[3]) nach Dikai-
archs und Aristoteles' Angaben, sie sei eigentlich ein Werk des Neophron, eine Nachricht, die von Hand zu Hand ging.[4]) Die Medea-
scholien und Stobaios haben uns in der Tat Fragmente aus einer
Medea des Neophron überliefert; und neuerdings fanden sich in dem
Londoner Papyros n. 186 Reste aus dem Anfang einer nacheuripidi-
schen Medea[5]), die aber ohne alle Beweiskraft dem Neophron zugeschrieben wurden.[6]) Wenn auch die Autorität des Aristoteles hier
nicht ins Gewicht fällt, so wiegt doch das Zeugnis des Dikaiarchos
zu schwer, als daß man diese Nachricht einfach als „von Neidharten

---

1) Suidas unter Διαγόρας: ἐπεκλήθη δὲ ἄθεος, διότι τοῦτο ἐδόξαξεν ἀφ᾽
οὗ τις ὁμότεχνος, αἰτιαθεὶς ὑπ᾽ αὐτοῦ, ὡς δὴ παιᾶνα ἀφελόμενος ὃν αὐτὸς ἐπε-
ποιήκει, ἐξωμόσατο μὴ κεκλοφέναι τοῦτον, μικρὸν δὲ ὕστερον ἐπιδειξάμενος αὐτὸν
εὐημέρησεν.

2) Vgl. die Stellen bei Zeller I 967¹.

3) Argum. p. 138, 8 (Schw): τὸ δρᾶμα δοκεῖ ὑποβαλέσθαι παρὰ Νεόφρονος,
διασκευάσας, ὡς Δικαίαρχος περὶ τοῦ τῆς Ἑλλάδος βίου καὶ Ἀριστοτέλης
ἐν ὑπομνήμασιν.

4) Diog. L. II 134: τῆς Μηδείας τοῦ Εὐριπίδου, ἣν ἐν τοῖς (ἔνιοι Menagius)
Νεόφρονος εἶναι τοῦ Σικυωνίου φασί; ebenso Suidas (unter Νεόφρων ἢ Νεοφῶν).
Σικυώνιος τραγικός, οὕ φασιν εἶναι τὴν τοῦ Εὐριπίδου Μήδειαν.

5) Archiv f. Pap. 3 (1906) 1—5, publ. von W. Crönert.

6) Von Crönert; vgl. C. Fries, N. Jahrb. 13 (1904), 171.

des 4. Jahrhunderts"[1]) erfunden hinstellen dürfte. Und so entstanden verschiedene Erklärungsversuche. Wecklein[2]) will das Neophronstück zwischen die angebliche zweite und erste Ausgabe der Euripidesmedea schieben; andere[3]) denken daran, ein dem peripatetischen Kreis nahestehender Dichter, Neophron, sei durch die Ausstellungen der aristotelischen Poetik zu einer Neubearbeitung des Medeastoffes veranlaßt worden oder Euripides habe das Stück zuerst unter falschem Namen veröffentlicht u. dgl. Demgegenüber hält H. Weil[4]) an der Ansicht fest, unsere Medea sei eine Überarbeitung des Neophronstückes, m. E. mit vollem Recht. Abgesehen davon, daß die Hypothese der euripideischen Umarbeitung auf schwanken Füßen steht — die Dittographien können ungezwungen auf den Zwiespalt der Textesüberlieferung zurückgeleitet werden[5]) —, daß ferner aus den erhaltenen Neophronfragmenten durchaus keine weitergehenden Schlüsse gezogen werden können, ist in der ὑπόθεσις nicht auf das Plagiat (ὑποβαλέσθαι), sondern auf das διασκευάσας der Ton zu legen, das allein die Meinung des Dikaiarchos wiedergibt. Wie Shakespeare ältere Schauspiele und Komödien modernisierte und dem Zeitgeschmack anpaßte, oft mit Beibehaltung der ursprünglichen Szenen und Ausdrücke, so verfuhren griechische und römische Dramatiker, wie wir im 3. Teile des näheren ausführen werden. Warum sollte es unglaublich scheinen, daß Euripides das Werk eines Neophron aufgriff, um es mit künstlerischer Meisterschaft umzugestalten, zu vertiefen? Vielleicht hat Euripides nur einzelne Hauptmotive herübergenommen, wie die Neuerung, daß Medea die Kinder mit eigener Hand tötet. Keinesfalls darf eine so gut verbürgte Nachricht von der Hand gewiesen werden, weil sie nach unseren Begriffen vom geistigen Eigentum die Originalität eines Dichters wie Euripides herabzusetzen scheint.

Aus Peripatetikerkreisen stammt noch eine andere auf Euripides bezügliche Nachricht. Klearchos, ein Schüler des Aristoteles, erzählt ἐν τῷ προτέρῳ περὶ γρίφων[6]) (FHG II 321), aus der Buchstabentragödie des

---

1) Wilamowitz, *Hermes* 15, 487.
2) In der Einleitung seiner Ausgabe (München 1905[4]).
3) Vgl. Schmid-Christ, *Gr. Lit.* I 339.
4) In seiner Ausgabe (Par. 1899).   6) Wilamowitz, *Hermes* 15, 488 ff.
5) Bei Athen. VII 276 a; Καλλίαν .. τὸν Ἀθηναῖον γραμματικὴν συνθεῖναι τραγῳδίαν, ἀφ' ἧς ποιῆσαι τὰ μέλη καὶ τὴν διάθεσιν Εὐριπίδην ἐν Μηδείᾳ καὶ Σοφοκλέα τὸν Οἰδίπουν. — Aus der gleichen Quelle weiß uns derselbe Athenaios (X 453 e) noch genauer zu berichten: ὥστε τὸν Εὐριπίδην μὴ μόνον ὑπονοεῖσθαι τὴν Μήδειαν ἐντεῦθεν πεποιηκέναι πᾶσαν, ἀλλὰ καὶ τὸ μέλος αὐτὸ μετενηνοχότα φανερὸν εἶναι. τὸν δὲ Σοφοκλέα διελεῖν φασιν ἀποτολμῆσαι τὸ ποίημα τῷ μέτρῳ τοῦτ' ἀκούσαντα καὶ ποιῆσαι ἐν τῷ Οἰδίποδι οὕτως (folgt V. 332 f.).

Kallias habe Euripides in der Medea und Sophokles im Oidipus die
Chorlieder und die Anordnung. Die 24 Choreuten trugen in dem Stück
des Kallias die Namen der 24 Buchstaben des neujonischen Alpha-
betes. Die ganze Sache schmeckt sehr nach einem Komikerwitze und
O. Hense, der die vielbesprochene Stelle ausführlich erläutert[1]), vermutet,
daß der Komiker Strattis diese boshafte Parallele aufgebracht habe.
Indem er die melischen Partien der Medea genauer untersucht, kommt
er bei eingehender Analyse des Melos V. 1251—92 zum Ergebnis
(S. 594 f.): *„Insofern die Hilferufe der Knaben auch innerhalb der
antistrophischen Responsion stehen, beträgt die Gesamtzahl der in diesem
Melos gehörten Stimmen genau 17. Mithin war die Diathesis dieses
Melos der Medea nach der Zahl der Stimmen die gleiche wie in der
Parodos der grammatischen Tragödie des Kallias, wo die 17 Konso-
nanten nach der Reihe 17 Kommata abgaben.“* Wir müssen uns bei
der immerhin glaubhaften Lösung bescheiden.   .

Man warf ferner Homer Plagiate aus andern Epen und der del-
phischen Sibylle vor[2]); außerdem soll er einen Epiker aus Ilion, Korinnos, der zuerst eine Ilias und den Krieg des Dardanos gegen die
Paphlagonier dichtete, zum größten Teil ausgebeutet haben.[3]) Die
Nachricht von Homers Plagiat aus den sibyllinischen Büchern zerfällt
in nichts, da diese Fälschungen erst unter den alexandrinischen Juden
entstanden. Ebenso trägt die Notiz über Korinnos, dem männlichen
Gegenstück zu Korinna, den Stempel der Erfindung deutlich an sich.
Da dieser bei Suidas auch als μαθητὴς Παλαμήδου erscheint — man
vergleiche dazu die Mär von dem Verruf, den das Atridenhaus gegen
die Dichter Palamedes und Homer verhängt hatten —, so haben wir
hierin wohl einen Ableger der Palamedeserfindungen der Sophisten zu
erblicken, wenn nicht der berüchtigte Ptolemaios Chennos auch diesen
Schwindel ausgeheckt hat.

---

1) Die Abctragödie des Kallias und die Medea des Euripides, Rh. Mus. 31, 582—601.
2) Bei Diodor IV 66 f.: παρ' ἧς (d. h. delphische Sibylle) φασι καὶ τὸν
ποιητὴν Ὅμηρον πολλὰ τῶν ἐπῶν σφετερισάμενον κοσμῆσαι τὴν ἰδίαν ποίησιν.
Hierher gehört auch die Notiz bei Suidas (unter d. W.), Phokylides habe die
uns erhaltenen γνῶμαι (ἢ παραινέσεις) aus den sibyllinischen Orakeln gestohlen.
Bekanntlich 'enthält das 2. Buch der Sibyllinika (II 56—148) über 70 gleich-
lautende Verse des Ps. Phokylides (5—77); aber die Phokylidea sind die Gläu-
biger, nicht umgekehrt.
3) Bei Suidas (= Schol. Theokr. 15) unter Κόριννος heißt es: Κόριννος
Ἰλιεὺς ἐποποιὸς τῶν πρὸ Ὁμήρου, ὥς τισιν ἔδοξε, καὶ πρῶτος γράψας τὴν Ἰλιάδα, ἔτι
τῶν Τρωικῶν συνισταμένων ... ἔγραψε δὲ καὶ τὸν Δαρδάνου πρὸς Παφλαγόνας
πόλεμον, ὡς ἐκ τούτου λαβεῖν καὶ τῆς ποιήσεως πᾶσαν ὑπόθεσιν Ὅμηρον· καὶ ἐν-
τάξαι τοῖς αὑτοῦ βιβλίοις.

Eine andere Notiz 'betrifft den Grammatiker Demetrios aus
Adramyttion, der seinen Beinamen Ἰξίων daher erhalten haben soll,
weil er am euripideischen Drama gleichen Namens starke Anleihen gemacht habe.[1]) Beccard[2]) bemerkt mit Recht, die Verlegenheit der
Lexikographen, den sonderbaren Beinamen zu erklären, sei aus den
verschiedenen Deutungsversuchen leicht zu erkennen. Erhielt er vielleicht den Spitznamen wegen eines körperlichen Gebrechens? War
er etwa verkrümmt oder verwachsen, sodaß der Spott sagen konnte,
er sei einmal wie Ixion aufs Rad geflochten worden?

Athenaios, der aus dem Lexikon des Didymos soviel schöpfte,
bringt einmal[3]) auch die Nachricht, die Ἄντεια des Alexis sei abgesehen von wenigen Abweichungen mit dem gleichnamigen Stücke des
Antiphanes übereinstimmend. Wenn man erwägt, daß Alexis mit
Antiphanes auffällig viel Komödientitel gemein hat (Ἄντεια, Δίδυμοι,
Ἐπιδαύριος, Ἐπίκληρος, Κιθαρῳδός, Κουρίς, Κυβευταί, Λαμπάς, Μί-
δων, Μίνως, Παράσιτος, Στρατιώτης, Τραυματίας, Ὕπνος, Φιλίσκος),
so ist Meinekes Vermutung[4]), das Stück Ἄντεια sei von Alexis umgearbeitet worden, sehr wahrscheinlich.

Ps.-Plutarch, der im Leben der 10 Redner Caecilius und dessen
Quellen folgt[5]), bemerkt im βίος des Demosthenes (30), Hermippos
habe sich das Geschichtswerk des Pappos angeeignet.[6]) Wir können
der Nachricht nicht mehr nachgehen; aber bei der Arbeitsweise des
Kallimacheers, der in seinen βίοι τῶν ἐν παιδείᾳ διαλαμψάντων die
Überlieferungen früherer vereinigte und ergänzend abschloß,[7]) ist jene
Notiz ohne weiteres glaubhaft.

Menippos aus Pergamon, ein Freund des Epigrammatikers Krinagoras (unter Augustus und Tiberius), erhob einen scharfen Angriff

---

1) Suidas unter Δημήτριος: ὁ ἐπίκλην Ἰξίων ... γεγονὼς κατὰ τοὺς Αὐγούστου τοῦ Καίσαρος χρόνους ... ἐπεκλήθη δὲ τοῦτο, ὡς μέν τινες, διότι λεπίδας
χρυσᾶς κλέπτων, ... ὡς δὲ ἄλλοι, ὅτι ἀπεσύλησεν Εὐριπίδειον Φιλότιμον τὸ δρᾶμα
ἔχον τὸν Ἰξίονα. Staesche (*De Demetrio Ixione grammatico*, Halle, Diss. 1883
p. 4) sucht die verdorbene Stelle also zu heilen, daß er statt φιλότιμον: φίλον
τινὰ liest und Εὐριπίδειον vor τὸ stellt.

2) *De scholiis in Homeri Iliadem Venetis A* (Berl. 1850, p. 66[83]).

3) Athen. III 127 b c. Einem Zitat aus der Ἄντεια des Antiphanes (II 24 K)
ist beigefügt: τὸ δ' αὐτὸ τοῦτο δρᾶμα φέρεται καὶ ὡς Ἀλέξιδος ἐν ὀλίγοις σφόδρα
διαλλάττον.

4) hist. com. I 322f.

5) Keil, *analect. Isocr.* (Leipz. 1885) S. 89ff.

6) Πάππος δέ τις, οὗ τὴν ἱστορίαν Ἕρμιππος ἀνείληφε (fr. 62).

7) Vgl. Susemihl I 494f.

auf den gefeierten φιλόλογος Eratosthenes[1]). Er habe unbegreiflicher-
weise das Buch des Timosthenes περὶ λιμένων mit wenigen eigenen
Zusätzen abgeschrieben, sogar dessen Vorwort wörtlich- mitherüber-
genommen. Wagner[2]) will genauer bestimmen, was Eratosthenes aus
jenem Werke herübergeholt habe, kommt aber naturgemäß über mehr
oder minder unsichere Vermutungen nicht hinaus. Wir müssen uns
eben auch hier in Ermangelung von Gegenbeweisen mit der sicher auf-
tretenden Notiz beruhigen, höchstens uns auf eine Erklärung im 2.
oder 3. Abschnitt unserer Untersuchungen vertrösten.

Gegen den Mathematiker Apollonios von Perge, den „großen
Geometer", erhebt Herakleides in der Biographie des Archimedes[3])
den Vorwurf, er habe die Untersuchungen über Kegelschnitte, die er
bei Archimedes unveröffentlicht vorfand, sich angeeignet. Heiberg[4])
denkt bei Herakleides an den Freund des großen Syrakusaners, den
dieser öfters[5]) erwähnt. Schon Geminos[6]) und Eutokios[6]) nehmen
den Angegriffenen in Schutz[7]). Nach Zeuthen[8]) beruht jene An-
schuldigung auf einer vollständigen Verkennung des Zweckes seiner
Schrift. Daß jener in seinen κωνικά die Arbeiten seiner Vorgänger
benützt habe, sei selbstverständlich. Zudem gehört Apollonios zu
jenen seltenen Schriftstellern, die genau angeben, was sie von ihren
Vorgängern benützt und was sie selber Neues gefunden haben (Vorwort zu I und IV).

Aber auch gegen Philosophen wie Aristoteles und Platon fand
der Sekteneifer stets neue Vorwürfe. So kann Themistios in einer
Rede (33, 285ᶜ) von einem „ganzen Heer" von „Aristotelesverleumdern"
sprechen und er wie Diogenes Laertius (11, 16) nennen Epikur, Timaios, Eubulides, Alexinos, Kephisodoros, Lykos u. a.; ob diese „Ver-
leumdungen" sich auch auf Plagiate bezogen, wissen wir nicht. Die

---

1) GGM I p. 566 (M): Ἐρατοσθένης δὲ ὁ Κυρηναῖος, οὐκ οἶδα τί παθών,
τὸ Τιμοσθένους μετέγραψε βιβλίον, βραχέα τινὰ προσθείς, ὡς μηδὲ τοῦ προοιμίου
τοῦ μνημονευθέντος ἀποσχέσθαι, ἀλλ᾽ αὐταῖς λέξεσι κἀκεῖνο τοῦ οἰκείου προθεῖναι
συγγράμματος.
2) Die Erdbeschreibung des Timosthenes (Leipz. Diss. 1888, S. 12 ff.). Vgl.
auch Berger, Gesch. d. Erdk.² 527 f.
3) Eutok. in Apoll. II 168 Heib.: ὡς ἱστορεῖ Ἡρακλεῖος [lies: Ἡρακλείδης,
wie im Kommentar zu Archimedes steht (III 266 H): Ἡρακλείδης ἐν τῷ Ἀρχιμήδους βίῳ] ὁ τὸν βίον Ἀρχιμήδους γράφων, ὃς καί φησι τὰ κωνικὰ θεωρήματα
ἐπινοῆσαι μὲν πρῶτον τὸν Ἀρχιμήδη, τὸν δὲ Ἀπολλώνιον αὐτὰ εὑρόντα ὑπὸ Ἀρχιμήδους μὴ ἐκδοθέντα ἰδιοποιήσασθαι.
4) Ausg. des Archimedes III 524.
5) De lin. spir. p. 2, 4; 6, 9.   6) Apoll. con. II 168. 170 Heib.
7) Vgl. auch Pappos, syn. VII 30. 32 f.
8) Die Lehre von den Kegelschnitten im Altertum (Kopenhagen 1886) S. 39 f.

Peripatetiker beschuldigen hinwiederum in Bausch und Bogen die Stoiker ausdrücklich des Plagiats, wie z. B. Polemon den Zenon im besonderen (Diog. L. VII 25). Bezeichnend ist, was Cicero vom Standpunkt des Peripatetikers aus von der Stoa spöttisch bemerkt (de fin. V 74): *ei quidem non unam aliquam aut alteram a nobis, sed totam ad se nostram philosophiam transtulerunt, atque ut reliqui fures earum rerum, quas ceperunt, signa commutant, sic illi, ut sententiis nostris pro suis uterentur, nomina tanquam rerum notas mutaverunt.* In der Tat benutzten die stoisch-skeptischen Philosophen die alte Gelehrsamkeit, von der sie angeblich nichts hielten und suchten das Abhängigkeitsverhältnis geflissentlich zu verschleiern, ähnlich, wie späterhin die Kirchenväter in ihren Schriften die heidnische Marke zu überkleben sich bemühten.

In diesem Sektenstreite können wir nur mehr für Platon festumschriebene Angriffspunkte herausschälen.

Theopomp scheint mit seiner Schrift[1]) *κατὰ τῆς Πλάτωνος διατριβῆς* den Kampf eröffnet zu haben, nachdem schon Aristoteles in dem nicht mißzuverstehenden Urteil über seinen ehemaligen Lehrer (met. I 6) das Signal dazu angestimmt hatte. Nach Athenaios, der Hauptfundstelle der Antiplatoniker, der eine Stelle aus jenem Pamphlet zitiert (508 c) soll Platon die meisten Dialoge aus Aristipp, einige aus Antisthenes, viele aus Bryson entnommen haben[2]). Wir wissen, daß das Verhältnis des Philosophen zu Isokrates ein gespanntes wurde[3]); aber erst Theopompos und Kephisodoros, die Isokratesjünger, haben den Gegner ihres Meisters offen bekämpft; darum zählt Dionysios von Halikarnassos[4]) unter den Platongegnern auch den Theopompos auf. Als Beispiel für Theopomps Herabminderung der platonischen Philosophie können wir nur anführen, daß er — zweifellos stammt diese bei Athenaios (507 e)[5]) angegebene Notiz ebenfalls aus jener Quelle — dessen Lehre von der Unsterblichkeit der Seele dem

---

1) Mit gutem Grunde wendet sich Blaß, *Att. Bereds.* II 406⁴ gegen Müller (FHG I p. LXXIII), der darin einen Exkurs der Philippika erblicken wollte.

2) Θεόπομπος ὁ Χῖος ἐν τῷ κατὰ τῆς Πλάτωνος διατριβῆς· τοὺς πολλούς (φησι) τῶν διαλόγων αὐτοῦ ἀχρείους καὶ ψευδεῖς ἄν τις εὕροι· ἀλλοτρίους δὲ τοὺς πλείστους, ὄντας ἐκ τῶν Ἀριστίππου διατριβῶν, ἐνίους δὲ κἀκ τῶν Ἀντισθένους, πολλοὺς δὲ κἀκ τῶν Βρύσωνος τοῦ Ἡρακλεώτου.

3) Näheres bei Blaß II 28—41.

4) ep. ad Pomp. 757.

5) Περὶ δὲ τῶν ἐν τοῖς διαλόγοις αὐτοῦ κεκλεμμένων τί ἄν καὶ λέγοι τις; ἡ μὲν γὰρ ψυχὴ ἡ διαπλαττομένη ἀθάνατος ὑπ' αὐτοῦ καὶ κατὰ τὴν ἀπόλυσιν χωριζομένη τοῦ σώματος παρὰ προτέρῳ εἴρηται Ὁμήρῳ. οὗτος γὰρ εἶπεν ὡς ἡ τοῦ Πατρόκλου ψυχή — folgt Π855/6.

Homer (*Π* 856) entnommen sein läßt. Immerhin mag man, abgesehen von dem Vorwurf des Plagiates, diesen religionsgeschichtlichen Versuch entsprechend würdigen.

Der Historiker Alkimos (c. 300) schrieb 4 Bücher „an Amyntas", in denen er den Nachweis führen will, daß Platon sehr viel dem Epicharm verdanke. Diogenes Laertius bringt aus diesen Zusammenstellungen (III p. 9—17) vier Belege (fr. 1. 2. 3. 4 Diels), über deren teilweise Unechtheit kein Zweifel mehr bestehen kann.[1]) Amyntas ist zweifellos der öfters zitierte Mathematiker und Platonschüler aus Herakleia, so daß Alkimos selber als jüngerer Zeitgenosse Platons anzusehen ist. Platon lernte wohl die Werke Epicharms in Sizilien kennen und hält ihn vermutlich wegen seiner treffenden Sentenzen voll tiefer Lebensweisheit und philosophischen Gehaltes für den ersten aller Komiker (Theait. 152 e). Daher dürfte es ohne weiteres wahrscheinlich sein, daß manches epicharmische Wort dem Philosophen in die Feder floß, wie man ja auch schon im Altertum epicharmisches Eigentum bei Euripides wieder fand[2]) und wie denn manche Gnome[3]) Epicharms nachweislich[4]) in den Sprichwörterschatz der Griechen übergegangen ist.

Aristoxenos, der bekannte Musiktheoretiker und Aristotelesschüler, behauptet von der *Πολιτεία* Platons, sie sei fast ganz in den *ἀντι-λογικά* des Protagoras enthalten, eine Beschuldigung, die Favorinos (bei Diog. L. III 37) nachspricht.[5]) So sehr seine musiktheoretischen Schriften zu schätzen sind, hat er doch in seinen *βίοι ἀνδρῶν* — und daraus stammt wohl auch obige Notiz — entweder böswilligen Klatsch aufgenommen oder unbedenklich Urkunden für seine Zwecke erfunden.[6])

Timon aus Phlius ist der erste, der die Anekdote vorbringt, Platon habe ein kleines Büchlein angekauft und daraus seinen Timaios

---

1) Vgl. die grundlegenden Forschungen E. Rohdes (Psyche I 550² u. II 255); ferner Zeller I 496³ u. Diels, *Vorsokratiker*² I 89 ff., der besonders fr. 3 hinsichtlich der Echtheit bezweifelt. Wir haben es hier mit sophistischen Fälschungen des 5. Jahrhunderts zu tun.

2) Kaibel, CGrF I 146.

3) Reste einer im 3. Jahrh. v. Chr. geschriebenen Sammlung epicharmischer Gnomen entdeckte man unter jüngeren Papyrusfunden (*Hibeh papyri* (1906) n. 1. 2).

4) O. Crusius, Philol. 8 Suppl. 281 ff.

5) Diog. L. III 37: *πᾶσαν σχεδὸν* (*Πολιτείαν*) *ἐν τοῖς Πρωταγόρου γεγράφθαι ἀντιλογικοῖς.* Blaß (I 26) denkt daran, daß jene „Gegenschriften" Beispiele zur Disputation enthielten, die vielleicht mit manchem platonischen Gedanken sich deckten.

6) Näheres bei Zeller II 63 ff. 50. 54². 57⁶.

abgeschrieben.[1]) Gellius (III 17, 4) hat uns aus dessen Σίλλοι (fr. 26 Wachs.), in deren beiden letzten Büchern bekanntlich der Hauptträger des Dialogs, der alte Sillograph Xenophanes, mit ätzendem Spott über die philosophischen Dogmatiker alter und neuer Zeit sich lustig machte, die auf Platon bezüglichen Verse erhalten.[2]) Hermippos, der Kallimacheer (bei Diog. L. VIII 85), weiß die Nachricht Timons zu ergänzen; er kennt bereits „jenes Büchlein": es ist das einzige Buch, das Philolaos geschrieben hat; Platon hatte die Schrift jenes Pythagoreers, den er vielleicht selbst noch kannte, von dessen Verwandten gekauft und daraus seinen Timaios abgeschrieben. Zeller, dem wir in dieser Frage das Wort überlassen, meint hierüber (II 430[7]): „*Wenn .. unser Philosoph .. die Grundlage seiner Konstruktion der Elemente und anderes Naturwissenschaftliche im Timäus ... zunächst Philolaus verdankt, so ist dies teils an sich nichts Unrechtes, teils hat er ... seine Quelle, die pythagoreische Lehre, wenigstens im allgemeinen hinreichend angezeigt, wenn er auch Philolaus nicht genannt hat. Seine wissenschaftliche Selbständigkeit aber hat er .. auch Philolaus und den Pythagoreern gegenüber hinreichend gewahrt.*" Schließlich sei noch erwähnt, daß auch gegen den „göttlichen" Plotinos der Vorwurf erhoben ward, er reproduziere nur die Gedanken seines Lehrers Numenios. Porphyrios in seiner Biographie des Plotinos (c. 17. 20) wie Amelios und Longinos weisen schon jene Angriffe zurück: er habe viel gründlicher und klarer als irgendeiner seiner Vorgänger die pythagoreischen und platonischen Prinzipien entwickelt und fortgebildet.

5. AUS SCHOLIEN UND SAMMELWERKEN.

Wie wir aber früher darauf hinweisen konnten, daß die Kommentare, wie sie in den Scholien, Lexicis und dergleichen Kompilationen verstreut auf uns herüberkamen, häufig zur Erklärung Stellen aus anderen Dichtern und Prosaikern in Parallele setzten, so können wir andererseits ebendort nicht selten die Fundorte oder Quellen angegeben sehen, woraus diese oder jene Motive stammen oder wenigstens zu stammen scheinen. Wenn auch die ganze Aufmachung zeigt, daß die Kommentatoren nicht im entferntesten an Plagiate denken,

---

1) Über die Kaufgeschichte, die von Fabeleien aller Art trieft, berichtet ausführlich Zeller II 410[2]; Belege bei Wachsmuth, *Sillogr.*[2] 130f., der die ganze Frage trefflich behandelt.

2) καὶ σὺ, Πλάτων, καὶ γάρ σε μαθητείης πόθος ἔσχεν,
πολλῶν δ' ἀργυρίων ὀλίγην ἠλλάξαο βίβλον·
ἔνθεν ἀπαρχόμενος τιμαιογραφεῖν ἐδιδάχθης.

so konnten doch derlei Notizen von *maligni* in *malam partem* gewendet werden, als wertvolle Quellen für Plagiatwitterer erscheinen.
Von diesem Gesichtspunkte aus sei folgende Auslese gewertet.

So werden von den Scholiasten auch bei nachhomerischen Epikern
Parallelen oder Quellen verzeichnet. So bemerkt der Scholiast zu
Apollonios von Rhodos (III V. 1372 — 76): οὗτος καὶ οἱ ἑξῆς στίχοι
εἰλημμένοι εἰσὶ παρ᾽ Εὐμήλου, παρ᾽ ᾧ φησι Μήδεια πρὸς Ἴδμονα
(= Kinkel p. 191); zu I V. 1309: Καλλιμάχου στίχος[1]) (fr. 212). Die
Scholien zu Nikandros, Theokritos und Lykophron, Kallimachos,
Apollonios und zu Homer weisen so viele gleiche Parallelvermerke
auf, daß das Eigentum des all die genannten kommentierenden Theon[2])
unschwer herausgeschält werden könnte.

In den Scholien zu den Tragikern und Komikern lesen wir
gleichfalls sehr häufig Quellenangaben. So zu Ajas V. 125, der Ausdruck κούφην σκιάν gehe auf Pindaros (P. 8, 95: σκιᾶς ὄναρ) zurück;
doch habe Sophokles das Wort verbessert: ὁ λόγος ἐγγυτέρω τῆς ἀληθείας; zu Ajas V. 514 wird auf die ähnliche Klage der Andromache
bei Homer (Z 413 u. 429) verwiesen; zu Elektra V. 1026 heißt es: τοῦτο
δὲ Πινδαρικόν (Ν 4, 31); zu Ajas V. 787: πρὸς τὸ Εὐριπίδου ἐν Δίκτυι;
zu Oidipus tyr. V. 56: καὶ Ἀλκαῖός φησιν καὶ Δημοσθένης (bei Thukyd. 7,
77); zu Ajas V. 731: ἐκ τῆς Ἀχιλλέως πρὸς Ἀγαμέμνονα μάχης παραγέ-
γραπται. Ebenso häufig sind wiederum die reinen Parallelverweise,
wie zu Ajas V. 696: ὅμοιον αὐτῷ τὸ Πινδαρικόν (P. II 50); zu Oid. Kol.
V. 1211: ἔοικε τῷ ⟨παρ᾽⟩ Ἡσιόδῳ (op. V. 40); zu Ajas V. 550: ἡ δὲ
ὁμοία εὐχὴ καὶ παρ᾽ Ὁμήρῳ und viele andere.

So ist Homer — in seiner Apotheose huldigen ihm die allegorischen Figuren Ποίησις, Τραγῳδία, Κωμῳδία, Ἱστορία — häufig als
Urquelle Späterer hingestellt. Zu Ω 527 ist bemerkt, Hesiodos (op.
V. 96) habe daher τὸ περὶ τοῦ πίθου μύθευμα entnommen; zu I 557,
Sophokles habe aus dieser Stelle den Priesterchor im Meleagros ge-
holt; B 372 bzw. Δ 289 gilt als Quelle eines vielzitierten Euripides-
spruches (fr. 200), I 400 eines Menandrosverses (fr. 54); auf X 25 wird
ein Epicharmoswort (fr. 2) zurückgeführt. B 153 findet in dem Ausdruck
des Aristophanes (nub. V. 357): οὐρανομήκη φωνήν eine Wiederholung,
O 628 in dem Verse des Aratos (Phain. 299); das von späteren Dichtern oft verwertete Motiv des von der Mauer gestürzten Astyanax

---

1) Knaack, *Callimachea* (Stettin 1887 p. 13 ff.), legt dagegen dar, daß diese
Stelle dem Epigramm des Nikainetos (Anth. P. VI 225) nachgebildet sei.
* 2) C. Giese, *de Theone grammatico eiusque reliquiis* (Diss. Münster 1867)
ist ganz veraltet.

stammt aus Ω 735. Oder es werden Parallelen zu späteren Dichtern
verzeichnet, wobei die Frage offen gelassen ist, ob eine Beeinflussung
des Alten anzunehmen ist oder nicht. So ist bei Ω 617 auf den
Komiker Philemon, N 231 auf den Komiker Mnesimachos, N 207,
κ 481 auf Euripides, Ω 527 auf Kallimachos, O 393 auf Menandros,
ξ 12 auf Aischylos, H 99 auf Xenophanes, P 32 auf Platon hinverwiesen.
Die gleiche Erklärungsart erhellt aus dem Kommentar des Eustathios,
der gerne Dramatiker in Parallele zieht. So heißt es zu K 73: Σοφοκλῆς δὲ παραφράζων αὐτὸ εἶπε (Aj. V. 786): zu O 657: καὶ ὅρα ὡς ἐντεῦθεν λαβὼν ὁ Σοφοκλῆς ἔφη (Aj. V. 1079f.); zu Ω 549—551: Σοφοκλῆς
δέ, τὸ τοῦ Ἀχιλλέως μιμούμενος, φησίν (El. V. 137—139); zu Π 722:
ἰστέον δέ, ὅτι παρὰ τῷ Ὁμηρικῷ ξηλωτῇ Σοφοκλεῖ ἔστι σχῆμα εὐχῆς
ὅμοιον ἐν τῇ Ἠλέκτρᾳ (V. 1090—1092) u. a.

Mit gleichem Eifer finden wir in den Euripidesscholien Quellen-
hinweise. So heißt es zu Orestes V. 585: Ὁμηρικὸν ὡς τὸ .. (E 875);
bei Phoin. V. 88ff. ist auf die Teichoskopie bei Homer Bezug genommen;
ebenda V. 142 kennt Antigone die Zeichen der Schilde παρὰ τὸ Ὁμηρικόν (E 182); ebenda V. 185 lesen wir: τὸν Ὁμηρικὸν δὲ Ἔκτορα ἐμιμή-
σατο φάσκοντα πρὸς Ἀνδρομάχην· „καὶ μὲν ... Ὑπερείης“ (Z 457);
zu Hipp. V. 385 heißt es von den beiden αἰδοῖ· ἴσως δὲ τὸ Ὁμηρικὸν
(Ω 45) ἀνέγνω Εὐριπίδης; zu Phoin. V. 170 bemerkt der Scholiast: τὸν
Ὁμηρικὸν Μενέλαον μιμεῖται; Andr. V. 107 ist Ὁμηρικῷ ζήλῳ (= Λ 328)
gedichtet; zu Med. V. 167 ist bemerkt: ταῦτα εἰς τὰ Ἡσιόδου (op. 375)
καὶ Ὁμήρου (λ 456); ib. V. 439: παρὰ τὰ Ἡσιόδου (op. 198); Phoin.
V. 1194: παρὰ τῷ (l. τὸ) Αἰσχύλῳ (l. -ου) ἐν Γλαύκῳ Ποτνιεῖ (fr. 36);
zu Andr. V. 975 sind Parallelen aus Sophokles (fr. 667) und Menandros
(fr. 135); zu Andr. V. 107 aus Pindaros (O. 1, 91) angeführt.

Ebensolches beobachten wir in den Aristophanesscholien. Zu
nub. V. 586 heißt es: παρὰ τὸ Ὁμηρικόν (ebenso Ran. 18, 345; av. 685,
1473 u. o.); zu Ach. V. 455: μιμεῖται τὸν Εὐριπίδου χαρακτῆρα τῷ λόγῳ;
bei nub. V. 1008 ist auf Theokritos (I 1) verwiesen; av. V. 709 u. 711
wird Hesiodos (op. 446 u. 45) angezogen; zu equ. V. 526 heißt es: δοκεῖ
δέ μοι Ἀριστοφάνης ἀφ' ὧν αὐτὸς εἶπε Κρατῖνος περὶ αὐτοῦ μεγαλη-
γορῶν, ἀπὸ τούτων καὶ οὗτος τὴν τροπὴν εἰληφέναι.

Werfen wir noch einen Blick auf die Prosascholiasten. Das
Scholion zu Demosthenes (p. 141f. Dind.) bemerkt, daß dieser in der
4. Philippika das Prooimion des Isokrates zu Archidamos (1—6) benützt habe, eine Beobachtung, die auch Hermogenes (II 412 u. 320 Sp.)
verzeichnet; zu Demosthenes, Timokr. 4 bemerkt der Scholiast (p. 734 D):
τὸ δὲ εἴπερ τοῦτό τινι, τοῦτο εἰς τὸν Ἰσοκράτην (Symm. 1—2) αἰ-

νίττεται, ἐπειδὴ κἀκεῖνος οὕτως ἐλογίσατο ἐν τῷ προοιμίῳ τῷ περὶ
τῆς εἰρήνης. Aus Aristophanes (equ. V. 765) soll Demosthenes die Einleitung zur Kranzrede entlehnt haben, wie der Scholiast töricht bemerkt: ἐντεῦθεν δοκεῖ μοι καὶ Δημοσθένης ὠφεληθεὶς τὸ προοίμιον
εἰληφέναι ἐν τῷ περὶ τοῦ στεφάνου λόγῳ . . Nach dem Scholion zu
Aischines (2, 175 p. 313 Sch.) (aus Caecilius Cal.? Bei Ofenloch fr. 167)
stammen die Ausführungen 2, 172—176 aus Andokides (3, 3—12);
ferner sollen die demosthenischen Vormundschaftsreden von Isaios herrühren (Ps. Plut. vita Isaei; hypoth. Dem. Onet. 2; Liban. vit. 48 ff.).[1])

Aus den Scholien gingen derlei Notizen in lexikographische und
polyhistorische Sammelwerke eines Pamphilos, Favorinos, Athenaios.
u. ä. über, aus denen wir noch Reste herausschälen können. So bemerkt Athenaios (III 84 bc) zu den aus Antiphanes ἐν Βοιωτίῳ (II
35 K) zitierten Versen: Ἔριφος δ' ἐν Μελιβοίᾳ αὐτὰ ταῦτα τὰ ἰαμβεῖα προθεὶς ὡς ἴδια ἐπιφέρει (II 429 K). Statt νὴ τὴν Φωσφόρον,
wie bei Antiphanes, heißt es hier: νὴ τὴν Ἄρτεμιν. —

Ebenso notiert Athenaios (I 25 f u. 26 a) zu Versen des Eubulos.
(II 209 K): τὸ αὐτὸ δὲ καὶ Ἄλεξις σχεδὸν ἀπαραλλάκτως τοῦ σφόδρα
μόνου κειμένου ἀντὶ τοῦ ἀεί (II 400 K). Nach ihm (II 43 f) kehrt ein
Vers des Ophelion (II 494 K) wörtlich bei Eubulos (II 211 K) wieder;
ferner las man zwei Verse aus den Τιτθαί des Eubulos wieder in
den Obeliaphoroi des Ephippos (Athen. VII 311 d u. VIII 395 ab); neun
Verse des Eubulos tauchen wiederum im Geryones des Ephippos auf
(Athen. II 65 c u. IX 370 cd); Ephikrates entnimmt verschiedenes aus
dem gleichnamigen Δύσπρατος des Antiphanes, wie die Gegenüberstellung bei Athenaios (VI 262 d) zeigt. Ohne Kritik sind auch die
teilweise wörtlich übereinstimmenden Verse des Aischylos (Ἀχαιῶν
σύλλογος fr. 174) und Sophokles (Ἀχαιῶν σύνδειπνοι fr. 141) von Athenaios (I 17 c) nebeneinandergestellt.[2]) Daß derlei Notizen schon bei
Athenaios mit dem unverkennbaren Vorwurf des Plagiates wiederholt
werden, sahen wir.

Indes darf nicht verschwiegen werden, daß in den alten Scholien
nirgends aus der *imitatio* anderer Autoren ein Tadel gegen die Unselbständigkeit erhoben wird. Nur verkehrte, unangebrachte, wirkungs-

---

1) Eine systematische Sammlung aller einschlägigen Scholienstellen würde
einen wichtigen Beitrag zur literarischen Ästhetik der Antike liefern; für unseren
Zweck genügen Stichproben.

2) Vgl. *Berliner Klassikertexte* V 2, 68 ff., wo aus den neuen Fragmenten des
Ἀχαιῶν σύλλογος nachgewiesen ist, daß die σύνδειπνοι im Gegensatz zu jenem
ein burleskes Drama sind; die Wiederholung der Aischylosverse verfolgt jedenfalls parodistische Zwecke.

lose μίμησις verfällt der Verurteilung. So hebt[1]) Aristarchos zu Homer Θ 70 die seiner Ansicht nach falsche Auffassung hervor, die Aischylos von dieser Stelle hatte: ὅτι τὰς θανατηφόρους μοίρας λέγει· ὁ δὲ Αἴσχυλος νομίσας λέγεσθαι τὰς ψυχὰς ἐποίησε τὴν ψυχοστασίαν, ἐν ᾗ ἐστιν ὁ Ζεὺς ἱστὰς ἐν τῷ ζυγῷ τὴν τοῦ Μέμνονος καὶ Ἀχιλλέως ψυχήν; oder dem Aischylos wird zum Vorwurf gemacht, daß er bei X 351 die hyperbolische Redeweise des Homer verkannte: τοῦτο δὲ ὑπερβολικῶς εἶπεν (Ἀχιλλεύς)· ὁ μέντοι Αἴσχυλος ἐν Ἕκτορος λύτροις ἀληθὲς αὐτὸ ἐξεδέξατο. Bei B 670 bemerkt Aristarchos: ὅτι Πίνδαρος [O. 7, 91] κυρίως δέδεκται χρυσὸν ὗσαι τὸν Δία, Ὁμήρου μεταφορᾷ κεχρημένον; zu Δ 439 lesen wir: πλανηθεὶς δὲ Ἀντίμαχος ἵππων Ἄρεως ὀνόματα ἀποδέδωκεν; Γ 371: ὁ δὲ Καλλίμαχος ὡς ὄνομα κύριον τοῦ ἱμάντος τὸν κεστὸν ἐκδέχεται.[2]) Lysanias rügt bei Euripides, Andr. V. 10: κακῶς λέγων αὐτὸν ἐξειληφέναι τὸ παρ' Ὁμήρῳ [Ω 135], οὐχ ὡς πάντως γενόμενον, ἀλλ' εἰκαζόμενον ὡσεὶ ἔλεγε κατακαυθήσεσθαι τὸν παῖδα ἤ τι ἄλλο. Denselben Grundsätzen begegnen wir in der Vergilkritik[3]), so daß wir sie als maßgebende betrachten dürfen.

6. PSEUDEPIGRAPHISCHE LITERATUR.

Die Rinnsale, aus denen die spätere κλοπαί-Literatur gespeist wird, sind, wie wir sahen, verschieden; ein Sammelbecken aber dürfen wir nicht außeracht lassen, die pseudepigraphische Literatur.

Das Schwanken zwischen Autorennamen ist namentlich bei älteren Schriftwerken häufig, wenn die Überlieferung unsicher ist. Das beobachten wir bei gewissen Gedichten des Ananios, Hipponax, Ibykos, Stesichoros. Die Ἀσίη des Hekataios wird von Kallimachos dem Nesiotes zugeschrieben, wie Athenaios versichert[4]); die Τριαγμοί weist Isokrates dem Ion von Chios zu, Kallimachos (Harpokr. s. Ἴων) dem Epigenes[5]); Theophrastos teilt die Rede Νικίου ἀπολογία dem Lysias zu; Dionysios von Halikarnassos (de Lysia c. 14) konstatiert seinen Irrtum u. a. m. Sehr häufig spielt bei diesen fälschlichen Zuweisungen der Zufall eine Hauptrolle: so kann dieselbe Buchrolle verschiedene Schriften enthalten, die nun dem Autor der Hauptschrift zugewiesen wurden; oder anonyme Schriften werden mit einem Autor von gleichem

---

1) Vgl. Crusius, Artikel „Keren" bei Roscher.
2) Weitere Belege bei Bachmann II 32 und Rutherford 210.
3) Vgl. Georgii, Antike Äneiskritik, Index.
4) p. 70 B. Ἑκαταῖος .. ἐν Ἀσίας περιηγήσει, εἰ γνήσιον τοῦ συγγραφέως τὸ βιβλίον. Καλλίμαχος γὰρ Νησιώτου αὐτὸ ἀναγράφει ..
5) Vgl. H. Diels, Vorsokr. 229 ff.

oder ähnlichem Typus verbunden: so die Kypria, die Thebais u. ä.
mit Homer; genealogische und mythologische Epen mit Hesiodos;
Reden von lysianischem, demosth'enischem Charakter mit Lysias oder
Demosthenes; herrenlose Siegeslieder mit Pindar[1]), namenlose Dramen
mit Euripides.[2])

Aber auch Homonymen geben zu häufigen Irrtümern Anlaß. So
sagt Diogenes von Laërte (VII 163) bei der Aufzählung der Schriften des
Stoikers Ariston, Panaitios und Sosikrates schrieben ihm nur die Briefe zu,
alles übrige sei Eigentum des Peripatetikers Ariston. Der eingerissenen
Verwirrung suchte Demetrios von Magnesia mit seinem Buche περὶ
ὁμωνύμων zu steuern. Schließlich sind auch Fälschungen nicht
selten der Anlaß zu späteren Plagiatvorwürfen geworden. Nach Galenos (XV p. 109 K.[3])) wurden durch die hohen Bücherpreise, die die
Könige von Pergamos und Alexandria zahlten, gar manche ausgewitzte
Leute dazu veranlaßt, Titel zu fälschen oder ältere Werke zu überarbeiten. So meint Dionysios Hal. von den ältesten Geschichtschreibern, deren Schriften im Handel umgingen (de Thuc. 23):
οὔτε διασώζονται τῶν πλειόνων αἱ γραφαί — οὔτε αἱ διασωζόμεναι
παρὰ πᾶσιν ὡς ἐκείνων οὖσαι τῶν ἀνδρῶν πιστεύονται. Der Sekteneifer
verlegte sich auf Fälschungen im großen: so wurden allen möglichen
Namen, die man in alten Verzeichnissen der Pythagoreer fand, nachträglich Schriften zugeteilt, wobei man unbedenklich andere Autoren
benützte; ebenso steht es mit den orphischen Erzeugnissen, den Fälschungen der jüdischen und christlichen Apologeten, der Mystiker, die
ältere Literatur für ihre Zwecke ummodelten und umgossen. Ein
charakteristisches Beispiel bietet Archytas: seine ihm untergeschobene
Schrift περὶ τῶν δέκα κατηγοριῶν, die von den späteren Erklärern
der aristotelischen Schrift gleichen Inhalts als echt anerkannt wurde,
gilt ihnen als Vorbild des Aristoteles.[4]) Ebenso ist die dem Lokrer
Timaios untergeschobene Schrift: περὶ ψυχᾶς κόσμω καὶ φύσιος ein
späterer Auszug aus dem platonischen Timaios. Ob nicht auch dem
Leukippos, den Aristoteles als ἑταῖρος des Demokritos anführt, dessen
Geschichtlichkeit aber schon Epikuros (nach Diog. L. X 13) bestreitet,

---

1) So *Olymp.* V (vgl. Scholion).

2) So der Rhesos.

3) ἐν . . τῷ κατὰ τοὺς Ἀτταλικούς τε καὶ Πτολεμαϊκοὺς βασιλέας χρόνῳ, πρὸς
ἀλλήλους ἀντιφιλοτιμουμένους περὶ κτήσεως βιβλίων, ἡ περὶ τὰς ἐπιγραφάς τε
καὶ διασκευὰς αὐτῶν ἤρξατο γίγνεσθαι ῥᾳδιουργία τοῖς ἕνεκα τοῦ λαβεῖν ἀρ-
γύριον ἀναφέρουσιν ὡς τοὺς βασιλεῖς ἀνδρῶν ἐνδόξων συγγράμματα.

4) Daß in den gefälschten Archytasfragmenten auch Krantor benützt ist,
weist Praechter nach (*Archiv f. Gesch. d. Philos.* 19 S. 186 ff).

erst später[1]) die unter Demokrits Namen gehende Schrift μέγας διά-
κοσμος untergeschoben wurde, um den Demokritos zu verkleinern?[2])

Es möge genügen, die Bedeutung der pseudepigraphischen Literatur für die Plagiatfrage hier in großen Strichen angedeutet zu
haben.[3])

II. DIE SCHRIFTEN ΠΕΡΙ ΚΛΟΠΗΣ.

1. EINZELDARSTELLUNGEN.

Es lag in einer Zeit kompilatorischer Neigungen sehr nahe, die
zerstreuten Plagiatnotizen, wie man sie aus Kommentaren, Florilegien,
εὕρημα-Büchern und andern Sammelschriften zusammenlesen konnte,
zu vereinigen und zunächst einen Autor unter die kritische Lupe zu
nehmen und dessen Abhängigkeitsverhältnis nach allen Richtungen
hin zu beleuchten, etwa in der Art, wie Paul Albrecht in unseren
Tagen eine staunenswerte Gelehrsamkeit darauf verwendete, Lessing
als Plagiator zu erweisen[4]) oder der Engländer Malone Shakespeares
Werke in der Weise herausgab, daß alle Sätze, Wendungen und ganzen
Szenen, die er seinen Zeitgenossen entlehnt hatte, mit roten Buchstaben gesetzt waren, woraus erhellt, daß von den 6043 Shakespeare-
Versen 1771 wörtlich abgeschrieben und 2373 nach früheren Versen
umgebildet sind.[5])

Dem Porphyrios[6]) verdanken wir die Aufzählung einer Reihe von
Autoren, die über Plagiate schrieben.[7]) So verfaßte ein Lysimachos

---

1) Theophrastos legt sie dem Leukippos bei (Diog. L. IX 46).

2) E. Rohde hat die Bedenken gegen die Geschichtlichkeit des Leukippos
trefflich zusammengefaßt (Kl. Schr. I, 209ff.); sie sind weder durch Zeller (I⁵,
838A) noch Diels (Verh. d. Stettiner Philologenvers. [1880], S. 96ff.) u. Tannery
(Rev. des ét. Gr. [10] 1897, p. 197sv.) behoben.

3) Vgl. H. Peter, Wahrheit u. Kunst, 428ff.

4) Lessings Plagiate (Hamb. 1890/91): unvollendet.

5) London 1790.

6) Bei Eusebios pr. ev. X 3, 12.

7) Porphyrios (ebd.) erwähnt auch einen Alkaios, ὁ τῶν λοιδόρων ἰάμβων
καὶ ἐπιγραμμάτων ποιητής, παρῴδηκε τὰς Ἐφόρου κλοπὰς ἐξελέγχων. Offenbar
ist der Spottvogel A. unter Philipp III. von Mazedonien gemeint (vgl. Pauly-Wiss.),
der die Gattung der συγκρίσεις zuerst auf das persönlich-polemische Gebiet übertrug (Polyb. 32, 6, 5). Vielleicht war in einer solchen σύγκρισις Ephoros mit
Herodot zusammengestellt, den jener nachweislich stellenweise wörtlich ausschrieb
(Bauer, Jahrb. f. cl. Ph. Suppl. 10, 279—342 und von Meß, Rh. Mus. 61, 390ff).
Sicher ist nach der Notiz des Porphyrios nur das eine, daß wir es nicht mit
einer Sonderschrift über die Plagiate des Ephoros zu tun haben. (Vgl. Gerhard,
Phoinix, S. 226ff.)

zwei Bücher περὶ τῆς Ἐφόρου κλοπῆς.[1]) Susemihl[2]) und Christ[3]) nehmen den Alexandriner an, der um die Wende des 2. u. 1. Jahrh. lebte. Ephoros war ein Schriftsteller, der sich, teilweise (wie bei Herodot) an seine Quellen sehr enge anschloß, teilweise durch Kontamination verschiedener Quellenschriftsteller den Eindruck selbständiger Forschungen gewährte und alten Kritikern jedenfalls noch mehr Gelegenheit zum Aufspüren verschütteter Quellen bot wie neueren.[4])

Von einem Pollion erwähnt ferner Porphyrios mehrere Einzelschriften: ἐπιστολὴ πρὸς Σωτηρίδαν, περὶ τῆς Κτησίου κλοπῆς; περὶ τῆς Ἡροδότου κλοπῆς (βιβλίον); schließlich Ἰχνευταί, in denen viel über Theopomp stand (πολλὰ περὶ Θεοπόμπου λέγεται). Soteridas ist der Vater der Pamphile[5]), die nach Photios unter Kaiser Nero lebte. Nach Dionysios, aus dessen μουσικὴ ἱστορία[6]) diese glaubwürdigen Nachrichten stammen, schrieb jene Dame ἱστορικὰ ὑπομνήματα, ferner eine ἐπιτομὴ τῶν Κτησίου (ἐν βιβλίοις γ΄), ἐπιτομὰς ἱστοριῶν u. a. Anderseits sollten (wiederum nach Dionysios[7])) ihre Werke aus der Feder ihres Vaters stammen.

Die Beziehung des offenen Briefes Pollions an Soteridas zu der ἐπιτομὴ Κτησίου[8]) von Pamphile-Soteridas ist augenfällig. War in der Einleitung dieses Auszuges vielleicht die Selbständigkeit des Ktesias besonders herausgestrichen? Wir müssen uns bei Vermutungen bescheiden.

Wer ist nun dieser Pollion? Der Alexandriner Valerius kommt nicht in Betracht, da er unter Hadrian lebte; der Trallianer Asinius lebte (nach Suidas) unter Pompejus, offenbar ein Freigelassener des bekannten römischen Historikers, der 5 n. Chr. starb. Es bleibt somit nur der Grammatiker Pollion (Πωλίων ἢ Πολίων), der nach Suidas περὶ τῶν παρὰ γράμμα ἁμαρτανομένων schrieb und wohl identisch ist mit jenem Namensvetter, den die Aratosbiographie bei Ge-

---

1) Vgl. FHG III 334.
2) I 480.
3) *Abh. d. bayer. Ak.* XXI, 473[1].
4) von Meß beleuchtet die Arbeitsweise des Ephoros sehr gut (*Rh. Mus.* 61, 382f. 385).
5) FHG III 520.
6) Suidas unter Παμφίλη . . ϑυγάτηρ Σωτηρίδου . . . ὡς Διονύσιος ἐν τῷ λ΄ τῆς μουσικῆς ἱστορίας . .
7) Suidas unter Σωτηρίδας Ἐπιδαύριος, πατὴρ Παμφίλης, ἧς τὰ ὑπομνήματα ὑπέγραψεν, ὡς ὁ Διονύσιος ἐν λ΄ τῆς μουσικῆς ἱστορίας . .; unter Παμφίλη . . Σωτηρίδου, οὗ λέγεται εἶναι καὶ τὰ συντάγματα . . .
8) Photios (cod. 79) hat bekanntlich einen Auszug dieser Epitome gemacht.

legenheit eines Aratosbriefes zitiert[1]) und der Aratos- und Euripides-
briefe gefälscht haben soll.

Die spannenden und dramatisch belebten Geschichtsbücher des
Ktesias wurden bis in die Kaiserzeit gerne gelesen und Pollions Angriff scheint eine Reaktion gegen den übertriebenen Kultus des Kni-
diers eingeleitet zu haben, wie sie uns insbesondere bei Plutarch in
voller Blüte sichtbar wird. Ob Pollion die Abhängigkeit des Ktesias
von Herodot oder Hellanikos beleuchtet hat, wissen wir nicht. —
Nach dem Buchtitel „Ἰχνευταί“ scheint er das „Plagiatwittern“ in aus-
gedehntem Stil betrieben zu haben, wenn nicht etwa die Schriften
über die Plagiate Herodots, Ktesias' und Theopomps Untertitel jenes
Sammelwerkes waren.

Weiterhin schrieb ein Philostratos (ὁ Ἀλεξανδρεύς) eine Abhandlung über die Plagiate des Sophokles (περὶ τοῦ Σοφοκλέους κλοπῆς). Offenbar ist dies der Günstling Kleopatras und des Antonius,
auf den Krinagoras ein Épigramm verfaßt hatte (Anth. VII 645; 23
Rub.), dessen unwürdiges Verhalten gegenüber dem siegreichen Oc-
tavian Plutarch entrüstet rügt (Anton. 80 und Cato maior 57) und den
der Sophist Philostratos (vit. soph. I 5) unter den Sophisten aus der
Zeit Kleopatras aufzählt. Über die Schrift selber wiederhole ich, was
Lessing[2]) darüber sagt: „Ich weiß nicht, was ich von dem Inhalte dieses
Buches denken soll.“

Porphyrios nennt fernerhin einen Latinos als Verfasser von
6 Büchern über die Diebstähle Menanders (περὶ τῶν οὐκ ἰδίων Μενάνδρου). Da der Name in der römischen Kaiserzeit auf Inschriften
oft erscheint, gehört der Verfasser jedenfalls der nachchristlichen Zeit an.[3])

Daß in unserer Überlieferung häufig Menander- und Euripides-
sentenzen vertauscht werden, im übrigen der Komiker viel mit dem
Tragiker gemein hat, wissen wir. Aristophanes dürfte aber mit seinen
Παράλληλοι Μενάνδρου diesem Plagiatsammler das meiste Material
geliefert haben.

Der Hauptstock dieser Plagiatschriftstellerei (Pollion, Philostratos) gehört dem 1. Jahrhundert n. Chr. an und zwar den Grammatiker-

---

1) p. 56, 105 Westerm.: μόνος Ἀπολλωνίδης ὁ Κηφεύς (W: Νικαεὺς) ἐν τῷ η´
περὶ κατεψευσμένης ἱστορίας οὐκ εἶναι αὐτὰς Ἀράτου φησίν, ἀλλὰ Σαβιρίου
⟨Οὐαληρίου? Ῥαβιρίου?⟩ Πολίωνος. τοῦ δ᾽ αὐτοῦ τούτου φησὶν εἶναι ἐπιγεγραμ-
μένας Εὐριπίδου ἐπιστολάς. Westerm. identifiziert diesen Pollion auch mit dem
Gewährsmann des Porphyrios.

2) Sophokles Anhang (Hempel-Bong XIII, S. 477).

3) Mit Unrecht erscheint der Name Meineke (Menanderausgabe p. XXXIII)
(nach Gyraldus) verdächtig.

kreisen Roms — man wäre deshalb gerne versucht, in dem verdäch-
tigten Latinos einen Lavinius (cf. Gellius XX 11, 1) versteckt zu finden —,
jener Zeit, da die Polyhistorie kuriöse Sammelwerke zeitigte, den Λει-
μών des Pamphilos (c. 50 n. Chr.), die σύμμικτα ἱστορικὰ ὑπομνήματα
der Pamphile (c. 60 n. Chr.), die Prata des Sueton, die χρηστομαθεία
des Philon von Byblos, Kephalions μοῦσαι, die ποικίλη φιλομάθεια
des Telephos u. dgl.; jener Zeit, da auch römische Grammatiker wie
Perellius Faustus und Octavius Avitus Vergils Aeneis unter die Lupe
nahmen und, wie wir aus Macrobius noch ersehen können, Parallelen
aus Homer, Theokrit, Pindar, Apollonios, den Tragikern u. a. zusammenstellten,[1]) um die *furta* des Römers zu erweisen, ja darzutun, daß Vergil häufig homerische *lumina* aus zweiter Hand beziehe.[2])

Der große Kampf zwischen Asianismus und Klassizismus führte
von selbst zu eindringenden literarästhetischen Untersuchungen über
Stil und Sprache der Klassiker, zu einer tiefgründigen Theorie der
μίμησις, um aus ihr praktische Folgerungen zu ziehen, wie man gut
und schön schreibe, welche Muster man sich vor Augen halten solle.
Bei diesen Untersuchungen, die schließlich zur Aufstellung eines Ideal-
redners führten (Potamons Schrift: περὶ τοῦ τελείου ῥήτορος; Ciceros:
orator), spielen auch Fragen über die wahre und falsche Nachahmung,
Plagiat, Entlehnung herein.

Caecilius von Kale Akte ist vor Dionysios von Halikarnaß
der Hauptvertreter der klassizistischen Literarästhetik. Daß er dabei
Plagiatfragen erörterte, ist uns durch Porphyrios sicher bezeugt.[3])
Menandros soll ein ganzes Drama des Antiphanes, den Οἰωνιστής, von
A bis Z in seinen Δεισιδαίμων übernommen haben. Wir müssen uns
angesichts der dürftigen Überreste mit dieser Konstatierung bescheiden;
jedenfalls handelt es sich um eine Überarbeitung eines älteren Stückes,
wie wir noch sehen werden.[4])

Aus den vielen Fragmenten, die Ofenloch allzu freigebig dem
Caecilius zuweist, ist sicher jenes (fr. 85 O.) cäcilianisches Eigentum,
in dem er gegen die Geschmacklosigkeit des Timaios polemisiert:

ὁ (Ξενοφῶν) μέν γε ἐν τῇ Λακεδαιμονίων γράφει πολιτείᾳ (3, 5)
„... αἰδημονεστέρους δ᾽ ἂν αὐτοὺς ἡγήσαιο καὶ αὐτῶν τῶν ἐν τοῖς

---

1) *Macrob. Saturn.* l. V.   2) *Macrob. Saturn.* l. VI c. 3.
3) Euseb. pr. ev. X 3, 13: Καικίλιος δὲ ὥς τι μέγα πεφωρακὼς ὅλον δρᾶμα
ἐξ ἀρχῆς εἰς τέλος Ἀντιφάνους τὸν Οἰωνιστὴν (CAF II 82 K.) μεταγράψαι φησὶ
τὸν Μένανδρον εἰς τὸν Δεισιδαίμονα (CAF III 32 K.) = fr. 164 Ofenl.
4) Meineke (*Hist. com.* I 32) denkt an eine Neuinszenierung des älteren
Stückes durch Menandros; Kock (II 82) enthält sich jeder Meinung. Cobet
(*obs. crit.* II 77) ist der Ansicht, der brave Caecilius habe sich geirrt.

ὀφθαλμοῖς παρθένων".. ὁ μέντοι Τίμαιος (fr. 149: FHG I 231 M),
ὡς φωρίου τινὸς ἐφαπτόμενος οὐδὲ τοῦτο Ξενοφῶντι τὸ ψυχρὸν
κατέλιπεν. φησὶ γοῦν ἐπὶ τοῦ Ἀγαθοκλέους κατὰ τὸ τὴν ἀνεψιὰν ἑτέρῳ δεδομένην ἐκ τῶν ἀνακαλυπτηρίων ἁρπάσαντα ἀπελθεῖν, „ὃ τίς ἂν
ἐποίησεν ἐν ὀφθαλμοῖς κόρας, μὴ πόρνας ἔχων;" Wir sehen hier
deutlich die Animosität des Klassizisten gegen den verdächtigen
Asianer[1]), der den Timaios zum Plagiator stempelt um eines ähnlichen
Gedankens willen, den doch der Isokrateer viel knapper in eine wirksame Antithese umgoß.

So möchte es fast den Anschein haben, als ob auch die Invektive
gegen Menandros aus klassizistischer Tendenz entspränge, zumal wir
wissen, daß die attizistischen Puristen des 2. Jahrhunderts[2]) seine
Sprachreinheit bemäkelten.

Gegen diese Tendenz, aus Parallelen Plagiate zu konstruieren,
wendet sich der Anonymus περὶ ὕψους, der ja auch sonst gegen
Caecilius polemisiert. Wie er an verschiedenen Stellen ohne allen
Vorwurf Gedankenähnlichkeiten bei Homer und Aratos[3]), Aischylos, Euripides, Sophokles und Simonides[4]) anmerkt; wie er an-
erkennend ausführt, daß Platon[5]) einen Gedanken Xenophons (ἡ ἀνθρωπίνου σκήνους ἀνατομή)[6]) viel prächtiger und besser gestaltet,
daß Platon aus homerischer Quelle unzählige Wendungen herübernimmt[7]), so wendet er sich unmittelbar gegen die nüchterne Auf-

---

1) Vgl. fr. 137 (= Heges. Magn. fr. 1 M); 119. 120. 138. Deswegen wird er
auch getadelt von Cicero (de or. II 58; Brut. 325) u. Dionys. Hal. de Din. 8.
2) W. Schmid, Attizismus I 207.
3) X 5 p. 26, 5f.: Homer Il. 624—628 u. Aratos (phain. 299): ἐπεχείρησεν
καὶ ὁ Ἄρατος τὸ αὐτὸ τοῦτο μετενεγκεῖν
ὀλίγον δὲ διὰ ξύλον ἄϊδ' ἐρύκει.
Ofenloch findet hier Caecilianisches Gut (fr. 89); nach seinen Grundsätzen wäre
die ganze Plagiatschriftstellerei des spätern Altertums auf Caecilius zurückzuführen.
4) XV 6 p. 36 (= fr. 93 Of.): καὶ παρὰ μὲν Αἰσχύλῳ παραδόξως τὰ τοῦ Λυκούργου βασίλεια κατὰ τὴν ἐπιφάνειαν τοῦ Διονύσου θεοφορεῖται (Aesch. fr. 58 N²)·
ἐνθουσιᾷ δὴ δῶμα, βακχεύει στέγη.
ὁ δ' Εὐριπίδης τὸ αὐτὸ τοῦθ' ἑτέρως ἐφηδύνας ἐξεφώνησε (Bacch. 726):
πᾶν δὲ συνεβάκχευ' ὄρος.
ἄκρως δὲ καὶ ὁ Σοφοκλῆς ἐπὶ τοῦ θνήσκοντος Οἰδίπου καὶ ἑαυτὸν μετὰ διοση-
μείας τινὸς θάπτοντος πεφάντασται (Oid. Col. 1586) καὶ (Soph. fr. 480 N²) κατὰ
τὸν ἀπόπλουν τῶν Ἑλλήνων ἐπὶ τἀχιλλέως προφαινομένου τοῖς ἀναγομένοις ὑπὲρ
τοῦ τάφου, ἣν οὐκ οἶδ' εἴ τις ὄψιν ἐναργέστερον εἰδωλοποίησε Σιμωνίδου (fr.
209 B).
5) XXXI 1 p. 56 (= fr. 95 Of.); bei Platon, Tim. 69 d. 65 c. 70 c.
6) Mem. I 4, 5.
7) XIII 3 p. 31 (= fr. 91 (?) Of.): ὁ Πλάτων .. ἀπὸ τοῦ Ὁμηρικοῦ κείνου νάματος εἰς αὑτὸν μυρίας ὅσας παρατροπὰς ἀποχετευσάμενος. cf. Epitome Longini 9

fassung des Caecilius, wenn er bemerkt, jene Nachahmung und Nachbildung klassischer Vorbilder sei kein Diebstahl, sondern ὡς ἀπὸ καλῶν εἰδῶν ἢ πλασμάτων ἢ δημιουργημάτων ἀποτύπωσις.

Hatten wir in Caecilius und dem Verfasser des Buches περὶ
ὕψους gegensätzliche Strömungen kennen gelernt, so treffen wir in
rhetorischem Lager noch einen bemerkenswerten Verteidiger der
συμπτώσεις, in den Progymnasmata des Theon. Dieser Rhetor aus
Alexandria schrieb (nach Suidas) eine τέχνη, dann die uns teilweise erhaltenen προγυμνάσματα, ferner Kommentare zu Xenophon, Isokrates
und Demosthenes, ῥητορικὰς ὑποθέσεις u. a. Der Name Αἴλιος weist
auf die Zeit Hadrians hin[1]), jedenfalls lebte er nach Hermagoras,
Apollodoros und Theodoros, die bekannten Rhetorenhäupter im letzten
Drittel des 1. Jahrhunderts v. Chr., da er sie (II 120, 18; 99, 30; 120,
20 Sp.) zitiert.

Indem er in der Einleitung seiner Progymnasmata den Nutzen
der Paraphrase erörtert,[2]) weist er darauf hin, daß sich Paraphrasen
vielfach bei Dichtern und Historikern finden, ja daß alle alten Autoren
sich derselben bedienten, wobei sie nicht bloß ihre eigenen Gedanken, sondern auch Fremdes wechselseitig ummodelten. So stellt er,[3]) um ein Beispiel aus Dichtern zu bringen, Homer (σ 136—137) mit Archilochos
(fr. 70 Bgk.) zusammen, die beide den geläufigen Satz behandeln, daß
Zeus der Menschen Sinn nach Belieben wende. Weiterhin vergleicht
er die homerische Schilderung einer Stadtbestürmung (I 593—594)
mit einer Paraphrase des Demosthenes (19, 65) und Aischines (III 157).
Die Übereinstimmung ist aber bei dem gleichen Inhalt eine ganz
äußerliche.[4]) Was ferner Thukydides (II 45, 1) über den Neid sagt,
wird bei Theopompos (fr. 302) und Demosthenes (18, 315) umschrieben.
Stobaios (38, 41) bringt das Thukydideszitat allein. Wir haben in

---

(Rh. Gr. I p. 214 H): ὅτι ὁ πρῶτος ἄριστα πρὸς τὴν πεζὴν λέξιν τὸν Ὁμηρικὸν ὄγκον
μετενεγκὼν Πλάτων ἐστίν. ·Gegen die Zuweisung dieses Fragmentes an Caecilius
wendet sich mit Recht Hefermehl, Rh. Mus. 61, p. 285—287.

1) Ihn mit dem von Suidas genannten Θέων Ἀλεξανδρεύς, φιλόσοφος στωι-
κός, γεγονὼς ἐπὶ Αὐγούστου .. ἔγραψε ... περὶ τεχνῶν ῥητορικῶν .. zu identifi-
zieren, liegt nahe, aber ist nicht zu erweisen.

2) p. 62: μαρτύρια δὲ τούτου (daß die Gedanken über eine Sache nicht in
gleicher Weise zum Ausdruck gebracht werden) καὶ παρὰ ποιηταῖς καὶ ἱστορικοῖς
καὶ ἁπλῶς πάντες οἱ παλαιοὶ φαίνονται τῇ παραφράσει ἄριστα κεχρημένοι, οὐ
μόνον τὰ ἑαυτῶν ἀλλὰ καὶ τὰ ἀλλήλων μεταπλάσσοντες.

3) Bei Ofenloch als fr. 166 dem Caecilius aus Gründen zugeteilt, die
nicht überzeugen.

4) Ebenso stellt Hermogenes (II 453 Sp.) die Homerverse I 593/4 mit obigem
Demostheneszitat zusammen und schließt: μονονουχὶ παρέφρασε τὸ Ὁμηρικόν.

diesen Beispielen zweifellos Selbstzitate aus Theons Demosthenes-
kommentar, der nach alter Sitte Parallelen aus Dichtern und Prosaikern beibrachte.

Indes streift Theon auch die Plagiatfrage, wenn er weiterhin von
Philistos behauptet, er habe in seinen Σικελικά den ganzen Krieg
mit Athen aus Thukydides herübergenommen.[1]) Es handelte sich
hierbei um das 6. Buch der Σικελικά.[2]) Philistos gilt bei den Alten
als Nachahmer des Thukydides.[3]) Angesichts der dürftigen Reste, die
zudem meist geographischen Inhalts sind, ist uns eine Nachprüfung
unmöglich. Daß er auf des Atheners Darstellung fußt, begreift sich
ohne weiteres.

Ferner führt Theon aus, Demosthenes habe in seiner Rede gegen
Meidias Lysias, Lykurg und Isaios ausgebeutet.[3]) Daß es sich hierbei nur um einen einzelnen τόπος handelt, ersieht man aus Athenaios,
der nach einem Hypereideszitat (fr. 123) über die γραφαὶ ὕβρεως fortfährt, das gleiche brächten auch Lykurg und Demosthenes in der
Meidiasrede.[5]) Richtig ist, daß Demosthenes in den Vormundschaftsreden manches aus Isaios verwertet hat[6]); so mag auch Theons Notiz
unbezweifelt sein. Aber aus Lykurgs Rede — gemeint ist, wie uns
Athenaios verrät, jene κατὰ Λυκόφρονος — konnte Demosthenes diesen
ὕβρις-Topos nicht entnehmen, da sie nicht vor 340, die Meidiasrede
aber 347 anzusetzen ist. Man müßte denn annehmen, diese Rede des
Demosthenes, die nie gehalten wurde, sei erst später in unserer Gestalt
herausgekommen. Wir haben es jedenfalls mit einem Gemeinplatz
zu tun, der über Lysias—Isaios zu Lykurg und Demosthenes weiter-
ging. In welcher Rede ihn Lysias anwandte, ist nicht bekannt; man
könnte an die Rede gegen Teisis denken, die Dionysios (Demosth.
c. 11) eine διήγησις ὑβριστική heißt.

Schließlich weist Theon noch darauf hin, man könne im Panegyrikos des Isokrates die Gedanken des Lysias in seiner Grabrede und

---

1) II 63: ὁ Φίλιστος τὸν Ἀττικὸν ὅλον πόλεμον ἐν τοῖς Σικελικοῖς ἐκ τῶν
Θουκυδίδου μετενήνοχε.

2) FHG II p. XLVIII sq.

3) Dionys. Hal. (V 427 R): μιμητὴς . . Θουκυδίδου ἔξω τοῦ ἤθους. Cicero
(ep. ad Qu. fr. II 13) nennt ihn paene pusillum Thucydidem; Quintilian (inst. X 1):
imitator Thucydidis.

4) II 63: Δημοσθένης εἰς τὸν κατὰ Μειδίου τά τε Λυσίου καὶ Λυκούργου ἐκ
τῶν τῆς ὕβρεως λόγων καὶ τὰ Ἰσαίου ἐκ τῶν κατὰ Διοκλέους ὕβρεως ⟨μετενήνοχε⟩.

5) p. 267ᵃ: τὰ ὅμοια εἴρηκε καὶ Λυκοῦργος ἐν τῷ κατὰ Λυκόφρονος πρώτῳ
(fr. 72) καὶ Δημοσθένης ἐν τῷ κατὰ Μειδίου (46).

6) Blaß III 202. 213, 2; O. Navarre, essai sur la rhét. Gr. 168f. 271.

dem Olympiakos finden.[1]) Auch hier erblicken wir einen Ableger
seines Isokrateskommentars. Die Übereinstimmungen sowohl der Gedanken als auch der Ausdrücke zwischen dem lysianischen Epitaphios
und dem Panegyrikos des Isokrates sind auffällig genug.[2]) Immerhin
ist auch nicht zu vergessen, daß der Epitaphios seit Gorgias zu einem
beliebten Paradestück geworden war, bei dem es hauptsächlich darauf
ankam, die bei Grabprunkreden üblichen Gedanken in neuer Gestaltung aneinanderzureihen. Man zweifelt heutzutage, ob Lysias den
Epitaphios geschrieben und ob er ihn, wenn er ihn wirklich schrieb,
noch vor dem Panegyrikos abfaßte.[3]) Ein sicheres Ergebnis wird
kaum erzielt werden können. Jedenfalls ist Theons Angabe ein nicht
zu unterschätzendes Argument. Und derselbe Vorwurf ist bei Plutarch
und Photios wiederholt.[4])

Von dem lysianischen Ὀλυμπιακός hingegen ist uns viel zu wenig
erhalten, um einen Rückschluß zu gestatten.

Das sind die wenigen Stellen, die wir bei Theon lesen. Bemerkenswert ist die Tendenz jener Aufzählung: Theon ist weit entfernt, aus der Gleichheit oder Ähnlichkeit jener Parallelen den betreffenden Autoren einen Vorwurf zu machen; im Gegenteil, ganz im
Geiste und Sinne der Rhetorik seiner Zeit will er seine Schüler durch
den Hinweis auf die Arbeitsweise großer Schriftsteller zur Nachahmung
dieser Vorbilder locken, insbesondere zu der von ihm vornehmlich
befürworteten Übung der Paraphrase.

2. GESAMTDARSTELLUNGEN.

A. PORPHYRIOS.

Wir wenden uns der eigentlichen philologischen κλοπαί-Literatur
erst wieder zu, wenn wir das Bruchstück aus der φιλόλογος ἀκρόασις[5])
des Porphyrios (1. Buch), das uns Eusebios (pr. ev. p. 464a—468b)
erhalten hat, näher ins Auge fassen.[6])

---

1) II 63: εὕροις δ᾽ἂν καὶ παρὰ Ἰσοκράτει ἐν τῷ πανηγυρικῷ τὰ ἐν τῷ Λυσίου
ἐπιταφίῳ καὶ τῷ ⟨Γοργίου add. J. G. Pfund⟩ Ὀλυμπικῷ. (fr. 30 A II 129ᵃ Tur.)

2) Le Beau, Lysias' Epitaphios als echt erwiesen (Stuttg. 1863 S. 62ff.)
stellt sie sorgfältig zusammen.

3) Die wichtigste Literatur darüber bei Christ-Schmid I 527⁴.

4) Siehe oben S. 16 Anm. 6.

5) Bei Suidas φιλολόγου ἱστορίας βιβλία ε᾽ zitiert. Eusebios scheint den
eigentlichen Titel des Buches zu nennen.

6) Vgl. Hirzel, Der Dialog II 361f.

Πορφυρίου ἀπὸ τοῦ α' τῆς φιλολόγου ἀκροάσεως.

1. ῍Τὰ Πλατώνεια ἑστιῶν ἡμᾶς Λογγῖνος Ἀθήνησι κέκληκεν ἄλλους τε πολλοὺς καὶ Νικαγόραν¹) τὸν σοφιστὴν καὶ Μαῖωρα²), Ἀπολλώνιόν τε τὸν γραμματικόν, καὶ Δημήτριον τὸν γεωμέτρην, Προσήνην τε τὸν περιπατητικὸν καὶ τὸν Στωϊκὸν Καλλιέτην. 2. μεθ' ὧν ἕβδομος αὐτὸς κατακλινείς³), τοῦ δείπνου⁴) προκόπτοντος, καί τινος ζητήσεως περὶ 5 Ἐφόρου ἐν τοῖς ἄλλοις γενομένης, Ἀκούσωμεν, ἔφη, τίς ὁ περὶ Ἐφόρου θόρυβος. ἦσαν δ' οἱ ζητοῦντες Καΰστριός τε καὶ Μάξιμος· ὁ μὲν γὰρ αὐτὸν καὶ Θεοπόμπου προὐτίθει, ὁ δὲ Καΰστριος κλέπτην ἀπεκάλει. 3. καὶ τί γὰρ Ἐφόρου ἴδιον, ἔφη, ἐκ τῶν Δαϊμάχου⁵) καὶ Καλλισθένους καὶ Ἀναξιμένους αὐταῖς λέξεσιν ἔστιν ὅτε τρισχιλίους ὅλους με-10 τατιθέντος στίχους; 4. πρὸς ὃν ὁ γραμματικὸς Ἀπολλώνιος ἔφη, οὐ γὰρ ἔγνως ὅτι καὶ τὸν Θεόπομπον, ὃν σὺ προτιμᾷς, κατείληφε τουτὶ τὸ πάθος, ἐν μὲν τῇ ἑνδεκάτῃ τῶν Περὶ Φιλίππου⁶) ἐκ τοῦ Ἰσοκράτους Ἀρεοπαγιτικοῦ μεταγράψαντα αὐτοῖς ὀνόμασιν ἐκεῖνα, ὅτιª) τῶν ἀγαθῶν καὶ τῶν κακῶν οὐδὲν αὐτὸ καθ' αὑτὸ παραγίνεται τοῖς ἀνθρώ-15 ποις, καὶ τὰ ἑξῆς. 5. καίτοι ὑπερφρονεῖ τὸν Ἰσοκράτην, καὶ νενικῆσθαι ὑφ' ἑαυτοῦ λέγει κατὰ τὸν ἐπὶ Μαυσωλῷ ἀγῶνα τὸν διδάσκαλον. πραγμάτων δ' ὑφαίρεσιν πεποίηται, μεταθεὶς τὰ ἐπ' ἄλλων ἄλλοις, ἵνα καὶ ψεύστης ἀλῷ τοῦτον τὸν τρόπον. 6. Ἄνδρωνος γὰρ ἐν τῷ Τρίποδι περὶ Πυθαγόρου τοῦ φιλοσόφου τὰ περὶ τὰς προρρήσεις ἱστο-20 ρηκότος, εἰπόντος τε ὡς διψήσας ποτὲ ἐν Μεταποντίῳ καὶ ἔκ τινος φρέατος ἀνιμήσας καὶ πιὼν προεῖπεν ὡς εἰς τρίτην ἡμέραν ἔσοιτο σεισμός, καὶ *ἕτερά τινα τούτοις ἐπαγαγὼν ἐπιλέγει*, 7. ταῦτ' οὖν τοῦ Ἄνδρωνος περὶ Πυθαγόρου ἱστορηκότος πάντα ὑφείλετο Θεόπομπος. εἰ μὲν περὶ Πυθαγόρου λέγων, τάχα ἂν καὶ ἕτεροι⁷) ἠπίσταντο 25 περὶ αὐτοῦ, καὶ ἔλεγον, ταὐτὰ⁸) καὶ αὐτὸς [εἰπὼν]⁹) νῦν δὲ τὴν κλοπὴν¹⁰) δήλην πεποίηκεν ἡ τοῦ ὀνόματος μετάθεσις. τοῖς μὲν γὰρ πράγμασι κέχρηται τοῖς αὐτοῖς, ἕτερον δ' ὄνομα μετενήνοχε· Φερεκύδην γὰρ τὸν Σύριον πεποίηκε ταῦτα προλέγοντα. 8. οὐ μόνον δὲ

---

1) Νικαγόρα Β Νικάνορα I.
2) Μαίορα ΒΟ Μαιόραν I; Μαίωρα Hemsterhusius ad Suid. p. 2376.
3) κατακλιθείς D.   4) δείπνου οὖν O.   5) Δηϊόχου Clinton FH³ II p. 455.
6) Φίλιππον IO.   7) ἕτεροι ἂν ᾶ O.   8) ταῦτα codd.
9) εἰπών codd. εἶπεν Vigerius.   10) κλοπήν om. I.
* Dieser Zwischensatz, fälschlich von allen Herausgebern dem Referenten (Apollonios-Porphyrios) zugewiesen, gehört dem Eusebios an, der die Parallelen zu den weiter unten folgenden Sagen von der Vorhersage eines Schiffsunterganges und der Erstürmung von Sybaris nicht wörtlich wiedergibt.

Testim: a) Isokr. Areop. p. 140d.

τούτῳ τῷ ὀνόματι ἀποκρύπτει τὴν κλοπήν, ἀλλὰ καὶ τόπων μεταθέσει. τό τε γὰρ περὶ τῆς προρρήσεως τοῦ σεισμοῦ ἐν Μεταποντίῳ ὑπ' "Ἀνδρωνος ῥηθὲν ἐν Συρίᾳ[9]) εἰρῆσθαί φησιν ὁ Θεόπομπος, τό τε περὶ τὸ πλοῖον οὐκ ἀπὸ Μεγάρων τῆς Σικελίας, ἀπὸ δὲ Σάμου φησὶ θεω-
₅ ρηθῆναι· καὶ τὴν Συβάρεως ἅλωσιν ἐπὶ τὴν Μεσσήνης μετέθηκεν. 9. ἵνα δέ τι δοκῇ λέγειν περιττόν, καὶ τοῦ ξένου προστέθεικε τοὔνομα, Περίλαον αὐτὸν καλεῖσθαι λέγων. κἀγὼ, φησὶν ὁ Νικαγόρας, τοῖς Ἑλληνικοῖς[10]) ἐντυγχάνων αὐτοῦ τε καὶ τοῦ Ξενοφῶντος πολλὰ τοῦ Ξενοφῶντος αὐτὸν μετατιθέντα κατείληφα, καὶ τὸ δεινὸν, ὅτι ἐπὶ τὸ χεῖρον.
₁₀ 10. τὰ γοῦν περὶ τῆς Φαρναβάζου πρὸς Ἀγησίλαον συνόδου δι' Ἀπολλοφάνους τοῦ Κυζικηνοῦ, καὶ τὰς ἀμφοῖν πρὸς ἀλλήλους ἐνσπόνδους διαλέξεις, ἃς ἐν τῇ τετάρτῃ Ξενοφῶν[a]) ἀνέγραψε πάνυ χαριέντως καὶ πρεπόντως ἀμφοῖν, εἰς τὴν ἑνδεκάτην τῶν Ἑλληνικῶν μεταθεὶς ὁ Θεόπομπος ἀργά τε καὶ ἀκίνητα πεποίηκε καὶ ἄπρακτα. 11. λόγου γὰρ
₁₅ δύναμιν καὶ διὰ τὴν κλοπὴν ἐξεργασίαν ἐμβάλλειν καὶ ἐπιδείκνυσθαι σπουδάζων βραδὺς καὶ μέλλων καὶ ἀναβαλλομένῳ ἔοικὼς φαίνεται, καὶ τὸ ἔμψυχον καὶ ἐνεργὸν τὸ Ξενοφῶντος διαφθείρων."

12. "Ταῦτ' εἰπόντος τοῦ Νικαγόρου ὁ Ἀπολλώνιος, Καὶ τί θαυμάζομεν, ἔφη, εἰ Θεοπόμπου καὶ Ἐφόρου τὸ τῆς κλοπῆς πάθος ἥψατο,
₂₀ ἀργοτέρων οὕτως[1]) ἀνδρῶν, ὅπου γε καὶ Μένανδρος τῆς ἀρρωστίας ταύτης ἐπλήσθη, ὃν ἠρέμα μὲν ἤλεγξε διὰ τὸ ἄγαν αὐτὸν φιλεῖν Ἀριστοφάνης ὁ γραμματικὸς ἐν ταῖς παραλλήλοις αὐτοῦ τε καὶ ἀφ' ὧν ἔκλεψεν ἐκλογαῖς; Λατῖνος δὲ ἓξ βιβλίοις, ἃ ἐπέγραψε Περὶ τῶν οὐκ ἰδίων Μενάνδρου, τὸ πλῆθος αὐτοῦ τῶν κλοπῶν ἐξέφηνε· 13. καθά-
₅ περ ὁ Ἀλεξανδρεὺς Φιλόστρατος Περὶ τῆς τοῦ Σοφοκλέους κλοπῆς πραγματείαν κατεβάλετο. Καικίλιος δὲ, ὥς τι μέγα πεφωρακὼς, ὅλον δρᾶμα ἐξ ἀρχῆς εἰς τέλος Ἀντιφάνους, τὸν Οἰωνίστην, μεταγράψαι φησὶ τὸν Μένανδρον εἰς τὸν Δεισιδαίμονα. 14. ἐπεὶ δὲ τοὺς κλέπτας ἔδοξεν, οὐκ οἶδ' ὅπως, ὑμῖν, φησὶν, εἰς τὸ μέσον ἀγαγεῖν, μηνύω καὐτὸς, Ὑπερ-
₁₀ είδην τὸν καλὸν πολλὰ παρὰ Δημοσθένους κεκλοφότα ἔν τε τῷ πρὸς Διώνδαν λόγῳ κἂν τῷ περὶ τῶν Εὐβούλου δωρεῶν. καὶ ὅτι μὲν ὁ ἕτερος παρὰ τοῦ ἑτέρου μετέθηκε πρόδηλον· συγχρονούντων δ' αὐτῶν, ἡμῶν μὲν ἂν εἴη ἔργον, φησὶν*, ὦ Ἀπολλώνιε, ἐκ τῶν χρόνων ἀνιχνεῦσαι τὸν κλέπτην. ἐγὼ δὲ ὑποπτεύω μὲν τὸν ὑφῃρημένον εἶναι τὸν Ὑπερ-
₅ είδην.[b]) ἀδήλου δὲ ὄντος ὁπότερος ἄγαμαι μὲν Δημοσθένην, εἰ λαβὼν

---

1) Συρίῳ BIO.   2) ταῖς Ἑλληνικαῖς IO.
3) ὄντως ἀνδρῶν Viger.
* Zu φησίν ist Porphyrios zu ergänzen, da ja Apollonios apostrophiert wird.

Testim: a) Hellenika IV 1, 29—39.   b) Hyp. fr. 95 u. 104 Bl.

παρὰ Ὑπερείδου πρὸς δέον διώρθωσε. μέμφομαι δὲ τὸν Ὑπερείδην, εἰ λαβὼν παρὰ Δημοσθένους πρὸς τὸ χεῖρον διέστρεψε."

16. Καὶ μετὰ βραχέα φησί

"Καὶ τί ὑμῖν λέγω ὡς τὰ Βαρβαρικὰ νόμιμα Ἑλλανίκου ἐκ τῶν Ἡροδότου καὶ Δαμάστου[1]) συνῆκται; ἢ ὡς Ἡρόδοτος ἐν τῇ δευτέρᾳ 5 πολλὰ Ἑκαταίου τοῦ Μιλησίου κατὰ λέξιν μετήνεγκεν ἐκ τῆς Περιηγήσεως, βραχέα παραποιήσας, τὰ τοῦ φοίνικος ὀρνέου*) καὶ περὶ τοῦ ποταμίου ἵππου[b]) καὶ τῆς θήρας τῶν κροκοδείλων[c]); 17. ἢ ὡς τὰ περὶ βασάνων εἰρημένα παρ' Ἰσαίῳ[d]) ἐν τῷ περὶ τοῦ Κύλωνος[2]) κλήρου καὶ παρὰ Ἰσοκράτει[e]) ἐν τῷ Τραπεζιτικῷ κεῖται καὶ παρὰ τῷ Δημοσθένει[f]) 1 ἐν τῷ κατὰ[3]) Ὀνήτορος ἐξούλης σχεδὸν διὰ τῶν αὐτῶν εἴρηται; ἢ ὡς Δείναρχος ἐν τῷ πρώτῳ κατὰ Κλεομέδοντος αἰκίας πολλὰ μετενήνοχεν αὐτοῖς ὀνόμασιν ἐκ τοῦ Δημοσθένους κατὰ Κόνωνος αἰκίας; 18. ἢ ὡς Ἡσιόδου[g])

 οὐ μὲν γάρ τι γυναικὸς ἀνὴρ ληΐζετ' ἄμεινον
τῆς ἀγαθῆς, τῆς δ' αὖτε κακῆς οὐ ῥίγιον ἄλλο,

ταύτην τὴν διάνοιαν Σιμωνίδης ἐν τῷ ἑνδεκάτῳ[h]) μετήνεγκε λαβὼν οὕτως

γυναικὸς οὐδὲν χρῆμ' ἀνὴρ ληΐζεται
ἄμεινον ἐσθλῆς[4]), οὐδὲ ῥίγιον κακῆς.

Εὐριπίδης δὲ ἐν Μελανίππῃ τῇ δεσμώτιδι[i])

τῆς μὲν κακῆς κάκιον οὐδὲν γίνεται
γυναικός, ἐσθλῆς δ' οὐδὲν εἰς ὑπερβολὴν
πέφυκ' ἄμεινον· διαφέρουσι δ' αἱ φύσεις.

19. τοῦ δὲ Εὐριπίδου εἰπόντος[k])

γυναῖκές ἐσμεν ἀθλιώτατον φυτόν,

Θεοδέκτης ἐν Ἀλκμαίωνι[l]) φησι

σαφὴς μὲν ἐν βροτοῖσιν ὑμνεῖται λόγος,
ὡς οὐδέν ἐστιν ἀθλιώτερον φυτὸν
γυναικός.

οὗτος οὐ μόνον τὴν ἐπιβολὴν ἐκεῖθεν εἴληφεν, ἀλλὰ καὶ ταῖς λέξεσιν 30 αὐταῖς συγκέχρηται· καὶ ἠθέλησεν αὐτὸ πανούργως παροιμιακὸν μᾶλλον εἶναι καὶ ὡς ὑπὸ πολλῶν λεγομένῳ συγκεχρῆσθαι ἢ δοκεῖν εἰληφέναι

---

1) Δαμάσου 10.   2) Κίρωνος?
3) πρὸς Ὀνήτορα: Demosthenes.
4) ἐσθλῆς ἄμεινον Simonides.

Testim: a) Herod. II 73.   b) Herod. II 71.   c) Herod. II 70.
d) VIII 12.   e) 17, 54.   f) 30, 37.   g) opp. 702.   h) fr. 6 Bergk.
i) Mel. capt. fr. 29 (511).   k) Med. 231.   l) fr. 2 Wagner.

παρὰ τοῦ γεγεννηκότος. 20. ὁ δ' Ἀντίμαχος τὰ Ὁμήρου κλέπτων παραδιορθοῖ. Ὁμήρου γὰρ εἰπόντος[a])

Ἰδεώ θ' ὃς κάρτιστος ἐπιχθονίων γένετ' ἀνδρῶν
Ἀντίμαχος λέγει[b])

5   Ἰδεώ θ' ὃς κάρτιστος ἐπιχθονίων ἦν ἀνδρῶν.

καὶ Λυκόφρων ἐπαινεῖ τὴν μετάθεσιν, ὡς δι' αὐτῆς ἐστηριγμένου[1]) τοῦ
στίχου. 21. τὸ γὰρ

τὸν δ' ἀπαμειβόμενος προσέφη κρείων Διομήδης
σιγῶ, Ὁμήρου κωμῳδηθέντος ὑπὸ Κρατίνου διὰ τὸ πλεονάσαι ἐν τῷ
10   τὸν δ'[2]) ἀπαμειβόμενος,
ὅπερ οὕτω πεπατημένον οὐκ ὤκνησεν Ἀντίμαχος μεταθεῖναι. 22. τοῦ δὲ[c])

λαῶν οἶσιν ἄνασσε, πατὴρ δ' ὣς ἤπιος ἦεν,
Ὁμηρικοῦ ὄντος, καὶ πάλιν ἀλλαχοῦ που λεγομένου[d]),

οἱ δ' ἐπεὶ ἀμφοτέρωθεν ἐκαρτύναντο φάλαγγας,
15 ὁ Ἀντίμαχος μεταθεὶς ἡμιστίχια πεποίηκε[e])

λαῶν οἶσιν ἄνασσον ἐκαρτύνοντο φάλαγγας.

23. ἀλλ' ἵνα μὴ καὶ αὐτὸς κλοπῆς ἄλλους αἰτιώμενος κλέπτης ἁλῶ,
τοὺς πραγματευσαμένους τὰ περὶ τούτων μηνύσω. Λυσιμάχου μέν ἐστι
δύο Περὶ τῆς Ἐφόρου κλοπῆς, Ἀλκαῖος δὲ, ὁ τῶν λοιδόρων ἰάμβων
20 καὶ ἐπιγραμμάτων ποιητής, παρῴδηκε τὰς Ἐφόρου κλοπὰς ἐξελέγχων,
Πολλίωνος[3]) δὲ ἐπιστολὴ πρὸς Σωτηρίδαν Περὶ τῆς Κτησίου κλοπῆς,
τοῦ δ' αὐτοῦ καὶ Περὶ τῆς Ἡροδότου κλοπῆς ἐστι βιβλίον, καὶ ἐν τῷ
ἐπιγραφομένῳ Ἰχνευταί πολλὰ περὶ Θεοπόμπου λέγεται, Ἀρητάδου τέ
ἐστι Περὶ συνεμπτώσεως πραγματεία, ἐξ ὧν τοιαῦτα πολλὰ ἔστι γνῶναι."

25   24. Καὶ μεθ' ἕτερα

"Καὶ ὁ Προσήνης, Τοὺς μὲν ἄλλους, ἔφη, κλέπτας ἐφωράσατε· ὅτι
δὲ καὶ αὐτὸς οὗτος ὁ ἥρως Πλάτων, οὗ τὴν ἐπώνυμον ἑορτὴν σήμερον[4])
πανηγυρίζομεν, πολλοῖς καταχρῆται τῶν πρὸ αὐτοῦ, αἰδοῦμαι γὰρ τῷ
τῆς κλοπῆς ὀνόματι ἐπὶ τούτου χρῆσθαι, οὐκέτι κατειλήφατε. 25. τί
30 λέγεις; ἔφη ὁ Καλλιέτης. οὐ λέγω μόνον, φησίν, ἀλλὰ καὶ τὴν πίστιν
τῷ λόγῳ παρέχω. σπάνια δὲ τὰ τῶν πρὸ τοῦ Πλάτωνος γεγονότων βιβλία,
ἐπεὶ ἴσως πλείους ἄν τις ἐφώρασε τοῦ φιλοσόφου κλοπάς.[5]) ἐγὼ δ' οὖν,
ᾗ κατὰ τύχην περιπέπτωκα, Πρωταγόρου[6]) τὸν Περὶ τοῦ ὄντος ἀνα-

---

1) ἐστιγμένον ΒΙΟ.   2) τῇ δ' ἀ. Ι.
3) Πολίωνος Ι.   4) τήμερον Ο.   5) κλοπάς om ΙΟ. Viger. habet.
6) Πρ. γὰρ Ι.

Testim: a) Il. I 558.   b) fr. 34 Dübn.   c) Od. β 234.   d) Il. Π. 563.
e) fr. 34 Dübn.

γινώσκων λόγον, πρὸς τοὺς ἓν τὸ ὂν εἰσάγοντας τοιαύταις αὐτὸν εὑ-
ρίσκω χρώμενον ἀπαντήσεσιν· ἐσπούδασα γὰρ αὐταῖς λέξεσι τὰ ῥηθέν-
τα μνημονεύειν."

Wir haben vor uns das Bruchstück eines Tischgespräches, einer
Literaturgattung, die seit den Symposien Xenophons und Platons beliebt geworden war. Plutarch[1]) verzeichnet in der Einleitung seiner
συμποσιακὰ προβλήματα einige Autoren, welche „Symposien" verfaßten:
Platon, Xenophon, Aristoteles, Speusippos, Epikur, Prytanis, Hierony-
mos, Dion den Akademiker. Denken wir ferner an des Persaios συμ-
ποτικοὶ διάλογοι, an die σύμμικτα συμποτικὰ des Aristoxenos, an die
δειπνοσοφισταί des Athenaios. Grammatikalische und philologische
Fragen behandelten auch die συμποσιακὰ σύμμικτα des Didymos und
das συμπόσιον des Herodian.[2]) Und in der Art, wie Macrobius in seinen
Saturnalia gesprächsweise die Plagiate bzw. Nachahmungen Vergils nach
verschiedenen Quellen erörtert, läßt Porphyrios die κλοπαὶ verschiedener griechischer Autoren behandeln, wobei sicherlich die vielbändigen
φιλόλογοι ὁμιλίαι seines Lehrers Longinos zu Pate standen.

Die Szene ist nach Athen verlegt; Veranlassung zu dem Gespräch
gibt ein Liebesmahl zu Ehren Platons.[3]) Als Wirt waltet Longinos,
der Lehrer des Porphyrios, der wegen seines umfassenden Wissens
βιβλιοθήκη ἔμψυχος καὶ περιπατοῦν μουσεῖον scherzweise genannt ward.[4])
Er hatte u. a. auch Kommentare zum platonischen Timaios und Phai-
don abgefaßt. Longinos war wohl in Athen Schulhaupt und derjenige,
welcher bekanntlich allen Umdeutungen der platonischen Lehre wider-
strebend an den Grundsätzen des Meisters festhielt. Vielleicht bedeutet
diese zarte Huldigung des Schülers eine Verherrlichung des Lehrers,
der 273 wegen seines politischen Einflußes auf Zenobia vom Kaiser
Aurelian hingerichtet worden war. Gäste sind neben Ungenannten der
Sophist Nikagoras aus Athen, der die Huldigungsansprache (der
Athener) an Kaiser Philippos (244—249) gehalten hatte.[5]) Weiterhin
der Sophist Maior aus Arabien, ein Zeitgenosse des Apsines und Nikagoras[6]) (Suidas); ferner der Grammatiker Apollonios, vielleicht derselbe, der einigemale[7]) als Verfasser einer ἐξήγησις τῶν Ἡροδότου

1) Quaest. conviv. p. 612 e.
2) Vgl. F. Ullrich, Das literarische Gastmahl von Aristoteles bis Methodios.
(Programm, Würzburg Neues G. 1909), der unser Symposion übersehen hat.
3) Vgl. über diese gemeinsamen Mahle: Zeller II 418 3.
4) Eunapios, vit. soph. p. 456 a 2.
5) Vgl. Suidas u. d. W. u. Philostr. II 27, p. 620. 33, p. 628. Himer. ecl. VII 4.
6) Cf. schol. ad Hermogen. p. 130.
7) Et. Orion. 134, 34. 170, 29. Et. M. 522, 5. 722, 22.

γλωσσῶν erwähnt wird; dann der „Geometer" Demetrios, wie Apollonios, ebenfalls ein Lehrer des Porphyrios[1]) und die uns nicht weiter
bekannten Prosenes der Peripatetiker, Kallietes der Stoiker, Kaystrios und Maximos. Als neunter ist Porphyrios selbst in der Tafel-
runde. Dieser engere Kreis ist wohl nach einem alten Akademiker-
brauch gebildet. Nach der bei Varro überlieferten Regel gehören ja
zu einem Symposion nicht mehr als die Zahl der Musen und nicht
weniger als die der Grazien wohl im Hinblick auf die seit alters im
Garten der Akademie befindliche Gruppe der Chariten und den Altar
der Musen.

Als Zeit des Symposions ist jedenfalls längstens 262 gedacht, da
Porphyrios im 30. Jahre nach Rom ging, um Plotinos zu hören.

Maximos und Kaystrios streiten eben über Ephoros. Jener zieht
ihn „sogar" dem Theopompos vor, dieser nennt ihn einen Plagiator.
Apollonios mischt sich ein und erhebt die gleichen Vorwürfe gegen
Theopompos. Nikagoras fügt den Belegen des Vorredners noch einige
andere hinzu. — Interessant ist diese Stellungnahme. Wir befinden
uns in der Zeit der sog. Neusophistik, deren Grundsätze wir insbesondere in den Ἰδέαι des Hermogenes, eines älteren Zeitgenossen des Porphyrios, kennen lernen. Während dieser nun Herodotos, Thukydides,
Hekataios empfiehlt, übergeht er Theopompos und Ephoros.

Apollonios fährt fort, man dürfe sich über solche Unselbständig-
keiten bei so unnützen Autoren nicht wundern, wenn sogar Menandros
und Sophokles sich solche Schwächen zuschulden kommen ließen. Und
nun, setzt Porphyrios selber das Gespräch fort, zeigt sich, daß auch
Hypereides und Demosthenes dieselben Gedanken gemein haben.

Nun wird das Gespräch bei Eusebios unterbrochen. Nach einer
Weile bringt Porphyrios selber noch eine Reihe von Parallelen aus
Hellanikos-Herodot, Isaios-Isokrates, Deinarch-Demosthenes und verschiedenen Dichtern. Endlich erklärt noch der Peripatetiker Prosenes
— man beachte die alte Schulfeindschaft der Akademiker und Peripatetiker — mit vorsichtiger Verklausulierung — ist man doch auf
einem Symposion zu Ehren Platons! —, daß sogar der Altmeister der
Akademie wörtlich aus Protagoras abgeschrieben habe.

Um aber selbst dem Vorwurf des Plagiates vorzubeugen, nennt er
seine Quellen, so daß wir unbedenklich die Ausführungen über Epho-

---

1) So bei Proklos (in *Plat. remp.* II 23, 14 Kroll): Δημήτριος ὁ γεωμέτρης
μέν, Πορφυρίου ⟨δὲ⟩ διδάσκαλος. — Von Apollonios sagt Porphyrios in seinem
Erstlingswerk ζητήματα (I, p. 233, 11 Schr.): ὁ διδάσκαλος ἡμῶν. Näheres bei
Hefermehl, *Rh. Mus.* 61, 299ff.

ros dem Lysimachos bzw. Alkaios, über Theopompos den Ἰχνευταί
des Pollion, über Menandros dem Latinos, über Herodotos-Hellanikos
ebenfalls dem Pollion zuweisen dürfen. Alles übrige, namentlich die
Dichterzitate und Rednerparallelen, stammt aus des Aretades Werk
περὶ συνεμπτώσεως.[1]) Die Erörterung über die Plagiate des Ktesias
(aus Pollion) sind bei Eusebios ausgefallen. Natürlich ist nicht ausgeschlossen, daß Porphyrios, dessen Schriftstellerei sich auf Philosophie,
Rhetorik, Grammatik erstreckte, Zusätze aus eigenem machte, namentlich in dem Abschnitte über Parallelen bei den Philosophen.

1. AUS LYSIMACHOS.

Streifen wir die stilistische Einkleidung der Gesprächsform ab
und lassen nur die vorgebrachten Tatsachen sprechen! Ephoros soll
aus Daimachos, aus Kallisthenes und Anaximenes bisweilen 3000 Zeilen
wörtlich herübergenommen haben.[2]) Die ἱστορία κοινῶν πράξεων des
Ephoros reichte nur bis zur Belagerung Perinths (340); sein Sohn
Demophilos fügte noch ein 30. Buch hinzu, „das die vom Vater noch
nicht erzählten Ereignisse des heiligen Krieges behandelte".[3]) Die
Hellenika des Kallisthenes behandelten die Geschichte Griechenlands
von 387—357[4]) in 10 Büchern; außerdem verfaßte er noch ein Werk
über den (dritten) heiligen Krieg (περὶ τοῦ ἱεροῦ πολέμου), woraus
sich wohl Demophilos Zweckdienliches holte. Die Ἑλληνικὰ oder Πρώτη
ἱστορία des Anaximenes von Lampsakos reichte von der Weltschöpfung
bis 362[5]) und umfaßte 12 Bücher; außerdem schrieb er auch Φιλιππικά. Daß nun Ephoros, in der Sammlung seines Stoffes ohnehin auf
frühere Darstellungen angewiesen, unbedenklich an frühere Werke sich
anlehnte, können wir wenigstens bei Herodot nachweisen, den er, wie
uns Diodor, sein Exzerptor, zeigt, stellenweise wörtlich ausschrieb.

Für das Verhältnis von Ephoros zu Kallisthenes und Anaximenes
dagegen ist uns eine Nachprüfung unmöglich. Dagegen stimmt die
Notiz betreffend Daimachos nicht. Denn dieser wurde (nach Strabon
II p. 70) als Gesandter zum Sohne des indischen Königs Sandrokottos
geschickt, der 291 starb.[6]) Die Ἰνδικά, eine Frucht jener Gesandt-
schaftsreise, konnten also von Ephoros unmöglich ausgebeutet werden,
dessen Ableben wir auf 340 festsetzen dürfen. Dieser Widerspruch
bewog auch Clinton (F. L.[3] II, p. 455) statt Δαιμάχου zu lesen Δηιόχου.
Aber die chronologische Reihenfolge Anaximenes-Kallisthenes-Daima-

---

1) ἐξ ὧν τοιαῦτα πολλά ἐστι γνῶναι (467 d), sagt Porphyrios.
2) s. oben S. 41, Z. 9—11.   3) Wachsmuth, 499.   4) Diodor XIV 117, 7.
5) Diodor XV 189, 3.   6) Susemihl I 565 [61].

chos spricht dagegen. Entweder ist also ein Irrtum in der Überlieferung des Namens oder ein uns unbekanntes älteres Werk des Daimachos anzunehmen.

Porphyrios faßte offenbar die breiten Darlegungen seines Gewährs-
mannes zusammen, der etwa in der Form der Gegenüberstellung von
Original und Kopie die Plagiate des Ephoros erwies. Daß dieser aber
seine Vorlagen nach verschiedenen Quellen ergänzte, abweichende Berichte kontaminierte, als Schüler des Isokrates das Ganze rhetorisch
aufputzte[1]), davon scheint Lysimachos geschwiegen zu haben, obwohl
ihm reichlicheres Material zur Verfügung stand, die Arbeitsweise des
Kymaiers zu prüfen als uns.

2. AUS POLLION.

Pollion hatte über die Plagiate des Theopomp, Herodot und
Ktesias gehandelt.

Zu Theopomp verzeichnet Porphyrios zum ersten: er schrieb die
Stelle aus Isokrates' Areopagitikos (140 d), daß nichts Gutes und Böses
an und für sich die Menschen treffe usw.[2]), wörtlich im 11. Buch der
Φιλιππικά aus. Wir sehen auch aus den neugefundenen Fragmenten,
daß der Historiker in seinem Stil seinen Lehrer getreu kopiert[3]); es
mag also richtig sein, daß er den genannten Gemeinplatz jener isokratischen Rede entnahm.

Ein weiterer Angriff lautet: Theopomp ist ein fälschender Plagiator. Andron hatte in seinem Τρίπους von Pythagoras erzählt, er habe
einmal in Metapontum aus dem Wasserstand eines Brunnens ein Erdbeben für die nächsten drei Tage prophezeit. Diese Erzählung soll
nun unser Historiker — im 8. Buch der Φιλιππικά, wo eine ganze
Sammlung von Wundergeschichten und Wundermännern (Pherekydes,
Epimenides u. a.) vereinigt war — dem Andron entnommen haben. Aber
um den Diebstahl zu vertuschen, habe er an Stelle des Pythagoras
Pherekydes gesetzt, anstatt Metapont Syra, die Heimatinsel des Pherekydes, genannt. Auch die übrigen von Pythagoras berichteten Wunder-
geschichten seien auf Pherekydes übertragen; dieser aber habe das
Fahrzeug nicht, wie Andron von dem Samier erzählt, vom sizilischen
Megara, sondern von Samos aus gesehen; Theopomp habe ferner die
Einnahme von Sybaris auf die von Messana übertragen und „um etwas

---

1) Treffliche Beispiele hierfür lesen wir in dem Aufsatze A. von Meß (Rh.
Mus. 61, 382f. 385f.).

2) s. S. 41, Z. 13—19.   3) Vgl. Blaß, II 419ff.

Besonderes zu berichten", den Namen des Gastfreundes Perilaos hinzuge—dichtet.[1])

Die Übertragung dieser Wundergeschichten auf beide erklärt sich daraus, daß schon nach alter Überlieferung — Aristoxenos, der Verfasser des ersten rationalisierenden Pythagorasbios (4. Jahrh.) und Andron, nach Diog. L. I 118 — Pherekydes als Lehrer des Pythagoras gilt. Theopomp folgte der älteren Version, die wir auch bei einer Reihe späterer Schriftsteller wiederfinden[2]); der Name Perilaos kehrt bei Jamblichos[3]) unter den Pythagoreern wieder. Die andere Fassung, welche die Pherekydeslegenden auf Pythagoras verpflanzt, scheint von Andron auszugehen und taucht bei unserm Porphyrios[4]) wiederum auf, der seinerseits frühere Biographien von Antonios Diogenes, Nikomachos und Moderatos und eine Quelle des Diogenes von Laerte, d. i. zweifellos Andron kompiliert. Nun ist auch leicht erklärlich, warum sich Porphyrios aus der jedenfalls reichlichen Plagiatsammlung des Pollion u. a. gerade dieses Beispiel ausgewählt hat.

Aber der Vorwurf des Plagiats gegen Theopomp fällt in diesem Punkte in nichts zusammen. Bemerkenswert ist nur noch das eine, daß dem Historiker nicht die Benützung fremder Autoren ohne Quellenangabe zum Vorwurf gemacht wird, sondern die absichtliche Verschleierung des Plagiates.[5])

Einen weiteren Angriffspunkt bietet das Verhältnis Theopomps zu Xenophon, aus dessen Ἑλληνικά jener viel herübergenommen haben soll und zwar, was das ärgste sei, um es (stilistisch) zu verhunzen.[6]) Es handelt sich in dem angeführten Belege um die diplomatischen Unterredungen zwischen Pharnabazos und Agesilaos, die Xenophon ausführlich (Hellen. IV 1, 29—39) wiedergibt. Theopomp verwendet die Darlegungen des Atheners, die dieser wohl von Agesilaos selbst erfahren hatte, im vorletzten Buch seiner Ἑλληνικά, die bis 394 reichten; aber was jener außerordentlich gefällig und geschickt geschildert hatte, wird bei diesem effektlos, kalt, ungeschickt dargestellt. Indem er seinen Diebstahl durch seine stilistische Überlegenheit wett zu machen sucht, erscheint er schwach, zögernd, hinhaltend und verdirbt so das Lebendige und Kraftvolle seines Vorbildes[7]), meint der Gegner.

Plutarch gibt jene Unterredung ebenfalls wieder und auch in ver-

---

1) S. 41, Z. 19 bis S. 42, S. 7.
2) Diog. L. I 116; Apollon hist. m c. 5; Plin. n. h. II 79; Cic. de div. I 2.
3) vit. Pyth. 126.
4) vit. Pyth. c. 29 und 56; ebenso Iamblichos 126. 136.   5) S. 42, Z. 1.
6) S. 42, Z. 7—17.   7) S. 42, Z. 17.

änderter Form (Ages. 6). Daß Theopomp die authentische Quelle benutzte, liegt außer Zweifel; aber die Schlußfolgerung, die aus der stilistischen Umgestaltung gezogen wird, ist ganz verkehrt. Eben weil
Theopompos eine wörtliche Wiedergabe als ungehörig und unselbst-
ständig vermeiden wollte, stilisierte er das von Xenophon gebotene
Material um[1]) und zwar in die periodisierende Glätte der isokrateischen
Rhetorik.

Interessant ist dabei das ausnehmende Lob des Stilisten Xeno-
phon, das sich mit dem begeisterten Preis des Ps.-Longinos ($\pi\varepsilon\varrho\grave{\iota}$ $\acute{v}\psi ovs$
4, 4), Dion von Prusa (or. 18, 4) und besonders der Neusophistik[2])
deckt, ein Fingerzeig, daß Porphyrios das Plagiatmaterial wohl aus
Pollion schöpfte, aber es nach seiner ästhetischen Anschauung verarbeitete.

Weiterhin soll Herodotos im 2. Buche seiner „Geschichten" vieles
aus der $\Pi\varepsilon\varrho\iota\acute{\eta}\gamma\eta\sigma\iota\varsigma$ des Hekataios wörtlich abgeschrieben haben, nur
mit kleinen Zusätzen versehen.[3]) Auch der ältere Zeitgenosse des Por-
phyrios, Hermogenes, bestätigt das Abhängigkeitsverhältnis des Herodotos von jenem.[4])

Auch hier verkennt oder verdreht Porphyrios(-Pollion) die Absicht Herodots, der häufig seine Quelle umarbeitend stilisiert, nicht
um einiges anzuflicken ($\beta\varrho\alpha\chi\acute{\varepsilon}\alpha$ $\pi\alpha\varrho\alpha\pi o\iota\acute{\eta}\sigma\alpha\varsigma$), sondern um wörtliches
Abschreiben zu vermeiden.[5]) Am deutlichsten ersieht man wohl diese
Arbeitsweise, wenn man Herodotos II 77 mit Hekataios, fr. 209 vergleicht. Wie geschickt weiß der Halikarnasseer jene Stelle in die Erzählung der Aryandesexpedition gegen die Libyer einzuflechten!

In den $\mathrm{'}I\chi\nu\varepsilon\upsilon\tau\alpha\acute{\iota}$ scheint Pollion auch noch den Hellanikos vor
sein Tribunal gezogen zu haben. Seine $\beta\alpha\varrho\beta\alpha\varrho\iota\varkappa\grave{\alpha}$ $\nu\acute{o}\mu\iota\mu\alpha$ sollen aus
den Schriften des Herodotos und Damastes zusammengetragen sein.[6])
Kullmer[7]) stellt die Fragmente der $\nu\acute{o}\mu\iota\mu\alpha$ $\beta\alpha\varrho\beta\alpha\varrho\iota\varkappa\acute{\alpha}$ neuerdings zusammen und kommt im Anschluß an die Ausführungen von Diels[8])
zu dem Ergebnis[9]), die Notiz bei Porphyrios sei im Grunde richtig,
gehe aber von falschen Voraussetzungen aus. Nicht Hellanikos schrieb

---

1) Vgl. Gutschmid S. 12.
2) Aristeid. rhet. II; Hermog. $\pi\varepsilon\varrho\grave{\iota}$ $\grave{\iota}\delta\varepsilon\tilde{\omega}\nu$ p. 418 sq. Sp.
3) S. 43, Z. 5—8.
4) II 423 Sp.: $\mathrm{'}E\varkappa\alpha\tau\alpha\tilde{\iota}o\varsigma$ . . . $\pi\alpha\varrho'$ $o\tilde{v}$ $\delta\grave{\eta}$ $\mu\acute{\alpha}\lambda\iota\sigma\tau\alpha$ $\grave{\omega}\varphi\acute{\varepsilon}\lambda\eta\tau\alpha\iota$ $\mathrm{'}H\varrho\acute{o}\delta o\tau o\varsigma$; dar-
nach Suidas (unter $\mathrm{'}E\varkappa\alpha\tau\alpha\tilde{\iota}o\varsigma$): $\mathrm{'}H\varrho\acute{o}\delta o\tau o\varsigma$ „$\grave{\omega}\varphi\acute{\varepsilon}\lambda\eta\tau\alpha\iota$ $\tauo\acute{v}\tauo\upsilon$ $\nu\varepsilon\acute{\omega}\tau\varepsilon\varrho o\varsigma$ $\check{\omega}\nu$.
5) Diels im Hermes 22, 411 ff.   6) S. 43, Z. 4—5.
7) Die Historiai des Hellanikos: Untersuchungen zur älteren griech. Prosa-
literatur (Jahrb. f. kl. Ph. Suppl. XXVII. 651 ff.).
8) A. a. O.   9) S. 668.

den Herodotos aus, sondern beide benützten eine gleiche Quelle, nämlich Hekataios: ein bekannter, aber beweisloser Kompromißstandpunkt. Sicher ist nur das eine, daß schon im Hinblick auf *fr.* 173 des Hellanikos ein Abhängigkeitsverhältnis der beiden Historiker vorhanden ist. Mehr lassen uns die dürftigen Reste des Mitylenäers nicht erschließen.

Wenn nun aber Kullmer (a. O.) fortfährt: „*Auch die Ähnlichkeit mit Damastes erklärt sich auf einfache Weise: Damastes ist der Schüler des Hellanikos*“, so liegt die Sache doch nicht so einfach. Pollion behauptet ja, Hellanikos habe neben Herodot auch den Damastes ausgeschrieben. Da dieser aber als Schüler des Hellanikos angeführt wird (Suid. s. Δαμάστης), andrerseits in der Tat eine Übereinstimmung zwischen beiden heute noch nachzuweisen ist — fr. 96 K. = Damastes bei Steph. Byz. unter Ὑπερβόρειοι —, so ist Pollion im Irrtum. Entweder ist Damastes nicht der Schüler, sondern der Lehrer des Hellanikos gewesen oder Damastes steht in keinem Schulverhältnis zu Hellanikos und die Übereinstimmungen erklären sich aus der Benutzung einer gemeinsamen Quelle: Hekataios, zumal Damastes in seinem περίπλους auf jenem fußt.[1])

3. AUS LATINOS.

Aristophanes von Byzanz hatte schon, wie wir oben hörten, die Parallelen zu Menander zusammengestellt; Latinos wies in seinen sechs Büchern περὶ τῶν οὐκ ἰδίων Μενάνδρου dem Komödiendichter massenhafte Plagiate nach.[2]) Auffälliger Weise führt Eusebios nicht eine Probe daraus vor, obschon doch beispielsweise Parallelen zu Euripides heute noch trotz der kärglichen Überreste des Komikers in ziemlicher Anzahl aufgedeckt werden können.[3])

Im einzelnen wird nur eine Wahrnehmung des Caecilius von Kalakte angeführt, Menandros habe den Οἰωνιστής des Antisthenes von A bis Z in seinen Δεισιδαίμων übernommen.[4])

Auffällig muß vor allem die Aufmachung sein, in der Porphyrios diese Nachricht bringt: Caecilius habe diese Notiz gebracht, wie wenn er weiß Gott etwas Großes entdeckt hätte![5]) Daraus zu lesen[6]), als habe Porphyrios das Plagiat selbst angezweifelt, ist ganz unangebracht. Daß ferner Porphyrios gegen Caecilius polemisierte, wäre bei dem großen Zeitabstand ganz unverständlich. Es ist daher klar, daß die Polemik

---

1) Vgl. Müller, FHG II 64—67 u. GGM II 471.   2) S. 42, Z. 23—24.
3) Meineke: Menander imitator Euripidis (FCGr. IV 705—709).
4) Vgl. oben S. 36.   5) ὥς τι μέγα πεφωρακώς.
6) Cobet, *obs. crit.* II 77.

von dem zeitlich nahestehenden Latinos herrührt, der in Anbetracht
der zahlreichen Plagiate, die er selber dem Menandros aufmutzen kann,
sich über Caecilius lustig macht, der mit der einen Entdeckung sich
so wichtig machte.

An der Tatsache, daß ein Stück des Menandros identisch ist mit
einem des Antiphanes, ist nicht zu zweifeln. Wenn man sich Shakespeares wiederum erinnern will, der unbedenklich ältere Stücke um-
redigierte oder Calderons, dessen weltliche Stücke noch zu seinen Leb-
zeiten wiederholte Veränderungen und Umwandlungen erfuhren, so
ist ein solches Verfahren auch bei Menandros begreiflich, dem über
100 Komödien zugeschrieben wurden.

4. AUS ARETADES.

Aus der Abhandlung des Philostratos „über die Plagiate des Sophokles" ist kein Beleg gebracht.

Da Porphyrios um nicht, wie er selbst bemerkt, in den Verdacht
eines Plagiarius zu kommen, seine Quellen sorgsam vermerkt und wir
auch in einer andern Schrift[1]) von ihm seine mosaikartige Schriftstellerei wahrnehmen, so dürfen wir wohl annehmen, daß die übrigen
Plagiatnotizen aus Aretades stammen, „der ja derlei viel bietet".[2])

Zwei Gruppen werden aufgeführt, Dichter und Redner.

a) Dichter.

So ist zunächst einem Gemeinplatz, daß es nichts schlechteres gibt,
als eine schlechte Frau, aber auch nichts besseres, als eine wackere, von
Hesiodos (opp. 702/3) über Semonides (fr. 6 B)[3]) zu Euripides (Melanippe ἡ δεσμ. fr. 21) nachgegangen. Daß die Parallelensammlung des
Aretades und ähnlicher Werke mit den Florilegienbüchern in Verbindung zu setzen ist, beweist diese Stelle: auch bei Stobaios (69, 6 u. 11)
sind diese Parallelen von Hesiodos und Euripides verzeichnet und noch
andere dazu.

Bemerkenswert ist nur, daß diese einzige Parallele[4]) sich auch in
der Plagiatsammlung des Klemens findet (VI 2, 13, 1 u. 2), aber ohne
den Euripidesbeleg (wie bei Stobaios). Weiterhin ist noch auf den
wichtigen Unterschied hinzuweisen, daß die Stellen bei Porphyrios
genau zitiert sind (Σιμωνίδης ἐν τῷ ἑνδεκάτῳ), während Klemens sagt:

---

1) πρὸς Μαρκέλλαν; cf. Usener, *Epicurea* p. LVIII 8 sq.
2) p. 467 d. ἐξ ὧν τοιαῦτα πολλά ἐστι γνῶναι.
3) S. 43 Z. 13—23.
4) Christ irrt sich (S. 473), wenn er sagt: „*Unter den Belegen finden wir
einige, die wir auch bei Clemens lesen*".

Σιμωνίδης εἶπεν. Ohne der Untersuchung über Klemens vorzugreifen, kann auf Grund dieser Beobachtung schon bezweifelt werden, ob der ältere Klemens die bessere und gleiche Quelle des jüngeren Porphyrios benutzt hat (Aretades).

Zur Sache selbst ist noch zu bemerken, daß der zu allen Zeiten[1]) behandelte Gemeinplatz von den drei genannten Dichtern sehr verschieden stilisiert ist.

Ferner wird eine andere Parallele, daß die Frauen die unglücklichsten Geschöpfe seien, bei Euripides (Medea 231) und Theodektes (Alkmaion fr. 210) zusammengestellt. Bei Theodektes heißt es nun:

$$\Sigma\alpha\varphi\grave{\eta}\varsigma\ \mu\grave{\epsilon}\nu\ \grave{\epsilon}\nu\ \beta\varrho\sigma\tau\sigma\tilde{\iota}\sigma\iota\nu\ \dot{\upsilon}\mu\nu\epsilon\tilde{\iota}\tau\alpha\iota\ \lambda\acute{o}\gamma\sigma\varsigma,$$
$$\dot{\omega}\varsigma\ \sigma\dot{\upsilon}\delta\acute{\epsilon}\nu\ \dot{\epsilon}\sigma\tau\iota\nu\ \dot{\alpha}\vartheta\lambda\iota\acute{\omega}\tau\epsilon\varrho\sigma\nu\ \varphi\upsilon\tau\acute{o}\nu$$
$$\gamma\upsilon\nu\alpha\iota\varkappa\acute{o}\varsigma.$$

Interessant ist hierbei die heftige Invektive bei Porphyrios, daß der Nachdichter nicht bloß die Idee dem Euripides entnahm, sondern auch die gleichen Worte gebrauchte und dazu die Stirn besaß, den Gedanken als einen sprichwörtlichen zu bezeichnen, um das Plagiat zu verschleiern.[2]) Aber wörtlich ist die Sentenz nicht herübergenommen, wenn es bei Euripides heißt:

$$\Gamma\upsilon\nu\alpha\tilde{\iota}\varkappa\acute{\epsilon}\varsigma\ \dot{\epsilon}\sigma\mu\epsilon\nu\ \dot{\alpha}\vartheta\lambda\iota\acute{\omega}\tau\alpha\tau\sigma\nu\ \varphi\upsilon\tau\acute{o}\nu.$$

Andererseits ist sie in der Tat eine sprichwörtliche Wahrheit, wie man aus dem *ψόγος γυναικῶν* bei Stobaios (fl. 67) lesen kann. Und Gehässigkeit verrät es dem Theodektes die Einkleidung des Gedankens zum Vorwurf zu machen, da doch solche Berufungen auf bekannte Dikta der Dichtung nie fremd waren.

Ein breiterer Raum wird dem **Antimachos** gewidmet.[3]) Die Homerstelle (Il. 9, 558) ist bei Antimachos (fr. 34 Dübn.) also verändert:

$$\text{'}I\delta\epsilon\acute{\omega}\ \vartheta\text{'}\ \ddot{o}\varsigma\ \varkappa\acute{\alpha}\varrho\tau\iota\sigma\tau\sigma\varsigma\ \dot{\epsilon}\pi\iota\chi\vartheta\sigma\nu\acute{\iota}\omega\nu\ \tilde{\eta}\nu\ \dot{\alpha}\nu\delta\varrho\tilde{\omega}\nu.$$

Porphyrios findet hierin abgesehen vom Plagiat auch eine Verballhornung, während Lykophron den Tausch lobt, da durch den Ersatz des homerischen *γένετ'* mit *ἦν* der Vers etwas Kräftiges, Wuchtiges bekomme. Erinnern wir uns, daß gewisse Alexandriner mit Vorliebe Spondeen im Hexameter gebrauchten[4]) und an dem homerischen Hexameter allerhand auszusetzen fanden.[5])

---

1) Vgl. J. Bolte, *Ztschr. des Ver. für Volkskunde* 11, 252 ff.
2) S. 43 Z. 24 bis S. 44 Z. 1.   3) S. 44 Z. 1—16.
4) Antimachos selber häufig; besonders auch Callim. hymn. 3, 222 ff.; Theokr. XIII 42 ff.; Apoll. Rhod. IV 1189 ff u. a.
5) W. Meyer, *Sitzungsberichte d. bayer. Ak.* 1884 S. 192 ff.

Darüber, daß Antimachos das homerische τὸν δ' ἀπαμειβόμενος, die so abgedroschene Formel, unbedenklich anwendete, schweigt Porphyrios, da schon der alte Kratinos wegen dieser Wiederholungen den Homer verspottet habe.[1]) Daraus, daß das Kratinoszitat mit der Bemerkung Lykophrons verbunden ist, möchte man schließen, daß Aretades diese Notizen aus Lykophrons Buch περὶ κωμῳδίας geschöpft hat.

Schließlich wird noch dargelegt, wie Antimachos aus den Homerversen (β 234 u. Π 563) einen neuen kontaminierte (fr. 34):

Λαῶν οἷσιν ἄνασσον ἐκαρτύνοντο φάλαγγας.

Wir werden noch im 3. Teile auf diese Kontaminationen zu sprechen kommen.

Man wird sich füglich über die unverhältnismäßig breite Erörterung wundern, die Antimachos bei Porphyrios zuteil wird. Wenn man aber bedenkt, daß gerade zu seiner Zeit Antimachos die Grammatiker neuerdings beschäftigte — Zotikos, der Freund Plotins, verfaßte Ἀντιμάχου διορθωτικά, wie Porphyrios selbst (Plot. 7) berichtet; Longinos schrieb λέξεις Ἀντιμάχου (Suid. u. Λογγῖνος) —; wenn man ferner erwägt, daß der Ausdruck παραδιορθοῖ ebensowie παραδιόρθωμα — abgesehen von Photios und späteren — nur hier und in den Ὁμηρικὰ ζητήματα (7) des Porphyrios vorkommt, so liegt die Folgerung sehr nahe, daß die Ausführungen über Antimachos, mag immerhin der Stoff von Aretades zurechtgelegt gewesen sein, auf das Konto des Porphyrios selbst zu setzen sind, der hiefür ein besonderes Interesse bei seinen Zeitgenossen erwarten durfte.

b) Redner.

Wie Theon Parallelen aus Rednern zusammenstellt, so treffen wir solche auch bei Porphyrios. Zunächst heißt es[2]), die Ausführungen über die βάσανοι kehrten bei Isaios, Isokrates und Demosthenes fast mit denselben Worten wieder. Tatsächlich stimmt diese Bemerkung. Aber diese Parallelen, die sich aus der Gerichtspraxis von selbst ergeben, wie auch die τέχναι (Ps.-Arist. p. 58; Anaximenes p. 202; Anonymos p. 451 Sp) zeigen, sind Gemeinplätze, die mit unwesentlichen Änderungen immer wiederkehren, wie in unseren Schwurgerichten bei Defraudationen die Klage über die unzulängliche Besoldung des Angeklagten oder in unseren Volksversammlungen die Phrasen von der Schlechtigkeit der gegnerischen Parteien.

---

1) Vgl. W. Scherrans, de poet. com. Attic. studiis Homericis (Diss. Königsberg. 1893 p. 10).

2) S. 43 Z. 8—11. Ofenloch zählt diese Stelle zu den Fragmenten des Caecilius (fr. 164).

Weiterhin heißt es von Hypereides, er habe in der Rede „gegen Diondas" und „über die Geschenke des Eubulos" vieles von Demosthenes genommen. Dabei bemerkt Porphyrios, daß einer vom andern entlehnt habe, sei zweifellos; da sie aber Zeitgenossen seien, wäre es Sache der Grammatiker, auf Grund der Chronologie den Dieb herauszubringen. Er selber halte den Hypereides für den Nehmenden. Da aber der Fall unentschieden sei, schätze er den Demosthenes, wenn er das von Hypereides Entlehnte nach Bedarf verbessert, tadle aber Hypereides, wenn er das von jenem Entlehnte schlechter gemacht habe.[1]) Porphyrios hätte bei einiger Umsicht die Priorität wohl feststellen können, da er so gut wie wir wissen konnte, daß die Rede gegen Eubulos nach dessen Tode (330) gehalten wurde (schol. Aisch. 2, 8) und wohl auch die Parallelen aus den demosthenischen Reden, die wir nicht mehr kennen, zur Hand hatte. Übrigens merkt auch einmal der Scholiast zu Demosthenes eine Stelle an[2]), worüber Hypereides ebenfalls in der Rede gegen Dion sprach. Blaß[3]) hält die Angabe des Porphyrios für zweifellos richtig, denkt aber an die Entlehnung von seiten des Hypereides, wozu er verschiedene Belege beibringt.

Auffällig ist das Epitheton ὁ καλός, das dem Mitstreiter des Demosthenes zuerkannt wird. Wiederum müssen wir an den Verfasser περὶ ὕψους denken, der ihn, seine Anmut rühmend, mit einem Pentathlos vergleicht, besonders seinen Epitaphios lobpreist und ihn der Zahl seiner Vorzüge nach über Demosthenes stellt.

Schließlich wird dem Deinarchos noch vorgerückt, er habe ἐν τῷ πρώτῳ κατὰ Κλεομέδοντος αἰκίας (fr. 60, 3 Tur.) vieles wörtlich aus einer Demosthenischen Rede gleicher Prozeßlage (κατὰ Κόνωνος αἰκίας) entnommen.[4]) Wir können diese Notiz nicht mehr nachprüfen, da uns die erwähnte Rede des Deinarchos verloren ist. Aber sie ist zweifellos richtig, da der κρίθινος Δημοσθένης[5]) trotz aller politischen Gegnerschaft die pathetische Redeweise des Demosthenes nachahmte; so war eine der Reden gegen Polyeuktos durchwegs jenem nachgebildet, wie uns Dionysios berichtet[6]) und Blaß (III[2] 321[5]) stellt noch andere Berührungen zusammen.

---

1) S. 42 Z. 29 bis S. 43 Z. 2; bei Ofenloch Caec. fr. 165.
2) Zu Lept. 52, 105—115 = fr. 96[5] Hypereides: περὶ ταύτης τῆς μάχης καὶ Ὑπερίδης εἴρηκεν ἐν τῷ πρὸς Δίωνα.
3) III[2] 60.
4) S. 43 Z. 11—13 = Ofenloch, fr. 165.   5) Hermogenes π. ἰδ. 413, 15 Sp.
6) de Din. c. 5: προοιμιάζεται γὰρ ὁμοίως ἐκείνῳ καὶ δι᾽ ὅλου τοῦ λόγου παραπλήσιος μεμένηκε.

c) Philosophen.

Zuletzt bringt Porphyrios eine Erörterung über die Abhängigkeit Platons von anderen Autoren, die er aber bezeichnenderweise dem Peripatetiker Prosenos in den Mund legt.[1]) Daß auch der „Heros" Platon viele vor ihm benutzt habe, — den Namen „Plagiat" dafür zu gebrauchen scheue er sich — lasse sich beweisen. Aber vor ihm hätte man selten Bücher geschrieben, sonst könnte man vielleicht mehr κλοπαί aufspüren. Er sei nun zufällig bei der Lektüre von Protagoras' Schrift περὶ τοῦ ὄντος daraufgestoßen, daß Platon seine Entwürfe gegen die Eleaten jenem verdanke.

Sicherlich war unserm Porphyrios, der unter anderm auch περὶ τοῦ μίαν εἶναι τὴν Πλάτωνος καὶ Ἀριστοτέλους αἵρεσιν ζ' schrieb, die Literatur bekannt, die sich gegen die Originalität der platonischen Philosophie wandte. Aber taktvoll geht er nicht näher darauf ein, sondern bringt nur einen Punkt, den er vielleicht tatsächlich durch eigene Studien entdeckt haben mag. Zeller (II[3] 430 A.) meint dazu: „Porphyrs Aussage mag immerhin etwas Wahres zugrunde liegen; aber auf Plato kann dadurch schwerlich ein ungünstiges Licht fallen."

Damit sind wir am Ende der porphyrianischen Sammlung angelangt und es darf angezeigt erscheinen, die Ergebnisse unserer Nachprüfung kurz zusammenzufassen. Dadurch, daß Porphyrios die Quellen gewissenhaft angibt, ist uns die Verteilung des Materials erleichtert. Er schälte aus seinen Vorlagen die ihm geeignet erscheinenden Punkte heraus, um sie von seinem Standpunkt aus zu erläutern. Infolgedessen trifft sein Urteil über Xenophon, Ephoros, Theopomp, Hypereides mit dem seiner Zeit zusammen; wir verstehen das Interesse für Antimachos; auffällig ist einige Male die Gleichheit seiner ästhetischen Anschauung mit der des Verfassers περὶ ὕψους, die interessanter Weise auch im Gegensatz zu Caecilius zusammentrifft, eine Beobachtung, die der Vermutung Raum gibt, es sei Aretades nicht unmittelbar benützt, sondern aus zweiter Hand aus dem 1. Jahrh. n. Chr., als Caecilius in dem Verfasser περὶ ὕψους und Dionysios von Halikarnassos Gegnerschaft und Modifikationen erfahren hatte, eine Quelle, die näher bei Dionysios als bei Caecilius liegt, aber unmöglich sicher bestimmt werden kann. Diese Vermutung, daß Aretades nicht wörtlich benutzt ist, wird zur Gewißheit, wenn man sich erinnert, daß die ganze Tendenz des Aretades und Porphyrios verschieden ist: jener stellt nur „zufälliges Zusammentreffen" (συμπτώσεις) zusammen, dieser erschließt aus den συμπτώσεις geflissentlich — Plagiate.

---

1) S. 44, Z. 26 bis S. 45, Z. 3.

Die einzelnen Notizen unterzieht Porphyrios keiner Nachprüfung;
infolgedessen nimmt er auch Irrtümer mit herüber und was das Wichtigste ist, erklärt mehr oder weniger örtliche Anklänge als Plagiate,
ohne darauf näher einzugehen, ob der gleiche Inhalt stilistisch anders
gestaltet ist. Äußere Kriterien sind für ihn ausschlaggebend. In der
ästhetischen Würdigung der Anklänge und Nachahmungen steht er
weit hinter Theon zurück, der darin bewußte Paraphrase, eine künstlerisch beabsichtigte Umsetzung der gegebenen Gedanken erblickt. Wie
in unsern Tagen noch Paul Albrecht die Lessingschen Gedichte und
Dramen Zeile für Zeile mikroskopisch untersucht, ob nicht da oder
dort eine wenn auch noch so entfernte Parallele sich verbirgt, so Porphyrios. Bei Abänderungen der angenommenen Vorlage wittert er ein
verschleiertes Plagiat; bei unzweifelhaft feststehenden Gleichheiten begnügt er sich mit der tatsächlichen Feststellung, ohne Ursachen und
Gründen nachzuspüren; in schulmeisterlicher Besserwisserei wird die
eigene Gelehrsamkeit zur Schau getragen auf Kosten der echten Kritik
und Ästhetik. Porphyrios zeigt sich hierin als echtes Kind seiner Zeit;
an Stelle der Hermeneutik war die krankhafte Sucht der allegorischen
Deutung, an die Stelle der ästhetischen Literaturbetrachtung die Plagiatstöberei getreten. Je weniger Originalität eine Zeit zeigt, desto
aufdringlicher will sie deren Mangel in früheren, allenthalben gerühmten
Tagen nachweisen.

B. KLEMENS VON ALEXANDRIEN.

Eine andere, viel umfangreichere Plagiatsammlung ist uns in den
Stromata (B. VI) des Klemens von Alexandrien erhalten. Während
wir bisher nur philologische, doxographische oder ästhetische Gründe
als Unterlage der κλοπαί-Literatur feststellen konnten, stoßen wir bei
Klemens auf ein neues Motiv: der gelehrte Christ will erweisen, daß
die vielgerühmte Weisheit der Hellenen nicht bodenständig, sondern
den uralten Schriften der Bibel entlehnt sei. Dabei stützt sich diese
Anschauung auf die umfangreiche Literatur der jüdischen Apologeten.[1]
In Alexandria stießen Hellenisten und Juden zuvörderst aufeinander.
Und die hellenistischen Juden rüsteten sich gegenüber den Angriffen, die
sie namentlich von seiten der alexandrinischen Literaten erfuhren, den
Wert ihres Schrifttums zu verteidigen. Wir haben es hier mit einer
Kulturerscheinung zu tun, die sich immer wiederholt. Wir lesen schon

---

1) Vgl. Schürer, III 412 ff; P. Heinisch, *Alttestamentl. Abh.* 1/2 (Münster
1908. S. 16 ff).

bei Herodot[1]) (II 50. 52. 55. u. ö.), daß die ägyptischen Priester erzählten, Orpheus, Musaios, Homer, Lykurg, Solon u. a. hätten sie besucht; wir hören ferner, Platon, Pythagoras, Eudoxos, Demokritos hätten
dort hieratische Geheimnisse erfahren und Lehren, Künste und Einrichtungen in Ägypten gelernt. *„Mit der Nationaleitelkeit des alten
Kulturvolkes verband sich zu Herodots Zeit das politische Interesse sich
den Hellenen, auf deren Hilfe man zur Abschüttelung des persischen Joches
angewiesen war, als ihre geistigen Vorfahren hinzustellen, die sie als
Geistesverwandte unterstützen müßten; seit Alexander kommt der Wunsch,
dem herrschenden Volke Achtung und Teilnahme einzuflößen.“*[2]) Hier knüpft
die jüdische Apologetik den Faden an. Gegenüber der gegnerischen
Behauptung, die Juden hätten nichts für die Kultur geleistet, hatten
schon Eupolemos und Artapanos Moses als ersten Weisen gepriesen;
Aristobulos erklärt, Pythagoras, Sokrates, Platon und die anderen
Philosophen hätten ihre Weisheit aus Moses' Büchern geschöpft. Andrerseits werden die Übereinstimmungen in den Aussprüchen griechischer
Denker und Dichter und der heiligen Schriften herausgehoben, wird
die Priorität der Bibel festgestellt und auch vor den plumpsten Fälschungen nicht zurückgeschreckt.

Auf dieser jüdisch-hellenistischen Apologetik bauen die streitbaren
Verteidiger des Christentums weiter; galt es doch auch, die Christen
als den Hellenen ebenbürtige Kulturträger zu erweisen. Noch Gottfried
Vockerodt wandelte in einer Dissertation vom Jahre 1704[3]) in diesen
Bahnen und die Untersuchungen, die beispielsweise Homers Abhängigkeit von der Bibel erörtern, reichen bis in die jüngste Gegenwart.[5]）
Der Satz des Johannesevangeliums (10, 8): *„Alle, die vor mir gekommen
sind, sind Diebe und Räuber“*, sollte sich auch für die eingebildeten
Hellenen bewahrheiten. (Vgl. Clem. *str.* 2, 2, 1 u. 1, 17, 81.)

Und so zieht sich denn auch durch die Stromata des Klemens der
leitende Gedanke, daß die Philosophie, die ganze Wissenschaft der Hellenen jünger sei als die anderer Völker, insbesondere der Juden und
daß das Allerbeste aus deren heiligen Schriften entstamme. Kein Wunder, daß sie die Hand nicht von dem Eigentum anderer lassen, da sie
doch nachweislich sich gegenseitig ausplündern.[4]) Dies Grundmotiv

---

1) Ebenso Diodor, I 96.   2) Zeller, I 21 A.
3) *Dissertatio de notitia divinarum scripturarum ante Chr. n. in gentes vulgata* (Gothae 1704).   5) Vgl. Stemplinger, *Studien z. vgl. Lit.* 6, 8 ff.
4) 4. 4: οἱ γὰρ τὰ οἰκεῖα οὕτως ἄντικρυς παρ' ἀλλήλων ὑφαιρούμενοι βεβαι
οῦσι μὲν τὸ κλέπται εἶναι, σφετηρίζεσθαι δ' ὅμως καὶ ἄκοντες τὴν παρ' ἡμῶν ἀλή
θειαν εἰς τοὺς ὁμοφύλους λάθρᾳ διαδείκνυνται. οἱ γὰρ μηδὲ ἑαυτῶν, σχολῇ γε τῶν

muß man immer mithören, wenn man die κλοπαί des Klemens näher untersucht.[1])

Mit rhetorischer Übertreibung will er angeblich von der Masse seiner Stoffsammlung nur einige wenige Belegstellen von anerkannt berühmten Männern anführen (ὀλίγοις δὲ τῶν καθωμιλημένων καὶ παρὰ τοῖς Ἕλλησιν εὐδοκίμων ἀνδρῶν χρησάμενος μαρτυρίοις (5, 2)) und zwar — um die Beweiskraft zu erhöhen — aus den verschiedensten Zeiten (ἀδιαφόρως τοῖς χρόνοις καταχρώμενος). Dann ordnet er die 75 Belege nach zwei Gesichtsfeldern: zunächst zeigt er (5, 3—25, 1), daß die Autoren einzelne Gedanken und Ausdrücke sich abstahlen und paraphrasierten (τὰς διανοίας . . καὶ λέξεις ὑφελόμενοι καὶ παραφρά- σαντες ἐφωράθησαν 25, 1); dann (25, 2—27, 4), im kürzeren Teile, daß sie ganze Abschnitte sich gegenseitig raubten (τὰ φώρια ἄντι- κρυς ὁλόκληρα ἔχοντες).[2])

1. ΔΙΑΝΟΙΑΙ ΚΑΙ ΛΕΞΕΙΣ.

Nach welchen Gesichtspunkten ist nun der 1. (größere) Teil grup- piert? Zuvörderst werden die Dichter registriert, welche sich gegen- seitig kopierten (5, 3—15, 1), dann, nach einer überleitenden Bemer- kung (15, 1 u. 2), werden Parallelen aus Philosophen, Historikern und Rednern beigebracht (15, 3—25, 1). Klemens bedient sich der Gruppenbildung, die seit Theophrast von Dionysios von Halikarnassos, Dion von Prusa, Cicero (Hortensius), Quintilian u. a. immer wieder, wie nach einem festen Kanon, angewendet wird.[3]) Eine chronologische Ordnung in den einzelnen Gruppen ist, wie Christ meint[4]), keines- wegs eingehalten, wäre auch zweckwidrig. Auch eine Aneinander- reihung nach Stoffen, wie etwa bei Stobaios, ist nicht beabsichtigt. Herrscht denn dann überhaupt ein erkennbares Prinzip? Wenn wir uns die Parallelen näher besehen, so sticht uns sofort in die Augen,

---

ἡμετέρων ἀφέξονται. (Da die zu besprechenden Zitate alle aus dem 6. Buch, 2. Kap. stammen, zitiere ich nur die Unterteile.)

1) Vgl. Christ, *Abh. d. bayer. Ak.* 1901, 460 ff. Elter, *Gnom. hist. ram.* 17—36. — Es ist nur die natürliche Reaktion, wenn Julianos Apostata (*or. contra Christ.*, p. 203, 6 Neum.) schreibt: ὁ σοφώτατος Σαλομῶν παρόμοιός ἐστι τῷ παρ᾽ Ἕλλησι Φωκυλίδῃ ἢ Θεόγνιδι ἢ Ἰσοκράτει. πόθεν; εἰ γοῦν παραβάλοις τὰς Ἰσοκράτους παραινέσεις ἐκείνου παροιμίαις, εὕροις ἄν, εὖ οἶδα, τὸν τοῦ Θεοδώρου κρείττονα τοῦ σοφωτάτου βασιλέως. (Dagegen Cyrillus, *contr. Jul.* VII, p. 225 a 4 u. 225 b 2 Spanh., der Salomon gegenüber Homer, Phokylides und Theognis herausstreicht). — Celsus geht noch weiter, wenn er die Sprüche Jesu aus [miß- verstandenen] Sätzen Platons ableitet (Harnack, *Dogmengesch.* I³ 224, 1).

2) Christ (a. O. 470 ff.) bespricht gleichfalls diese Plagiatreihen; ich weiche aber wesentlich von seinen Aufstellungen ab. 3) Davon mehr im 2. Teil. 4) A. O. 471.

daß zunächst Homer im Mittelpunkt steht (5, 7—7, 2) und zwar ist
sein Verhältnis zu den — vermeintlichen — Vorgängern Orpheus (5,
3. 4) und Musaios (5, 5—8) erläutert, dann zu seinen Nachahmern
Archilochos 5, 9—10 (Homer, Archilochos, Kratinos), 6, 1—6 (Homer-
Archilochos) und 7, 3—5 (Homer, Archilochos, Euripides); ferner zu
Pherekydes: 9, 3—4 und Euripides: 7, 1—2; 7, 3—5; 9, 5—6; 11,
3—4; 12, 3 – 4 (Homer, Archilochos, Euripides).

In zweiter Linie bildet Euripides einen Kristallisationskern.
Auch hierbei ist zuerst beleuchtet sein Verhältnis zu seinen Vor-
läufern, nämlich Homer (s. oben!), Aischylos: 7, 6—7 (Aischylos,
Euripides, Menandros), Theognis: 8, 1—2, Epicharm: 8, 3—4,
Hesiodos: 12, 1—2, Anakreon: 14, 7—8; dann zu seinen Zeit-
genossen Sophokles: 8, 5—6; 10, 2—9; schließlich zu seinen Nach-
ahmern Kritias: 9, 1—2; Diphilos: 13, 4—6 (Epicharm, Euripides,
Diphilos und Poseidippos); Poseidippos: ebda. und 13, 8—9 und
Theodektes: 14, 1—2.

Dazwischen hinein sind noch Parallelen verschiedener Autoren
gemischt, so 8, 7—10: Solon-Theognis-Thukydides-Philistos; 11, 1—2:
Eumelos-Solon, 11, 5—6: Theognis-Panyassis; 12, 5—6: Kallias-Me-
nandros; 12, 7—8: Antimachos-Agias; 15, 3—4: Bakchylides-Moschion;
13, 5—6: Theognis-Aristophanes. Unschwer lassen sich auch hieraus
Kerne entnehmen: Solon, Theognis. Schon die zusammenhängen-
den Parallelenreihen Homer-Archilochos und die Euripidesreihe lassen
schließen, daß Klemens einer Quelle folgte, die die Anklänge nach
Autoren anführte (Homer: der bedeutendste Epiker; Euripides: der
anerkannteste Dramatiker). Einen weiteren Stützpunkt für diese Ansicht sehe ich darin, daß Klemens, abgesehen von mehreren Parallelen
zu einem Gedanken wie bei 5, 9—11 (Homer-Archilochos-Kratinos),
7, 3—5 (Homer-Archilochos-Euripides), 7, 6—8 (Aischylos-Euripides-
Menandros), 8, 7—10 (Solon-Theognis-Thukydides-Philistos), 13, 3—7
(Epicharm-Euripides-Diphilos-Poseidippos), gegen seine Disposition
auch Prosaikerstellen beizieht, wie 9, 1—2 (Euripides-Kritias),
8, 7—10 (Solon-Theognis-Thukydides-Philistos).

Indes der Zusammenhang wird doch zugestandenermaßen öfters
gestört! Gewiß! Aber Klemens unterbricht gerne die Ordnung seiner
Vorlagen um eigene Einfälle oder Exzerpte von anderswoher einzu-
schachteln, wie uns Norden[1]) an einem belehrenden Beispiel zeigte.
So stört er auch hier bei der Erwähnung zeitgenössischer Plagiate

---

1) Ant. Kunstpr. 91².

(10, 1—9) seine Aufzählung, vergißt aber, eine schon vorher (8, 5—6) gebrachte Parallele (Euripides-Sophokles) in jenes nur diesen beiden Dramatikern gewidmete Kapitel zu setzen.

Hingegen hat das Parallelennest 13, 3—14, 7, wo von dem wechselreichen, mühevollen und ungewissen Menschenleben die Rede ist, große Ähnlichkeit mit einem Florilegienkapitel. Das Ganze ist ungeordnet und macht den Eindruck von Exzerpten, die unter der Arbeit immer wieder ergänzt wurden.

Für den 2. Abschnitt kündet Klemens, bevor er mit der Aufzählung der prosaischen Entlehnungen beginnt, eine Disposition nach Philosophen, Historikern und Rednern an.[1]) Er hält sie indes nur anfangs teilweise ein, indem er zunächst Philosophen bringt, nämlich 16, 2—4: Alkmaion-Sophoklés-Xenophon; 17, 1—2: Orpheus-Herakleitos; 17, 3—4: Athamas-Empedokles; 17, 5—6: Platon-Menandros; dann Redner, 18, 1—6: Euripides-Hypereides-Isokrates-Andokides; 18, 6—8: Theognis-Hypereides-Euripides; dann Geschichtschreiber, 19, 1—2: Stasinos-Xenophon (eigentlich Herodotos); 19, 3—4: Sophokles-Herodotos; 19, 5—8: Theopompos-Sophokles-Antiphon-Platon; 20, 1—2: Thukydides-Demosthenes. Hernach kommen die Parallelen wieder bunt durcheinander, wobei Prosaiker mit Prosaikern und Dichtern verglichen werden. Das scheint Eusebios gefühlt zu haben, der bekanntlich diese Ausführungen seines Vorgängers exzerpiert; denn er ordnet eigenmächtig in seiner Inhaltsangabe die klementinischen Belege also (p. 462 c): εἶϑ' ἀκολούϑως Ὀρφέως, Ἡρακλείτου, Πλάτωνος, Πυϑαγόρου[2]), Ἡροδότου, Θεοπόμπου, Θουκυδίδου. Δημοσϑένους, Αἰσχίνου, Λυσίου, Ἰσοκράτους, μυρίων ἄλλων(!). Ebenso wie im 1. Abschnitt sind die Parallelen gehäuft, so 16, 1—4: Alkmaion-Sophokles-Xenophon; 18, 1—5: Euripides-Hypereides-Isokrates-Andokides; 18, 6—8: Theognis-Euripides-Hypereides; 19, 5—8: Theopomp-Sophokles-Antiphon-Platon; 20, 3—6: Kratinos-Andokides-Lysias-Aischines; 22, 3—5: Homer-Euripides-Archinos.

Und wiederum macht das Ungeordnete den Eindruck des Exzerpierens. Aus der ganzen Darstellung, wie wir sie bis jetzt beleuchtet haben, erhellt zweifellos, daß nicht derlei Plagiatuntersuchungen, wie sie Porphyrios von Pollion, Lysimachos u. a. aufführt, zugrunde liegen, die den einzelnen Autor literarhistorisch untersuchen nach seinen

---

1) 16, 1: ὡς δὲ μὴ ἄμοιρον τήν τε φιλοσοφίαν τήν τε ἱστορίαν, ἀλλὰ μηδὲ τὴν ῥητορικὴν τοῦ ὁμοίου ἐλέγχου περιίδωμεν καὶ τούτων ὀλίγα παραϑέσϑαι εὔλογον.

2) Statt Πυϑαγόρου hätte er schreiben sollen: Ἀϑάμαντος τοῦ Πυϑαγορείου.

möglichen Geisteselementen, sondern ästhetische Kommentare, die vor-
und rückwärts blickend den Autor nach seinen Vorbildern und Nachahmern erläutern.

Wenn wir nunmehr zu einer kritischen Würdigung dieser Parallelen übergehen, so ist zunächst nicht zu übersehen, daß Klemens
hier nicht wörtliche Entlehnungen annimmt, sondern Gedanken-
anleihen, Paraphrasen, wie er auch häufig ausdrücklich bemerkt.[1])
Aber auch diese Art des geistigen Schuldkontos gilt ihm als Plagiat,
als widerrechtliche Aneignung.

Mit dem strengsten Maßstabe wird gemessen. So handelt es sich
19, 5—8 und 21, 5—6 um Paraphrasierung geläufiger Sprichwörter
(*δὶς παῖδες οἱ γέροντες*; *ἐγγύα, πάρα δ' ἄτα*); in den allermeisten
Fällen um bekannte Gemeinplätze, wie: Reichtum gebiert Übermut
(8, 7—10); Genieße das Leben! (13, 3—7); Alle müssen sterben
(23, 6—7)[2]) usw.

Oder es ist die Rede von Paraphrasen bekannter Wendungen,
wie 7, 1—2, wo Euripides das bekannte homerische *ἀνιπτόποδες*
χαμαιεῦναι nachbildet oder 10, 2—3: Der Schlaf als Arzt, 19, 7—8:
Die Athener als „Vorkämpfer" Griechenlands; 11, 1—2: Die formelhafte Wendung von den Musen als Töchtern der Mnemosyne und
des Zeus.

Oder es werden rhetorische Gemeinplätze aufgezählt, wie 18, 1—5:
Bedeutung der *τεκμήρια*; 20, 3—6: Die Anstrengungen der Gegen-
partei (vgl. 20, 7—8).

Schon Lessing[3]) äußert sich darüber sehr richtig: „*Es sind alles*
Stellen, welche solche Gedanken enthalten, die ganz gewiß weder der eine
noch der andere damals zuerst gehabt haben. Es sind allgemeine Wahr-
heiten, auf die zwei Dichter, die nie voneinander etwas gehört haben,
notwendig fallen müssen." Mit anderen Worten: *συμπτώσεις*.

---

1) 5, 8: Ὅμηρος μεταγράψει; 6, 4: μεταποιῶν; 6, 1: Ἀρχίλοχος . . . μεταφέ-
ρων; 6, 5: μεταφράζων; 8, 10: Φίλιστος . . . μιμεῖται; 11, 3: παραφράζων Εὐριπίδης.

2) 5, 3—4: Nichts schlechter als das Weib; 12, 1—2: Das Weib ärger wie
Feuer; 5, 5—6: Kunst gilt mehr als Kraft; 5, 10—11: Über Tote triumphiert
man nicht; 6, 5—6: Der Sieg ist in der Götter Hand; 8, 3—5: Junger Mann
taugt nicht zu alter Frau; 14, 5—6: Junge Frau taugt nicht zu altem Mann;
10, 6—7: Fortes fortuna adiuvat; 10, 8—9: Die Zeit deckt alles auf; 12, 7—8;
Geschenke verderben den Menschen; 13, 3—7: Das Leben ist wechselvoll; 13, 8—9:
Das Leben ist viel Mühsal; 14, 1—2: Das Leben ist unbeständig; 14, 3—4: Keiner
ist vor dem Tode glücklich zu preisen; 16, 2—4: Nichts schlechteres als ein
falscher Freund; 24, 8—10: Glücklich, wer fern bleibt vom Lärm des Lebens.

3) Anhang zu Sophokles XIII 476 (Hempel-Bong).

Nicht selten werden Parallelen zusammengelegt, die wohl zur
allseitigen Beleuchtung eines Gedankens dienen konnten, aber vom
Standpunkt des Plagiates aus nicht verglichen werden dürfen. So
spricht Empedokles (24, 3—4 = fr. 117D) von der μετεμψύχωσις
(der Menschen in Pflanzenkörper), während Euripides (fr. 836N), wie
aus der Paraphrase des Vitruvius (VIII pr. 1) erhellt, ausführt, daß
alles in eandem recidere in qua fuerant proprietatem.

Ebensowenig gedankengleich sind folgende Stellen. Aristophanes
(23, 2—3 = CAF I 651) sagt

δύναται γὰρ ἴσον τῷ δρᾶν τὸ νοεῖν.

Parmenides dagegen (fr. 5 D):

τὸ γὰρ αὐτὸ νοεῖν ἐστί⟨ν⟩ τε καὶ εἶναι,

d. i. „dasselbe kann gedacht werden ünd sein; nur das, was sein kann,
läßt sich denken".[1]) — Nur entfernt ähnlich ist die Parallele 8, 1—2, wo
Theognis sagt, daß den Flüchtling, Euripides, daß den Armen die Freunde
fliehen und 8, 5—6, wo Euripides von den unnützen Gaben eines
Schlechten, Sophokles von denen eines Feindes spricht.

Angesichts der Mehrzahl solcher Parallelen ist es nur eine Spe-
kulation auf die Leichtgläubigkeit unkritischer Leser, wenn Klemens
schließt[2]), diese Zusammenstellung sei hinlänglich genügend die Ge-
dankendiebstähle der Griechen jedem Sehenden deutlich vor Augen
zu führen.

Indes sind unter den Parallelen doch einige, die tatsächlich auffällig gleichlauten. Dazu gehören vor allem 5, 3—4 und 17, 1—2,
wo Orpheusstellen von Homer und Herakleitos benützt worden sein
sollen. Wir wissen längst, daß die Sache sich umgekehrt verhält:
die fälschlich dem alten Orpheus zugeschriebenen Verse sind ein
Produkt späterer Zeit. Für die gedankenlose Exzerptenarbeit des
Klemens ist bezeichnend, daß er selber (I p. 397 und V p. 675P) von
einer Schrift des Epigenes berichtet (περὶ τῆς εἰς Ὀρφέα ἀναφερο-
μένης ποιήσεως), der die Gedichte des Orpheus größtenteils dem
Fälscher Onomakritos zuschreibt.

Ein anderer Fall ist 8, 7—10 angeführt, wo ein solonischer
Vers in einem Theognisspruch ein fast wörtliches Gegenstück findet.[3])

---

1) Zeller I 558¹: ἔστιν.
2) 25, 1: αἱ μὲν οὖν ἰδέαι τῆς κατὰ διάνοιαν Ἑλληνικῆς κλοπῆς εἰς ὑπό-
δειγμα ἐναργὲς τῷ διορᾶν δυναμένῳ τοιαίδε οὖσαι ἅλις ἔστωσαν.
3) 8, 7—10: Σόλωνος δὲ ποιήσαντος (fr. 8).
   τίκτει γὰρ κόρος ὕβριν, ὅταν πολὺς ὄλβος ἔπηται, ἄντικρυς ὁ
      Θεόγνις γράφει·
   τίκτει τοι κόρος ὕβριν, ὅταν κακῷ ὄλβος ἔπηται.

Der solonische Vers wird aber fälschlich beim Scholiasten zu Pindar
(Ol. 13, 12) dem Homer zugewiesen; bei den Parömiographen spricht
ein Anonymos denselben Gedanken mit geringfügiger Änderung aus.[1])
Offenbar waren solonische Bestandteile in die Theognissammlung aufgenommen worden.

Eine offenbare Anlehnung an Thukydides[2]) findet sich (8, 9—10)
in der zitierten Parallele des Philistos[3]), wo davon die Rede ist,
daß diejenigen, welchen es unvermutet recht gut geht, übermütig zu
werden pflegen. Bemerkenswert dabei ist, daß Klemens (oder seine
Quelle), um die Ähnlichkeit drastischer hervorzuheben, den Thukydidestext demgemäß umbiegt[4]). Daß Philistos ein ausgesprochener Nachahmer des Thukydides ist, haben wir oben erörtert. Zudem aber haben
wir es hier wiederum mit einem oft gehörten Gemeinplatz zu tun, wobei sich Philistos bemüht ihm eine von Thukydides abweichende Fassung
zu geben.

Eine auffällige Übereinstimmung wird ferner 17, 3—4 festgestellt
zwischen der Äußerung des Pythagoreers Athamas und Versen des
Empedokles.[5])

Der Thurier Athamas wird von Jamblichos (vit. Pyth. 267) als
Schüler des Pythagoras erwähnt. Andererseits atmet sein religiös-
ethisches Gedicht Καθαρμοί stark pythagoreischen Geist, den er, der
Sikeliote, wohl in seiner Jugend von philosophischer Seite zuerst in
sich aufnahm. Dagegen ist sein zweites Gedicht περὶ φύσεως viel
selbständiger[6]); zudem ist Empedokles, wie Aristoteles sagt[7]), der
erste, der die vier Elemente als Grundlage seines dualistischen Sy-
stems von Stoff und Kraft aufgestellt hat. Wir dürfen diese sichere
Nachricht nicht bezweifeln. Das Athamasfragment ist jedenfalls eine

---

1) τίκτει τοι κόρος ὕβριν, ὅταν κακῷ ἀνδρὶ παρείη (Diogen. VIII 22).

2) III 39, 4: εἴωθε δὲ τῶν πόλεων αἷς ἂν μάλιστα καὶ δι᾽ ἐλαχίστου ἀπροσδόκητος εὐπραξία ἔλθῃ, ἐς ὕβριν τρέπειν.

3) I p. 190 M: εἰώθασι γὰρ μάλιστα οἱ παρὰ δόξαν ἀπροσδοκήτως εὖ πράσσοντες εἰς ὕβριν τρέπεσθαι.

4) Klemens schreibt: εἰώθασιν δὲ οἱ πολλοὶ τῶν ἀνθρώπων, οἷς ἂν
μάλιστα καὶ δι᾽ ἐλαχίστου ἀπροσδόκητος εὐπραγία ἔλθῃ, εἰς ὕβριν τρέπεσθαι.

5) 17, 3—4: Ναὶ μὴν Ἀθάμαντος τοῦ Πυθαγορείου εἰπόντος· ᾽ὧδε ἀγέννατος
παντὸς ἀρχὰ καὶ ῥιζώματα τέσσαρα τυγχάνοντι, πῦρ, ὕδωρ, ἀήρ, γῆ. ἐκ τούτων
γὰρ αἱ γενέσεις τῶν γινομένων᾽ ὁ Ἀκραγαντῖνος ἐποίησεν Ἐμπεδοκλῆς (fr. 6, 1;
17, 18; 21, 9 D):

τέσσαρα τῶν πάντων ῥιζώματα πρῶτον ἄκουε·
πῦρ καὶ ὕδωρ καὶ γαῖαν ἰδ᾽ αἰθέρος ἄπλετον ὕψος·
ἐκ γὰρ τῶν ὅσα τ᾽ ἦν ὅσα τ᾽ ἔσσεται ὅσσα τ᾽ ἔασιν.

6) Bidez, la biogr. d'Empédocle (Gand 1894).

7) Metaphys. I 4. 985 a 31 u. ö.

von den vielen nachträglichen Fälschungen, die der pythagoreischen Schule untergeschoben wurden.[1])

Unverkennbare Gedankenübereinstimmung herrscht ferner zwischen dem Euripidesvers (Protesil. fr. 653 N):

κοινὸν γὰρ εἶναι χρῆν γυναικεῖον λέχος

und dem Platonischen Worte (Rep. V p. 457 C):

κοινὰς εἶναι τὰς γυναῖκας.

Aber es wäre verkehrt, daraus eine Anleihe des Euripides bei Platon erschließen zu wollen. Diese kommunistischen Ideen, zweifellos von der problemeliebenden Sophistik längst theoretisch erörtert, lagen in der Luft und fanden jedenfalls in der Zeit nach dem peloponnesischen Kriege, als die Bürgerschaft verarmt und verlottert war, eifrige Fürsprecher. Das läßt uns schon der Schwank des Aristophanes (Ἐκκλησιάζουσαι) erraten, der in seinen kommunistisch-sozialistischen Grundgedanken mit dem 5. Buche der platonischen Πολιτεία vieles gemein hat, ohne daß eine gegenseitige Abhängigkeit wahrscheinlich ist.

Eine zweifellose Entlehnung treffen wir ferner in einer allerdings formelhaften Wendung des Isokrates und Andokides von dem Schlusse aus der Vergangenheit auf die Zukunft [2]) (18, 5).

Eine Übertragung eines euripideischen Wortes versucht mit Glück Thrasymachos (16, 5—6) [3]) und Hypereides (18, 7—8); das homerische Wort von γαστὴρ οὐλομένη wendet Euripides wörtlich an[4]) (12, 3—4), ebenso das hesiodeische Diktum vom Weibe, das dem Menschen als zweites Feuer gegeben wurde (12, 1—2).[5])

---

1) Vgl. Zeller I 408[1].

2) Ἰσοκράτους τε αὖ εἰπόντος ʽδεῖ δὲ τὰ μέλλοντα τοῖς προγεγενημένοις τεκμαίρεσθαιʼ Ἀνδοκίδης οὐκ ὀκνεῖ λέγειν· ʽχρὴ γὰρ τεκμηρίοις χρῆσθαι τοῖς πρότερον γενομένοις περὶ τῶν μελλόντων ἔσεσθαιʼ.

3) Καὶ μὴν ἐν Τηλέφῳ εἰπόντος Εὐριπίδου·
  Ἕλληνες ὄντες βαρβάροις δουλεύσομεν;
Θρασύμαχος ἐν τῷ ὑπὲρ Λαρισαίων λέγει· Ἀρχελάῳ δουλεύσομεν
  Ἕλληνες ὄντες βαρβάρῳ.

4) Πρὸς τούτοις Ὁμήρου λέγοντος·
  γαστέρα δ' οὔπως ἔστιν ἀποπλῆσαι μεμαυῖαν,
  οὐλομένην, ἣ πολλὰ κάκ' ἀνθρώποισι δίδωσιν,
Εὐριπίδης ποιεῖ·
  νικᾷ δὲ χρεία μ' ἡ κακῶς τε ὀλουμένη
  γαστήρ, ἀφ' ἧς δὴ πάντα γίνεται κακά.

5) ἀλλὰ καὶ Ἡσιόδου λέγοντος·
  σοὶ δ' ἐγὼ ἀντὶ πυρὸς δώσω κακόν, ᾧ κεν ἅπαντες τέρπωνται,
Εὐριπίδης ποιεῖ·
  ἀντὶ πυρὸς ⟨δὲ⟩ γὰρ ἄλλο πῦρ
  μεῖζον καὶ δυσμαχώτερον βλαστὸν γυναῖκες.

Die Parallele Hesiodos-Semonides (13, 1—2) haben wir schon oben (S. 52) besprochen und sie wird uns fernerhin noch beschäftigen. Wir sahen demnach, daß es Klemens darum zu tun ist, möglichst viel Parallelen zu sammeln und sollten sie häufig nur entfernte Gedankengleichheit enthalten. In einem Kommentar würde man die meisten dieser Parallelen vom literarhistorischen Standpunkt aus begrüßen, weil sie uns von dem Fortwirken einzelner Gedanken Zeugnis geben; aber auch hier würden manche unter den Begriff der überflüssigen, ja falsch angewendeten Prunkzitate fallen. Indes als Plagiatbeweise sind unter den 60 Parallelen höchstens fünf zu verwenden; davon fallen aber wiederum die beiden Orpheuszitate und die Athamasstelle als nachträgliche Fälschungen weg und auch die Platon-Euripidesparallele findet ebenso wie die Übereinstimmung von Thukydides und Philistos eine richtigere Würdigung. Unserm Klemens fehlt eben in blinder Voreingenommenheit der rechte Augenwinkel, diese Gleichheiten ästhetisch richtig zu betrachten. Dadurch, daß er schon von vornherein die Paraphrasierung anderer Gedanken und Bilder als Plagiat bezeichnet, einen bewußten oder unbewußten Anklang als Diebstahl erklärt, unter den sogar die Benutzung von Sprichwörtern fällt, sinkt er zur niedersten Gattung der Plagiatjäger herab.

Wenden wir uns zum 2. Teile, den ὁλόκληρα φώρια, worin Klemens nachweisen will, daß die Griechen fremdes Eigentum wie das eigene behandelten[1]) (25, 2—27, 4).

2. ΟΛΟΚΛΗΡΑ ΦΩΡΙΑ.

Dieser äußerst prägnant abgefaßte Katalog ist von Klemens mit rhetorischer Geschicklichkeit sehr wirksam an den Schluß seiner Ausführungen gesetzt. Sollten die Einzelparallelen den Leser für den Gedanken ausgedehnter Plagiate einnehmen und dartun, daß die griechischen Autoren wechselseitig die Gedanken und Form, entlehnend und umbildend, stahlen[2]), so sollten die Aufzählungen umfangreicher Plagiate, wörtlich abgeschriebener Bücher wie Keulenschläge treffen.

Hier ist es nötig, die einzelnen Stellen gesondert zu besprechen.

1. Der Epiker Eugamon nahm von Musaios das ganze Buch über die Thesproter herüber.[3]) In der Τηλεγονία des Eu-

---

1) αὐτοτελῶς τὰ ἑτέρων ὑφελόμενοι ὡς ἴδια ἐξήνεγκαν.

2) τὰς διανοίας . . . καὶ τὰς λέξεις ὑφελόμενοι καὶ παραφράσαντες ἐφωράθησαν.

3) 25, 2: Εὐγάμμων ὁ Κυρηναῖος (p. 58 Kinkel) ἐκ Μουσαίου τὸ περὶ Θεσπρωτῶν βιβλίον (fr. 6 Diels) ὁλόκληρον ⟨sc. ἐξήνεγκεν⟩.

gamon[1]) ward (nach Proklos)[2]) unter anderem auch erzählt, daß Odysseus ins Thesproterland kam, die Königin dieses Landes heiratete und dann im Krieg gegen die Bryger die Führung übernahm. Pausauias (VIII 12, 5) zitiert die Θεσπρωτίς des Musaios, eine Dichtung, in der ebenfalls von dem heimgekehrten Odysseus die Rede ist, also identisch mit dem von Klemens genannten βιβλίον. Hingegen verwirft derselbe Pausanias (I 22, 7) alle unter dem Namen Musaios umlaufenden Gedichte — ausgenommen einen Demeterhymnos — als nachträgliche Fälschungen. Jedenfalls ist das Epos des „Musaios" jünger als Eugamon und sicherlich ist „Musaios" derjenige, der Eugamon und Hesiod benutzt hat[3]), ähnlich wie der neuentdeckte orphische Demeterhymnos aus dem sog. homerischen Hymnos verschiedene wörtliche Anleihen entnimmt.[4])

2. Peisandros schrieb die Herakleia des Peisinos aus.[5]) Mangels weiterer Anhaltspunkte müssen wir uns bescheiden. Verdächtig erscheint mir die Nachricht allerdings, da Peisandros als Sohn des Peisou aus Kameiros angegeben wird und auch Peisinos als Rhodier (aus Lindos) auftritt. Ob nicht eine der beliebten Genealogiefiktionen vorliegt?

3. Panyasis schrieb die Οἰχαλίας ἅλωσις des Kreophylos aus.[6]) Da die Einnahme von Oichalia in der Geschichte des Herakles eine wichtige Rolle spielt, ist es gut denkbar, daß Panyassis in seiner umfangreichen Ἡράκλεια das alte Epos von der Οἰχαλίας ἅλωσις, das nach einem Epigramm des Kallimachos (ep. 6 Wil.) dem Homeriden Kreophylos zugeschrieben wurde, d. h. den gesammelten Sagenstoff verwertete.

4. Homer entnahm das Gleichnis vom Ölbaum im 17. Gesang der Ilias aus dem orphischen Hymnos vom Verschwinden des Dionysos.[7]) Die Sekte der Orphiker, schon seit Peisistratos

---

1) O. Crusius (*Philol.* 54, 733) hält den Namen Εὐγάμων für erdichtet nach den vielen Hochzeiten, die das Epos krönen. Zudem wird die Τηλεγόνεια auch dem Kinaithos aus Lakedaimon zugeschrieben (Euseb. *Olymp.* 4).

2) EGF p. 57 K: καὶ μετὰ ταῦτα εἰς Θεσπρωτοὺς ἀφικνεῖται ('Οδυσσεύς) καὶ γαμεῖ Καλλιδίκην βασιλίδα τῶν Θεσπρωτῶν. ἔπειτα πόλεμος συνίσταται τοῖς Θεσπρωτοῖς πρὸς Βρύγους, 'Οδυσσέως ἡγουμένου.

3) Vgl. Diels, *Vorsokratiker* 590, 20. 4) *Berliner Klassikertexte* V 1.

5) 25, 2: Πείσανδρος ⟨ὁ⟩ Καμιρεὺς Πεισίνου τοῦ Λινδίου τὴν Ἡράκλειαν ⟨sc. ἐξήνεγκεν⟩.

6) 25, 2: Πανύασ⟨σ⟩ις . . ὁ Ἁλικαρνασσεὺς παρὰ Κρεωφύλου τοῦ Σαμίου τὴν Οἰχαλίας ἅλωσιν ⟨sc. ἐξήνεγκεν⟩.

7) 26, 1: Εὕροις δ'ἀν καὶ Ὅμηρον τὸν μέγαν ποιητὴν ἐκεῖνα τὰ ἔπη (P 53)
οἷον δὲ τρέφει ἔρνος ἀνὴρ ἐριθηλὲς ἐλαίης
καὶ τὰ ἑξῆς κατὰ λέξιν μετενηνοχότα παρ' Ὀρφέως ἐκ τοῦ Διονύσου ἀφανισμοῦ (fr. 188 Ab.).

nachweisbar, feierte bekanntlich in ihren Mysterien den Dionysos-Zagreus. In einem Liede wird wohl Persephone auf ihren κόρος Ἴακχος jenen Vergleich vom stattlichen Ölbaum angewendet haben. Umgekehrt sind aber die Verse dem Homer entnommen, wie wir oben schon ausführten.

Aus der Theogonie des Orpheus nahm Homer wörtlich einen Vers in seine Odyssee herüber.[1]) Wie nun bei Homer der Kyklop im Schlafe Stücke von Menschenfleisch erbricht, so speit bei Ps.-Orpheus Kronos die verschlungenen Kinder wieder aus. Die Urquelle ist natürlich wieder Homer. Wir können daraus entnehmen, daß diese pseudo-orphische Theogonie Homerverse wörtlich herübernahm, um sie auf ein anderes Objekt zu übertragen.

6. In seinem Epos auf Melampos entnahm Hesiod mehrere Verse wörtlich dem Musaios.[2]) Unter Hesiods Flagge segelten bekanntlich viele Dichtungen, die in seinem Geiste verfaßt waren[3]), u. a. auch die Μελαμποδία. Wiederum ist natürlich der Ps.-Musaios der Nachahmende und Entlehnende. —

Damit sind die φώρια ὁλόκληρα des griechischen Epos für Klemens erschöpft. Die letzten drei Punkte fallen weg, da wir es zweifellos mit nachträglichen Fälschungen des Orpheus und Musaios zu tun haben, von denen Klemens selber berichtet (strom. I p. 397 P). Hier aber schweigt er davon, offensichtlich, weil diese Partien wiederum einer anderen Quelle entnommen sind, für seine Mosaikarbeit charakteristisch. Dagegen kann es sich bei den ersten drei Parallelen nur um eine Stoffentlehnung handeln; Klemens redet auch von einer wörtlichen Entlehnung nicht!

Nun wendet er sich komischen Dichtern zu.

1. Aristophanes nahm in seinen Thesmophoriazusen (1. Bearbeitung) die Verse des Kratinosstückes „Empipramenoi" herüber.[4]) Der Scholiast zu Aristophanes (Thesm. 215) bemerkt zu

---

1) 26, 2: Ἐν δὲ τῇ Θεογονίᾳ ἐπὶ τοῦ Κρόνου Ὀρφεῖ πεποίηται (fr. 45).
κεῖτ᾽ ἀποδοχμώσας παχὺν αὐχένα, κὰδ δέ μιν ὕπνος
ᾕρει πανδαμάτωρ
ταῦτα δὲ Ὅμηρος (ι 372 f) ἐπὶ τοῦ Κύκλωπος μετέθηκεν.

2) 26, 3: Ἡσίοδός τε ἐπὶ τοῦ Μελάμποδος ποιεῖ (fr. 164 Rz ²)·
ἡδὺ δὲ καὶ τὸ πυθέσθαι, ὅσα θνητοῖσιν ἔδειμαν
ἀθάνατοι, δειλῶν τε καὶ ἐσθλῶν τέκμαρ ἐναργές
καὶ τὰ ἑξῆς παρὰ Μουσαίου λαβὼν τοῦ ποιητοῦ κατὰ λέξιν (fr. 23 Kern).

3) Ailian v. h. XII 36 erwähnt die große Zahl der Hesiodfälschungen.

4) 26, 4: Ἀριστοφάνης δὲ ὁ κωμικὸς ἐν ταῖς πρώταις Θεσμοφοριαζούσαις (CAF I 32 K) τὰ ἐκ τῶν Κρατίνου Ἐμπιπραμένων μετήνεγκεν ἔπη.

einer Stelle, sie stamme aus den 'Ιδαῖοι des Kratinos.[1]) Zweifellos hieß
nun der Titel der betreffenden Vorlage: 'Εμπιπράμενοι ἢ 'Ιδαῖοι.[2]) Bei
Klemens scheint das Zitat ausgefallen zu sein. Infolgedessen können
wir auch über die Art der Versentlehnung, ob sie parodischer oder
ernsthafter Natur, ob sie ein Kompliment gegen den alten Kratinos
war, nichts bestimmen. Gedankenübereinstimmungen zwischen den beiden Dichtern konnten auch bei ihren gleichen Grundanschauungen
leicht stattfinden.

2. Der Komiker Platon und Aristophanes bestehlen sich
im Daidalos.[3]) Wenn auch Cobet[4]) gegen diesen Vorwurf in geistreichen Ausführungen auftritt, so hat doch mit guten Gründen Meineke[5]) unsern Klemens verteidigt. Beide Dichter schrieben einen Daidalos. Ein Fragment nun (19 u. 20 K) wird bei Athenaios (IX 374 C)
— nach ihm bei Suidas unter 'Υπηνέμια und Photios (p. 624, 28) —
dem Aristophanes, vom Scholiasten zu den „Wolken" (663) dem Platon
zugeschrieben, wobei dieser das Zitat vollständiger bringt. Somit ist
wenigstens eine Stelle in beiden Dichtungen wörtlich gleich, die auch
als naturkundliches Monstrum — es ist die Rede vom eierlegenden
Hahne — merkwürdig ist. Ob aber noch weitere Gleichheiten in den
beiden Komödien vorhanden waren, entzieht sich unserer Kenntnis.

3. Den Kokalos des Araros entwendete der Komiker
Philemon in seinem Hypobolimaios.[6]) Aus dem Argumentum des
Plutos wissen wir[7]), daß Aristophanes dieses Stück zuletzt unter seinem
Namen zur Aufführung brachte, dagegen die letzten zwei (Kokalos
und Aiolosikon) seinem Sohn Araros überließ, um ihn beim Publikum
einzuführen. So erklärt es sich, daß der Kokalos unter beiden Autorennamen zitiert wird.

Daß übrigens Philemon dieses Stück benutzte, bezeugt auch der
βίος 'Αριστοφάνους.[8])

Was Klemens von Komödiendichtern zu sagen hat, ist tatsächlich

---

1) ταδί . τὰ γένεια· ταῦτα δὲ ἔλαβεν ἐκ τῶν 'Ιδαίων Κρατίνου.
2) Vgl. Meineke I 54 f; Kock I 32.
3) 26, 5: Πλάτων δὲ ὁ κωμικὸς καὶ Ἀριστοφάνης ἐν τῷ Δαιδάλῳ ὑφαιροῦνται
(CAF I 435 u. 605 K). 4) Obs. crit. Plat. 67—82. 5) II 1016 ff.
6) 26, 6: τὸν μέντοι Κώκαλον τὸν ποιηθέντα Ἀραρότι τῷ Ἀριστοφάνους υἱεῖ
Φιλήμων ὁ κωμικὸς ὑπαλλάξας ἐν Ὑποβολιμαίῳ ἐκωμῳδήσεν (CAF I 482 u. II 502 K).
7) Plutos IV: τελευταίαν δὲ διδάξας τὴν κωμῳδίαν ταύτην ἐπὶ τῷ ἰδίῳ ὀνόματι, καὶ τὸν υἱὸν αὐτοῦ συστῆσαι Ἀραρότα δι' αὐτῆς τοῖς θεαταῖς βουλόμενος, τὰ
ὑπόλοιπα δύο δι' ἐκείνου καθῆκε, Κώκαλον καὶ Αἰολοσίκωνα.
8) p. XXVII Duebn.: πρῶτος δὲ καὶ τῆς νέας κωμῳδίας τὸν τρόπον ἐπέδειξεν
ἐν τῷ Κωκάλῳ, ἐξ οὗ τὴν ἀρχὴν λαβόμενοι Μένανδρός τε καὶ Φιλήμων ἐδραμα-
τούργησαν.

nachweisbar richtig, wenn schon die Ausdehnung der Entlehnung über-
trieben wird (2 und 3). Andrerseits weiß Klemens nichts von dem bekannten Plagiatvorwürfen des Eupolis und Aristophanes, nichts von
den Entlehnungen des Alexis, Phrynichos u. a., nichts von den κλοπαί
des Menandros.

Nunmehr geht Klemens zu den Prosaikern über, zunächst zu
den Geschichtschreibern.

1. Die Hesiodischen Gedichte setzten Eumelos und Akusilaos in Prosa um und benutzten sie wie ihr Eigentum.[1]) Gemeint ist jedenfalls die auch von Pausanias (II 1, 1; 2, 2; 3, 10) zitierte und benutzte Κορινϑία συγγραφά, ein (prosaischer) Auszug aus
den Κορινϑιακά des Eumelos.[2]) Aus den Fragmenten 1—9 (187—192
Kinkel) ist übrigens deutlich zu ersehen, daß die korinthischen Ur-
sagen bei Eumelos sich vielfach mit der Theogonie Hesiods decken
oder anders ausgedrückt, daß die Hesiodische Theogonie wie die spätere theogonische Dichtung überhaupt so auch den Eumelos in hohem
Grade beeinflußt hat.

Klemens kennt übrigens das epische Gedicht des Eumelos gar
nicht, sondern bezieht sich nur auf den Prosaiker und hält den prosaischen Auszug[3]) für das ursprüngliche Werk desselben.

Akusilaos stützte sich in seinen Γενεαλογίαι jedenfalls auf Hesiods
Θεογονία; wir können aus den Fragmenten noch eine ziemliche Anzahl von Übereinstimmungen nachweisen.[4]) Andrerseits wissen wir aber
von Iosephos[5]), daß er nicht blindlings seiner Quelle folgte, sondern
Hesiod öfters berichtigte.

2. Den Melesagoras bestahlen Gorgias, der Leontiner,
Eudemos von Naxos und der Prokonnesier Bion, der auch
aus dem alten Kadmos einen Auszug fertigte. Den Anfang

---

1) 26, 7: τὰ δὲ Ἡσιόδου μετήλλαξαν εἰς πεζὸν λόγον καὶ ὡς ἴδια ἐξήνεγκαν
Εὔμηλός τε καὶ Ἀκουσίλαος οἱ ἱστοριογράφοι. FHG II 20 (Eumelos); I p. XXXVII
(Akusilaos). E. Wilisch, Über die Fragmente des Epikers Eumelos (Progr.
Zittau 1875).

2) Pausan. II 1, 1: Εὔμηλος, ὃς καὶ ἔπη λέγεται ποιῆσαι, φησὶν ἐν τῇ Κοριν-
ϑίᾳ συγγραφῇ (εἰ δὴ Εὐμήλου [γε] ἡ συγγραφή).

3) Eumelos hat jedenfalls den prosaischen Auszug aus seinem Gedichte nicht
selbst gemacht.

4) fr. 1. 8. 10. 15. 18; vgl. Philodem. περὶ εὐσεβείας 42, 12; 45b, 12; 63, 5.
Die Fragmente des Akusilaos sind neu geordnet und vermehrt von A. Kordt,
de Acusilao, Baseler Dissertation 1903, der die in unseren Fragmenten auffällig
häufigen Übereinstimmungen von Akusilaos mit Hesiod aus einer σύγκρισις Ἀκου-
σιλάου καὶ Ἡσιόδου ansprechend erklärt (S. 74).

5) Contr. Ap. I 3: ὅσα δὲ διωρϑοῦτο τὸν Ἡσίοδον Ἀκουσίλαος.

der *Δευκαλιωνεία* des Hellanikos eigneten sich Amphilochos, Aristokles, Leandrios, Anaximenes, Hellanikos, Hekataios, Androtion, Philochoros und Dieuchidas an.[1])

Sonderbarerweise wird die Atthis des Melesagoras, zweifellos eine Fälschung alter Zeit jedenfalls vor dem 3. Jahrhundert, da sie schon von Kallimachos[2]) und Antigonos von Karystos[3]) benutzt ward, zur Quelle unzweifelhaft älterer Atthidenschreiber angenommen, während das Abhängigkeitsverhältnis umgekehrt ist. Da die Arbeiten der frühesten Historiker späterhin oft überarbeitet oder alten Namen häufig Werke nachträglich angedichtet wurden, die ihren Weg fanden — nennt doch auch Dionysios von Halikarnaß (*de Thuc.* 5) unter den Historikern des peloponnesischen Krieges unseren Melesagoras —, so ist kein Grund, mit Zeller[4]) für dessen Namen Eumelos einzusetzen.

Nun zum einzelnen in diesem Plagiatneste!

Gorgias wird hier auffälliger Weise zu den Historikern gezählt. Vermutlich enthielt sein *ἐπιτάφιος* einige auf Attika bezügliche historisch-genealogische Ausführungen.

Statt *Εὔδημος* will Müller[5]) *Εὔηνος* einsetzen; Stählin[6]) aber identifiziert ihn mit Recht mit Eudemos von Paros, den Dionysios Hal. (*de Thuc.* 5) neben dem auch von Klemens zitierten Melesagoras unter den vorthukydideischen Historikern aufführt.

Sonderbar genug klingt die weitere Nachricht, Bion von Prokonnesos habe aus den Schriften des alten Kadmos[7]) einen Auszug gemacht. E. Schwartz[8]) denkt dabei an einen „historischen Roman"; näher liegt der Gedanke, Bion habe unter dem Namen des alten Kadmos ein Werk veröffentlicht, und zwar unter Benutzung und Konta-

---

1) 27, 8: *Μελησαγόρου γὰρ ἔκλεψεν Γοργίας ὁ Λεοντῖνος καὶ Εὔδημος ὁ Νάξιος οἱ ἱστορικοὶ καὶ ἐπὶ τούτοις ὁ Προκοννήσιος Βίων, ὃς καὶ τὰ Κάδμου τοῦ παλαιοῦ μετέγραψεν κεφαλαιόμενος, Ἀμφίλοχός τε καὶ Ἀριστοκλῆς καὶ Λεάνδριος καὶ Ἀναξιμένης καὶ Ἑλλάνικος καὶ Ἑκαταῖος καὶ Ἀνδροτίων καὶ Φιλόχορος Διευγίδας τε ὁ Μεγαρικὸς τὴν ἀρχὴν τοῦ λόγου ἐκ τῆς Ἑλλανίκου Δευκαλιωνείας μετέβαλεν* (FHG II 21 [Melesagoras]; 20 [Eudemos]; 19 [Bion]; 1 [Kadmos]; IV 300 [Amphilochos]; 329 [Aristokles]; II 334 [Leandrios]; *Script. Alex.* 33 [Anaximenes]; I p. XXX [Hellanikos]; XII [Hekataios]; LXXXVIII [Androtion u. Philochoros]; IV 388 [Dieuchidas]).

2) Th. Gomperz, *Aus der Hekale des Kallimachos* (Wien 1893; Separatdruck aus Mitt. aus der *Sammlung Papyr. Rainer* VI) p. 11.

3) Mir. 12; vgl. Wilamowitz, *Phil. Unters.* IV 24; Susemihl I 599.

4) I 258². Vgl. A. Gudeman, *Literary frauds among the Greeks* (Stud. in honour of Henry Drisler [1894]) p. 60s. 5) FHG. II 20.

6) Clemens Al. I 443.

7) Vgl. O. Crusius unter Kadmos in *Roschers Lexikon II*, p. 874.

8) PW., *Realenz.* III, 483.

mination alter Historien als „Auszug" des Kadmos, ähnlich Dares und
Diktys.

Von Amphilochos wissen wir weiter nichts, es müßte denn unter
den von Dionysios von Halikarnaß[1]) aufgezählten Historikern unter dem
Ἀντίλοχος ein Amphilochos stecken, so daß wenigstens ein terminus
ante gewonnen wäre.

Aristokles[2]), der ein Werk περὶ γιγάντων und, wenn Rose richtig
statt Aristoteles — Aristokles verbessert,[3]) περὶ θεογονίας schrieb, gehört auch unter die Mythographen.

Über Leandrios[4]) (oder Maiandrios) handelt neuerdings wiederum
M. Vogt[5]). Jedenfalls ist er älter als Kallimachos, der ihn zitiert, und
jünger als Herodot, da er diesen benutzt (fr. 2 = Herod. I 170), wie
auch die bekannte Ausdrucksweise bei Klemens[4]): Θαλῆς, ὡς Λεάνδρ⟨ι⟩ος
καὶ Ἡρόδοτος ἱστοροῦσι ... verrät. In seinen Μιλησιακά mußte er bei
der Gründungsgeschichte viel Mythologisches bringen (fr. 8, 5, 10, 11),
das mit der umfassenden Deukalioneia des Hellanikos sich decken mochte.

Anaximenes schrieb Ἑλληνικά, ἀρξάμενος ἀπὸ θεογονίας (Diod.
15, 89, 3). Insofern mußte er im mythologischen Teile mit alten Logographen zusammentreffen.

Die genealogischen und aitiologischen Abschnitte in den Werken
des Hellanikos, die γενεαλογίαι des Hekataios, die Atthiden des Androtion und Philochoros müssen alle in den Erzählungen der Uranfänge
sich wiederholen.

Dieuchidas begann seine megarische Chronik mit dem ersten Menschen und dem Stammheros Megaros, der nach Pausanias (I 40,1) zur
Zeit der Deukalionischen Flut lebte. Somit ist eine Übereinstimmung
seines Berichtes mit der Deukalioneia des Hellanikos leicht erklärlich.

Da Klemens selbst betont, daß alle diese Logographen und Atthidenschreiber nur den Anfang der hekataischen Deukalioneia entnahmen,
handelt es sich bei allen um die Urgeschichte der ersten Menschen, wie
bei den unter 1 aufgeführten um die Urgeschichte der Götter. Aber
Klemens behauptet selber nicht, daß eine wörtliche Entlehnung statt-
fand; bei Akusilaos konnten wir sogar selbständige Verarbeitung noch
nachweisen. Im übrigen versteht sich eine Gleichheit der Stoffgestaltung
bei jenen Werken von selbst, wie wir ja auch in unserem Ezzolied,

---

1) *Cens. vet. IV*, p. 29 R.   2) Susemihl I, 526—531; II, 676.
3) *Aristot. pseud.* 616; ebenso bei *schol. Pind. Ol. VII*, 66.
4) Klemens zitiert ihn auch I 14, 62, 3: Λεανδρ⟨ι⟩ος. Über diese Zitierungsweise vgl. Naber, *Photii lex. praef. I* p. 10. Preller zu Polemon (S. 146); meine
„*Studien zu den Ἐθνικά des Steph. Byz.*" (Progr. München, Maxg. 1902 S. 29[1]).
5) *Untersuchungen* .. hrsg. von Engelb. Drerup (Leipz. 1902) S. 738f.

Annolied, der Kaiserchronik u. dgl. die Erschaffung der Welt, den Sturz
der Engel, den Sündenfall usw. in gleicher Weise wiedererzählt finden.
Klemens stellt eben blindlings nur Parallelen zusammen, ohne nach
den Ursachen und Gründen zu fragen.

Zum Schlusse sind noch einige philosophische Plagiate an-
einandergereiht.

1. Herakleitos hat das meiste aus Orpheus genommen.[1])
Nach dem schon öfters Erörterten trifft das Umgekehrte zu.

2. Von Pythagoras, der seine Weisheit den Aigyptern verdankt, holte Platon die Unsterblichkeitslehre.[2]) Wir haben
früher schon gesehen, welche Vorwürfe gegen Platons Originalität erhoben wurden und können uns höchstens wundern, daß Klemens davon
so wenig aufzutischen weiß. Theopomp (bei Athenaios 507 e) hatte dem
Philosophen schon vorgerückt, er habe seine Unsterblichkeitslehre aus
Homer entlehnt (*Π* 856). Andrerseits nimmt Platon bei seiner Beweisführung ausdrücklich auf Pythagoras Bezug, wenn auch polemisierend.[3])
Doch ist die Dreiseelentheorie, aus der die Unsterblichkeit sich ihm ergibt, Platons ureigenster Gedanke.

Außerdem berichtet bekanntlich schon Herodotos (II 123), die Aigyptier hätten zuerst die Unsterblichkeit der Seele gelehrt; davon aber,
daß Pythagoras diese Lehre herübergeholt habe, weiß er nichts[4]), wenn
zwar diese Schlußfolgerung sehr nahe liegt.

3. Viele Schriften der Platoniker beweisen, daß die Stoiker und Aristoteles die meisten und wichtigsten Lehrsätze
dem Platon entnommen haben.[5]) Bekanntlich nähert sich die Stoa
unter Panaitios und Poseidonios der aristotelischen und platonischen
Lehre immer mehr und unter den Neuplatonikern tritt das Bestreben
immer lebhafter hervor, die peripatetische und akademische Schule vermittelnd zu einigen, wie es schon Porphyrios verrät.[6]) Daß bei den
Schulkämpfen namentlich der hellenistisch-römischen Philosophie ebenso
wie in alter Zeit[7]) Prioritätsfragen nicht selten ins Treffen geführt
wurden, versteht sich. In gleich allgemeiner Weise wie Klemens spricht

---

1) 27, 1: σιωπῶ δὲ Ἡράκλειτον τὸν Ἐφέσιον, ὃς παρ' Ὀρφέως τὰ πλεῖστα εἴληφεν.

2) 27, 2: παρὰ Πυθαγόρου δὲ καὶ τὴν ψυχὴν ἀθάνατον εἶναι Πλάτων ἔσπακεν,
ὁ δὲ παρ' Αἰγυπτίων.

3) Phaedon 86 ff.; vgl. Prüm, *Archiv f. Gesch. d. Ph.* 11, 30 ff.

4) Näheres bei Zeller, I 306 f.

5) 27, 3: πολλοί τε τῶν ἀπὸ Πλάτωνος συγγραφὰς πεποίηνται, καθ' ἃς ἀπο-
δεικνύουσι τούς τε Στωικούς, ὡς ἐν ἀρχῇ εἰρήκαμεν, τόν τε Ἀριστοτέλη τὰ πλεῖστα
καὶ κυριώτατα τῶν δογμάτων παρὰ Πλάτωνος εἰληφέναι.

6) In seinem Buche: περὶ τοῦ μίαν εἶναι τὴν Πλάτωνος καὶ Ἀριστοτέλους
αἵρεσιν. 7) Vgl. oben S. 14 f.

auch Cicero[1]) vom Standpunkt des Peripatetikers aus von den Stoikern,
welche die „ganze Philosophie" der aristotelischen Schule herübernahmen.

4. Epikur plünderte aus Demokritos die vorzüglichsten
Lehrsätze.[2]) Wir wissen, daß Epikurs Auffassung der $\dot{\eta}\delta o v \dot{\eta}$ als $\dot{\alpha} \tau \alpha$-
$\varrho \alpha \xi \dot{\iota} \alpha$ auf Demokrits $\varepsilon \dot{v} \vartheta v \mu \dot{\iota} \alpha$ ($\dot{\alpha} \vartheta \alpha \mu \beta \dot{\iota} \alpha$, $\dot{\alpha} \tau \alpha \varrho \alpha \xi \dot{\iota} \alpha$, $\dot{\alpha} \vartheta \alpha v \mu \alpha \sigma \dot{\iota} \alpha$) zurückgeht, daß der Ausdruck von der Stillung der leidenschaftlichen Stürme
($\gamma \alpha \lambda \eta v \iota \sigma \mu \dot{o} \varsigma$) (Diog. L. X, 83) auf Demokrits Bild von der Meeres-
stille der $\pi \dot{\alpha} \vartheta \eta$ ($\gamma \alpha \lambda \dot{\eta} v \eta$) Bezug nimmt; daß Epikur auch den Demo-
kritischen Atomismus, wennschon in vergröberter und entstellter Form,
erneuert hat, ist bekannt. Insofern ist die These des Klemens zweifellos
richtig.

Das Abhängigkeitsverhältnis einzelner Philosophen und Schulen
voneinander ist demnach von Klemens, abgesehen von dem 1. Punkte,
richtig festgestellt, aber falsch bewertet.

3. KRITIK.

Damit wäre die umfangreiche Plagiatliste des Klemens erschöpft.

Es erhebt sich nun die Frage: woher holte Klemens seine Wissenschaft? Daß er diese Beweisstücke nicht selbst gesammelt hat, ist bei
seiner sonstigen Exzerpierweise[3]) ohnehin nicht zu bezweifeln. Er hat
auch die Zitate nicht nachgeprüft, sondern in gutem Glauben samt den
Fehlern herübergenommen — oder zurechtgestutzt.

Am deutlichsten wird dies 5, 5—6, wo es heißt:

$\Gamma \varrho \dot{\alpha} \psi \alpha v \tau \dot{o} \varsigma$ $\tau \varepsilon$ $M o v \sigma \alpha \dot{\iota} o v \cdot$

$\dot{\omega} \varsigma$ $\dot{\alpha} \varepsilon \dot{\iota}$ $\tau \dot{\varepsilon} \chi v \eta$ $\mu \dot{\varepsilon} \gamma'$ $\dot{\alpha} \mu \varepsilon \dot{\iota} v \omega v$ $\dot{\iota} \sigma \chi \dot{v} o \varsigma$ $\dot{\varepsilon} \sigma \tau \dot{\iota} v$,

$"O \mu \eta \varrho o \varsigma$ $\lambda \dot{\varepsilon} \gamma \varepsilon \iota \cdot$

$\mu \dot{\eta}$ $\tau \iota$ $\tau o \iota$ $\delta \varrho v \tau \dot{o} \mu o \varsigma$ $\pi \varepsilon \varrho \iota \gamma \dot{\iota} v \varepsilon \tau \alpha \iota$ $\dot{\eta} \dot{\varepsilon}$ $\beta \dot{\iota} \eta \varphi \iota$.

Bei Homer (Ψ 315) heißt es statt $\pi \varepsilon \varrho \iota \gamma \dot{\iota} v \varepsilon \tau \alpha \iota$ — $\mu \dot{\varepsilon} \gamma'$ $\dot{\alpha} \mu \varepsilon \dot{\iota} v \omega v$.
Es wäre nun für Klemens doch der echte Homervers viel beweiskräftiger
gewesen; aber er entnahm eben den Vers einer Quelle, die nicht auf
den Wortlaut, sondern den Sinn der Parallelen das Hauptgewicht
legte, etwa so wie wir die zusammengehörigen vier Verse (Ψ 315—318)
bei Orion (1, 23: $\pi \varepsilon \varrho \dot{\iota}$ $\lambda \dot{o} \gamma o v$ $\kappa \alpha \dot{\iota}$ $\varphi \varrho o v \dot{\eta} \sigma \varepsilon \omega \varsigma$) finden.[4])

Wie bei 8, 9—10 der Thukydidestext umgebogen ist, haben wir
eben schon gesehen.

10, 6 schreibt Klemens: $\dot{\varepsilon} v$ $K \tau \iota \mu \dot{\varepsilon} v \varphi$ (l. $\dot{\varepsilon} \kappa$ $T \eta \mu \dot{\varepsilon} v o v$); der Vers

---

1) Vgl. die S. 25 zitierte Stelle.
2) 27, 4: $\dot{\alpha} \lambda \lambda \dot{\alpha}$ $\kappa \alpha \dot{\iota}$ $'E \pi \dot{\iota} \kappa o v \varrho o \varsigma$ $\pi \alpha \varrho \dot{\alpha}$ $\Delta \eta \mu o \kappa \varrho \dot{\iota} \tau o v$ $\tau \dot{\alpha}$ $\pi \varrho o \eta \gamma o \dot{v} \mu \varepsilon v \alpha$ $\dot{\varepsilon} \sigma \kappa \varepsilon v \dot{\omega} \varrho \eta \tau \alpha \iota$ $\delta \dot{o} \gamma \mu \alpha \tau \alpha$.
3) Vgl. besonders Strom. VI c. 14 und Protreptr. c. VI, wo Klemens sich und andere seitenweise ausschreibt.   4) Vgl. Elter p. 17.

stammt aber aus dem Hippolytos (fr. 432, 2). Vermutlich liegt insofern ein Versehen vor, daß in der benützten Quelle zunächst ein Vers aus dem Temenos stand.[1])

12, 3 schreibt Homer (ϱ 286):

$$\mathring{\alpha}\pi o\varkappa\varrho\acute{\upsilon}\psi\alpha\iota\ \text{statt}\ \mathring{\alpha}\pi o\pi\lambda\tilde{\eta}\sigma\alpha\iota.$$

14, 4 ist Μοσχίων ὁ κωμικός geschrieben statt τραγικός.

19, 2 zitiert Klemens Xenophon; es ist aber Herodotos (I 155) gemeint.

19, 4 schreibt er: Ἡρόδοτος λέγει· μητρὸς καὶ πατρὸς οὐκ ἔτ' ὄντων, ἀδελφὸν ἄλλον οὐχ ἕξω.

Bei Herodotos aber lesen wir (III 119): Πατρὸς δὲ καὶ μητρὸς οὐκ ἔτι μευ ζωόντων, ἀδελφεὸς ἂν ἄλλος οὐδενὶ τρόπῳ γένοιτο. Auch in der angeführten Parallele des Sophokles (Ant. 911) ist statt τετευχότων — κεκευθότοιν zu lesen.

Sehr auffällig ist (6, 1) das Homerzitat (I 116):

$$\mathring{\alpha}\alpha\sigma\acute{\alpha}\mu\eta\nu,\ o\mathring{\upsilon}\delta'\ \alpha\mathring{\upsilon}\tau\grave{o}\varsigma\ \mathring{\alpha}\nu\alpha\acute{\iota}\nu o\mu\alpha\iota\cdot\ \mathring{\alpha}\nu\tau\acute{\iota}\ \nu\upsilon\ \pi o\lambda\lambda\tilde{\omega}\nu\ -,$$

das mitten im Satze abgebrochen wird. Offenbar hat Klemens das ἀντί νυ πολλῶν mißverstanden, etwa wie „gleich vielen andern". Dann versteht man erst die Beziehung auf Archilochos (fr. 73):

$$\mathring{\eta}\mu\beta\lambda\alpha\varkappa o\nu,\ \varkappa\alpha\grave{\iota}\ \pi o\acute{\upsilon}\ \tau\iota\nu\alpha\ \mathring{\alpha}\lambda\lambda o\nu\ \mathring{\eta}\delta'\ \mathring{\alpha}\tau\eta\ \varkappa\iota\chi\acute{\eta}\sigma\alpha\tau o.$$

Dem Homer wird der Hesiodvers (op. 318) zugewiesen (9, 5), wie auch bei Plutarch (Mor. p. 529 D.),[2]) ein beachtenswertes Zusammentreffen.

Der Homervers (H 102):

$$\nu\acute{\iota}\varkappa\eta\varsigma\ \pi\epsilon\acute{\iota}\varrho\alpha\tau'\ \mathring{\epsilon}\chi o\nu\tau\alpha\iota\ \mathring{\epsilon}\nu\ \mathring{\alpha}\vartheta\alpha\nu\acute{\alpha}\tau o\iota\sigma\iota\ \vartheta\epsilon o\tilde{\iota}\sigma\iota\nu$$

ist bei Klemens (6, 5) verstümmelt:

$$\nu\acute{\iota}\varkappa\eta\varsigma\ \mathring{\alpha}\nu\vartheta\varrho\acute{\omega}\pi o\iota\sigma\iota\langle\nu\rangle\ \vartheta\epsilon\tilde{\omega}\nu\ \mathring{\epsilon}\nu\ \dagger\ \pi\epsilon\acute{\iota}\varrho\alpha\ \varkappa\epsilon\tilde{\iota}\tau\alpha\iota;$$

offenbar liegt eine Verquickung mit P 514 vor; jedenfalls aber ist der Homertext nicht eingesehen worden.

Klemens hat also zweifellos seine Quellen nicht selbst gelesen. Auch sonst sind einzelne Versehen zu nennen. So[3]) setzt er 18, 5 den Panegyrikos des Isokrates vor die Friedensrede des Andokides, was sicherlich unrichtig ist. Wenn er ferner 24, 5—6 den Euripidesvers

$$\varkappa o\iota\nu\grave{o}\nu\ \gamma\grave{\alpha}\varrho\ \epsilon\tilde{\iota}\nu\alpha\iota\ \chi\varrho\tilde{\eta}\nu\ \gamma\upsilon\nu\alpha\iota\varkappa\epsilon\tilde{\iota} o\nu\ \lambda\acute{\epsilon}\chi o\varsigma$$

durch die platonische Lehre (Rep. V, p. 457 C) beeinflußt sein läßt,

---

1) Vgl. Elter, p. 23.
2) Übrigens sollten die Ausgaben lesen:
    αἰδώς
    ⟨γίγνεται⟩, ἥτ' ἄνδρας μέγα σύνεται ἠδ' ὀνίνησιν.
3) Vgl. Christ, p. 476.

so ist dies chronologisch unmöglich. Die Phoinissen stammen vom
Jahre 409, Platons Πολιτεία etwa von 380—370.[1]) Den Epiker Εὔ-
μηλος hält er für einen Prosaiker (26, 8: ἱστοριογράφος).
Woher nimmt also Klemens diese Sammlung?

An Hypothesen fehlt es nicht. Schon Valckenaer[2]) bemerkt im
Hinblick auf die Quellenangaben des Porphyrios bei Eusebios: *horum*
ne unicum quidem a Clemente Alexandrino in istac operis sui parte
commemorari, mirum mihi, fateor, accidit; fieri tamen potest, ut horum
aliquo satis familiariter fuerit usus. Certe si haec furta sunt dicenda,
quae tam diligenter pervestigavit, de se forsan etiam Callimachea dixisse
potuisset:

$$\text{οὐκ ἀπὸ ῥυσμοῦ}$$
$$\text{εἰκάζω· φωρὸς δ᾽ ἴχνια φὼρ ἔμαθον.}$$

Cobet[3]) und Scheck[4]) wie Wilamowitz[5]) behaupten, Clemens habe
aus Aristobulos alles geschöpft. Dindorf[6]) meint vermittelnd, Aristobulos habe eine der Quellen benützt, die Porphyrios bei Eusebios an-
gebe. Christ[7]) glaubt mit Rücksicht auf die Orpheus- und Musaiosverse,
„daß Clemens — entweder er selbst oder sein unmittelbarer Vorgänger
— die Materialien des Aretades nicht einfach abgeschrieben, sondern
in der Art verarbeitet hat, daß er einiges wegließ, anderes zusetzte".
Elter[8]) schließt aus dem Umstande, daß viele Dichterstellen mit den
Florilegien übereinstimmen: „*haec ex gnomologicis fontibus iisque anti-*
quissimis a Clemente (Clementisve auctore) deducta esse tam perspicuum
est, ut dubitare non iam liceat". Auch Schürer[9]) denkt im Hinblick
auf einen Papyrosfund aus dem 3. Jahrhundert, in dem ein Euripidesfragment (198) und ein — gefälschter — Epicharmvers zusammengestellt sind,[10]) an ein Urflorilegium des 3. Jahrhunderts, das bereits
tendenziöse Fälschungen enthielt. Gabrielsson[11]) nimmt an, daß ein
Teil der Dichterzitate in Strom. VI, 2 aus der παντοδαπὴ ἱστορία des
Favorinos stamme, legt aber seiner Phantasie zu wenig Zügel an.

An Vermutungen fehlt es sonach nicht.

Zunächst die Frage: Ist Aristobulos die Quelle des Klemens? Elter
hat überzeugend diese Hypothese verneint. Vergleichen wir diese Stellen

---

1) Susemihl, *Genetische Entwicklung der platon. Philos. II,* 296.
2) *Diatribe de Aristobulo,* p. 12.
3) *Observ. crit. in Platonis com. rell.,* p. 72.
4) *De fontibus Clementis Al.,* Progr. Augsburg, Gymn. St. Stephan 1889, p. 34—39.
5) Homer. Unters. VII, 347: „*Aristobul* —, den Clemens im 6. στρωματεύς
auszieht". 6) Ausg. I, p. XXV. 7) a. O. S. 474. 8) a. O. p. 29.
9) a. O. III³, 456 A. 10) Vgl. Kaibel, *Hermes,* 28, 62—64.
11) *Über die Quellen des Cl. Al.,* Upsala-Leipzig 1906, p. 197 ff.

mit denen, in welchen Aristobulos zweifellos Quelle ist, besonders Strom.
V 14, so ist der Unterschied auffällig. Entscheidend aber scheint mir
folgender noch nicht beachteter Umstand. 27, 2 heißt es, Pythagoras
habe die Unsterblichkeitslehre von den Ägyptiern bezogen (ὁ δὲ παρ᾽
Αἰγυπτίων). Nun aber sagt Aristobulos bei Klemens selber[1]), Platon
und Pythagoras hätten vieles aus den jüdischen Schriften in ihre
Lehre herübergenommen. Damit dürfte Aristobulos als Quelle der κλο-
παί-Ausführungen des Klemens endgültig abgewiesen sein.

Weiter fragen wir: Sind Anhaltspunkte dafür vorhanden, daß
Klemens dieselben Quellen wie Porphyrios benutzte? Von Ephoros
und Ktesias erwähnt er gar nichts, von Herodotos und Theopompos
weiß er nur wenig und dann nicht die ausführlichen κλοπαί, die jener
aufzählt. Die ganze Anordnung ist bei Porphyrios anders; er vergleicht
in seinen Parallelen nur Redner mit Rednern, Dichter mit Dichtern;
Klemens mischt Prosaiker und Dichter. Übrigens zeigt schon Eusebios,
der nach dem Auszug aus Klemens die Ausführungen des Porphyrios
wörtlich ausschreibt, daß er in ihnen nicht eine Wiederholung des
Klemens bzw. seiner Quellen, sondern eine ergänzende, nach anderen
Gesichtspunkten geordnete Darstellung erblickte.

Porphyrios hinwiederum konnte der Zeit nach die Ausführungen
des Klemens kennen und, da er doch in seinem von den Kirchenvätern
viel zitierten Werke gegen die Christen (κατὰ Χριστιανῶν) sich mit
ihren Schriften beschäftigte, wäre eine Bezugnahme auf Klemens wohl
denkbar. Man wäre versucht, darin, daß er mit einer gewissen Wichtig-
tuerei seine Quellen angibt, *„um nicht beim Vorwurf, fremder Plagiate
selber als Plagiator überführt zu werden"*[2]), eine Spitze gegen Klemens'
selbstgefällige Zusammenstellung zu vermuten. Indes läßt sich diese
wenn auch noch so glaubhafte Annahme nicht beweisen.

Die Schriften des Alkaios-Lysimachos, Pollion, Latinos hat Klemens
jedenfalls nicht gekannt, sonst hätte er nicht versäumt, sie als Kron-
zeugen seiner Ausführungen zu benutzen, wenn nicht auch zu nennen.

Hat er nun den Aretades ausgeschrieben? Aus dem gemeinsamen
Parallelenpaar (13, 1—2 = Euseb. 466[d]) schloß man voreilig auf ge-
meinsame Benutzung des Aretades. Indes bemerkten wir schon oben
(S. 52), daß Porphyrios im Gegensatz zu Klemens die genaue Quelle[3])

---

1) Strom. I 21, 150: Ἀριστόβουλος δὲ ἐν τῷ πρώτῳ τῶν πρὸς τὸν Φιλομήτορα
κατὰ λέξιν γράφει· „Κατηκολούθηκε δὲ καὶ ὁ Πλάτων τῇ καθ᾽ ἡμᾶς νομοθεσίᾳ ..
καθὼς καὶ Πυθαγόρας πολλὰ τῶν παρ᾽ ἡμῖν μετενέγκας εἰς τὴν ἑαυτοῦ δογματο-
ποιΐαν". 2) 467 d: ἀλλ᾽ ἵνα μὴ καὶ αὐτὸς κλοπῆς ἄλλους αἰτιώμενος κλέπτης ἁλῶ.
3) 466 d: Σιμωνίδης ἐν τῷ ἐνδεκάτῳ. Klemens: Σιμωνίδης εἶπεν.

angibt und was noch wichtiger ist, noch eine Euripidesparallele[1]) hinzufügt, die bei Klemens fehlt. Dieser hätte sicherlich, da er gegenüber den 8 συνεμπτώσεις des Porphyrios deren 60 bringt, die Euripidesstelle nicht weggelassen, hätte er sie in seiner Quelle (Aretades) gefunden. Schließlich dürfen dem Aretades, den Didymos als einen Schüler der alexandrinischen Schule zu zitieren nicht verschmäht[2]), nicht solche Versehen angerechnet werden, wie wir sie oben zusammenstellten.

Aretades kann die unmittelbare Quelle des Klemens auch nicht gewesen sein.

Ist nun ein sog. Urflorilegium der Born, aus dem unser Kirchenvater schöpft? Sehr beachtenswert ist sicherlich, daß die Zitate aus Aischylos, Euripides und Menandros (7, 6—8) ebenso in einem Abschnitt bei Stobaios (fl. 39, 14. 13. 11.) stehen; 10, 4—5 (Euripides und Sophokles) = Stob. 77, 10 u. 9; 11, 5—6 (Theognis und Panyasis) = Stob. 18, 12 u. 21 (aber hier ohne die Klemensverse!); 12, 3—4 (Hesiod und Euripides) = Stob. 73, 23 u. 49; 14, 5—6 (Theognis u. Aristophanes) = Stob. 71, 8 u. 3.

Andererseits darf aber nicht verschwiegen werden, daß diesen Übereinstimmungen eine größere Anzahl von Abweichungen gegenübersteht. Abgesehen davon, daß von den eben angeführten Parallelen die meisten bei Stobaios nicht nebeneinander zitiert werden und daß Klemens die Fundstelle ganz im Gegensatz zur sorgfältigen Zitierungsweise des Porphyrios und Stobaios nur ausnahmsweise genau angibt, was man ja als stilistische Manier des Kirchenvaters nicht ohne Grund deuten kann, teilt Klemens 7, 6 den Vers dem Aischylos, Stobaios (fl. 39, 14) dem Sophokles zu und schreibt χρή statt δεῖ; 9, 5 zitiert jener Homer, Stobaios (31, 4) Hesiod; 14, 6 weist Klemens den Vers dem Aristophanes, dieser (fl. 71, 8) dem Euripides (Φοῖνιξ fr. 804) zu; 14, 8 gehören bei jenem die Verse dem Euripides (Hippolyt. pr. fr. 431), bei Stobaios (63, 25) der Phaidra des Sophokles. Ferner zitiert Stobaios (71, 3) abgesehen von dem ersten Verse etwas ganz anderes als Klemens (8, 4), der offenbar Unzusammengehöriges verquickte. Abweichend von Stobaios sind außerdem bei Klemens zitiert 11, 5 (〉 Stob. 18, 12), 12, 2 (〉 Stoh. 73, 23) u. 9, 1 (〉 Stob. ecl. 2, 31, 21).

Dadurch dürfte Elters Hypothese von der ausschließlichen Benutzung eines „Urflorilegiums", das wir doch nur aus Stobaios und verwandten Gnomologien rekonstruieren können, ins Wanken geraten.

Indes müssen wir auf ein wenig beachtetes Scholion bei Aristophanes (nub. 1417) aufmerksam machen, wo es heißt:

---

1) Melanippe (δεσμ.) fr. 29.   2) schol. A zu Ω 110.

δὶς παῖδες οἱ γέροντες . . . . καὶ Σοφοκλῆς Πηλεῖ·
Πηλέα—ἀνήρ (fr. 447).
καὶ Θεόπομπος·
Δὶς παῖδες οἱ γέροντες ὀρθῷ τῷ λόγῳ.
καὶ Πλάτων·
ἆρ᾿, ὡς ἔοικε, δὶς γένοιτ᾿ ἂν παῖς γέρων.
καὶ Ἀντιφῶν·
Γηροτροφία γὰρ προσέοικε παιδοτροφίᾳ.

Dieselben Parallelen bringt Klemens (19, 5—8) in der
Reihenfolge: Theopomp, Sophokles, Antiphon, Platon, bei dem aber
bemerkt ist:

ἀλλὰ καὶ ὁ φιλόσοφος Πλάτων· ἆρ᾿, ὡς ἔοικεν, ὁ γέρων δὶς
παῖς γένοιτ᾿ ἄν.

Verführt durch den Scholiasten, der die Platonstelle (leg. I, p. 646 A)
in einen jambischen Trimeter umgegossen hatte, kam Cobet (p. 75) auf
den Irrtum, hier ein Fragment des Komikers Platon zu vermuten.

Ebenso bemerkt der Scholiast zu Euripides (Medea 618):

μέμνηται Σοφοκλῆς ἐν Αἴαντι μαστιγοφόρῳ·
ἐχθρῶν ἄδωρα δῶρα κοὐκ ὀνήσιμα.

Dieselbe Parallele lesen wir bei Klemens 15, 8. Daß aber
beide Scholien aus einem Florilegium oder einer Paroimiographen-
sammlung stammen, ist zweifellos. Infolgedessen ist Elters Hypothese
die wahrscheinlichste. Aus der ganzen Arbeitsweise des Klemens dürfen
wir aber schließen, daß er nicht nach den alten Werken zurückgriff,
wie etwa der Philologe und Philosoph Porphyrios, sondern nach den
zeitlich nächstliegenden Sammelbüchern langte, die den benötigten Stoff
schon in handlicher Weise bereitstellten. Darauf deuten wohl schon
seine eigenen Worte hin, mit denen er die κλοπαί-Sammlung einleitet,
wenn er von der bunten Wiese seiner Bücher spricht.[1]) An Favorinos
oder Pamphilos u. a. zu denken, liegt nahe, läßt sich aber nicht erweisen.

Bei der glaubhaften Annahme solcher Vermittlung ist die teilweise
Übereinstimmung mit Stobaios aus der Benützung der Florilegienliteratur,
mit Kommentaren aus deren Mitverwertung leicht zu erklären; ja sogar
das Zurückgehen auf die συνεμπτώσεις der Aretades ist verständlich,
wobei es nicht unwahrscheinlich ist, daß die Zitate ungenauer wurden,
durch je mehr Hände sie im Laufe der Zeiten gingen. Jedenfalls geht

---

1) Strom. VI 1, 2, 1: Καὶ Λειμῶνάς τινες καὶ Ἑλικῶνας καὶ Κηρία καὶ Πέπλους
συναγωγὰς φιλομαθεῖς ποικίλως ἐξανθισάμενοι συνεγράψαντο .. ἀναμὶξ ἡ τῶν στρω-
ματέων ἡμῖν ὑποτύπωσις λειμῶνος δίκην πεποίκιλται; vgl. de Faye, Clément d᾿ Al.
Par. 1898 p. 87—89.

·der Stamm der Parallelen auf gutalexandrinische Zeit zurück, da kein
Schriftsteller nach Kallimachos erwähnt ist, ein weiterer Anhaltspunkt,
·daß sie im letzten Grunde auf die Kommentare der alexandrinischen
Schule zurückfließen. Von Aristarchos wissen wir ohnehin, daß er mit
Zitaten aus der Alexandrinerzeit nicht operiert.[1])

ZUSAMMENFASSUNG UND SCHLUSS DES ERSTEN TEILES.

    Damit ist unser Gang durch die philologische Plagiatliteratur des
Altertums, insofern sie griechische Autoren im Auge hat, zu Ende. Es
ergab sich uns die Tatsache, daß die Plagiatforschung eines Porphyrios
und Klemens nicht eine Errungenschaft der ausgehenden Antike ist,
sondern aus verschiedenen Rinnsalen gespeist wurde. Die eine Strömung
·entquillt der philologischen Tätigkeit der Kommentatoren, die zur sprachlichen und sachlichen Erläuterung einzelner Stellen Parallelen beibrach-
ten: die Ausläufer dieser tendenzlosen Gelehrsamkeit sehen wir einer-
:seits in der συνεμπτώσεις- und ἐναντιώσεις-Literatur, die hinwiederum
im· Sammelbecken der Florilegien sich vereinigt, andrerseits in den
praktischen Übungen der Rhetorschulen, die bei der μίμησις τῶν ἀρχαίων auch auf die kunstvollen Umstilisierungen gegebener Gedanken
hinweist (Theon; Vf. περὶ ὕψους). Die andere (polemische) Strömung
·entquillt zunächst persönlichen Invektiven, fließt dann zum Teil in die
εὑρήματα-Literatur ab, insofern sie Prioritätsstreitigkeiten behandelt,
um in der weitläufigen Plagiatliteratur seit der Mitte des 1. nachchristlichen Jahrhunderts alle Quellen der tendenzlosen und polemischen
Parallelsammlungen zu vereinigen, die dann das Hochreservoir der
·christlichen Apologetik bildeten, insofern sie zugunsten der heiligen
Schriften die Originalität der hellenischen Literatur bestritt. Die polemische κλοπαί-Literatur leidet an dem Grundfehler der ἀνιστορησία,
welche den allerdings für oberflächliche Beschauer schmal erscheinenden
·Grenzrain zwischen den Parallelen der Kommentatoren und der Annahme unehrlicher Entlehnungen blindlings übersah.
    Um nicht in die alten Fehler der ἀνιστορησία zu verfallen, deren
Einfluß auch in unseren Tagen noch nicht gebrochen, wenn auch ge-
schwächt ist, ist es nötig, uns in jene Zeiten zurückzuversetzen, da
das geistige Eigentum noch keinen rechtlichen Schutz genoß und das
geistige Mein und Dein von den ungeschriebenen Gesetzen der ästhetischen Moral behütet war, wie sie in der rhetorisch-ästhetischen Theorie
·der Antike begründet lag.

---

1) Elsperger, *Philol. Suppl.* XI 93 f. 122.

ZWEITER TEIL.

RHETORISCH-ÄSTHETISCHE THEORIE ÜBER DAS PLAGIAT.

EINLEITUNG.

Wir haben im ersten Teil die philologische Plagiatliteratur der griechischen Antike und ihre Quellen aufzudecken versucht und die subjektiven und objektiven Motive jenes Literaturzweiges erörtert. Um nun nicht von den Irrlichtern der ἀνιστορησία und vorgefaßter Meinungen verführt zu werden, heißt es sich einen Weg bahnen zu einem festen Punkt: welches sind die rhetorisch-ästhetischen Ansichten der Antike über die Originalität des Schaffens? Indes kommen wir zu jenem festen Punkte nur auf Umwegen und Seitenpfaden. Wir müssen zunächst die Quellen des literarischen Schaffens beleuchten, um die Macht der antiken παράδοσις zu bestimmen. Wir müssen ferner einen der gewaltigsten Hebel des antiken Schrifttums, die rhetorische Schulung, in genauere Untersuchung nehmen, wodurch die literarische παράδοσις vermittelst der kanonisierten Lektüre durch Jahrhunderte sich forterbte und vermittelst der propädeutischen Vorübungen der Paraphrase in steter Umgestaltung des Stoffes zu erstaunlicher Stilvirtuosität sich entwickelte. Damit wird uns jener Sauerteig, der das ganze literarische Schaffen der Antike durchsetzt, sobald ein nachahmenswertes Objekt erstand, offenbar: die μίμησις. Von selbst führt uns der Weg über die Hauptpfeiler der rhetorisch-philosophischen μίμησις, der Darstellung der ἤθη und πάθη, deren genauere Betrachtung hier unangebracht erscheint, zur subjektiv-literarischen μίμησις: die eingehendere Erörterung über das Verhältnis der antiken Ästhetik zu Stoff und Form wird uns den freien Blick zu den antiken Theorien über die Originalität des Schaffens öffnen und es wird uns nicht entgehen, daß gerade hervorragende Autoren moderner Zeiten auffällige Übereinstimmung mit jenen bezeugen. Nachdem wir nun die theoretischen Ansichten über stoffliche und stilistische μίμησις im literarischen Kunstwerk kennen gelernt haben, ist uns auch die Möglichkeit gegeben, eine zweifelfreie Aufstellung zu machen, was die antike Ästhetik eigentlich unter Plagiat ($\varkappa\lambda o\pi\acute{\eta}$) verstand.

Es ist, wie gesagt, ein langer Weg auf Seitenpfaden, der uns endlich an das erstrebte Ziel geleitet. Aber es ist eine Wanderung, die sich lohnt, da sie nicht vielbetretene Gegenden berührt und verschiedene Punkte erklimmt, die Nachwandernde zur Überwindung locken mag. Immerhin wird demjenigen, der stets das Endziel vor Augen hatte, manches auf dem Pfade entgangen sein; aber er hofft, die bedeutsamsten Wegmarkierungen verzeichnet zn haben.

I. ENTWICKELUNG DER LITERARISCHEN TECHNIK.

1. THEORIEN ÜBER ΦΥΣΙΣ UND TEXNH.

Sobald das künstlerische Schaffen zu einer bewußten Tätigkeit wird, erhebt sich die uralte, immer wieder gehörte und erörterte Streitfrage, ob die natürliche Anlage ($\varphi\acute{\upsilon}\sigma\iota\varsigma$) oder die technische Ausbildung ($\tau\acute{\epsilon}\chi\nu\eta$) dem Künstler oder $\pi o\iota\eta\tau\acute{\eta}\varsigma$ zum Erfolge verhelfen. Bei dem plastischen Künstler, der gewisser technischer Fertigkeiten nicht entraten kann, ebensowenig beim Maler, beim Musiker, dessen Bemeisterung eines Tonwerkzeuges an und für sich schon eine Handfertigkeit voraussetzt, wurde die $\tau\acute{\epsilon}\chi\nu\eta$ niemals unterschätzt. Auch bei dem prosaischen Schriftsteller liegt die Frage einfacher, insofern die stilistische Technik in Betracht kommt; daß aber der Geschichtschreiber oder Geograph Vorstudien zu machen habe, sei´es durch Reisen, Erkundigungen, Lesen früherer Quellen — $\tau\acute{\epsilon}\chi\nu\eta$ im modernen Sinne — verstand sich von selbst. So betont Herodotos geflissentlich, daß er sich zu seinem Werke durch ausgedehnte Reisen und mündliche Ausforschungen wohl vorbereitet habe (IV 192. V 57 u. ö.); Thukydides benutzt gewissenhaft Archive und schreibt Urkunden und Steininschriften wortgetreu nieder. Strabon berichtet (p. 117) genau, welche Länder er selbst bereist habe und Polybios hatte, abgesehen von ausgedehnten Reisen im Morgen- und Abendland sogar die damals äußerst strapazenreiche Fahrt über die Alpen unternommen, um den Zug Hannibals besser verstehen zu können. Bei dem Fachschriftsteller (Mediziner, Grammatiker, Mathematiker) ist die Fachvorbildung ohnehin selbstverständlich.

Aber schon bei der Rhetorik gehen die Ansichten auseinander. $\Pi o\lambda\lambda\grave{\alpha}\ \alpha\grave{\upsilon}\tau o\sigma\chi\epsilon\delta\iota\acute{\alpha}\xi\epsilon\iota\ \mu\acute{\epsilon}\tau\rho\alpha\ \acute{\eta}\ \varphi\acute{\upsilon}\sigma\iota\varsigma$, sagt Dionysios (comp. 25) und der $\alpha\grave{\upsilon}\tau o\mu\alpha\tau\iota\sigma\mu\acute{o}\varsigma$ wird seit Alkidamas immer wieder der $\acute{\epsilon}\pi\iota\tau\acute{\eta}\delta\epsilon\upsilon\sigma\iota\varsigma$, der παρασκευή entgegengesetzt. Um wievielmehr tobte dieser Streit bei der Poesie, deren Quellen Gefühl und Phantasie sind!

Hatte schon Herakleitos mit Herbheit gesprochen: πολυμαϑείη νόον οὐ διδάσκει und Demokritos, selber ein Mann vielseitiger Bildung, mahnend seiner Zeit, welche die πολυπειρία und πολυμαϑία, zu überspannen anfing, zugerufen (fr. 40 p. 68, 8 D): πολυνοΐην, οὐ πολυμαϑίην ἀσκέειν χρή, so spricht Philemon (bei Stobaios ecl. I 238) den kühnen Satz aus: ὅσαι τέχναι γεγόνασι, ταύτας, ὦ Λάχης, πάσας ἐδίδαξεν ὁ χρόνος, οὐχ ὁ διδάσκαλος. Ebenso leugnen die Skeptiker jede τέχνη.[1]) Andrerseits pflichtet Aristoteles einem schönen, unübersetzbaren Wortspiel des Polos bei (met. 1): ἡ ἐμπειρία τέχνην ἐποίησεν, ὥς φησι Πῶλος ὀρϑῶς λέγων, ἡ δ᾿ ἀπειρία τύχην und gibt selber dem späterhin oft paraphrasierten Gedanken Ausdruck[2]), daß, wenn auch ohne Kunst und Vorübung etwas entstehen könne, diese Möglichkeit bei sorgfältiger Kunst jedenfalls größer sei.

Gehen wir dieser Frage zunächst beim dichterischen Schaffen nach, so ist nicht zu vergessen, daß sich der religiöse Charakter der Poesie — und diese steht ja an der Schwelle alles literarischen Wirkens — bei den Griechen nie völlig verlor oder wenigstens in der Fiktion aufrecht erhalten wurde. Man denke an die religiöse Chorlyrik, das religiöse Festspiel, wie es sich im Drama offenbarte, an das Epos, wo der Mythos zum mindesten in der Göttermaschinerie noch in den spätesten Tagen auf die Wurzel zeigt; sogar in der alexandrinischen Elegie und im späten Roman müssen die mythischen Bestandteile der Sage willkommenen Stoff darreichen. Der Mythos, in dem Immermann den Inhalt der Zukunftstragödie erblickte, den Richard Wagner in Einklang mit Hebbel als ureigenen Stoff des Musikdramas erklärte, bot für alle Zeiten *des typs divins et héroiques où l'humanité sans doute se reconnaît, mais agrandie et embellie, dégagée de toute particularité mesquine, idealisée sans chimère et vivante sans vulgarité.*[3])

Andrerseits knüpfte man, da man das Geheimnis der schöpferischen Tat, die oft unbewußt und ungewollt aus unerforschlichen Tiefen des Menschengeistes hervorquoll, nicht begreifen konnte, an übermenschliche Kräfte und Einflüsse an.

Dichter und Prophet, Dichter und Priester sind in allen Kulturanfängen eines. Das Unbewußte, der dunkle Drang, die instinktmäßige

---

1) *Sextus Emp. Pyrrh. hyp.* 3, 188, 241.

2) rhet. 2, 19 p. 1392 B: καὶ εἰ ἄνευ τέχνης ἢ παρασκευῆς δυνατὸν γίνεσϑαί τι, μᾶλλον διὰ τέχνης καὶ ἐπιμελείας δυνατόν.

3) Alfr. Croiset, *histoire de la littér. gr.* II 411.

Schaffenslust, in der „von dem für den Augenblick bis zur Genialität
Begeisterten"[1]) unsterbliche Werke entstehen, die seelische Erregung,
von der Goethe[2]) sagt: *„Jede Produktivität höchster Art .. steht in
niemandes Gewalt und ist über aller irdischen Macht erhaben .., ist
dem Dämonischen verwandt, das übermächtig mit ihm tut wie es beliebt
und dem er (der Künstler) sich bewußtlos hingibt, während er glaubt,
er handle aus eigenem Antriebe. In solchen Fällen ist der Mensch oftmals .. zu betrachten als ein ... Gefäß zur Aufnahme eines göttlichen
Einflusses"*: — dieses Schaffen charakterisierte man dadurch, daß man
von göttlicher Inspiration (ἐνθουσιασμός) sprach. Demokritos[3]) hält jede
Dichtung für den Ausfluß göttlicher Eingebung; auch Platon[4]) meint,
der Dichter könne nicht schaffen, bevor er gotterfüllt, außer Sinnen
sei; nicht Kunstfertigkeit, sondern göttliche Kraft lasse sie wirken.[5])

Auch Cicero[6]) kann unmöglich glauben, daß ein Dichter ein
gehalt- und schwungvolles Gedicht *sine aliquo mentis instinctu* verfassen
könne. Es ist demnach nur eine folgerichtige Weiterbildung einer weit-
verbreiteten Auffassung, wenn Empedokles (23, 11 D) seine Naturlehre
als göttliche Verkündigung gibt.

Dieser Grundanschauung entspricht es, daß alles, was mit der
Poesie in Beziehung gesetzt werden kann, die Erfindung der Musik-
instrumente, der Ursprung des Gesanges, der einzelnen Dichtungsformen
mit Mythen umsponnen ward. So galt Orpheus als Sohn der Muse
Kalliope, Homer als Göttersprosse aus dem Musengeschlecht[7]), um deren Zusammenhang mit den Olympiern aitiologisch zu erweisen. Die
dichterische Befähigung erscheint als Gabe der Götter; die Dichter
sind Verkünder der Gottheit[8]); sie rufen sie um Mithilfe an[9]), dichten

---

1) Schopenhauer I 313 (Reclam).

2) Gespräche mit Eckermann (1828, 11. März) S. 545 (G).

3) fr. 18 D: ποιητὴς ἅσσα μὲν ἂν γράφῃ, μετ᾽ ἐνθουσιασμοῦ καὶ ἱεροῦ πνεύ-
ματος μάλα κάρτα ἐστίν.

4) Ion 534 B: κοῦφόν τι χρῆμα καὶ ἱερὸν ποιητής .. οὐχ οἷός τε ποιεῖν, πρὶν
ἂν ἔνθεός τε καὶ ἔκφρων γένηται .. οὐ τέχνῃ ταῦτα λέγουσιν, ἀλλὰ θείᾳ δυνάμει.

5) So schildert noch am Ende der Renaissance Herbert von Cherburg, wie
ihn Gott mit sichtbaren Zeichen zur Herausgabe seines deistischen Werkes
bestimmt.

6) Cicero, de div. I 37, 80 und de or. II 46. Da er wie Klemens Alex. (strom. V,
18, 168) beide Autoren zitiert, liegt eine gemeinsame Quelle vor.

7) ὑπό τινος δαίμονος τᾶν συγχορευτᾶν Μούσαις, βίος II.

8) Μουσάων ἱεροὶ ὑποφῆται, Theokr. XVI 29.

9) μαντεύεο, Μοῦσα, προφατεύσω δ᾽ ἐγώ, Pindar. fr. 118.
   δεῦτε δὴ ἐννέπετε, Hesiod. Op. 2.
   ἐννέπετε Κρονίδαο Διὸς μεγάλοιο θύγατρες, Antimachos fr. 1 K
   So sagt auch Odysseus zu Demodokos (θ 488):
   ἢ σέ γε μοῦσ᾽ ἐδίδαξε, Διὸς παῖς ἢ σέ γ᾽ Ἀπόλλων.

auf göttliches Geheiß hin, wenden sich bestimmten Stoffen zu, stellen
sich unter himmlischen Schutz, wandeln mit den Göttern in deren Ge-
folge; der *Πιερίδων πρόπολος, Musarum sacerdos* wird zur stehenden
Formel.[1])

Man pflegt derlei Wendungen ohne weiteres in das Gebiet der
Phraseologie und Metapher zu verweisen. Sicherlich sind sie später
in hellenistisch-römischer Zeit zu bloßen Formeln und Floskeln erstarrt; aber ihnen von vornherein den Stempel psychologischer Selbst-
beobachtungen abzuerkennen, haben wir im Hinblick auf analoge Erscheinungen aller Zeiten keine Berechtigung. Ebensowenig sind Nachrichten von Dichtern, daß ihnen Werke oder Motive im Traume ein-
gegeben worden seien, schlankweg als rhetorische Phrasen abzutun.
Wir besitzen aus der modernen autobiographischen Literatur genug
Belege[2]) für den Einfluß der Träume auf das poetische Schaffen. So
wissen wir, dichtete Uhland „Die Harfe" und „Die Klage" nach Träumen[3]); bei Hebbel entspringen einzelne Gedichte unmittelbar einem
Traume.[4]) So läßt Hesiodos seine Theogonie aus einer Vision der Musen
vom Helikon entstehen; Aischylos sagt, ihn habe als traubenhütenden
Knaben Gott Dionysos zum Tragödiendichten aufgefordert[5]); Onatas
fertigte das Bild der Demeter nach einem Traumgesicht.[6]) Natürlich
ist es bei solchen Äußerungen schwer, Wahrheit und Dichtung zu
scheiden. So berichtet Parmenides in der Einleitung seines philosophischen Werkes, die Töchter des Helios hätten ihn auf ihrem Wagen
zur Göttin der Wahrheit emporgetragen, um ihn über Schein und Wesen
aufzuklären. Nach der Anthologie[7]) erzählt Kallimachos eingangs der
Αἴτια, er sei im Traume von Libyen auf den Helikon versetzt worden,
wo ihm die Musen Sagen der Vorzeit verkündigten.[8]) Wie derlei Traum-
gesichte psychologisch zu erklären sind, zeigt uns schon Cicero, im Anschluß an die bekannte Einleitung des Ennius zu den *„Annales"* nach
guter Beobachtung.[9])

1) Riedner, G., *Typische Äußerungen der röm. Dichter über ihre Begabung,
ihren Beruf und ihre Werke* (Gymn.-Pr. Nürnberg NG 1903) begeht den prin-
zipiellen Fehler, von den Römern auszugehen, deren Äußerungen zumeist Nachbildungen griechischer Vorbilder sind.

2) Vgl. Behaghel, *Bewußtes und Unbewußtes im dichterischen Schaffen.* S. 16 f

3) Euphorion VII 527.   4) *Tageb.* I 171. VII 282.

5) Paus. I 21, 3; vgl. O. Crusius, *Erwin Rohde* (S. 60f.); Vollmer zu *Statius,
silv.* I 3, 23; Rohde, *Gr. R.* 92; *Psyche* 16.

6) Paus. VIII 42, 3.   7) VII 42.   8) Vgl. Dilthey, *Cydippe* 15².

9) de rep. VI 10, 10: *fit enim fere, ut cogitationes sermonesque nostri pariant
aliquod in somno tale, quale de Homero scribit Ennius, de quo videlicet saepissime
vigilans solebat cogitare et loqui.*

Kein Wunder, daß diese geistige Hochspannung in den Augen
Nüchterner nicht selten als *furor*, μανία erscheint. So meint Platon[1]),
das in einem reinen und kindlichen Gemüte von den Musen entzündete
Feuer, in schöner Dichtung Heldentaten zu besingen, sei eine Art von
μανία. Da dieser Zustand manchmal der Trunkenheit ähnelt, hören wir
vielfach von ernsten und witzigen Äußerungen, die sich darauf beziehen.[2])

Da man sich nun über die psychologischen Vorgänge, die den
Schöpferakt eines echten Dichters begleiten, einigermaßen klar war,
wennschon die feinen Verästelungen der Psyche erst in neuerer Zeit
dank dem autobiographischen Material moderner Dichter beobachtet
und zergliedert werden können, so ergab sich von selber die Frage,
ob die natürliche Anlage den Dichter schaffe oder das Studium, *natura
fieret laudabile carmen an arte*[3]), zumal seit der Zeit, da Berufene und
Unberufene die Musen anriefen, der Wettstreit der einzelnen begann,
der Parnaß sich mit Jüngern füllte, die sich gegenseitig beengten, und
die Zunahme der höheren Bildung unter den bessersituierten Leuten
die Erlernung technischer Fertigkeiten förderte.

Schon Phemios bei Homer (χ 347)[4]) bezeichnet sich als selbst-
gebildeten Sänger, der ohne menschlichen Unterricht nur vom Gott seine
Lieder eingeflüstert bekommen habe — eine poetische Umschreibung
der Naturanlage.

Mit gleichem Selbstgefühl betont Pindar die Ursprünglichkeit des
Genies[5]) und ein andermal ruft er dem jungen Nachwuchs, Semonides
und Bakchylides zu, daß der echte Dichter geboren wird, daß Poesie
nicht erlernt werden könne.[6])

Es gab sogar Ästhetiker, die, wie uns der Verfasser περὶ ὕψους
überliefert[7]), den Einfluß der technischen Ausbildung für unheilvoll
erklärten. Zu dieser Gruppe scheint auch Caecilius gehört zu haben,
gegen den unser Autor polemisiert. Jener hielt das Erhabene für angeboren, für unlehrbar; die einzige Kunst bestehe in der Anlage.[8])

---

1) Phaidr. 244.　　　　2) Vgl. Behaghel S. 44 A. 9.

3) Horaz ars poet. 408.

4) αὐτοδίδακτος δ᾽ εἰμί, θεὸς δέ μοι ἐν φρεσὶν οἴμας παντοίας ἐνέφυσεν.

5) Ol. IX 152: τὸ δὲ φυᾷ κράτιστον ἅπαν.

6) Ol. II 86: σοφὸς ὁ πολλὰ εἰδὼς φυᾷ. μαθόντες δὲ λάβροι παγγλωσσίᾳ —
κόρακες ὥς — ἄκραντα γαρύετον, Διὸς πρὸς ὄρνιχα θεῖον. Dazu der Scholiast:
ὁ τῇ φύσει πολύπειρος καὶ εὑρετικός, οὗτός ἐστιν ὁ τῷ ὄντι σοφὸς καὶ μὴ πάντα διδακτὰ ἔχων.

7) p. 107: χείρω τε τὰ φυσικὰ ἔργα .. καὶ τῷ παντὶ δειλότερα καθίσταται
ταῖς τεχνολογίαις κατασκελετευόμενα.

8) ib. γιννᾶται γάρ, φησι, τὰ μεγαλοφυῆ καὶ οὐ διδακτὰ παραγίνεται καὶ
μία τέχνη πρὸς αὐτὰ τὸ πεφυκέναι = fr. 84 Ofenl.

Leider sind wir über den Wechsel der ästhetischen Anschauungen in
der Antike nur wenig unterrichtet; aber es gab sicherlich Zeiten —
aus Horazens Episteln des 2. Buches hören wir noch leise Anklänge —,
in denen „Kraftgenies" die ureigene Erfindung und Naturanlage über
alles stellten, etwa wie der junge Lessing (I 185 H.-B.) schrieb:

> „Ein Geist, den die Natur zum Mustergeist beschloß,
> Ist, was er ist, durch sich, wird ohne Regeln groß.
> Er geht, so kühn er geht, auch ohne Weiser sicher.
> Er schöpfet aus sich selbst; er ist sich Schul' und Bücher."

Oder wie der junge Goethe sich an Shakespeares „Planlosigkeit"
begeisternd ausruft: *„Natur! Natur! Nichts so Natur als Shakespeares
Menschen!"* Damit vergleiche man die Quellen der deutschen Sturm-
und Drangzeit, Ed. Youngs *Conjectures on original composition* (1759)
und Woods Essay über den Originalgenius Homers (1769).

Die gleiche Streitfrage tobt um die Lehrbarkeit der Rhetorik.
Leugnete man in der Pädagogik jede Beeinflussung der menschlichen
Natur und hielt man vielfach die ἀρετή für ein Produkt der φύσις
und nicht der μάθησις oder ἄσκησις[1]), so bestritt allen voran Epikur,
dem man bekanntlich Gleichgültigkeit gegen formelle Künste vorrückte,
daß die Rhetorik eine Kunst sei; sie sei Naturanlage. Platon[2]) stellt
sie mit der Kochkunst auf gleiche Stufe; ihm ist sie nur ἐμπειρία καὶ
τριβή. Ihm sekundierten Kritolaos, dem sie eine κακοτεχνία ist, Athe-
nodoros, Agnon, besonders die Stoiker, bei den Römern Antonius.[3])

Indes überwiegt in Praxis und Theorie die Erkenntnis, daß die
harmonische Vereinigung von Talent und Kunst am wünschenswerte-
sten sei[4]), wie auch der gereifte Goethe, im Gegensatz zu den Aussprüchen seiner Sturmzeit am 13. Dezember 1826 zu Eckermann bemerkte: *„Ein Talent wird nicht geboren, um sich selbst überlassen zu
bleiben, sondern sich zur Kunst und guten Meistern zu wenden, die
dann etwas aus ihm machen."*

Es ist bezeichnend, daß unter den drei ursprünglichen Musen
Μελέτη (das sorgsame Studium) in die Mitte zwischen Μνήμη und
Ἀοιδή gestellt ist. Diese Vereinigung von φύσις und τέχνη treffen
wir auch in formelhaften Wendungen wie τίς τέχνη, τίς μοῦσα (Mer-
kurhymnos V. 446) oder τέχνῃ καὶ σοφίῃ δεδαημένος (V. 483). Ari-

---

1) Vgl. Plutarch, πῶς δεῖ τοὺς νέους παιδεύειν und die verschiedenen Parallelstellen bei Wyttenbach, animadv. VI 1 p. 73.   2) Gorgias 463 B.
3) Cicero de or. 23; vgl. Striller, *de Stoicorum studiis rhet.* (Bresl. phil.
Abh. I 2) S. 3.
4) περὶ ὕψους 36, 4: προσήκει ... βοήθημα τῇ φύσει πάντῃ πορίζεσθαι τὴν
τέχνην. ἡ γὰρ ἀλληλουχία τούτων ἴσως γένοιτ᾽ ἂν τὸ τέλειον.

stoteles[1]) läßt es unentschieden, ob Homer in reiner, kunstloser Genialität gedichtet habe, während Aristarch bei ihm bewußte Kunst in jeder Zeile erblickt. Horaz, der in seiner *ars* nicht bloß die ästhetischen Grundsätze seiner Zeit, sondern die Tradition der Alexandriner wiedergibt, spricht den vielzitierten Satz aus (409 f): *ego nec studium sine divite vena, nec rude quid possit video ingenium*, den Paul Cauer in seiner an Börne gemahnenden Voreingenommenheit gegen Horaz „nichtssagend" findet.[2]) Ebenso prägnant erscheint dieser Grundsatz bei Simylos (Stob. fl. 60, 4) (IV 407 Hense):

> οὔτε φύσις ἱκανὴ γίνεται τέχνης ἄτερ,
> πρὸς οὐδὲν ἐπιτήδευμα παράπαν οὐδενί,
> οὔτε πάλι τέχνη μὴ φύσιν κεκτημένη.[3])

In diesem Sinne meint auch der ältere Lessing[4]): „*Die Regel ist immer von Nutzen; denn dem Genie kann sie nichts schaden, wenn er sie auch nicht braucht; ein geringerer Dichter kann mit Kenntnis der Regel noch immer etwas leisten; aber ein geringer Dichter ohne Fleiß ist nichtig.*"

Auch bei der Rhetorik, bei der das angeborene Talent der Redegabe, der Modulation, Mimik und Haltung eine wesentliche Rolle spielt, blieb trotz aller ansehnlichen Gegnerschaft die Meinung vorherrschend, sie sei erlernbar und natürliche Anlage ohne Technik führe nicht zur Vollkommenheit. Pseudo-Longinos bedient sich zur Klarmachung dieses Verhältnisses eines demosthenischen Wortes, wenn er die Naturanlage mit dem Glücke des Menschen, die Ausbildung mit dessen kluger Einsicht vergleicht.[5]) Und Quintilian, der neben Cicero[6]) das Kapitel, *an rhetorice ars sit*[7]), ausführlich erörtert und die gewichtigsten Einwände zu entkräften sucht, kommt schließlich bei der Frage[8]), *natura an doctrina plus conferat*, zu dem Ergebnis: *nihil ars sine materia; materiae etiam sine arte pretium est; ars summa materia optima melior*.

2. PRAXIS.

a) SCHULVERHÄLTNIS.

In der Praxis hatte man übrigens von Anfang an sehr großen Wert auf die Technik gelegt, zumal der Grieche die künstlerische

---

1) poet. 8, 3: ὁ δὲ Ὅμηρος . . καὶ τοῦτ' ἔοικε καλῶς ἰδεῖν, ἤτοι διὰ τέχνην ἢ διὰ φύσιν.   2) *Palaestra vitae* 121.   3) Vgl. Diels, *Rhein. Mus.* 30, 181.
4) Vorrede zu Jerusalems *philos. Aufsätzen.*
5) c. 2 (p. 107): ὅπερ . . ὁ Δημοσθένης ἐπὶ τοῦ κοινοῦ τῶν ἀνθρώπων ἀποφαίνεται βίου, μέγιστον μὲν εἶναι τῶν ἀγαθῶν τὸ εὐτυχεῖν, δεύτερον δὲ καὶ οὐκ ἔλαττον τὸ εὖ βουλεύεσθαι . ., τοῦτ' ἂν καὶ ἐπὶ τῶν λόγων εἴποιμεν, ὡς ἡ μὲν φύσις τὴν τῆς εὐτυχίας τάξιν ἐπέχει, ἡ τέχνη δὲ τὴν τῆς εὐβουλίας.
6) de or. I 20 ff.   7) inst. or. II 16 ff.   8) ib. II.19.

Form viel höher einschätzte als der Nordländer gewohnt ist. Die absolute Sicherheit in der elementaren Verstechnik, die streng beobachteten Regeln im Bau der Strophen, hinsichtlich der Caesur, Elision, Synizese, die Kunst des daktylischen Hexameters, wie sie uns schon bei Homer in vollendeter Ausbildung begegnet, die Formengewandtheit, wie sie seit Archilochos in den mannigfaltigsten rhythmischen Kunstwerken in Erscheinung tritt, setzt eine lange Tradition und vor allem umfassende Kenntnisse in Musik, Orchestik und Musik voraus, verlangt technische Fertigkeiten, die erlernt werden mußten, die das „Genie" nicht ohne weiteres in die Wiege mitbekam. Es ist deshalb nicht verwunderlich, daß wir bald nach den Perserkriegen von „Technikern" hören, die nicht als Erfinder neuer Formen, sondern als Lehrer der Kunstrhythmen in Ansehen standen, wie Lamprokles, Damon[1]), Lasos, der (nach Suidas[2])) zuerst ein Lehrbuch der Metrik abgefaßt haben soll. Es ist kein Zufall, daß uns bei verschiedenen Meistern die Lehrer in den einzelnen Fächern überliefert sind. So wird uns erzählt, Pindar habe das Flötenspiel beim Tanzmeister Agathokles oder bei Apollodoros gelernt; in der Metrik war ihm seine Landsmännin Myrtis Muster. Timotheos aus Milet gilt als Schüler des Phrynis von Mytilene; Aristoteles charakterisiert deren Verhältnis in den vielsagenden Worten (met. 993 b 15): εἰ δὲ μὴ Φρῦνις ⟨ἐγένετο⟩, Τιμόθεος οὐκ ἂν ἐγένετο. Sophokles soll bei Lampros musikalischen Unterricht genossen haben und wurde in Gymnastik und Musik wiederholt preisgekrönt. So konnte er auch im Gegensatz zu Euripides seine Chorlieder selber komponieren. Der Grammatiker und Dichter Menekrates, der Hesiodos wieder aufleben ließ, wird neben dem Philosophen Menedemos als Lehrer des Aratos genannt.

Wie man nun die τέχνη des Dichters durch Angabe der Lehrmeister zu erhärten suchte, so wird auch öfters das sachliche oder stilistische Abhängigkeitsverhältnis einzelner Autoren durch eine Schulbeziehung angedeutet. So wird Choirilos, der Dichter der Perséïs, Schüler des Herodot genannt; die Kunst Terpanders vererbte sich auf Aristokleitos, den Lehrer des Phrynis, der wiederum Timotheos unterwies. Denken wir ferner an einen besonderen Zweig der Rhapsoden, die Homeriden, noch zu Julians[3]) Zeiten nachweisbar (als Freunde Homers), die das Erbe ihres Schulhauptes traditionell (ἐκ διαδοχῆς)[4]) hüteten und fort-

---

1) Plat. Kratyl. p. 424 C.
2) s. v. Λάσος . πρῶτος οὗτος περὶ μουσικῆς λόγον ἔγραψε.
3) Juliani ep. p. 66, 17 ff.
4) schol. Pind. Nem. II 1.

pflegten. Erinnern wir uns ferner, daß in Attika neben einer Rhap-
sodenzunft, von der Klearchos (bei Athenaios 275 b) zu berichten weiß,
auch ein Geschlecht der *Eὐνεῖδαι* lebte[1]), ein *γένος ὀρχηστῶν καὶ κι-
θαριστῶν*[2]), das bei gottesdienstlichen Feierlichkeiten den Dienst von
Tänzern, Kitharisten und Sängern versah! So bestand auch in Milet
die Sängerzunft der Onitaden, deren Statuten jüngst inschriftlich aufgefunden wurden.[3]) Aber auch von einem Verband der *ἐποποιοί* zu
Athen erhielten wir vor nicht langem Kunde[4]), der im 2. vorchrist-
lichen Jahrhundert blühte.

Das natürlichste Verhältnis der Kunstvererbung ist in der Familie
begründet. Wie es bei den Ärzten ganze Generationen gab[5]), bei denen
sich das Heilverfahren in der Familie fortpflanzte[6]), wie bei den bildenden Künstlern ganze Kunstfamilien zu nennen sind[7]), ähnlich unsern
Bachs, so auch bei den Dichtern. Man denke an die Tragikerfamilie
des Aischylos mit seinem Sohne Euphorion, seinem Neffen Philokles
und dessen Söhnen Morsimos und Melanthios, deren Stammbaum über
Astydamas I und II bis zu Philokles sich verfolgen läßt. Von Sophokles vererbte sich die Kunst auf Sohn und Enkel Jophon und Sophokles
und noch später, in alexandrinischer Zeit, finden sich Tragiker dieses
Namens. Bekannt ist auch der Sohn des Euripides gleichen Namens,
der an der Umarbeitung der aulischen Iphigeneia beteiligt war. Ebenso
bekannt sind die Paare, Vater und Sohn: Phrynichos-Polyphraidmon;
Aristophanes-Araros; Karkinos-Xenokles (-Karkinos jr.). Alexis lebte
fort in seinem berühmteren Neffen Menandros: die dramatische Kunst
wurde fast ausschließlich in einzelnen Familien gepflegt.[8]) Der Geist
des Semonides erwachte wieder in seinem Neffen Bakchylides; Hedyles
Mutter Moschine dichtete Jamben, Hedyle selbst, wie ihr Sohn Hedylos
Epyllien in alexandrinischer Manier.[9]) Des Historikers Hellanikos Sohn

---

1) Vgl. Töpffer, *Att. Geneal.* S. 181 ff: *γένος Ἀθήνησι μουσικόν*, das bei
den öffentlichen *ἱερουργίαι* die Tänzer, Kitharoden und — Herolde stellte, zugleich das Priestertum des *Διόνυσος Μελπόμενος* innehatte (CIA III 274).
2) S. Hesychios unter d. W.   3) *Bull. de corr. hell.* 30 (1906) 292.
4) Wilamowitz, *Berl. Ak. Sitzber.* 1904, 619 ff.
5) Man lese das (aus Soranos stammende?) Verzeichnis bei Steph. Byz. unter
*Κῶς· Νέβρος . . . ὁ διασημότατος τῶν Ἀσκληπιαδῶν . . . οὗ Γνωσίδικος, Γνωσι-
δίκου δὲ Ἱπποκράτης καὶ Αἴνειος καὶ Ποδαλείριος; Ἱπποκράτους Ἡρακλείδης, οὗ
Ἱπποκράτης ὁ ἐπιφανέστατος* und vergleiche die Fortsetzung dieser Stammtafel
bei Suidas unter *Ἱπποκράτης.*
6) Auch Galenos berichtet (*scripta min. Marqu.* II 70), daß er von seinem
Vater die Lehre überkam, die jener vom Vater und Großvater erhalten hatte.
7) Pausan. VI 3, 2, 4.   8) W. K. Kayser, *hist. crit. trag. Gr.* p. 25.
9) Athenaios VII 297 b.

Skamon machte sich ebenfalls als Prosaiker einen Namen. Kallimachos fand einen Erben seiner Kunst in seinem Schwestersohn gleichen Namens. Die epische Dichterin Myro von Byzanz gebar den Tragiker Homeros. Bei den Römern sei nur an die Familie Seneca erinnert: der Vater, seine Söhne L. Seneca, der Dichterphilosoph und Mela, der Geograph, ferner der Neffe Lucanus.

Aus dieser vielfach beobachteten Erkenntnis der Kunsttradition in gewissen Familien entspringen die literarhistorischen Fiktionen, die Stammbäume künstlich aufstellen, wie z. B., daß Stesichoros der Sohn des Hesiodos und der Klymene[1]) oder (nach Ephoros)[2]) Homer der Großonkel des Hesiodos sei.

Als die mündliche Unterweisung der schriftlichen gewichen war, als an Stelle der lebendigen Lehrer Bücher traten, da nahm auch die παράδοσις andere Formen an: die *docti poetae* fußen auf ihrer Gelehrsamkeit. Die Alexandriner schämen sich keineswegs, des angewandten Fleißes Erwähnung zu tun (Callim. ep. 27; Cinna bei Isid. orig. VI 12; vgl. Ps.-Vergil. Ciris 46) und durch Reisen in abgelegene Gegenden oder durch Studium halbverschütteter Quellen neue Stoffe zu gewinnen.[3]) So berichtet uns Cicero (ad Att. I 9, 2), wie sich der Dichter Thyillos zur Ausarbeitung eines Poems von Atticus die Εὐμολπιδῶν πάτρια entlehnte. Handbücher aller Art werden beigezogen ; Vers und Sprache raffiniert gekünstelt: die Technik hat ihren Höhepunkt erklommen.

b) FORMELLE ΠΑΡΑΔΟΣΙΣ.

Bei dieser Kunstvererbung entwickeln sich von selbst gewisse Traditionen; „*einer lernt vom andern, früher wie jetzt*", meint Bakchylides.[4]) Und da bei den Griechen, im Gegensatz zu den Römern, stärkere Einflüsse von außen her die natürliche Entwicklung nicht hemmten oder durchkreuzten, so ist es erklärlich, daß, wie bei der Architektur das Festhalten an einem Typus zur völligen Vervollkommnung und Ausschöpfung desselben führte, so auch zunächst die einzelnen Literaturgattungen in strenger Geschlossenheit gebunden wundervoll ausgeschöpft und variiert erscheinen. Für die alte Zeit trifft jedenfalls zu, was Platon bemerkt, ein jeglicher Dichter verstehe sich nur auf eine Gattung von Poesie, entweder auf Dithyramben, Enkomien, Hypor-

---

1) schol. Hesiod, op. 271.
2) Ps.-Plutarch vit. Hom. 2; vgl. Rohde, *Rh. Mus.* 33, 198 ff (= *Kl. Schr.* I).
3) Vgl. Rohde, *Gr. R.* 25 ff. 90 f.
4) fr. 14, 1: ἕτερος ἐξ ἑτέρου σοφὸς τότε πάλαι τότε νῦν (gegen Pindar polemisierend).

cheme oder epische Gedichte oder Jamben[1]) und nicht leicht könne
ein und derselbe Dichter zugleich eine gute Tragödie und Komödie
schreiben.[2]) Andrerseits registriert Diog. Laertius die Beobachtung,
daß Prosaiker, die sich in Poesie versuchen, daneben geraten.[3])

Aus dieser ursprünglichen Tradition erklärt sich auch das uns
Moderne oft seltsam anmutende Festhalten an der einmal gut befundenen Form. So blieb der ursprünglich angewendete Dialekt, wenn
auch in der Folge nicht mehr unvermischt, für verschiedene Stilgattungen Regel: der jonische Dialekt für das Epos und die — nach
antiker Anschauung —. prosaische Darstellung des Mythos seitens der
Logographen und Historiker; ich brauche nur an Herodot, Antiochos
von Syrakus, Ktesias zu erinnern; ja selbst Hippokrates schrieb nicht
in der Mundart seiner dorischen Heimat, sondern in der vor dem peloponnesischen Kriege für die Prosa überhaupt herrschenden Ἰάς, ebenso
wie die Nichtjonier Hellanikos von Mytilene, die Ärzte Alkmaion von
Kroton und Aretaios von Kappadokien. — Dagegen die dorische Mundart blieb seit Terpandros in der Chorlyrik vorherrschend; noch Synesios schrieb seine Hymnen in der Sprache Pindars, ebenso wie Kallimachos einige Hymnen (5 und 6) in bewußter Anlehnung an die
mundartliche Tönung des Stesichoros. Die Sprache der Jambographen
Archilochos und Hipponax ging über auf den Mimus des Herondas
und Sophron; so spricht auch in Theokrits Adoniazusen ein nicht-
dorischer Fremder das gleiche Platt wie die Frauen von Syrakus, obschon er über die Mundart des Praxinoas spottet.[4])

Je künstlerischer die Prosa wurde, desto mehr rückte sie in den
Besitzstand der Poesie ein oder verdrängte sie: die Tragödie wird ersetzt durch das δρᾶμα, δραματικόν, δραματικοὶ λόγοι[5]) des Romanes
— bei Heliodoros drängen sich bis zum Überdruß die von der Bühne
her genommenen Vergleiche und Metaphern[6]) —; veraltete poetische
Formen standen in der künstlichen Prosa der Spätzeit wieder auf: so
wurden die alten Hymnen in den sophistischen Lobreden auf Götter
wieder lebendig, die Menander ὕμνοι nennt und nach der alten Ana-
logie einteilt; Aristeides betitelt seine Lobrede auf Zeus (I) geradezu:

---

1) Jon 542.   2) Rep. III 395.

3) Diog. L. IV 15: ποιηταὶ μὲν γὰρ ἐπιβαλλόμενοι πεζογραφεῖν ἐπιτυγχάνουσι.
πεζογράφοι δὲ ἐπιτιθέμενοι ποιητικῇ πταίουσιν. ᾧ δῆλον τὸ μὲν φύσεως εἶναι, τὸ
δέ τέχνης ἔργον.

4) Darüber vgl. die meisterhaften Ausführungen bei H. Lud. Ahrens:
Über die Mischung der Dialekte in der griechischen Lyrik (Kl. Schr. I 157—181).

5) Belege bei Rohde, *Gr. R.*[2] 376 A. 1 u. 3. 377 A. 1. 479 A. 2.

6) Vgl. Rohde ebd. 479.

ὕμνος Διὸς ἄνευ μέτρου. Das Epithalamion erkennen wir wieder in
der Hochzeitsrede des Themistios auf Severus (or. 1), das alexandrini-
sche Idyll im Euboikos des Dion von Prusa, den Threnos im Epitaphios des Libanios auf Julianos.

Ingleichen offenbart sich das immanente Gesetz der Tradition in
den metrischen Formen, bekannte Tatsachen, die im einzelnen nicht
der Erörterung bedürfen.

Aus der bisher angedeuteten διαδοχή erklären sich auch formelhafte Wendungen bei Homer, Reste alter Hymnenpoesie, die schon in
frühen Zeiten nicht mehr verstanden wurden, wie Beinamen der Götter
(ἐριούνιος Ἑρμῆς, διάκτορος Ἀργειφόντης u. a.). Bei der Bedeutung,
die Homer für das griechische Geistesleben überhaupt hat, versteht es
sich von selbst, daß die griechischen Epiker und Dramatiker, Lyriker
und Elegiker aus dem Sprachschatze des ποιητής eine Menge Ausdrücke
herübernahmen, die teilweise zu Formeln erstarrt waren.[1]) Derlei künst-
liche Elemente verliehen der Dichtersprache etwas Feierliches, Gehobenes,
wie etwa biblische Wendungen bei uns.

Ein Unterschied zwischen gewöhnlicher und gehobener Sprache ergibt sich in jeder Literatur, und so wird auch in der Antike, je gelehrter die Autoren sich geben, der Ausdruck mehr und mehr zum Zaun,
der den ungebildeten „Pöbel" vom Gebildeten trennt. So spottet Antonius
bei Cicero[2]) über die Dichter, die gleichsam mit einer andern Zunge
reden; so vermeidet, wie Dionysios[3]) bemerkt, Kallimachos absichtlich
die gewöhnlichen Wege; so begnügen sich die alexandrinischen Dichter[4])
nicht mit Homerischen Worten, sondern häufen γλῶσσαι allüberallher
zusammen, wie Antimachos u. a. Hier hatte der *doctus poeta* ein Feld,
seine grammatikalischen und lexikographischen Kenntnisse zu zeigen;
das μαίνεσθαι ἐπὶ τὸ λεξικὸν[5]) wird Manie; akademische παίγνια, wie
Lykophrons Alexandra bilden das Entzücken der Kenner, die γρῖφοι,
von Kallimachos eingeführt, werden eine beliebte literarische Spielerei,
bei welcher tiefgründige Gelehrsamkeit und geistreicher Witz um die

---

1) Die Scholiasten geben getreulich diese‐ sprachlichen Anleihen an. Sie
verdienten längst gesammelt und besprochen zu werden.

2) de or. II 61: *poetas, quasi alia quadam lingua locutos.*

3) Dionys. Hal. vet. scr. cens. 2, 3.

4) Bekannt ist die Glossomanie des Epikers Antimachos; Alexarchos, der
Bruder des Kassandros, κτίσας διαλέκτους ἰδίας εἰσήνεγκεν, ὀρθροβόαν μὲν τὸν
ἀλεκτρυόνα καλέων καὶ βροτοκέρτην τὸν κουρέα καὶ τὴν δραχμὴν ἀργυρίδα, τὴν δὲ
χοίνικα ἡμεροτροφίδα καὶ τὸν κήρυκα ἀπύτην (Herakleides Lembos bei Athen. 98 e):
ein interessanter Beleg für den Purismus in Hellas.

5) Seneca, controv. IX 26, p. 410 Kießl.

Wette laufen. Eine l'art pour l'art-Poesie ist in Schwang gekommen;
die *τέχνη* feiert Triumphe, die nur von Kennern verstanden und gewürdigt werden können, die Scheidung. von Gebildeten und Ungebildeten, Kunstverständigen und Laien, Urteilsfähigen und Massen wird
unumwunden zugestanden, wenn nicht gefordert. Ungemein bezeichnend ist die literarästhetische Auffassung (des Caecilius[1])?), wie sie
uns bei Markellinos entgegentritt, der Geschichtschreiber Thukydides.
habe absichtlich einen dunklen Stil angewandt, um nicht von dem
Nächstbesten verstanden zu werden; er habe bloß von besonders Gebildeten gewürdigt werden wollen; denn nur derjenige, der das Lob
der Verständigsten und Urteilsfähigsten einheimse, trage unsterbliche
Ehre davon.

Die Antithese von Kunstverständigen und Laien tritt schon ziemlich früh auf. Schon bei Pindar[2]) erscheinen die Dichter als *ἀγαθοὶ
καὶ σοφοὶ κατὰ δαίμον' ἄνδρες* und Isokrates[3]) stellt *τὸ πλῆθος* und.
τοὺς ὑπερέχοντας καὶ τῇ φύσει καὶ ταῖς μελέταις gegenüber; Platon[4])
überläßt das Urteil über die Künste nicht dem Belieben der großen
Menge (*πάντας ... τοὺς ἐν τῇ πόλει*), sondern findet jene Kunst am besten,
welche die Besten und gehörig Gebildeten erfreut. Auch anderswo[5])
empfiehlt er Schwimmen gegen den Strom der Leute. Ebenso spricht Aristoteles[6]) dem großen Haufen, der aus gemeinen Handwerkern und Lohn-
arbeitern bestehe, feineres Kunstverständnis ab. Es folgen dann die
Zeiten, da die Fühlung mit der Masse des Volkes ganz verloren geht,.
das Individuum aus dem Leben der Gesamtheit isoliert heraustritt.
Nicht selten taucht eine gereizte Mißachtung des „Kunstpöbels" auf, der
die Schöpfungen der Auserlesenen[7]) nicht versteht, verstehen kann. Das.

---

1) *βίος* 35, p. 193, 79 W.: *ἀσαφῶς δὲ λέγων ἀνὴρ ἐπίτηδες, ἵνα μὴ πᾶσιν εἴη
βατὸς — μηδ' εὐτελὴς φαίνηται παντὶ τῷ βουλομένῳ νοούμενος εὐχερῶς, ἀλλὰ τοῖς
λίαν σοφοῖς δοκιμαζόμενος παρὰ τούτοις θαυμάζηται. ὁ γὰρ τοῖς ἀρίστοις ἐπαινούμενος
καὶ κεκριμένην δόξαν λαβὼν ἀνάγραπτον εἰς τὸν ἔπειτα χρόνον κέκτηται τὴν τιμήν*
= Caecilius fr. 156 (Ofenl.)
2) Ol. IX 30.   3) XV 309.
4) leg. II, 658 E: *σχεδὸν ἐκείνην εἶναι Μοῦσαν καλλίστην, ἥτις τοὺς βελτίστους
καὶ ἱκανῶς πεπαιδευμένους τέρπει. παιδευθέντες ἀκριβεστέραν ἂν παιδείαν τῆς
ἐπὶ τὸ πλῆθος φερούσης εἶεν μετακεχειρισμένοι καὶ τῆς περὶ τοὺς ποιητὰς αὐτούς.*
5) Euthyphr. 3 C: *ἀλλ' οὐδὲν αὐτῶν χρὴ φροντίζειν, ἀλλ' ὁμόσε ἰέναι.* Vgl.
Pöhlmann (*Sokrates und seine Zeit,* 8 ff., 15 ff.), wo einleuchtend dargelegt ist,.
daß diese Gegensätze nicht erst eine Frucht der sophistischen Theorien sind.
6) pol. VIII 7: *ὁ θεατὴς διττός, ὁ μὲν ἐλεύθερος καὶ πεπαιδευμένος, ὁ δὲ
φορτικὸς ἐκ βαναύσων καὶ θητῶν.* Dahin zielen auch die oft zitierten Worte der
Poetik (1451ᵇ): *καὶ γὰρ τὰ γνώριμα ὀλίγοις γνώριμα.*
7) So betont Kallimachos wiederholt seine *σοφία*: fr. 481; epigr. 7, 46 Wil.;
cf. AP. VII 42, 1.

Kallimacheische (ep. 28) *σιχχαίνω πάντα τὰ δημόσια* wird bei Horaz
zum stolzen Worte: *odi profanum volgus et arceo.*

c) STOFFLICHE ΠΑΡΑΔΟΣΙΣ.

In der schultraditionellen Unterweisung, die ursprünglich in der
Familie sich forterbte, dann in zunftmäßigen Vereinigungen weiterlebte,
schließlich in kunstgemäßer systematischer Schulung zu strengen ästhetischen Gesetzen und Regeln führte, zumal seit die alles umspannende
Rhetorik die Leitung in die Gewalt bekam, war schon lange, bevor man
sich dessen bewußt war, eine starke Kraft erwachsen, die mit eherner
Klammer die ausschweifende Phantasie niederzwang und vor kunstlosen
Gebilden behütete, die der antiken Kunst und Literatur zu jenem präch-
tiggeschlossenen Aufbau und jener bewundernswerten Reinerhaltung der
einzelnen Kunstgattungen verhalf, bei der diese in beständigem Wechsel
der künstlerischen Objektivierung bis zur Vollendung ausgeschöpft
wurden, die alles Maßlose in sich selbst zusammenbrechen ließ und eine
einheitliche, nur in Nebensachen auseinanderstrahlende Kunstanschauung
schuf: ich meine unter jener Kraft die *παράδοσις*, die Autorität des
als gut und trefflich Erkannten, die *vetustatis fides, ab hominibus magnis
praeceptorum loco ficta.*[1]) Was H. Brunn[2]) von der Entwicklung der
griechischen Plastik rühmt, *„daß selbst die strengsten Grundregeln nie
zu willkürlichen Satzungen und dadurch zur Unfreiheit führten, sondern
vielmehr dazu dienten, innerhalb des Gesetzes dem schaffenden Geist des
Künstlers eine um so größere Freiheit zu gewähren“*, das gilt auch für
die Literatur.

Die Achtung vor der Tradition zeigt sich vor allem in dem Verhältnis des griechischen Dichters und in vielen Fällen auch des Prosaikers
zum Mythos. Der Mythos ist nach Aristoteles[3]) das Prinzip und die
Seele der Tragödie, nach stoischer Anschauung[4]) das Substrat der Urgeschichte und Naturphilosophie. Aristoteles abstrahiert aus der bisherigen Kunstübung[5]) die bekannte Regel, daß überlieferte Mythen
nicht aufgehoben werden dürfen, der Dichter sie finden und die Überlieferung geschickt verwerten müsse. Freilich waren die Epigonen den
großen Tragikern gegenüber im Nachteil; die geeignetsten Sagenstoffe

---

1) Quintil. inst. or. XII, 4, 2, im letzten Grunde die Resultante eines wunder-
bar einheitlichen Ethos des ganzen Volks.
2) Rhein. Mus. 5, 346.
3) poet. c. 6, 9, 9: *ἀρχὴ καὶ οἷον ψυχὴ ὁ μῦθος τῆς τραγῳδίας.*
4) *οἱ πρῶτοι δὲ ἱστορικοὶ καὶ φυσικοὶ μυθογράφοι* (Strabon, p. 20).
5) poet. c. 14, 5: *τοὺς μὲν οὖν παρειλημμένους μύθους λύειν οὐκ ἔστιν ...
αὐτὸν* (sc. *τὸν ποιητὴν*) *δὲ εὑρίσκειν δεῖ καὶ τοῖς παραδεδομένοις χρῆσθαι καλῶς.*

waren bald erschöpft und so mußte man sich im ausgetretenen Geleise[1])
der wenigen „tragischen" Familien bewegen, um durch andere Auf-
fassungsweise, verschiedene Motivierungen, spannende Erkennungsszenen,
Umdeutungen der Sage und Erfindung von Nebenpersonen und Neben-
sagen, Kontaminierung verwandter Sagenmotive den vergriffenen Stoffen
neues Interesse abzugewinnen. Agathon machte den Versuch, aus der
euripideischen Sagenbehandlung die Konsequenzen zu ziehen und den
Mantel der mythologischen Romantik abzustreifen; daß übrigens jenes
Wagnis, den gottesdienstlichen Charakter der Tragödie aufzulösen, die
Billigung seiner Zeit nicht fand, beweist schon der Umstand, daß er
keinen Fortsetzer und Nachahmer fand. Das realistische Leben fand nur
in der Maske des Harlekins eine Darstellung: zunächst in der aristophanischen Komödie, dann im bürgerlichen Schauspiel des Menandros.
Die Tragödie blieb ihrem mythologischen Untergrunde treu: selbst die
historisch-politischen Stücke des Phrynichos (Μιλήτου ἅλωσις) und
Aischylos (Πέρσαι) beruhen auf religiös-romantischer Grundlage.[2])

Abgesehen vom Epos, das ja den Charakter der Heroenromantik
bis zuletzt wenigstens im mythologischen Götterapparat bewahrt hat,
hat auch die Rhetorik der späteren Zeiten als Beispiele für das διήγημα
mit Vorliebe mythologische Stoffe gewählt.[3]) Und als die Alexandriner
auf die Suche nach neuen Stoffgebieten gingen, konnten sie sich der
Macht der παράδοσις nicht entziehen: sie erfanden nicht ihre Erzählungen, sondern spürten in den teilweise verschütteten oder ver-
gessenen Sagen der verschiedenen Völker, um manch köstliches Gut
aus dem Schutte mündlicher und schriftlicher Überlieferung herauszu-
graben.[4]) So rühmt sich Kallimachos[5]) ausdrücklich als Quellensucher.
Mit gelehrtem Sammeleifer werden die verschiedenen Sagenwendungen
hervorgehoben.[6]) Die Originalitätshascherei moderner Zeiten fand damals

---

1) poet. c. 13: περὶ ὀλίγας οἰκίας αἱ κάλλισται τραγῳδίαι συντίθενται, οἷον
περὶ Ἀλκμαίωνα καὶ Οἰδίπουν καὶ Ὀρέστην καὶ Μελέαγρον καὶ Θυέστην καὶ Τήλεφον
καὶ ὅσοις ἄλλοις συμβέβηκεν ἢ παθεῖν δεινὰ ἢ ποιῆσαι. Einzelbelege hierfür bei
Susemihl 246 [125b].

2) Norden, Neue Jahrb. 1901, 317 f. Moschions Θεμιστοκλῆς und Φεραῖοι,
der Maussolos des Theodektes, die Κασσανδρεῖς des Lykophron werden sicherlich
irgendwie den Faden der Mythe eingewoben haben.

3) Vgl. die tabula fabularum, d. h. das Verzeichnis aller in den progymnasmata behandelten mythologischen Stoffe bei J. Jacobs, de progymn. studiis mythographicis (Diss. Marburg 1899, 66 ff.).

4) Vgl. Rohde Gr. R. 104.

5) hymn. in lav. Pall. 56: μῦθος δ' οὐκ ἐμός, ἀλλ' ἑτέρων.; fr. 442: ἀμάρτυρον οὐδὲν ἀείδω.

6) Darauf bezieht sich der Ausspruch des Philetas (Stob. fl. 81, 1): πολλὰ
μογήσας, μύθων παντοίων οἶμον ἐπιστάμενος.

ihr Gegenstück in dem mühevollen Ausgraben unausgeschöpfter oder
wenig bekannter Sagenstoffe. Man setzte seinen Ehrgeiz darein, dem
überlieferten Stoffe neue Gesichtspunkte abzugewinnen, moderne Ideen
unterzulegen, ein neues stilistisches Gewand umzuwerfen, etwa wie unsere
Tondichter denselben Text immer und immer wieder musikalisch verarbeiten. Andererseits sind sich echte Künstler wohl bewußt, daß ein
mythologischer Stoff, der in jahrtausendlanger Überlieferung und Ab-
nützung sich lebenskräftig erhielt und durch den Übergang von Generation zu Generation eine fortgesetzte Läuterung und Umgestaltung
erfuhr, schließlich zu einem typischen Ideal sich verdichtet, das ein
Individuum unmöglich in solch überzeugender Lebensfülle zu ersinnen
vermag.

Die Achtung vor der Autorität der Überlieferung bekundet sich
auch darin, daß man auf die Urkundlichkeit der Berichte großen
Nachdruck legte. Wir wissen von der mittelalterlichen Epik, wie sehr
der Dichter die Wahrheit seiner Dichtung betont. *„Erfindung ward
vom erzählenden Dichter nicht nur niemals gefordert, sie wurde ihm
als Unbill gegen die rechte Mär verargt. Seine Zuhörer wollten an die
Wahrheit dieser Abenteuer und Feste, die ihren eigenen Sitten nachgebildet waren, glauben. Der Erzähler mußte sich auf einen älteren Gewährsmann seiner Geschichte berufen, sollte er bei Abweichungen von seiner
Vorlage diesen auch erst miterfunden haben.“*[1]) In ähnlicher Weise be-
kräftigen die griechischen Dichter die rechte παράδοσις, indem sie gemäß der psychologisch richtigen Beobachtung, daß einem Unglaub-
würdiges keinen (ästhetischen) Genuß bereite,[2]) die Quelle ihrer Er-
kundung angeben. Man beruft sich entweder auf göttliche Eingebung,
wie Homer,[3]) der von den Musen sagt:

ὑμεῖς γὰρ ϑεαί ἐστε, πάρεστέ τε, ἴστε τε πάντα,

ἡμεῖς δὲ κλέος οἶον ἀκούομεν, οὐδέ τι ἴδμεν,

ebenso wie Vergil, Aeneis VII 645 oder wie Apollonios von Rhodos
(IV 1379 f.) singt:

Μουσάων ὅδε μῦϑος, ἐγὼ δ' ὑπάκουος ἀείδω,

Πιερίδων καὶ τήνδε πανατρεκὲς ἔκλυον ὀμφήν.

So wendet sich auch Hesiod im Anfang seiner Ἔργα καὶ Ἡμέραι an
die Musen (1—10) und Kallimachos sagt am Schlusse seiner Αἴτια
(Oxyrinch. Pap. VII 29) dem Vater der Musen Dank:

---

1) Koch, M., *Gesch. der deutschen Lit.*[5] S. 25 (Göschen).
2) Aristoteles, probl. 18, 10, p. 917, B. 15: ἐφ' οἷς δὲ ἀπιστοῦμεν, οὐχ ἡδόμεϑα.
3) Weitere Belege zu obigen Stichproben siehe bei Norden, *A. K.*, 104 f.
Norden, *Aeneis VI*, p. 123 f.; Heinze, *Vergils ep. Technik* 237.

χαῖρε, Ζεῦ, μέγα καὶ σὺ σάω δ' [ὅλο]ν οἶκον ἀνάκτων·
αὐτὰρ ἐγὼ Μουσέων πεζὸς [ἔπ]ειμι νομόν,

um sich einem prosaischen Werke zuzuwenden. Schön heißen die Dichter
bei Himerios (nach altem Vorbild?) Μούσαις κάτοχοι (or. 13, 7).

Oder man stützt sich auf die Sage und den Volksglauben. Schon
Homer deckt seine Berichte gern mit dem Wörtchen φασί.[1]) Pindar
bemerkt[2]): φαντὶ δ' ἀνθρώπων παλαιαὶ ῥήσιες; ähnlich äußern sich
Bakchylides u. a. Die Alexandriner übernehmen den Brauch[3]) und von
ihnen wiederum die römischen Dichter. Diese belegen besonders gern
abweichende Sagenvarianten mit den Ausdrücken[4]): fama volat, dicuntur,
fertur u. dgl. oder berufen sich ausdrücklich auf griechisches Vorbild:
ferunt Grai[5]) u. ä. Ja, man scheut sich nicht einmal, redenden Personen
der Dichtung derlei Versicherungen in den Mund zu legen.[6]) Bisweilen
werden selbst gelinde Zweifel an der Überlieferung nicht verhehlt[7]), wie
dies schon griechische Dichter vorgemacht hatten.[8]) Die Sage ist das
letzte Refugium, zu der man mangels schriftlicher παράδοσις flüchtet.[9])

Natürlicherweise bedient sich auch die Rhetorik zur Bekräftigung
des Vorgebrachten dieses Kunstmittels. Man scheut sich weder in der
Dichtung noch in der Prosa Ohren- und Augenzeugen zu erdichten,
nur um die Glaubwürdigkeit des Vorgebrachten zu erhöhen, den Schein
phantastischer, haltloser Erfindungen zu vermeiden. Hatte doch schon
Aristoteles[10]) jedenfalls nach rhetorischem Vorgang, die Parole dazu
ausgegeben, wenn er die Erdichtung von Ohrenzeugen befürwortet.
Noch in den christlichen Legenden ist es Stilgesetz zu versichern, daß
man den geschilderten Vorgängen als Augenzeuge beigewohnt oder
Augenzeugen abgelauscht habe.[11]) Wir werden im 3. Teil darauf noch
ausführlicher zurückkommen.

---

1) B 783, E 638 u. ö.

2) Ol. IX, 49.

3) Vgl. Kallimachos, fr. 252: τὼς ὁ γέγειος ἔχει λόγος.

4) Dies bemerken auch die Exegeten. Servius zu Verg. Aen. VII, 48 schreibt:
accepimus] propter varias opiniones hoc adiecit; schol. Aristoph. Av. 798 fügt
hinzu: ἀμάρτυρα δὲ ἀμφότερα; ebenso Schol. Soph. Oidip. Kol. 1593 u. ö.

5) Catull 68, 109; ut Grai perhibent; Verg. Aen. VIII 135 u. ä.

6) So Vergil dem Aeneas III, 578: fama est u. ö.

7) So Verg. Aen. III, 551: si vera est fama; Ovid, met. XIII, 732: si non
omnia vates ficta reliquerunt.

8) So Kallimachos, hymn. III, 172; Euripides, Suppl. 846 ff. u. a.

9) Livius VII 6, 6: fama standum est, ubi certam derogat vetustas fidem.

10) rhet. p. 489 Sp.: ἀξιοπιστίας δὲ καὶ ὅσα μὴ ἔχεις ἄλλοθεν συστῆσαι, ἐξ
ἀκοῆς ταῦτα πιστοῦσθαι; ἤκουον δ' ἔγωγε τινῶν ὡς . . .

11) Vgl. H. Günter, Legendenstudien (Köln 1906) c. III.

Wie sehr die Achtung vor der παράδοσις zur ästhetischen Norm einwurzelte, ersieht man auch aus dem Tadel, der Übertretern dieses Gesetzes erwächst. Aus ästhetischen Gründen weicht Aischylos nicht von der Tradition des Epos ab, durch Apollon läßt er einmal[1]) das Unterfangen einer ethischen Kritik der παράδοσις zurückweisen. Aristophanes[2]) rügt nach der Angabe des Scholions die Sucht des Euripides, die Mythen originell, realistisch umzugestalten. Ebenso hebt Pausanias bei Hermesianax besonders hervor[3]), falls dieser die Tradition willkürlich umzuändern scheint. Die Scholiasten registrieren nach dem Vorgang des Aristarchos alle Abweichungen von der ἱστορία, d. h. von dem Sagenstand, wie er bei Homer, den Kyprien oder dem κοινὸς λόγος vorlag[4]), mit der Genugtuung der Antiquare und vergleichenden Literarhistoriker[5]) und die römische Ästhetik, auf der griechischen fußend, steht auf demselben Standpunkt.[6])

In diesem Zusammenhang erklärt sich auch leicht, wie die Ästhetik das Gesetz abstrahierte, bei der Zeichnung historischer oder mythologischer Charaktere die Tradition zu beachten, wie dies Horaz an den bekannten Beispielen des *honoratus Achilles*, der *Medea ferox invictaque*, der *flebilis Ino*, dem *perfidus Ixion*, der *Io vaga* und dem *tristis Orestes* darlegt.[7]) Auch hier haben die Exegeten die Beachtung und Vernachlässigung der παράδοσις angemerkt und gerügt[8]), und Lessing[9]) begründet jene Kunstregel vortrefflich. Der Dichter „sollte sich im Fall, daß er andere Charaktere als die historischen oder wohl gar diesen völlig entgegengesetzte wählt, auch der historischen Namen enthalten und lieber ganz unbekannten Personen nicht zukommende Charaktere andichten ... Dieses widerspricht der Kenntnis, die wir bereits haben und ist dadurch unangenehm ... Die geringste Verän-

---

1) Eumenid. 630 ff.　　2) Equ. 16 ff.　　3) VII 17, 5. IX 53, 1.

4) Vgl. Römer, *Abh. der bayr. Ak.* 19, 669 ff.

5) Vgl. Aristarch zu Homer Υ 40: παραδεδομένοις δηλονότι χρώμενος u. ö — Schol. Soph. Ajas 833: παραδεδομένον δὲ κατὰ ἱστορίαν u. ö. — Didymos zu Pindar, *Ol.* VIII 41 a: παρ᾽ οὐδενὶ δὲ πρεσβυτέρῳ Πινδάρου ἡ ἱστορία. Alle Scholien verzeichnen die Stellen παρ᾽ ἱστορίαν.

6) So Servius zu Vergil Aen. IX 81: *figmentum hoc licet poeticum sit, tamen quia exemplo caret, notatur a criticis*; zu Aen. III 46: *hoc purgatur Euripidis exemplo, qui de Alcesti hoc dixit*; Aen. I 267: *ab hac . . historia discedit Vergilius* u. ö.

7) Horaz a. p. 119: *aut famam sequere aut sibi convenientia finge etc.*

8) Vgl. Aristarch zu Homer Λ 430: ὅτι ἐμφαίνει τὸν Ὀδυσσέα ἐξ ἱστορίας παρειληφὼς δόλιον καὶ ἐπὶ τούτῳ διαβεβλημένον. Und von Euripides sagt die ὑπόθεσις Μηδείας: μέμφονται δὲ αὐτῷ τὸ μὴ πεφυλακέναι τὴν ὑπόκρισιν τῇ Μηδείᾳ ἀλλὰ πεσεῖν εἰς δάκρυα, ὅτε ἐπεβούλευσεν Ἰάσονι καὶ τῇ γυναικί.

9) *Hamb. Dram.* 33. St.

derung scheint uns die Individualität aufzuheben und anderen Personen unterzuschieben, betrügerische Personen, die fremde Namen usurpieren und sich für etwas ausgeben, was sie nicht sind".

Ein damit im Zusammenhang stehendes anderes ästhetisches Gesetz ist die πιθανότης. Aristoteles[1]) erklärt als Aufgabe des Dichters
nicht Geschehnisse darzustellen, sondern was hätte geschehen können
nach den Gesetzen der Notwendigkeit oder Wahrscheinlichkeit. Weiterhin[2]) begründet er die Tatsache, daß die Tragiker im Gegensatz zur
(neueren) Komödie an den historischen Namen festhalten, durch die
psychologische Erklärung, daß man das Nichtgeschehene für unwahrscheinlich halte, dagegen das Geschehene offenbar auch möglich sei.
Zu den γενόμενα zählt aber nicht bloß die Geschichte, sondern auch
der Mythos. Und Dichtungen waren ja als Autoritäten ebenso angesehen wie historische Tatsachen. So stellt beispielsweise Cicero[3]) den
Ennius und Herodot in gleiche Reihe; Gellius[4]) nennt, wo er sich auf
die historia beruft, den Dichter Naevius als Quelle; Quintilian[5]) stellt
als Fundorte für Beispiele geschichtliche Ereignisse und Erdichtungen
berühmter Poeten nebeneinander; Diomedes definiert[6]): *historice est
qua narrationes et genealogiae componuntur ut est* Ἡσιόδου γυναικῶν
κατάλογος *et similia.* So wird auch von den Stoikern die Vorliebe der
Menschen für Mythen aus ihrer Wißbegierde hergeleitet[7]): der Mythos bringt Neues und wirkte dadurch ergötzlich. Wie nun Homer
durch Mischung von Wahrheit und Dichtung seine Darstellung würzt[8]),
so unterließen es auch Redner, Historiker, Geographen nicht, mittels
oft sehr kühn geformter Genealogien und Sagenkontaminationen die
geschichtliche Gegenwart, den Ursprung einzelner Städte, Kulte, Gebräuche aitiologisch mit der mythischen Vergangenheit zu verknüpfen:

---

1) poet. c. 9: ὅτι οὐ τὸ τὰ γενόμενα λέγειν, τοῦτο ποιητοῦ ἔργον ἐστίν, ἀλλ᾽
οἷα ἂν γένοιτο. καὶ τὰ δυνατὰ κατὰ τὸ εἰκὸς ἢ τὸ ἀναγκαῖον.

2) c. 9: πιθανόν ἐστι τὸ δυνατόν. τὰ μὲν οὖν μὴ γενόμενα οὔπω πιστεύομεν
εἶναι δυνατά, τὰ δὲ γενόμενα φανερὸν ὅτι δυνατά. οὐ γὰρ ἂν ἐγένετο, εἰ ἦν
ἀδύνατα.

3) *de divin.* 2, 116: *aut Herodotum cur veraciorem ducam Ennio? non minus
ille potuit de Croeso quam de Pyrrho fingere Ennius?*

4) VII 8, 4. Vgl. Peter II 209.

5) *inst. or.* IV 4, 1. *Historiae* und *ea, quae a clarioribus poetis ficta* . .

6) III p. 482.

7) Strabon p. 19: φιλειδήμων γὰρ ἄνθρωπος, προοίμιον δὲ τούτου τὸ φιλό
μυθον . . . αἴτιον δ᾽, ὅτι καινολογία τίς ἐστιν ὁ μῦθος, οὐ τὰ καθεστηκότα φρά
ζων ἀλλ᾽ ἕτερα παρὰ ταῦτα. ἡδὺ δὲ τὸ καινὸν καὶ ὃ μὴ πρότερον ἔγνω τις . .
Vgl. Plinius ep. 5, 8, 4: *sunt homines natura curiosi* . . .

8) p. 20. ταῖς ἀληθέσι περιπετείαις προσεπετίθει μῦθον, ἡδύνων καὶ κοσ
μῶν τὴν φράσιν.

man denke nicht bloß an die genealogischen Epen und Städtegeschichten, sondern auch an die *Aïtia* des Kallimachos, die Fasti Ovids und des Properz, an Vergils Aeneis.

Wenn Eratosthenes und seine Gesinnungsgenossen bei der Dichtung die ψυχαγωγία hervorheben, die den Verstand mit allerlei Fabeleien umnebelt, so findet der Stoiker Strabon die Schuld nicht an den Dichtern, sondern in falschen Voraussetzungen, mit denen man an ihre Beurteilung herantrete.[1]) Homer, das Muster aller Dichter[2]), knüpft an Geschehenes an und vermischt damit geschickt erfundene Geschichten.[3]) Das ist jene Weise, die Homer selber an Odysseus rühmend hervorhebt (τ 203):

ἴσκε δὲ ψευδέα πολλὰ λέγων ἐτύμοισιν ὁμοῖα.

Oder wie Horaz von Homer sagt (a. p. 151):

ita mentitur, sic falsis vera remiscet, jenes μεμιγμένον πιθανότητι ψεῦδος, von dem auch Plutarch[4]) spricht.

Diese Theorien sehen wir auch in der Praxis durchgeführt. Von Pindar ist bekannt, wie ernsthaft er die Fiktionen der Geschlechtersagen zur Grundlage seiner Hymnen macht und darauf weiterbaut. Auch die Tragiker projizieren, unbekümmert um Anachronismen, die

---

1) p. 25. τὸ δὲ πάντα πλάττειν οὐ πιθανόν, οὐδ' Ὁμηρικόν. p. 20. ἐκ μηδενὸς δὲ ἀληθοῦς ἀνάπτειν κενὴν τερατολογίαν οὐχ Ὁμηρικόν. προσπίπτει γάρ, ὡς εἰκός, οὐ πιθανώτερον ἂν οὕτω τις ψεύδοιτο, εἰ καταμίσγοι . τι καὶ αὐτῶν τῶν ἀληθινῶν (nach Polybios). — Über die πιθανότης bei Homer, die in der veristischen Darstellung und Motivierung der Handlung begründet liegt, hat Griesinger, *Die ästhetischen Anschauungen der alten Homererklärer* (Diss. Tübingen 1907, 30 ff) typische Beispiele zusammengestellt. Der lebhafte Wirklichkeitssinn und die rationalistische Denkweise des Griechen verschmähte haltlose Phantasien und verlangte von der Poesie, einen getreuen Spiegel des Lebens zu geben.

2) Daß Homer der Urquell aller Künste und Wissenschaften sei, ist stoische Lehre. Mit großem Eifer bemühen sich daher auch stoische Kreise nachzuweisen, daß auch alle Keime der Rhetorik schon in Homer liegen (Striller, *de Stoicorum studiis rhetoricis, Bresl. phil. Abh.* I 2 p. 11 n. 2; Sudhaus, *Philodemi vol. rhet. suppl.* 1895 p. VII); Nassal, F., *Ästhet.-rhetor. Beziehungen zwischen Dionysios Hal. u. Cicero* (Diss. Tübingen 1910, p. 75 f.).

3) p. 46. ἔλαβεν παρὰ τῆς ἱστορίας τὰς ἀρχάς . . . τὰ μὲν ὁμολογεῖ τοῖς ἱστορουμένοις, προσμυθεύει δὲ τούτοις, ἔθος τι φυλάττων καὶ κοινὸν καὶ ἴδιον.

4) πῶς δεῖ τὸν νέον ποιημάτων ἀκούειν c. 2. — Dies ästhetische Gesetz ist bei Horaz (a. p. 338 f.) in die bekannten Worte gefaßt:

ficta voluptatis causa sint proxima veris:
ne quodcunque volet poscat sibi fabula credi.

Und noch bei Lactantius lesen wir (inst. 1): *non ergo res ipsas gestas finxerunt poetae: quod si facerent, essent vanissimi; sed rebus gestis addiderunt quendam colorem.* — Wie schön faßt denselben Gedanken unser Moltke (*Wanderbuch 1879*): „*Auch die Sage knüpft sich an die Wirklichkeit, sie wurzelt in ihr; und die beiden Geistesrichtungen,* „*der Durst nach Wahrheit und die Lust am Truge*" *schließen sich gegenseitig nicht aus.*

Gegenwart auf die Vergangenheit. Im Archelaos verherrlicht Euripides
seinen königlichen Gönner in dem dorischen Ahnherrn.. So ehrte auch
Aischylos in den *Αἰτναῖαι* den Gründer Aitnas, Hieron. Der Städte-
gründer hatte ja Anspruch auf heroische Ehren.[1]) Auch die scheinbar
historischen Stücke des Phrynichos und Aischylos (*Φοίνισσαι* und
Πέρσαι) haben mythischen Hintergrund. Xerxes ist wie bei Herodot
als Götterfrevler dargestellt[2]); die Beschwörung des Geistes von Da-
reios, die Träume der Königin Atossa gehören zu den *πλάσματα*, die
an Historisches anknüpfen.

Bei den Epen bot, abgesehen von dem Stoffe (*Περσηΐς* des Choirilos,
Οἰχαλίας ἅλωσις des Panyasis, *Θηβαΐς* des Antimachos, die Epen des
Rhianos, Euphorion, Nikandros u. a.), der mythologische Apparat eine
leichte Anknüpfung an den Mythos. Noch die christlichen Dichter
(Ausonius, Apollinaris Sidonius, Nonnos, Synesios u. a.) übernahmen
unbedenklich den Götterapparat, wie späterhin die Renaissance. Wird
doch der christliche Bischof Fulgentius der angesehenste Mythograph
seiner Zeit. Und noch Ronsard erfand ganz in antikem Sinne den
König Francion als Sohn Hektors, der aus Troja nach Gallien kommt
und Paris gründet *en l'honneur de son oncle Pâris*. Solche Beispiele gibt
es noch massenhaft (bei Paulus Diaconus u. a.).

Folgerichtig polemisiert auch die antike Ästhetik gegen Verstöße
wider die *πιθανότης*.[3]) Und Isokrates[4]) verachtet die rhetorischen *πλάσ-*
ματα, ebenso wie viel später Aristeides[5]) die *μελέται* gewöhnlicher
Redner über *πλάσματα*, den Kampf mit Schatten, wie sie Basileios bezeichnend heißt.[6])

3. ZUSAMMENFASSUNG.

Wir sahen in diesem gedrängten Überblick, daß die Lehrbarkeit
der künstlerischen Formgebung mit der Hegemonie der Rhetorik fast
außer Zweifel stand. Diesen theoretischen Erwägungen entsprach auch
die Praxis. Wie schon seit alters ein tatsächliches und vorgebliches

---

1) Timaios-Diodor (XI 66): Ἱέρων δὲ ἐτελεύτησεν ἐν τῇ Κατάνῃ καὶ τιμῶν
ἡρωικῶν ἔτυχεν ὡς ἂν κτίστης γεγονὼς τῆς πόλεως.

2) Norden, *Neue Jahrb.* 1901, 317.

3) Vgl. schol. Eurip. Hek. 241: ἀπίθανον τὸ πλάσμα καὶ οὐχ Ὁμηρικόν;
Aristoph. Av. 698: ἀπιθάνως τῇ γενεαλογίᾳ κέχρηται; Probus zu Vergil Aen. XI
554: ἀπίθανον πλάσμα, zu Aen. III 46: *vituperabile enim est poetam aliquid fin-*
gere, quod penitus a veritate recedat u. a. m.   4) Bus. 7f.

5) 42, 768, 297. Auch *Photios bibl.* 61 verbindet πλάσματα und μελέτας.
Eustathios nennt diese Spiegelfechter: πλασματογράφους τῶν ῥητόρων (ad Hom.
A p. 61).

6) σκιαμαχία: Basil. ad Eunom. lib. 2 (vgl. Cresoll., *Theatr.* IV 7).

Schulverhältnis bestand, das zwischen Gliedern derselben Familien und zwischen Lehrern und Schülern festgehalten wurde, so sehen wir auch traditionelle Formen in den Stilgattungen, den Metren, der Ausdrucksweise sich entwickeln und fortpflanzen, die schließlich eine Scheidewand zwischen künstlerisch Gebildeten und Genießenden, sowie den nach künstlerischen Gesetzen Produzierenden aufrichten. Andrerseits entfaltete sich aus der Kunsttradition ein gewisses Gesetz der Reinerhaltung der Stoffquelle, wie sie in der Grundlage der ursprünglichen Poesie und Prosa der Griechen, im Mythos sprudelte[1]) und die ästhetische Forderung, nicht in zügellosen und phantastischen Gebilden Kraft und Geschick zu vergeuden, sondern wie Antaios, nur in der Berührung mit der Mutter Erde seinem Wesen treu zu bleiben, in der Verknüpfung von Dichtung und Wahrheit, von Schein und Wesen, von Idealismus und Realismus die ästhetischen Prinzipien des Griechentums, $\psi v \chi \alpha \gamma \omega \gamma \iota \alpha$ und $\dot{\omega} \varphi \epsilon \lambda \epsilon \iota \alpha$, künstlerischen Genuß und sittlichen und moralischen Gewinn zu erfüllen.

II. RHETORISCHE SCHULUNG.

1. EINFLUSS DER RHETORIK.

In den ursprünglichen Zeiten geschah, wie die Veröffentlichung der Werke so auch die Unterweisung auf mündlichem Wege. Als das Lesen dem Zuhören an die Seite trat, da kam zur persönlichen Unterweisung auch noch die schriftliche Anleitung. Poetiken und Rhetoriken erschienen: es sei nur an jene des Aristoteles, Theophrastos, Neoptolemos von Parion, Horaz erinnert; für den rhetorischen Unterricht sorgten $\varkappa \alpha \nu \acute{o} \nu \varepsilon \varsigma$ $\tau \tilde{\omega} \nu$ $\tau \varepsilon \chi \nu \tilde{\omega} \nu$, $\tau \varepsilon \chi \nu o \lambda o \gamma \iota \alpha \iota$ $\pi \alpha \rho \alpha \gamma \gamma \acute{\varepsilon} \lambda \mu \alpha \tau \alpha$ $\tau \varepsilon \chi \nu \iota \varkappa \acute{\alpha}$ und derlei Handbücher, die der Nachfrage namentlich in den Schulen entsprechend häufig genug immer wieder in frischer Bearbeitung auf den Markt geworfen wurden. Der „Dilettantismus" machte sich bei der zunehmenden technischen Fertigkeit in der Handhabung der sprachlichen Mittel ebenso breit wie bei uns, „jener leichtfertigen Dilettanten", die nicht wissen, „was es kostet, ein ordentliches Werk zu erzeugen."[2]) Mit glücklichem Bilde hält den „verfluchten Dilettanten"[3] Horaz Bei-

---

1) In diesem Sinne sagt auch Chamisso (*Der Birnbaum auf dem Welserfeld*): „*Es wechseln die Geschlechter; die Sage bleibt sich treu.*"
2) Schillers Brief an Goethe vom 31. Mai 1799.
3) Goethe, *Faust* I. (Walpurgisnacht).

spiele aus andern Berufszweigen entgegen[1]): das Schiff getraut sich
nur ein Kundiger zu steuern, eine Medizin verordnet nur ein ärztlich
Gebildeter, jeder macht sich nur in seinem Fache zu irgend einer einschlägigen Leistung anheischig, selbst der Sportsmann übt zuvor, bevor er sich sehen läßt[2]); nur beim Dichten, meinen viele, sei's anders:
            scribimus indocti doctique poemata passim.

In den τέχναι waren die praktischen Kunstregeln, die aus der
jahrhundertlangen Tradition abstrahiert wurden, durch Theoretiker systematisch gebunden. Und je mehr der aristotelische Grundsatz, daß
wie die Rhetorik so auch die Poesie ohne Inspiration mit eingehender
Kenntnis und Übung der Technik Rühmliches leisten könne, durch-
drang, desto mehr wurde die formale Schulung in den Vordergrund
gerückt.

Seitdem nach dem Sturze der athenischen Hegemonie die in neuen
Anschauungen erwachsene, reichere Jugend massenhaft dem verlocken-
den Unterrichte der Sophistik zuströmte, die παίδευσις und ἀρετή den
Jüngern verhieß, wurde die Rhetorik die Königin der Künste und Wissenschaften. Sie nahm die pädagogische Schulung in die Hand; ihre τέχναι
(theoretisch-praktischen Erörterungen), μελέται (praktischen Übungen)
und ἐπιδείξεις (Musterbeispiele) blieben die Norm für die Lehre in
der künstlerischen Formgebung; es konnte sich nur mehr um den
Ausbau der didaktisch-praktischen Methoden handeln. Die Grenzgebiete
der Philosophie und Rhetorik waren immerhin ein Feld, um dessen Besitz zu ringen für beide Fakultäten des Schweißes der Edlen wert war,
wennschon ein dauernder Friede aussichtslos sein mußte, bis sich schließlich die Theologie des Christentums auf den Thron alles Wissens und
Strebens schwang.

Darin liegt das gemeinsame Fluidum, das jede künstlerische Wiedergabe von Gedanken und Stoffen durchströmt: die λέξεως παρασκευή.
Über jedes Thema sollte der „Gebildete" reden und schreiben können,
sei es ein geschichtliches, juristisches oder philosophisches, poetisches.
Ja, der rhetorisch Gebildete versteigt sich schließlich zur Annahme, er

---

1) ep. II 1. 114ff:
    navem agere ignarus navis timet, abrotonum aegro
    non audet nisi qui didicit dare, quod medicorumst
    promittunt medici, tractant fabrilia fabri:
    scribimus indocti doctique poemata passim.

2) ars p. 379ff:
    ludere qui nescit, campestribus abstinet armis,
    indoctusque pilae discive trochive quiescit,
    ne spissae risum tollant impune coronae:
    qui nescit versus, tamen audet fingere.

könne jeden Gegenstand besser behandeln als der bloße Fachmann, ähnlich wie wir heutzutage bei manchem Journalisten (Feuilletonisten) derlei selbstbewußte Anschauungen in die Praxis übersetzt finden. So schrieb und dichtete man auch im Altertum unbedenklich von Disziplinen, die man nicht verstand. So sagt Cicero (de or. I 69) von Aratos: *constat inter doctos, hominem ignarum astrologiae ornatissimis atque optimis versibus Aratum de caelo stellisque dixisse* (vgl. de rep. I 14). In der Tat hatte jenem schon Hipparchos in seinen ἐξηγήσεις zu Aratos und Eudoxos eine Menge Irrtümer nachgewiesen.[1]) Desgleichen sagt Cicero (ebd.) mit Anspielung auf Nikanders Γεωργικά: *de rebus rusticis hominem ab agro remotissimum .. poetica quadam facultate, non rustica, scripsisse praeclare.* Auch dem Vergilius machte die Kritik[2]) den Vorwurf, er verstehe von Astrologie nichts und nicht viel mehr von Landwirtschaft. Aber die Verteidiger erwiderten: *nec agricolas docere voluit, sed legentes delectare* (Senec. ep. 86, 15). Polybios macht sich öfters lustig über die Geschichtschreiber, die Schlachten schildern, ohne die geringsten militärischen Kenntnisse zu haben, Staatsmänner sprechen lassen wie Schuljungen in der Rhetorenschule. So versucht sich auch Cicero auf den Wunsch des Atticus an γεωγραφικά, ohne mit dem Stoffe vertraut zu sein, ebenso wie Polyainos Kriegslisten schreibt, ohne je im Krieg gewesen zu sein, ohne die nötigen militärischen oder auch nur historischen Vorkenntnisse zu besitzen. So verfaßte auch Hyginus, auf bloße Buchgelehrsamkeit gestützt, landwirtschaftliche Schriften. Von Pamphilos erzählt Galenos (XI 792), daß er als Verfasser einer Botanik die behandelten Pflanzen gar nicht kannte, sondern aus Fachbüchern alles ohne eigenes Urteil kompilierte. Der Peripatetiker Phormion hielt dem flüchtigen Hannibal in Ephesus eine mehrstündige Rede über Feldherrnpflichten und — Kriegskunst, er, der wie Cicero bemerkt (de or. II 76), niemals einen Feind, noch ein Lager mit einem Auge gesehen hatte. Ebensowenig dürfen wir annehmen, Lukianos, obschon er eine Abbandlung περὶ ὀρχήσεως schrieb, habe eingehendere Fachkenntnisse über die Tanzkunst und den Pantomimus besessen. Alles Gewicht ruht eben auf der Zurichtung und Auswahl des überkommenen Materials; das Buchwissen verdrängt allmählich die realen Kenntnisse. Ähnlich gehen ja auch so manche Romanschriftsteller und -schriftstellerinnen moderner Zeit mit den Realitäten des wirklichen Lebens in rhetorischer Willkür und Sorglosigkeit um. Schließlich sah man in der rein formalen Geistesgymnastik die geeignetste Vorschule für jeden höheren praktischen und

---

1) Näheres bei Boll, *Sphaera* (Leipz. 1903) S. 60ff.   2) Georgii I 229.

freien Beruf. So ruft denn ganz im Sinne der Hellenistik der Vater Seneca seinem Sohne Mela zu[1]): *eloquentiae tantum studeas; facilis ab hac in omnes artes discursus est; instruit etiam quos non sibi exercet.* Auch Ovidius, dessen rhetorische Schulung in all seinen Dichtungen durchschimmert, meint[2]):

> *disce bonas artes, moneo, Romana iuventus,*
> *non tantum trepidos ut tueare reos.*

Theon, der in der Vorrede zu seinen *progymnasmata* die Vorzüge der kunstgemäßen Beredsamkeit mit Eifer darlegt, erklärt schließlich[3]), sie sei nicht bloß für künftige Redner nötig, sondern auch für angehende Dichter, Geschichtschreiber und Schriftsteller überhaupt. Theon[4]) schreibt der rhetorischen Schulung sogar eine ethische Wirkung zu, ähnlich wie Goethe[5]) der Ansicht ist, daß das Studium der Schriften des Altertums für die Bildung eines Charakters von großer Bedeutung sei.

Rhetorik und Poesie werden mit der Zeit immer verwandter; die Unterschiede verwischen sich allmählich; die Rhetorik löst alle poetischen Gattungen in Prosa auf, ja, es kommen Zeiten, da sie die ältere Schwester ganz verdrängt, mißachtet, verhöhnt.[6]) Ebenso reihte man die Geschichtschreibung entweder unter die drei bekannten Kategorien der Beredsamkeit ein, indem man sie dem γένος ἐπιδεικτικόν zuwies oder fügte sie als 4. Klasse an. Sie ist dem Dionysios von Halikarnaß eine ὑπόθεσις ῥητορική[7]), dem Cicero ein *opus unum oratorium maxime*[8]), deren Aufgaben mit denen eines Rhetors zusammenfallen[9]); der Epiker Eumelos heißt[10]) ποιητὴς ἱστορικός; nach Quintilian[11]) ist die *historia proxima poetis et quodam modo carmen solutum.* Reitzenstein[12]) zeigt uns an einigen Beispielen, daß Tragödien- und Komödienszenen und -Motive auch in Epigramme und Elegien übergingen und dort in gedrängter Fassung, ganz im Sinne des Neuhellenismus, behandelt wurden. So bringt Ovidius (amor. I 8) die typische Rede einer alten Kupplerin

---

1) controv. H praef.　　　　2) ars am. I 459.

3) p. 70, 25 ff. Πάνυ ἐστὶν ἀναγκαῖον ἡ τῶν γυμνασμάτων ἄσκησις οὐ μόνον τοῖς μέλλουσι ῥητορεύειν, ἀλλὰ καὶ εἴ τις ἢ ποιητῶν ἢ λογοποιῶν ἢ ἄλλων τινῶν λόγων δύναμιν ἐθέλει μεταχειρίζεσθαι.

4) p. 60, 16: χρηστόν τι ἦθος. In der Folgezeit weitet sich der Gedanke zur philosophischen Maxime, daß der beste Redner zugleich der beste Mensch im ethischen Sinne sei (Quint. inst. or. I pr. 9; Aristeides or. 45, 145. 180).

5) Gespr. mit Eckermann, 1. April 1827.

6) Vgl. Rohde, *Gr. R.* 332 ff.; Norden, *Ant. Kunstpr.* 883 ff.; Burgeß, der die prosaischen Formen der epideiktischen Rede bei den Dichtern verfolgt.

7) De Thuc. iud. 9.　　　8) de leg. I 2, 5.　　　9) de or. II 12, 51 ff.

10) schol. Pind. Ol. XIII 74.　　　11) inst. or. X 1, 31.

11) *Hellenistische Wundererzählungen* (Leipz. 1906) S. 152 ff.

in der nämlichen Situation, wie sie Menandros im Phasma (= Plaut. Most. I 3) zeichnet; so ist das bei Quintilian (inst. II 4, 26) angegebene Progymnasma: *cur armata apud Lacedaemonios Venus?* (vgl. Plutarch. mor. p. 317 B.) von Leonidas dem Tarentiner in einem geistreichen Epigramm (AP IX 320) beantwortet.

Was sollen diese Ausführungen? Sie sollen erklären, daß die ästhetischen Gesetze, die für die Rhetorik gelten, ebenso für die von jener abhängigen Disziplinen wirksam sind; daß die ästhetischen Gesetze für Prosa und Poesie seit Isokrates fast durchweg die gleichen sind. Infolgedessen ist es berechtigt, sie ohne Scheidung zu behandeln. Die formalen Prinzipien sind der Sauerteig, der die antike Schriftstellerei durchsetzt, eben weil die alles beherrschende Rhetorik alles erfüllt.

2. LEKTÜRE.

Weder die affektierte Bildungsfeindlichkeit der Kyniker noch die Invektiven Epikurs und einzelner Stoiker (Zenon) auf die ἀχρηστία der ἐγκύκλια μαθήματα vermochten den altherkömmlichen Unterrichtsbetrieb zu beseitigen, der neben der gymnastischen und musikalischen Ausbildung die intellektuelle mit demselben Eifer und Erfolg pflegte. Wie nun aber unsere Gymnasien auf die sprachlich-historische Schulung der Knaben das Hauptgewicht legen, so erzog die antike Schule seit Isokrates die Jugend zur sophistischen Eloquenz. Die ἀνάγνωσις (ἐντριβής) war ein Hauptzweig des Unterrichts. Vor allem wurde poetische Lektüre gepflogen; denn sie sollte den jungen Mann das Leben lehren und auf angenehme Weise in das Weltgetriebe mit seinen Leiden und Freuden, Tun und Lassen einführen.[1]) Homers Ilias und Odyssee, Hesiods Werke und Tage, die Χείρωνος ὑποθῆκαι, Aisopos, das Theognisbuch waren schon vor dem peloponnesischen Kriege die wichtigsten Lesestoffe; in ägyptischen Schulen wurden in der hellenistischen Zeit Homer, Hesiod, Babrios, Sentenzen, Philosophensprüche des Diogenes, Anacharsis u. a. gelesen[2]); auch lyrische und dramatische Dichter zog man heran, wohl in Chrestomathien gesammelt. Die Schüler wurden angehalten, ὑπομνήματα (Sentenzensammlungen) nach gewissen Richtpunkten (Krieg und Friede, Vaterland und Welt u. dgl.) anzulegen, um

---

1) Strabon I 2, 3: οἱ παλαιοὶ φιλοσοφίαν τινὰ λέγουσι πρώτην τὴν ποιητικήν, εἰσάγουσαν εἰς τὸν βίον ἡμᾶς ἐκ νέων καὶ διδάσκουσαν ἤθη καὶ πάθη καὶ πράξεις μεθ' ἡδονῆς ... διὰ τοῦτο καὶ τοὺς παῖδας αἱ τῶν Ἑλλήνων πόλεις πρώτιστα διὰ τῆς ποιητικῆς παιδεύουσιν. Nach einem hübschen Wort des Porphyrios (schol. Il. K. 204) pflegten die Rhetoren γυμνασίας ἕνεκα ἐν τοῖς ποιηταῖς γυμνάζεσθαι.

2) Vgl. Ziebarth S. 111 (nach Bull. corr. hell. 28, 203).

sich gelegentlich Zitate holen zu können.[1]) Denn schon zu Platons
Zeiten erörterte man die Streitfrage, ob man die Schüler zwingen solle,
Dichterwerke vollständig auswendig lernen zu lassen (ὅλους ποιητὰς
ἐκμανθάνοντας) oder nur in Auszügen (ἐκ πάντων κεφάλαια ἐκλέξαντες
καί τινας ὅλας ῥήσεις εἰς ταὐτὸ ξυναγαγόντες. Plat. Leg. 810E). Florilegien sind aber, wie wir schon oben sahen, sehr früh herausgegeben
worden.

Häufige Gedächtnisübungen prägten das Gelesene den Lernenden
ein. Das ἀποστοματίζειν, das Nachsprechen des Gehörten (vornehmlich
in der Schule), ging bei den griechischen Knaben sehr leicht, da sie
als μνημονικοί gerühmt werden. Nicht wenige kannten, wie Nikeratos
bei Xenophon[2]) berichtet, die ganze Ilias und Odyssee auswendig; auch
Alexander der Große soll[3]) (wie in der Neuzeit Gottfr. Hermann) die
Ilias aus dem Gedächtnis zitiert haben; vom Gedächtnisvirtuosen, wie
sie aus Mittelalter und Neuzeit angeführt werden, weiß auch das Altertum zu erzählen; so nennt der Verfasser des Ἱππίας μείζων[4]) einen,
der die Namen der athenischen Archonten von Solon bis herab in seine
Zeit aufsagen konnte; der Sophist Salustios[5]) lernte alle politischen
Reden des Demosthenes auswendig. Die Rhetorenschulen gaben für die
Mnemonik eingehende Vorschriften und Winke.

Neben der ἀνάγνωσις wurde die Erklärung und Durchdringung
des Lesestoffes immer umfangreicher betrieben, wozu mythologische,
chronologische, geographische, literarhistorische und rhetorische Handbücher nötig wurden. In erweitertem Umfang wurde die Lektüre in
den Rhetoren- und Philosophenschulen fortgesetzt. Die ursprünglich
patriarchalische Zunfttradition fand in der Lektüre der Schulen eine
wirksamere und methodischere Fortsetzung. Zwar wechselten nach dem
herrschenden Modegeschmack die Lesestoffe und die Auswahl der kanonisierten Autoren; aber stets wurden den Nachstrebenden nachahmens-
werte Muster vor Augen geführt und Cicero[6]) erklärt sich mit Recht
die Einheitlichkeit gewisser Stilepochen aus jener Nachahmung bestimmter Muster. Jede Zeitströmung, jede Kulturstufe erkiest sich aus
den Meisterwerken der Vorzeit die zusagenden Formen und Autoren
und die Lektüre drückt hinwiederum jeder in sich abgeschlossenen Epoche
einen ausgeprägten Stempel auf.

---

1) Polyb. 12, 26, 3.   2) Sympos. III 5.   3) Nach Dion. Prus. IV 39.
4) Ps. Platon, *Hipp. mai.* c. 6 p. 285; vgl. Platon, leg. VII 811ᵃa.
5) Siehe Suidas unter Σαλούστιος οὗτος.
6) de or. II 90: *non potuisset accidere, ut unum genus esset omnium, nisi ali-*
quem sibi proponerent ad imitandum.

Theophrastos ist nach unsern Kenntnissen der erste, der in seinem einflußreichen Werke über den Stil (περὶ λέξεως) die Lektüre der Dichter, Geschichtschreiber, Philosophen für den Redner empfiehlt[1]). Da Quintilian[2]) und Dionysios von Halikarnassos[3]) in der Auswahl der Autoren vielfach übereinstimmen, hat Usener[4]) mit Recht in Theophrast die gemeinsame Quelle beider erblickt.

Auch der Epikureer Philodemos, von dem Cicero[5]) rühmend hervorhebt, er sei im Gegensatz zu den bildungsfeindlichen oder wenigstens bildungsgleichgiltigen Gesinnungsgenossen nicht bloß in der Philosophie, sondern auch in den übrigen Wissenszweigen wohlunterrichtet gewesen, spricht der Lektüre das Wort (rhet. IV 1): ἐ]κπονήσομεν τοὺ[ς π[αρ’ ἑκάστοις καὶ κατὰ χ[ρ]όνους εὐημεροῦντας, wennschon er bei seiner echt epikureischen Ansicht von der ἀχρηστία der Rhetorik die Redner aus seinem Lesekanon ausgeschlossen haben wird.

Mit aller Energie nahm die pergamenisch-stoische Schule die Ausbildung der Rhetorik in die Hand, nachdem von alexandrinischer Seite, sicherlich mit Anlehnung an das erwähnte Werk des Theophrastos, literarische Canones[6]) aufgestellt worden waren. Ob ihnen literarische Werturteile beigefügt waren, möchte man bei der ästhetisch-kritischen Richtung insbesondere des Aristophanes vermuten, läßt sich aber nicht erweisen. Außerdem erschienen von pergamenischen Gelehrten Spezialschriften, um bei dem zunehmenden Hang von Privaten und Kommunen, Bibliotheken zu gründen, mit sachkundigem Rat zur Seite zu stehen, so von Telephos von Pergamon[7]), Philon von Byblos[8]), dem Pergamener Artemon von Kasandra[9]). Unter dem Einfluß des Alabandensers Apollonios Molon, der die Lektüre ein Lehrmittel des Stils nannte[10]) ging auch Cicero, der zuvor auf die praktischen Übungen (μελέται,

---

1) Quintil. inst. or. X 1, 27 und 31.   2) inst. or. X.   3) περὶ μιμήσεως.
4) *Dionysii Hal. de imitatione reliquiae* (Bonn 1889).
5) in Pis. c. 29, 70: *non philosophia solum, sed etiam ceteris studiis, quae fere ⟨ceteros⟩ Epicureos neglegere dicunt, perpolitus.*
6) Die anonymen Canones aus späterer Zeit, der *Katalog des Montfaucon* aus der Bibl. Coislin. (cf. Usener, *Dion. Hal. rell.* p. 129 ff.), des J. A. Cramer aus der Bibl. Bodleiana (*An. Par.* IV 197), die ἐκλογή aus dem *cod. Monac.* 256, das *anecdoton Estense* von Tzetzes (J. Kayser, *de veterum arte poet. quaest. diss.* Lips. 1906 p. 56 ff.) kommen hier nicht in Betracht, da sie nur die Auswahlen früherer Zeiten kontaminieren.
7) περὶ βιβλιακῆς ἐμπειρίας βιβλία γ΄, ἐν οἷς διδάσκει τὰ κτήσεως ἄξια βιβλία (Suid).
8) περὶ κτήσεως καὶ ἐκλογῆς βιβλίων βιβλία γ΄ (Suid).
9) περὶ βιβλίων κτήσεως καὶ χρήσεως (Athen. XII 515 E XV 694 A-D).
10) Bei Theon prog. p. 61, 28: ἡ δὲ ἀνάγνωσις, ὡς τῶν πρεσβυτέρων τις ἔφη, Ἀπολλώνιος δοκεῖ μοι ὁ Ῥόδιος, τροφὴ λέξεώς ἐστι.

exercitatio) das Hauptgewicht gelegt hatte[1]), zur ἀνάγνωσις über. Er sagt in der Rolle des Crassus über seine Wandlung[2]): *postea mihi placuit, .. ut summorum oratorum Graecas orationes explicarem* und fügt weiterhin die Mahnung bei[3]): *legendi etiam poetae, cognoscendae historiae, omnium bonarum artium doctores atque scriptores legendi et pervolutandi.* Hätten wir seinen Hortensius noch, so würden wir genauer wissen, welche Autoren er im Anschluß an die maßgebenden Forderungen seiner Zeit zur Lektüre anpreist. Wir können aus den mageren Überbleibseln nur erschließen, daß er Dichter, Redner und Philosophen in gleicher Weise empfiehlt.[4]) In dem wichtigen Fragm. XI (Us.) heißt es ausdrücklich: *quid enim aut Herodoto dulcius aut Thucydide gravius*[5]) *aut Philisto brevius*[6]) *aut Theopompo acrius aut Ephoro mitius inveniri potest?*[7]) Die Aufzählung in dieser Reihenfolge, die mit jener des Quintilian und Dionysios übereinstimmt, zeigt, daß irgendein Kanon als Quelle zugrunde liegt.[8])

Daß auch Theon in einem uns verlorenen Kapitel (vgl. Reichel p. 111) περὶ ἀναγνώσεως handelte, ist sicher; aber dessen Inhalt läßt sich aus dem Vergleich mit Cicero (de or. I 34, 158) und Quintilian nur vermuten.

Ausführlich erörtert Dionysios von Halikarnassos im 2. Buche περὶ μιμήσεως die Frage, τίνας μιμεῖσθαι δεῖ ποιητάς τε καὶ φιλοσόφους, ἱστοριογράφους ⟨τε⟩ καὶ ῥήτορας.[9]) Eindringlich empfiehlt er die Beschäftigung mit den alten Schriften (fr. VI) und fügt eine Liste der Prosaiker und Dichter hinzu, deren Auswahl jedenfalls eine kurze Begründung mit literarischen Werturteilen beigesetzt war, wie wir sie in ausführlicher Weise in seinem leider unvollständigen Buche περὶ τῶν ἀρχαίων ⟨Ἀττικῶν⟩ ῥητόρων lesen oder bei Hermogenes, περὶ ἰδεῶν[10])

---

1) de or. I 154.   2) § 155.   3) § 158.

4) Usener, *Dionysii Hal. rell. epit.* p. 124.

5) Vgl. Or 31 (von Thukydides): *rerum explicator .. gravis.*

6) Vgl. *ad Quint.* fr. II, 11, 4: *Philistus . . . brevis.*

7) Inwiefern Cicero in den übrigen Schriften mit dem ästhetisch-rhetorischen Urteil des Dionysios übereinstimmt, zeigt *Nassal* S. 72—164.

8) Die 4 Arten des γένος διηγηματικόν sind in peripatetischen Kreisen aufgestellt worden; vgl. schol. *Lond. ad Dionys. Thrac.* p. 450, 8 ff.: εἴδη τοῦ διηγηματικοῦ καὶ μικτοῦ τέσσαρα ἐπικόν, ἐλεγειακόν, ἰαμβικόν, μελικόν. Horatius erwähnt sie (a. p. 73 ff.) zuerst, offenbar in Anlehnung an seine Quelle, den Peripatetiker Neoptolemos (Meineke, *anal. Alex.* p. 357. Wilamowitz, *Antigonos* p. 154), der die Lehren seiner Meister, namentlich des Theophrastos, zusammengefaßt haben wird. Ebenso zählt Quintilian *epicos* (X 1, 46), *elegiacos* (58), *iambicos* (59), *melicos* (61) auf.

9) Usener p. 202.   10) p. 410 ff.

und bei Quintilian[1]) und Velleius[2]) finden. In seinem Kanon empfiehlt
er nun unter den Dichtern die Epiker: Homer, Hesiod, Antimachos und
Panyasis (der sonst genannte Peisandros fehlt); die Lyriker: Pindar,
Simonides, Stesichoros, Alkaios — eine kleine Auswahl aus der Neun-
zahl der Lyriker —; die Tragiker: Aischylos, Sophokles, Euripides;
unter den Komikern ist unter Weglassung der ganzen alten und mittleren Komödie nur Menandros genannt. (Elegiker und Jambiker fehlen
ganz). Aus der Reihe der Prosaiker hebt er heraus die Historiker[3]):
Herodotos, Thukydides, Philistos, Xenophon, Theopompos (Ephoros fehlt);
ferner die Philosophen: Xenophon, Platon und Aristoteles und schließlich die Redner: Lysias, Isokrates, Lykurgos, Demosthenes, Aischines
und Hypereides (der Kanon der 10 Redner ist ihm noch unbekannt,
der zuerst bei Caecilius begegnet).

Hier treffen wir schon eine recht erkleckliche Liste von Autoren
an, deren gründliches Studium eine umfassende Bildung voraussetzt.

Der Verfasser des Büchleins περὶ ὕψους gibt ebenfalls als sichersten
Weg zum erhabenen Stil die Lektüre großer Prosaiker und Dichter
an[4]), ohne sie im einzelnen aufzuführen.

Wieviel von den Aufstellungen bei Dionysios und dem Verfasser
περὶ ὕψους auf Caecilius zurückzuführen ist, läßt sich im einzelnen
nicht mehr feststellen. Wenn sich auch Einzelurteile zwischen Dionysios und Caecilius decken (vgl. Ofenloch fr. 108. 136. 137. 142.
158. 161), so wissen wir doch auch hinwiederum, daß beide in der
Wertschätzung des Lysias und Platon (fr. 150 Ofenl.) nicht übereinstimmen.

Dion von Prusa bietet in der 18. Rede eine skizzierte Anleitung
für den Redner. Auch ihm steht unter den Hilfsmitteln des Rhetors
die Lektüre an erster Stelle. Von den Dichtern empfiehlt er[5]) vor
allem Menandros und Euripides.[6]) Homer schickt sich für jedes Alter.
Lyriker gehören nach seiner Ansicht in die Mittelschule, passen aber
nicht mehr für die Praxis des Lebens.[7]) Unter den Historikern hebt

---

1) 10. Buch der Inst. or.
2) I 16; vgl. Schöb, Fr. A. *Velleius Paterculus und seine literarhistorischen
Abschnitte* (Diss. Tübingen 1908).
3) Vgl. die Charakteristik der παλαιοὶ συγγραφεῖς bei Dionysios, de Thuc. 5,
deren Quelle jedenfalls ein alexandrinisches Historikerverzeichnis war (Rader-
macher, *Berl. phil. Wochenschr.* 1907, 301).
4) p. 129 H.   5) p. 476 R.
6) Um einen raschen Vergleich mit dem dionysischen Kanon zu ermöglichen,
führe ich die gemeinsamen Autoren gesperrt an.
7) So lehnt auch Cicero als gereifter Mann die Lyrik ab; nach Seneca epist.
49, 5: *negat Cicero, si duplicetur sibi aetas, habiturum se tempus quo legat lyricos.*

er Herodot heraus ($\varepsilon\check{\iota}$ $\pi o \tau \varepsilon$ $\varepsilon \dot{v} \varphi \varrho o \sigma \dot{v} \nu \eta s$ $\sigma o \iota$ $\delta \varepsilon \tilde{\iota}$); auf der Höhe stehen
ihm Thukydides und Theopompos; Ephoros wird wegen seines
flachen Stils ($\delta \iota \dot{\alpha}$ $\tau \dot{o}$ $\ddot{v} \pi \tau \iota o v$ $\varkappa \alpha \dot{\iota}$ $\dot{\alpha} v \varepsilon \iota \mu \acute{\varepsilon} v o v$ $\tau \tilde{\eta} s$ $\dot{\varepsilon} \pi \alpha \gamma \gamma \varepsilon \lambda \acute{\iota} \alpha s$[1])) abgelehnt.
Von den Rednern nennt er an erster Stelle Demosthenes, dann Ly-
sias. Viel mehr praktischen Nutzen aber ersieht er bei der Lektüre des
Hypereides und Aischines[2]); auch Lykurgos erscheint ihm empfeh-
lenswert. Geradezu schwärmerich wird Xenophon in den Himmel ge-
hoben, Dions stilistisches Vorbild.[3]) Indes wie Dion auch sonst über den
sog. klassischen Kanon hinausgeht, scheut er sich nicht, unter den „Modernen" Antipatros, Theodoros, Plution und Konon zu nennen, im vollen
Gegensatz zu den Alexandrinern, die keinen Zeitgenossen in den Kanon
aufnahmen[4]); Dion begründet seine Stellungnahme damit, man sei ihnen
gegenüber nicht so sehr durch den Autoritätsglauben gebunden.

Ausdrücklich befürwortet schließlich auch Lukianos im Lexiphanes
(c. 22) die Lektüre der alten Meister für den angehenden Redner. Dieser
solle unter Anleitung von Lehrern mit den besten Dichtern beginnen,
dann zu den Rednern (Isokrates, Demosthenes) übergehen, dann mit
deren Ausdruck vertraut, zur rechten Zeit Thukydides und Platon
angreifen, nicht ohne daß er zuvor sich auch mit der Tragödie und Komödie bekannt gemacht habe. Andererseits wendet er sich gegen die Ver-
ächter der Alten, die aus den Musterreden der Modernen ihre Weisheit
sich holen wollen.[5])

Bei den Römern faßte neben Cicero (Hortensius) Quintilian, zumeist auf griechischen Quellen (Theophrastos) fußend, die Ergebnisse
der rhetorischen Ästhetik seiner Zeit vom eklektischen Standpunkte
aus zusammen. Wie seine Vorbilder empfiehlt auch er[6]) die eifrige,
wiederholte und verdaute Lektüre der alten Dichter, Historiker und
Philosophen. Vielfach im Anschluß an Dionysios von Halikarnassos,
aber nicht selten von ihm abweichend stellt er ebenfalls einen Kanon
von lesenswerten Schriftstellern auf.[7])

---

1) Vgl. Suidas unter $\H{E}\varphi o \varrho o s$: $\tau \grave{\eta} v$ $\delta \grave{\varepsilon}$ $\dot{\varepsilon} \varrho \mu \eta \nu \varepsilon \acute{\iota} \alpha v$ $\tau \tilde{\eta} s$ $\dot{\iota} \sigma \tau o \varrho \acute{\iota} \alpha s$ $\ddot{v} \pi \tau \iota o s$ $\varkappa \alpha \grave{\iota}$
$v \omega \vartheta \varrho \grave{o} s$ $\varkappa \alpha \grave{\iota}$ $\mu \eta \delta \varepsilon \mu \acute{\iota} \alpha v$ $\check{\varepsilon} \chi \omega v$ $\dot{\varepsilon} \pi \acute{\iota} \tau \alpha \sigma \iota v$.

2) $\dot{\alpha} \pi \lambda o \acute{v} \sigma \tau \varepsilon \varrho \alpha \iota$ . . . $\alpha \grave{\iota}$ $\delta \upsilon v \acute{\alpha} \mu \varepsilon \iota s$ $\varkappa \alpha \grave{\iota}$ $\varepsilon \dot{v} \lambda \eta \pi \tau \acute{o} \tau \varepsilon \varrho \alpha \iota$ $\alpha \grave{\iota}$ $\varkappa \alpha \tau \alpha \sigma \varkappa \varepsilon v \alpha \acute{\iota}$.

3) Vgl. *Wegehaupt*, Joh.: *de Dione Chrysostomo Xenophontis sectatore* (Diss.
Götting. 1896).

4) Quint. inst. 10, 1, 54: *Apollonius in ordinem a grammaticis datum non venit,
quia Aristarchus atque Aristophanes neminem sui temporis in ordinem redegerunt.*

5) $\varrho \eta \tau$. $\delta \iota \vartheta$. 19 (in ironischer Absicht gesprochen): $\dot{\alpha} \lambda \lambda \grave{\alpha}$ $\varkappa \alpha \grave{\iota}$ $\dot{\alpha} v \alpha \gamma \acute{\iota} \gamma v \omega \sigma \varkappa \varepsilon$ $\tau \grave{\alpha}$
$\pi \alpha \lambda \alpha \iota \grave{\alpha}$ $\mu \grave{\varepsilon} v$ $\sigma \acute{v}$ $\gamma \varepsilon$, $\mu \eta \delta \grave{\varepsilon}$ $\varepsilon \check{\iota}$ $\tau \iota$ $\dot{o}$ $\lambda \tilde{\eta} \varrho o s$ $\text{'}\Iota \sigma o \varkappa \varrho \acute{\alpha} \tau \eta s$, $\mathring{\eta}$ $\dot{o}$ $\chi \alpha \varrho \acute{\iota} \tau \omega v$ $\check{\alpha} \mu o \iota \varrho o s$ $\varDelta \eta \mu o \sigma \vartheta \acute{\varepsilon} v \eta s$
$\mathring{\eta}$ $\dot{o}$ $\psi \upsilon \chi \varrho \grave{o} s$ $\Pi \lambda \acute{\alpha} \tau \omega v$, $\dot{\alpha} \lambda \lambda \grave{\alpha}$ $\tau o \grave{v} s$ $\tau \tilde{\omega} v$ $\dot{o} \lambda \acute{\iota} \gamma o v$ $\pi \varrho \grave{o}$ $\dot{\eta} \mu \tilde{\omega} v$ $\lambda \acute{o} \gamma o v s$ $\varkappa \alpha \grave{\iota}$ $\H{\alpha} s$ $\varphi \alpha \sigma \iota$ $\tau \alpha \acute{v} \tau \alpha s$
$\mu \varepsilon \lambda \acute{\varepsilon} \tau \alpha s$, $\dot{\omega} s$ $\check{\varepsilon} \chi \eta s$ $\dot{\alpha} \pi$ $\dot{\varepsilon} \varkappa \varepsilon \acute{\iota} v \omega v$ $\dot{\varepsilon} \pi \iota \sigma \iota \tau \iota \sigma \acute{\alpha} \mu \varepsilon v o s$ $\dot{\varepsilon} v$ $\varkappa \alpha \iota \varrho \tilde{\omega}$ $\varkappa \alpha \tau \alpha \chi \varrho \acute{\eta} \sigma \alpha \sigma \vartheta \alpha \iota$ $\varkappa \alpha \vartheta \acute{\alpha} \pi \varepsilon \varrho$ $\dot{\varepsilon} \varkappa$
$\tau \alpha \mu \iota \varepsilon \acute{\iota} o v$ $\pi \varrho o \alpha \iota \varrho \tilde{\omega} v$.   6) inst. or. X 1, 16 ff.

Unter den *Dichtern* hebt er heraus die *Epiker:* Homer, Hesiod, Antimachos, Panyasis, ferner Apollonios, Aratos, Theokritos, Peisandros, Nikandros, Euphorion, Tyrtaios; die drei letzten, die ganz außerhalb der Reihe stehen, sind offenbar von Quintilian selbst hinzugefügt, da sie von Jungrom (Macer, Vergilius, Horatius) besonders lobend erwähnt werden. Weiterhin empfiehlt er die *Elegiker* Kallimachos und Philetas und den *Jambographen* Archilochos. Unter den *Chorlyrikern* nennt er Pindaros, Stesichoros, Alkaios und Simonides. Als Hauptvertreter der *Komödie* gelten ihm: Aristophanes, Eupolis, Kratinos, Menandros und Philemon, der *Tragödie:* Aischylos, Sophokles, Euripides.

Bei den *Prosaikern* erwähnt er die *Historiker:* Herodotos, Thukydides, Theopompos, Philistos, Ephoros, Kleitarchos und Timagenes; Xenophon, den Dionysios auch unter den Geschichtschreibern anführt, rechnet Quintilian zu den Philosophen. Unter den *Rednern* gelten ihm bemerkenswert: Demosthenes, Aischines, Hypereides, Lysias, Isokrates, Demetrios von Phaleron; den von Dionysios genannten Lykurgos übergeht er. Unter den *Philosophen* nennt er schließlich Platon, Xenophon, Aristoteles und Theophrastos.

Die zähe Beharrlichkeit, mit der man an einer kunstvollen Komposition und der Pflege einer gewählten λέξις hielt, selbst als man stofflich zu den größten Mißgriffen kam, blieb fortbestehen bis in die spätesten Tage der byzantinischen Literatur.

Hermogenes, der selber späterhin kanonisches Ansehen genoß, erklärt all denen, welche Schönredner und Rivalen der Alten werden wollen, daß nur fleißige Lektüre zum Ziele führen könne.[1]) Zur Lektüre empfiehlt er unter den Rednern: Lysias, Isaios, Hypereides, Isokrates, Deinarchos, Aischines, Antiphon, Kritias, Lykurgos und Andokides; unter den „Panegyrikern": Xenophon, den Sokratiker Aischines und Nikostratos; unter den Historikern: Herodotos, Thukydides und Hekataios. Den Theopompos, Ephoros, Hellanikos und Philistos schließt er aus, weil sie im großen und ganzen eine Nachahmung und Nacheiferung nicht verdienen.[2])

Longinos empfiehlt[3]) die Lektüre von Homer und Archilochos, von Tragödien- und Komödiendichtern, von Sophisten und Philosophen, und zwar Platon, Xenophon, Aischines, Antisthenes.

---

1) *περὶ ἰδ.* II 265.
2) ὅτι ζήλου καὶ μιμήσεως τὰ εἴδη τῶν λόγων αὐτῶν οὐ πάνυ τι, μᾶλλον δ' οὐδ' ὅλως . . . ἠξίωται παρὰ τοῖς Ἕλλησι καθάπερ τὰ τῶν ἄλλων.
3) *τέχν. ῥητ.* I, 186 ff.

Libanios befürwortet[1]), da nach seiner Ansicht Fertigkeit im Reden nur durch gutgeleitete Beschäftigung mit den Alten zu erlangen sei[2]), die Lektüre der Klassiker, besonders des Demosthenes, den er ausdrücklich[3]) über Antiphon stellt. Nach seinem Zeugnis las man vornehmlich in seiner Zeit: Homer, Hesiod, Demosthenes, Lysias, Herodotos, Thukydides[4]), ferner Isokrates.[5]) Er selber zitiert nur Klassiker; die einzigen Nichtklassiker, die er erwähnt (Favorinos, Adrianos, Longinos) muß er entlehnen, weil er sie in seiner Bibliothek nicht besitzt.[6])

Die strengen Attikisten stellten für ihre Zwecke einen eigenen Kanon auf und zwar sind nach Phrynichos (Photios cod. 158) κανόνες καὶ στάθμαι des εἰλικρινὴς καὶ καθαρὸς λόγος: Platon, Demosthenes und die übrigen neun attischen Redner; ferner Thukydides, Xenophon, der Sokratiker Aischines, Kritias und Antisthenes; außerdem Aristophanes μετὰ τοῦ οἰκείου, ἐν οἷς ἀττικίζουσι, χοροῦ, d. i. die alte Komödie; schließlich Aischylos, Sophokles und Euripides. — Menandros wird wie alle Dialektdichter abgelehnt; von den Prosaikern verwirft Phrynichos ausdrücklich Aristoteles, Theophrastos, Phylarchos, Chrysippos.

In der Chrestomathie des Proklos, die im ersten Teil mit den älteren Teilen des von Montfaucon aus der bibl. Coislin. veröffentlichten Verzeichnisses übereinstimmt, lautet der Kanon der Epiker: Homer, Hesiod, Peisandros, Panyasis, Antimachos; der Elegiker: Kallinos, Mimnermos, Philetas, Kallimachos; der Jambographen: Archilochos, Simonides, Hipponax.

Das Anekdoton Estense[7]), das mit Tzetzes Prolegomena zu Lykophrons Alexandra in der Hauptsache gleich ist, nennt als kanonische Epiker: Panyasis, Peisandros, Antimachos, Homeros, Hesiodos; Jambographen: Archilochos, Hipponax; Lyriker: Stesichoros, Pindaros (καὶ οἱ λοιποί); Dithyrambiker: Philoxenos, Arion (ἐπίσημοι δέκα); Elegiker: Kallimachos, Philetas; Epigrammatiker: Simonides ὁ νέος, Palladas, Agathias, Homeros; Hymnographen: Orpheus, Homeros; ἀσματογράφοι: Demodokos ὁ Φαίαξ, Phemios καὶ οἱ λοιποί; ἐπιθαλαμιογράφοι: Agamestor, Hesiodos; μονῳδοί: Lykophron; als kanonische Prosaiker und zwar Komödiendichter: Susarion, Kratinos, Eupolis, Aristophanes, Platon; Menandros, Phile-

---

1) I 102. II 207. 291. 293. III 354.   2) III 435. 444. IV 869. 870.
3) III 354.   4) ep. 959.   5) Julianos ep. 42.   6) Sievers, *Libanios* c. 11.
7) J. Kayser, *de veterum arte poetica* .. (Diss. Leipz. 1906, p. 56 ff.). Kröhnert, O., *Canonesne poetarum .. fuerunt?* (Diss. Regimonti 1897) stellt alle Testimonia der einzelnen Kanones zusammen.

mon; Tragiker: Sophokles, Aischylos, Euripides; Dichter von
Satyrdramen: Pratinas; Bukoliker: Theokritos.

Die Tradition, wie sie durch die Lektüre fortwährend aufrecht er-
halten wurde, erhellt auch noch aus den byzantinischen Schriften: die
alte Schulung wirkt fort. Während man im Abendlande sonst höchstens
Anklänge an römische Schriftsteller überhaupt wahrnehmen kann, schlie-
ßen sich die gleichzeitigen Byzantiner an die klassischen Muster der
Griechen an, so Prokopios an Thukydides, Nikephoros Bryennios an
Xenophon, seine gelehrte Frau Anna an Thukydides und Polybios
Chalkochondyles an Herodotos und Thukydides.

Man las eben in den Schulen und für sich immer noch die alten
Lehrmeister des Stils, Homer, immer noch die Bibel der Alten, Hesiodos, Pindaros, ausgewählte Stücke von Aischylos, Sophokles, Euripides; ferner Aristophanes, Theokritos und Lykophron, das geographische Lehrbuch des Dionysios Periegetes. Von den Prosaikern erhielt
sich in der Beliebtheit Thukydides, Platon (teilweise), Demosthenes,
Aristoteles, Plutarchos; schließlich Lukianos, Themistios und Libanios.[1])

Nach einer Nachricht bei Themistios[2]) wurden für die Bibliothek
zu Konstantinopel besonders abgeschrieben: Platon, Aristoteles, Demosthenes, Isokrates, Thukydides und ὅσοι ὀπαδοὶ ἐκείνων.

In einem Traktate[3]) über empfehlenswerte Lektüre werden neben
Gregorios, Basileios u. a. Demosthenes (Kranzrede), Aristeides (Pana-
thenaios), Lukianos, Alkiphron (Briefe) empfohlen. Josephos gilt als
der beste Geschichtschreiber (ἄριστος τὸν συγγραφικὸν χαρακτῆρα).
Im allgemeinen wird der aus rhetorischen und philosophischen Gedanken gemischte Stil angeraten. Während im übrigen Abendlande die
imitatio der Alten eine Renaissance des ganzen Denkens und Schaffens
hervorgebracht hat, ist sie im oströmischen Reiche immanent geblieben
und hat die Schriftstellerei vor jener Unbeholfenheit und Barbarei bewahrt, wie wir sie namentlich in den Chroniken der gleichzeitigen
Italiener, Franzosen, Deutschen und Engländer sehen.

Der Wechsel der Lektüre entspricht im ganzen dem wechselnden
Geschmacke. Der Asianismus, der in der zweiten Sophistik und in der
im 5. und 6. Jahrhundert zu Gaza blühenden Rhetorenschule zum
schwülstigen Barockstil ausartete, greift in seinen Wurzeln auf Gorgias
und seine Schüler zurück; die attizistische Gegenströmung auf die attischen Meister: der Archaismus kann nur bei eindringendster Lektüre
gedeihen.

---

1) Vgl. Krumbacher, *Byz. Litt.* 218.
2) IV 60.   3) Bekker anecd. 1082.

Herodes Attikus führte zuerst den **Kritias** empfehlend in den
Lesekanon ein[1]); bei Phrynichos ist er bereits unter die Musterautoren
eingereiht.[2]) Andrerseits werden auch Meister der jüngeren Sophistik
neben den Alten zu Klassikern gestempelt; so empfiehlt Dion von
Prusa unter den Neuern Antipatros, Theodoros, Plution und Konon;
den Herodes Attikus nannte in der Blütezeit der neuen Sophistik „ganz
Hellas" einen der zehn Musterredner[3]); ebenso würdigt Hermogenes
neben den altklassischen Meistern den Nikostratos einer eingehenden
Charakteristik.[4]) Der Rhetor Menandros empfiehlt[5]) neben Isokrates
auch Kallinikos, Aristeides, Polemon und Adrianos; neben Herodotos
und Xenophon auch Nikostratos, Dion von Prusa und Philostratos.
Späterhin wurden in den Kanon außer Achilles Tatios und Heliodoros
auch Gregorios von Nyssa, Synesios, Basileios u. a. aufgenommen.

„*Lesen heißt borgen, daraus erfinden, abtragen*", sagt einmal Lichtenberg.[6]) Wie das Hören eines Meisters in dem Schüler unvertilgbare
Eindrücke hinterlassen sollte[7]), so erwartete man auch von der Lektüre einen gleichen Erfolg. Die Seele des Lesenden, glaubte man,
sauge durch fortgesetzte Beobachtung eine Stilannäherung in sich auf.[8])
Dionysios von Halikarnassos bringt jenes oft wiederholte Beispiel, wie
ein häßlicher Vater aus Furcht, häßliche Kinder zu erhalten, seine Frau
daran gewöhnte, im Zustand guter Hoffnung schöne Bilder anzusehen.
Und in der Tat habe sie schöne Kinder geboren. Ebenso sei es mit
der Lektüre. Wenn einer die Glanzstellen der Alten nachzubilden suche
und die vielen Rinnsale in einem Flusse in seine Seele leite, werde
eine antike Stilähnlichkeit erzeugt.[9])

Auch Theon, der in einem eigenen Abschnitt[10]) auf die Musterbeispiele der Alten für alle Formen der Progymnasmata hinweist, meint,
wenn man seiner Seele die Eindrücke guter Beispiele einpräge, werde
man am besten nachahmen.[11]) Ungemein poetisch erklärt der Verfasser

---

1) Philostr. p. 72, 8 f.   2) Photios bibl. 158.   3) Philostr. p. 72, 11.
4) περὶ ἰδεῶν II 420.   5) III 386 Sp.   6) Vermischte Schr. I Nr. 3.

7) Vgl. Isokrates 13, 18, der vom Lehrer fordert τοιοῦτον αὐτὸν παράδειγμα
παρασχεῖν, ὥστε τοὺς ἐκτυπωθέντας καὶ μιμήσασθαι δυναμένους εὐθὺς ἀνθηρότερον
καὶ χαριέστερον τῶν ἄλλων φαίνεσθαι λέγοντας.

8) Dionys. Hal. περὶ μιμήσ. *fr.* VI: ἡ γὰρ ψυχὴ τοῦ ἀναγινώσκοντος ὑπὸ τῆς
συνεχοῦς παρατηρήσεως τὴν ὁμοιότητα τοῦ χαρακτῆρος ἐφέλκεται.

9) ib. οὕτω καὶ λόγων μιμήσεσιν ὁμοιότης τίκτεται, ἐπὰν ζηλώσῃ τις τὸ παρ'
ἑκάστῳ τῶν παλαιῶν βέλτιον εἶναι δοκοῦν καὶ καθάπερ ἐκ πολλῶν ναμάτων ἕν τι
συγκομίσας ῥεῦμα τοῦτ' εἰς τὴν ψυχὴν μετοχετεύσῃ.

10) περὶ τῆς τῶν νέων ἀγωγῆς, p. 65 Sp.

11) τυπούμενοι γὰρ τὴν ψυχὴν ἀπὸ καλῶν παραδειγμάτων κάλλιστα καὶ μι
μησόμεθα (p. 61, 30) = Quint. inst. or. X 2, 2.

περὶ ὕψους[1]) den Einfluß des Gelesenen auf die Seele des Rezipierenden.
Viele würden von dem Hauch fremden Geistes ebenso berührt, wie
Pythia auf dem Dreifuß. Die Kraft der Antike wirke auf ihre nachstrebenden Jünger wie der Ausfluß göttlicher Quellen so mächtig, daß
auch nüchterne Geister von ihrem Anhauch mit fortgerissen würden.
Ihm ist das Nachwirken des Gelesenen *ὡς ἀπὸ καλῶν ἠθῶν ἢ πλασμάτων ἢ δημιουργημάτων ἀποτύπωσις*.[2]) Seinen griechischen Vorbildern
folgend, äußert sich Quintilian[3]): *omnis vitae ratio sic constat, ut quae
probamus in aliis, facere ipsi velimus . . . Similem (bonis) raro natura
praestat, frequenter imitatio.* Erinnern wir uns ferner der Äußerung,
die Furius Albinus in Hinsicht auf die Entlehnungen Vergils macht[4]):
*hunc esse fructum legendi aemulari ea quae in aliis probes et quae ma-
xime inter aliorum dicta mireris, in aliquem usum tuum opportuna de-
rivatione convertere.*
Der Stil des Lieblingsautors prägt sich unbewußt ein; die eigene
Schreibweise wird ohne Absicht manche Eigentümlichkeiten des meist
gelesenen Autors durchscheinen lassen. Um wieviel mehr die bewußte
Anlehnung an ein Muster. Wie sich aber das Studium älterer Meister
in den musikalischen Werken selbst unserer Größten, Mozarts, Schuberts,
Webers, Schumanns, Wagners durch häufige Reminiszenzen und Motiv-
anklänge verrät, so ist es uns auch bei Dichtern und Prosaikern oft
gegönnt, aus sprachlichen und sachlichen Gleichklängen Wechselver-
hältnisse zu bestimmen, die uns keine Autobiographie, kein Eckermann
zu wissen gab. Selbstäußerungen der Dichter lassen uns manchmal
einen Einblick in ihre Geisteswerkstatt tun. So schreibt Schiller an
Körner, als er eben über seiner Euripidesübertragung saß, im Oktober
1788: *„Die Arbeit übt meine dramatische Feder, . . gibt mir, wie ich
hoffe, unerwartet ihre Manier."* Oder Wieland scherzt einmal[5]): *„So
geht es einem, wenn man sich mit den alten Skribenten zu gemein macht.
Es bleibt einem immer etwas von ihnen ankleben."* Chaulieu, der bekannte Chansonnier der leichten *raillerie*, gesteht freimütig zu[6]): *Je
les ai lu tous, depuis Villon jusqu'à la Motte exclusivement, et ma mé-*

---

1) p. 129, 11 H: πολλοὶ ἀλλοτρίῳ θεοφοροῦνται πνεύματι τὸν αὐτὸν τρόπον,
ὃν καὶ τὴν Πυθίαν λόγος ἔχει τρίποδι πλησιάζουσαν . . . οὕτως ἀπὸ τῆς τῶν ἀρχαίων μεγαλοφυΐας εἰς τὰς τῶν ζηλούντων ἐκείνους ψυχὰς ὡς ἀπὸ ἱερῶν στομίων
ἀπόρροιαί τινες φέρονται, ὑφ' ὧν ἐπιπνεόμενοι καὶ οἱ μὴ λίαν φοιβαστικοὶ τῷ ἑτέρων συνενθουσιῶσι μεγέθει.   2) p. 130, 2.
3) inst. or. X 2, 2; vgl. auch I 11, 2: *frequens imitatio transit in mores.*
4) Bei Macrobius sat. VI 1, 7.
5) *Freymütige Nachr.* 6. Juni 1753, S. 183.
6) *Poésies de Chaulieu et de la Fare* (Par. 1803), p. XX préf.

moire est ornée de tout ce qu'ils on fait de beau . . *Plein de reconnois-
sance pour tant d'illustres auteurs, je veux bien convenir que je leur dois
tout, sans leur avoir toutefois rien pris; et j'ai le plaisir d'être riche de
leur bien, sans les avoir pillés.* Und Ronsard, das Haupt der französischen Plejade, ruft seinen Plagiatsuchern im Vorwort zur Olive (1550)[1]
zu: *Si par la lecture des bons livres, ie me suis imprimé quelques traictz
en la fantaisie, qui après, venant à exposer mes petites conceptions selon
les occasions qui m'ent sont données, me coulent beaucoup plus facilement
en la plume, qu'ilz ne me reviennent en la memoire, doibt-on pour ceste
raison les appeller pièces rapportées?*

3. PARAPHRASE.[2])

Neben der ἀνάγνωσις und ἀκρόασις wird in den Rhetorenschulen
als dritter Grundpfeiler der rhetorisch - stilistischen Propädeutik die
Paraphrase geübt. Sollten die mündlichen μελέται mehr die Vortrags-
technik, die Modulation der Stimme, die Haltung und Mimik, die Übung

---

1) I 76 (Marty-Laveaux).

2) Wir unterscheiden zwei Arten von Paraphrasen: grammatische (τῆς
ἑρμηνείας ἀλλοίωσις τὴν αὐτὴν φυλάττουσα τὴν διάνοιαν, wie das Lexikon des
Phavorinos definiert) = Übersetzung (vgl. Rutherford 336 ff.; Lehrs, *Die
Pindarscholien*, 52 ff.) und rhetorische, eine von andern Gesichtspunkten aus
vorgenommene Umgestaltung des Originals mit ausgesprochen künstlerischem
Zwecke (μετὰ ῥητορικοῦ κάλλους). Nur diese letztere Art kann für unsere Besprechung in Betracht kommen.

Die Ausdrücke μετάφρασις und παράφρασις werden im allgemeinen als Syno-
nyma gebraucht. Georgios Choiroboskos definiert zwar (III 251) die beiden Be-
griffe also: μετάφρασις δὲ ἡ ἐναλλαγὴ τῶν λέξεων κατὰ τὸ ποσὸν ἢ πλειόνων
ἢ ἐλαττόνων μετὰ ῥητορικοῦ κάλλους γινομένη, ὡς ὁ Μεταφραστὴς ἡμῖν δείκνυσιν
ἐν ταῖς μεταφράσεσι. παράφρασις δὲ ἡ ἐναλλαγὴ τῶν λέξεων κατὰ τὸ ποσὸν τῶν
αὐτῶν, ὡς ⟨ὁ⟩ τὸ

μῆνιν ἄειδε θεά

παραφράζων εἶπε· τὴν ὀργὴν εἰπὲ ὦ Μοῦσα. A. Ludwich (*de Joanne Philopono,*
index lect. Königsb. 1888/9, p. 9) denkt, da Symeon Metaphrastes (10. Jahrh.)
chronologisch unmöglich denkbar ist, an Demosthenes Thrax (s. u.). Die Annahme
ist willkürlich. Der „Metaphrast" war bereits zu einer stereotypen Bezeichnung
eines bestimmten Literators geworden. Doxopatres definiert nach der Mitteilung
Rabes (*Rh. Mus. 63,* 619[1]) im cod. Vindob. 130: ἡ δὲ μετάφρασις διττή ἐστιν.
ἢ γὰρ τὰ ὑψηλὰ καὶ ἀνηγμένα μεταβάλλει εἰς τὰ εὐτελῆ καὶ ταπεινά, ὡς ἡ τῶν
τοῦ Ὁμήρου Ἰλιάδων μετάφρασις· ἢ τοὐναντίον τὰ εὐτελῆ μεταβάλλει εἰς ὑψηλότερα,
ὡς αἱ τοῦ Λογοθέτου (als anonymer Fortsetzer der Chronik des Georgios Mo-
nachos bekannt) ἔχουσι μεταφράσεις ... παράφρασις δέ ἐστι τὸ τὰ εἰρημένα μετα-
βάλλειν εἰς ἕτερα μήτε εὐτελέστερα μήτε ὑψηλότερα.

Andrerseits bezeichnet das Etym. Magn. (684) μετάφρασις als synonyme Erklärung: ἔνιοι μετέφρασαν τὸ πορφύρει, ἀντὶ τοῦ κατὰ βάθος κινεῖται. Eustathios
zu Homer Il. *H* 691 erklärt: ἡ διασαφητικὴ τῶν λέξεων ἑρμηνεία, μετάληψις καὶ
μετάφρασις καίριος λέγεται.

und Förderung des Gedächtnisses pflegen, so galten die schriftlichen
Arbeiten vor allem der stilistischen Formung, Feilung und Gewandtheit.
Schon Isokrates hatte seine Schüler darauf aufmerksam gemacht,
wie die Sprache Gelegenheit gebe περὶ τῶν αὐτῶν πολλαχῶς ἐξηγήσασθαι
⟨4, 8⟩, und wie das Ziel des Redners sein solle ἄμεινον εἰπεῖν (4, 7).
Wir haben aus alexandrinischer Zeit Belege, wie sich die Dichter in
der mannigfachen Wiedergabe desselben Themas übten[1]) (circa eosdem
sensus certamen atque aemulatio, Quint. inst. or. X 5,4).
Theon (p. 62, 10) empfiehlt die rhetorische Paraphrase[2]) nicht
bloß den angehenden Rhetoren, sondern allen werdenden Schriftstellern.[3])
Mit ersichtlicher Wärme setzt er den Gegnern dieser stilistischen Übung
innere und äußere Gründe entgegen.[4]) Sie sei unnütz, sagte man; denn
schön könne man etwas nur einmal sagen. Ganz falsch, erklärt Theon.
Denn wie ein Gedanke über eine und dieselbe Sache nicht in derselben
Form erscheinen müsse, sondern bald in Aussage-, bald in Frageform,
bald als Bitte zum Ausdruck gebracht werde, so könne man auf alle
diese Arten das Gedachte schön wiedergeben. Wir wissen nicht, welche
Gegner Theon treffen will; aber von Cicero erfahren wir, daß Crassus
ein Feind der Paraphrase in der nämlichen Sprache ist (de or. I 154)
oder wenigstens als solcher dargestellt wird. Nachdem er zuvor Poesie
und Prosa in freier Paraphrase umgesetzt hatte, sei er davon abge-
kommen, da er fand, bessere und bezeichnendere Ausdrücke, als sie seine
Vorlagen Ennius und Gracchus hatten, könnten nicht erfunden werden.
Da sich Cicero häufig mit Crassus identifiziert, ist die Vermutung nicht
abzuweisen, daß Cicero selbst ein Paraphrasengegner in der eigenen
Sprache wurde — Übersetzungen aus dem Griechischen hat er ja stets
als Bildungsmittel des Stils hochgehalten — und daß diese Änderung
in der rhetorischen Methode auf den Einfluß seines Lehrers Apollonios
⟨Molon⟩ aus Alabanda und der rhodischen Schule zurückzuleiten sei.
Quintilian polemisiert fast mit denselben Worten wie Theon gegen diese

---

1) Vgl. Brinkmann, *Rh. Mus.* 63, 618 ff.
2) Vgl. Leo Fr., *de Stati silvis,* Ind. lect. Gott. 1892, p. 9 ff. H. Peter, *W. u. K.* 432 f.
3) p. 70: οὐ μόνον τοῖς μέλλουσι ῥητορεύειν, ἀλλὰ καὶ εἴ τις ἢ ποιητῶν ἢ λογοποιῶν ἢ ἄλλων τινῶν λόγων ἐθέλει μεταχειρίζεσθαι.
4) p. 62: ἡ δὲ παράφρασις οὐχ ὥς τισιν εἴρηται ἢ ἔδοξεν, ἄχρηστός ἐστιν.
τὸ γὰρ καλῶς εἰπεῖν, φασιν, ἅπαξ περιγίνεται, δὶς δὲ οὐκ ἐνδέχεται· οὗτοι δὲ σφόδρα
τοῦ ὀρθοῦ διημαρτήκασι. τῆς γὰρ διανοίας ὑφ' ἑνὶ πράγματι μὴ καθ' ἕνα τρόπον
κινουμένης, ὥστε τὴν προσπεσοῦσαν αὐτῇ φαντασίαν ὁμοίως προσενέγκασθαι, ἀλλὰ
κατὰ πλείους, καί ποτε μὲν ἀποφαινομένων ἡμῶν, ποτὲ δὲ ἐρωτώντων, ποτὲ δὲ
πυνθανομένων, ποτὲ δὲ εὐχομένων, ποτὲ δὲ κατ' ἄλλον τινὰ τρόπον τὸ νοηθὲν ἐκ-
φερόντων, οὐδὲν κωλύει κατὰ πάντας τοὺς τρόπους τὸ φαντασθὲν ἐπίσης καλῶς
ἐξενεγκεῖν.

Widersacher.[1]) Hermogenes,(περὶ μεθ. δειν. c. 24) bezeichnet als τοῦ παραφράζειν μέθοδος zwei Wege: τάξεως μεταβολὴ καὶ μήκη καὶ βραχύτητες. Nach ihm verträgt die συμβουλευτική und πανηγυρικὴ ἰδέα Erweiterung und Verkürzung, aber keine μεταβολὴ τάξεως; letzteres dagegen die δικανικὴ ἰδέα. Aus den Scholien von Gregorios (VII 1293 f. W.) und Johannes Diakonos (141 ff.) zu dieser Stelle ergibt sich, daß diese Paraphrasierung in der Theorie und Praxis in den Rhetorenschulen geübt wurde.

Und noch Dion von Prusa empfiehlt neben den ἀντιρρητικοὶ λόγοι — wie wir sie ausgeführt bei Sextus Empirikus (Math. 35: ἀντιρρητικά), bei dem Sophisten Chorikios und anderen bei Photios (bibl. 160) aufgezählten Autoren sehen — die Paraphrase (or. 18: τὰ αὐτὰ ἕτερον τρόπον ὑποβάλλοντα). Wie sagt doch La Bruyère im 17. Kapitel der *Ouvrages de l'Esprit: Entre toutes les différentes expressions qui peuvent rendre une seule de nos pensées, il n'y en a qu'une qui soit la bonne.*

Das sollte ja der Zweck der rhetorischen Schulung sein, in formeller Hinsicht zu erreichen, daß man über ein und denselben Gegenstand nach Belieben in immer andern Gedanken und Wendungen jederzeit sprechen konnte[2]), wie es Odysseus bei Ovidius[3]) versteht, der Kalypso, die immer und wieder nach dem Falle Trojas sich erkundigt, das nämliche in stets neuer Form zu erzählen.

Aus dem buchmäßigen Studium und den schriftlichen Übungen, die alle ein Wetteifern in der Form darstellen[4]), folgt das Bestreben, aus dem passiven Zustand der Rezeptivität zu erwachen zu dem aktiven Drang des Selbstschaffens, jene unbezähmbare Sucht aller produktiv veranlagten Geister, den geschätzten und verehrten Vorbildern es nachzutun oder sie gar in unablässigem Ringen zu überflügeln. Wie schön

---

1) inst. or. X 5, 5: *Nam neque semper est desperandum aliquid illis quae dicta sunt melius posse reperiri, neque adeo ieiunam ac pauperem natura eloquentiam fecit, ut una de re bene dici nisi semel non possit ... an vero ipsi non bis ac saepius de eadem re dicimus et quidem continuas nonnunquam sententias?* Vgl. über die Paraphrase bei Quintilian und Sueton: Weichert S. 125 u. 129.

2) So rühmt Seneca (controv. IV, p. 7) von Haterius: *quotiens velles eandem rem et quamdiu velles, aliis totiens sententiis, aliis tractationibus (dixisse).*

3) ars am. II 221:
   Haec ⟨Calypso⟩ Troiae casus iterumque iterumque rogabat,
   Ille referre aliter saepe solebat idem.
Weitere Belege bei Leo a. O. p. 9.

4) Quintil. inst. or. X 5, 5: *circa eosdem sensus certamen atque aemulationem.*

weiß Velleius Paterculus dieser geistigen Eifersucht eine prägnante Fassung zu geben, wenn er sagt (I 17,5): *alit aemulatio ingenia et nunc invidia, nunc admiratio imitationem accendit.*[1])

III. LITERARISCHE MIMHΣIΣ.

1. ÜBERSICHT.

Aristoteles findet den Trieb zum Nachahmen den Menschen angeboren und leitet alle schönen Künste auf die Nachahmung zurück. War sie schon im gewöhnlichen Leben — man stelle sich nur die beweglichen Südländer mit ihrer lebhaften Gestikulation und Mimik vor Augen — von hervorragender Bedeutung, so spielt sie im literarischen Leben der Antike, nicht bloß als Quelle des Dramas und mimischer Darstellungen überhaupt, eine ausnehmende Rolle, nicht zuletzt in der *imitatio* berühmter Vorgänger, die aber nicht, wie ein neuerer Ästhetiker[2]) meint, „spezifisch römisch" erscheint, sondern das ganze griechische Literaturschaffen durchflutet.

Nach zwei Seiten hin ist die μίμησις bereits in der Antike eingehend erforscht worden, vom **philosophischen** Standpunkt aus als Nachahmung der Natur, aller sinnlich wahrnehmbaren Erscheinungen, vom **rhetorischen** Standpunkt aus als Nachahmung durch das Ausdrucksmittel der Sprache. Insofern die Poesie ebenfalls eine Nachahmung der Natur und des den Menschen umströmenden Lebens ist, mußte sie auch der Philosoph in seinen Bereich ziehen; insofern das Wort eine Nachahmung des Benannten darstellt, mußte der Rhetor die Pfade des Philosophen kreuzen. Für unsere Zwecke kommt nur die literarische μίμησις, die Nachahmung fremder Muster, in Betracht.

Als Grunderfordernisse der rhetorischen Propädeutik stellt Protagoras[3]) zuerst φύσις, τέχνη (μάϑησις, ἐπιστήμη) und ἄσκησις (μελέτη) auf, Erfordernisse, die Aristoteles[4]) und Isokrates[5]) gemäß ihrer Ansicht, daß die Rhetorik in der Vollendung (φιλόσοφος ῥητορική) alles Wissen in sich schließe, als Vorbedingungen jeder allgemeinen Bildung erklärten, und die für die Rhetorik der ganzen Folgezeit die drei Grundpfeiler blieben.

Quintilian berichtet nun[6]), einige hätten die *imitatio* als viertes Er-

---

1) Nach Ammonios (p. 64) ist der ζῆλος ... ἡ δι' ἐπιϑυμίαν μίμησις γινομένη δοκοῦντός τινος καλοῦ.
2) Walter, *Geschichte der Ästhetik im Altertum* (1893), S. 815.
3) Bei Platon, Phaidros 269 D; cf. 354 C.
4) bei Diogenes Laert. V 18.   5) XIII 14—17; XV 187 f.
6) inst. III 5, 1.

fordernis der *exercitatio* angefügt; er selber behandelt sie unter dem
Titel ‚*ars*'. Cicero[1]) läßt den Antonius unter Voraussetzung der entsprechenden Naturanlage den Lehrgang der *imitatio* und *exercitatio* verfolgen, faßt also die Nachahmung ebenfalls unter den Begriff der *ars*.
Nur der Autor *ad Herennium*[2]) hat nach hermagorischem Vorbild
die Stufen: *ars, imitatio, exercitatio*; da er nur von den Kunstmitteln
handelt, sieht er von der φύσις ganz ab.

Die μίμησις τῶν ἀρχαίων war nur eine Folge der besonders von
der pergamenisch-stoischen Rhetorenschule empfohlenen Lektüre.[3]) Eine
Nachahmung fremder Muster gab es von jeher. Aber die Theorie der
μίμησις wurde erst in vollem Umfang bedeutungsvoll, als die Abwen-
dung vom Asianismus von selbst zum Studium der alten attischen
Meister führte. Die r h o d i s c h e Schule proklamierte die μίμησις der
attischen Redner, besonders des H y p e r e i d e s[4]); Caecilius empfiehlt
besonders L y s i a s, Ps.-L o n g i n o s den Platon, Dionysios Hal. den
D e m o s t h e n e s, andere den X e n o p h o n. Tyrannion(-Theophrastos)
definiert die Grammatik als ϑεωρία μιμήσεως[5]), ein deutlicher Fingerzeig, daß die Stilnachahmung das Ziel ist. Der Attizismus, eine ästhetische Reaktion, vermischte sich mit antiorientalischem Nationalstolz
und überwand mit Hilfe Roms den Schwulst und Feminismus der asia-
nischen Richtung, wiederum ein Sieg des Okzidents über den Orient.
Der Sieg des Klassizismus, eine notwendige Folge der aristotelischen
Auffassung der Literaturentwicklung, äußerlich durch die Kanonisierung
der alten Meister von seiten der alexandrinischen Gelehrten gekennzeichnet, hat wohl die Fortentwicklung des griechischen Schrifttums
in seinem natürlichen Verlauf unterbrochen, auch den Verlust der vom
klassischen Geschmack abweichenden Literatur der Alexandriner zum
größten Teil verschuldet, aber auch den Zerfall der sprachlichen Darstellung aufgehalten. Die alte Tradition wirkt noch bei den Byzantinern des
12. Jahrhunderts ebenso nach wie bei großen Historikern des 6. Jahrhunderts. Während bei den gleichzeitigen lateinschreibenden Chronisten
und Dichtern von einem Wettstreit mit den Alten gar keine Rede ist,
hat den Byzantinern das Ringen mit der klassischen Zeit nie gefehlt,
zumal in den besseren Zeiten.

---

1) de oratore II 89 f.
2) I 2, 3; vgl. Ausgabe von Marx a. O. u. Index.
3) So bemerkt denn auch der Autor ad Herennium (IV 2): *quid? ipsa auctoritas antiquorum non cum res probabiliores tum hominum studia ad imitandum
alacriora reddit?*
4) Dionys. Hal. de Din. 8; M a r x, praef. zu Inc. auct. de rat. dic. 114 ff; 157.
5) schol. Dionys. Thr. p. 121, 17 Hilg.

Den Grundsatz, daß für den sprachlichen Ausdruck die *auctoritas* und *vetustas* allein maßgebend sein solle, spricht wohl am schärfsten Aristeides in seiner Rhetorik[1]) aus.

Hatte schon von Anfang an die Schultradition eine Nachahmung anerkannter Meister, einen ζῆλος in der Behandlung gleicher Motive, einen Wettstreit in der Gestaltung derselben Stoffe von selbst herbeigeführt — ἕτερος ἐξ ἑτέρου σοφὸς τότε πάλαι τότε νῦν, sagt Bakchylides[2]) gegenüber den pindarischen Angriffen auf seine Originalität —, so tritt mit der Entwicklung des Buchhandels, der die frühere Art der Selbstanzeige in Vortrag und Vorlesung durch Lektüre ersetzte, das Studium der Bücher gegenüber der ursprünglich mündlichen Tradition in den Vordergrund. Selbst Dramen werden gelesen oder als zum Lesen besonders geeignet (ἀναγνωστικοί)[3]) bezeichnet. Bibliotheken und Bücher werden ein notwendiges Inventar der Dichterstube[4]), wie schon über Euripides Buchweisheit Aristophanes spotten kann.[5]) Dieses Zurückgreifen auf anerkannte Muster, dieses Anspielen auf bekannte Motive, dieses Prunken mit dem gelehrten Rüstzeug vergrößert die Scheidewand zwischen Laien und ästhetisch Gebildeten, die schließlich seit dem 11. Jahrhundert die byzantinische Literatur und Sprache in zwei getrennte Lager spaltete.

War aber die μίμησις τῶν ἀρχαίων früher wohl geübt worden, aber nur nach individuellem Geschmack und gelegentlich, so wurde sie seit dem Kampfe zwischen Asianismus und Attizismus Prinzip der künstlerischen Darstellung. Und wenn dieser die freiere Richtung des sog. Asianismus immer wieder niederzuhalten vermochte, so gebührt das Hauptverdienst an dieser Entwicklung der in Schulen und Lehrbüchern, vor Tribunalen und auf dem Forum, bei Festen, an Gräbern, in Hörsälen und schließlich auf den Kanzeln, in allen literarischen Gattungen geübten μίμησις, die mit den Analogisten und Archaisten fast gleichen Zielen zustrebte.

Nachdem einmal das Prinzip aufgestellt war, das nur an die bis-

---

1) II 6 Sp.: περὶ δὲ ἑρμηνείας τοιοῦτον ἂν εἴποιμι, μήτε ὀνόματι μήτε ῥήματι χρῆσθαι ἄλλοις πλὴν τοῦ ἐκ βιβλίων.

2) fr. 14, 1.

3) O. Crusius in der Festschrift für Gomperz (Wien 1902, 382 f.) zeigt klar, daß ἀναγνωστικοί heißt: zum Lesen besonders geeignet, und wir wissen jetzt, daß Χαιρήμων, dessen Dramen als ἀναγνωστικοί von Aristoteles (rhet. 1413 b; poet. 2, 24; vgl. Demetrios III 304 Sp.) bezeichnet werden, im 3. Jahrhundert aufgeführt wurde.

4) Propert. II 13, 25; Martial. XII praef.

5) Ran. 943. 1409. Auch Athenaios (3 a) zählt neben dem eine Bibliothek sammelnden Aristoteles und Theophrastos den Dichter Euripides auf.

herige Praxis in Schule und Tradition anzuknüpfen brauchte, fehlten
auch die Gesetzgeber oder Gesetzessammler der μίμησις nicht Bekanntlich haben wir nur ein Spezialwerk, in dem die Lehre von der Nachahmung anderer zusammengefaßt war, die drei Bücher περὶ μιμήσεως
des Dionysios von Halikarnaßos (unter Augustus), das uns leider bis
auf wenige Auszüge verloren ist. Was verstand man unter literarischer
Nachahmung? Dionysios definiert sie[1]): μίμησίς ἐστιν ἐνέργεια διὰ τῶν
θεωρημάτων ἐκματτομένη τὸ παράδειγμα und in der τέχνη[2]): μίμησις
... οὐ χρῆσίς ἐστι τῶν διανοημάτων, ἀλλ᾿ ἡ ὁμοία τῶν παλαιῶν ἔντεχνος μεταχείρισις. Ausdrücklich wird der Abklatsch gleicher Gedanken
abgelehnt, nur das Anstreben einer den Alten ähnlichen Kunstbandhabung betont. In der Definition des Syrianos[3]): ὡς δὲ οἱ μεταγενέσ-
τεροι λέγουσιν, λόγος ἢ πρᾶξις ὁμοίωσις εὖ ἔχουσαν τοῦ παραδείγματος
περιέχουσα sehen wir die philosophisch-rhetorische Nachahmung mit
der literarischen zusammengeschweißt. Allgemein gehalten ist auch die
(hermagorische) Definition beim Autor ad Herennium[4]): imitatio est qua
impellimur cum diligenti ratione ut aliquorum similes in dicendo velimus esse,
hervorgerufen aus dem Bestreben, etwas Schöndünkendes nachzubilden.[5])

Der Verfasser περὶ ὕψους[6]) bezeichnet die τῶν ἔμπροσθεν μεγάλων συγγραφέων καὶ ποιητῶν μίμησίς τε καὶ ζήλωσις als den sichersten
Weg zum erhabenen Stil. Emphatisch ruft er aus: Ist Herodot allein
Ὁμηρικώτατος geworden? Nicht schon vor ihm Archilochos, nach ihm
vor allem Platon[7]), der aus jenem Urquell soviele Rinnsale ableitete?
Das Ringen mit großen Geistern, fährt er so schön fort, ist nur ehrenvoll und selbst die Niederlage ist in diesem Falle nicht unrühmlich.[8])
Der Anonymos, der sich auch sonst mit Eifer gegen den Ἀσιανὸς ζῆλος
wendet, zeigt sich hierin ebenso als echter Attizist in der heißen Empfehlung der alten erprobten Meister.

Ebenso wie Cicero[9]) ist auch Quintilian[10]) von der Wichtigkeit der
Nachahmung durchdrungen.[11])

---

1) fr. 3 p. 197 Us.
2) X 19, p. 394 R.   3) Zu Hermogenes p. 3, 16 Rabe.   4) I 2, 3.
5) Ammonios p. 64 über den ζῆλος· ἡ δι᾿ ἐπιθυμίαν μίμησις γινομένη δοκοῦντός τινος καλοῦ.   6) p. 129 Sp.
7) ἀπὸ τοῦ Ὁμηρικοῦ κείνου νάματος εἰς αὐτὸν μυρίας ὅσας παρατροπὰς ἀποχετευσάμενος.
8) ἀγαθὴ γὰρ κατὰ τὸν Ἡσίοδον ἔρις ἥδε εὐκλείας ἀγών τε καὶ στέφανος,
ἐν ᾧ καὶ τὸ ἡττᾶσθαι τῶν προγενεστέρων οὐκ ἄδοξον.   9) de or. II 90.
10) inst. X 2, 1: neque enim dubitari potest, quin artis pars magna contineatur
imitatione.
11) Phoibammons Darlegung περὶ μιμήσεως (5.—6. Jahrh.) besteht hauptsächlich in der Anführung und Widerlegung gewisser prinzipieller Bedenken, die

Dionysios hatte in seinem Briefe an Pompejus (c. 3) den Inhalt seines Werkes περὶ μιμήσεως skizziert. Demnach erörterte das 1. Buch die Nachahmung und ihre Bedeutung im allgemeinen; das 2. handelte von den Dichtern, Philosophen, Geschichtschreibern und Rednern, die hauptsächlich nachahmenswert seien und das 3. von der Art und Weise, wie man die gewählten Muster nachahmen solle. Dabei empfiehlt er[1]) immer und immer wieder unablässige Lektüre, ἵν᾽ ἐντεῦθεν μὴ μόνον τῆς ὑποθέσεως τὴν ὕλην ἀλλὰ καὶ τὸν τῶν ἰδιωμάτων ζῆλον χορηγήθῶμεν, also um die stoffliche und stilistische Nachahmung zu fördern.

Die Lektüre, von der wir oben (S. 107—118) ausführlich sprachen, blieb der Untergrund der μίμησις. Aus ihr folgte der natürliche Trieb, durch die Stufenfolge der Anlehnung und Nachbildung zum Wettstreit mit den Alteren aufzusteigen. Seitdem Isokrates[2]) das Wort geprägt hatte, man müsse nicht die Anfänger, sondern die Meister der Kunst bewundern und ehren, ward der ζῆλος anerkannter Muster mehr und mehr die Parole aller ernsthaft Strebenden. Die wichtigste Frage erhebt sich aber dann: Nach welchen Richtpunkten soll die μίμησις eingestellt werden? Sind ihr Grenzen gezogen und welche? Welche Fehler sind zu meiden?

2. STOFFLICHE ΜΙΜΗΣΙΣ.

a) GLEICHGÜLTIGKEIT GEGEN DEN STOFF.

Wenn wir uns aus den vorhandenen Bruchstücken des 3. Buches περὶ μιμήσεως von Dionysios, das von der Art der Nachahmung handelte und sicherlich auf älteren Techniken (Theophrastos περὶ λέξεως), die in den Einleitungen davon sprechen konnten, basierte[3]), einen Schluß gestatten dürfen, so scheint jener hauptsächlich die stilistische μίμησις erörtert zu haben. Dies entsprach ja auch wohl seiner sonstigen rhetorischen Schriftstellerei.

Indes ist es uns möglich, aus den weitverstreuten ästhetischen Bemerkungen auch für die stoffliche Nachahmung einen Grundstock bestimmter Normen zu entwickeln.

---

gegen die μίμησις geltend gemacht wurden und werden konnten (Brinkmann, *Rh. Mus.* **61**, 117 ff.).

1) fr. 6.

2)·Panegyr. 52 de: ἡγοῦμαι δ᾽ οὕτως ἂν μεγίστην ἐπίδοσιν λαμβάνειν καὶ τὰς ἄλλας τέχνας καὶ τὴν περὶ τοὺς λόγους φιλοσοφίαν, εἴ τις θαυμάζοι καὶ τιμώη μὴ τοὺς πρώτους τῶν ἔργων ἀρχομένους, ἀλλὰ τοὺς ἄρισθ᾽ ἕκαστον αὐτῶν ἐξεργαζομένους.

3) So sagt C. Chirius Fortunatianus im 3. Buch seiner *ars rhetorica*, in der Einleitung zur *elocutio* (p. 121 Halm): *copia quo modo gignitur? legendo, discendo, novando, exercendo.*

Der Stoff, das darzustellende Objekt, sei es der Mythos, ein geschichtliches Werk, ein poetisches Thema oder Motiv ist dem antiken Autor Gemeingut (δημόσιον, *publica materies*). Schon Isokrates hatte den Satz aufgestellt[1]): αἱ πράξεις αἱ προγεγενημέναι κοιναὶ πᾶσιν ἡμῖν κατελείφθησαν, der sich unschwer auch auf schriftstellerische Taten übertragen ließ. Lukianos[2]) vergleicht den Historiker mit einem Plastiker: wie jener Gold, Marmor u. dgl. zur Bearbeitung vor sich habe, um es beliebig zu verwenden, so liege diesem der Stoff bereit und es gelte nicht zu fragen, was man sage, sondern wie man es sage. Seneca[3]) meint von dem Dichter, der das wiederholt behandelte Thema vom Ätna nochmals aufgreift: *nec illis manus inicit tanquam alienis: sunt enim publica* und fügt scherzweise hinzu: *iurisconsulti negant quicquam publicum usucapi* d. h. dieses stoffliche Gemeingut könne auch nicht durch langen Gebrauch oder Besitz in persönliches Eigentum übergehen. Furius Albinus, dem bei Macrobius[4]) die Rolle des Vergiladvokaten zugewiesen ist, spricht von einer *societas et rerum communio poetis scriptoribusque omnibus inter se exercenda concessa*. Und noch Symmachus schreibt seinem Freund Ausonius[5]): *cum semel a te profectum carmen est, ius omne posuisti; oratio publicata res libera est*, ein Satz, den sich noch Lessing[6]) unbedenklich aneignet, indem er sagt: *„Wer seine Schriften öffentlich herausgibt, macht sie durch diese Handlung publici iuris und so denn stehet es einem jeden frei, dieselben nach seiner Einsicht zum Gebrauch des Publikums bequemer einzurichten. Mit dem Eigentum der Güter dieser Welt hat es eine ganz andere Beschaffenheit. Diese nehmen nicht mehr als eine einzige Form an und niemand als der Besitzer hat das Recht, diejenige Form zu wählen, die er für die bequemste hält.“* Dasselbe meint auch Grillparzer, wenn er in seinen ästhetischen Studien[7]) bemerkt: *„Auf den eigentlich großen Künstler übt das von seinen Vorgängern Übernommene als Vorhandenes die Macht eines Natürlichen und er macht es, wie alle andern, nur unendliche Male besser.“*

Die Bearbeitung gleicher, schon behandelter Stoffe wird geradezu angeraten. So äußert sich Isokrates in einer für die zukünftig rhetorisch-literarische Richtung programmatischen Form. Da die Rhetorik imstande sei, über denselben Gegenstand sich vielfach zu äußern, Großes

---

1) paneg. 8.
2) de hist. conscr. 51: οὐ τί εἴπωσι ζητητέον ἀλλ᾽ ὅπως εἴπωσιν.
3) ep. 79, 5 ff.   4) Sat. VI 1, 7.
5) ep. I 31.   6) Briefe die neueste Literatur betr. (1762), 233. Br.
7) Werke (Cotta) IX 93.

zu verkleinern, Kleines zu vergrößern, das Alte zu modernisieren, Modernes in altertümlicher Weise zu behandeln, so brauche man schon erörterte Stoffe **nicht mehr** zu meiden. Die früheren Begebenheiten seien uns als Gemeingut hinterlassen, sie bei passender Gelegenheit zu verwerten, die jeweils passenden Gedanken anzubringen und die rechten Worte zu gebrauchen, sei den Gebildeten eigen.[1]) Isokrates deutet selber an (οὐκέτι), daß diese Ansicht erst zu seiner Zeit durchgedrungen war. Sie ist der Niederschlag der sophistischen Weltanschauung, die das Wissen nicht als ein vergrabenes Pfund behandelt wissen wollte, sondern jeden Gebildeten mit der Kunst der Rede auszustatten sich anheischig machte, jedes schriftstellerische Objekt nach den Wünschen des Hörers (oder Lesers) und Darstellers zu fassen und in allen Farbenschattierungen abzutönen, τὸν ἥσσω λόγον κρείσσω ποιεῖν [2]), die schwächere Sache obsiegen zu lassen, ein protagorisches Diktum, das erst Gegner wie Aristophanes [3]) in das Ethische hinüberspielten, ferner nach Bedarf βραχυλογεῖν und μακρολογεῖν, was Platon [4]) ebenfalls dem Protagoras zuschreibt, schließlich über jeden Punkt nach Wunsch *pro* und *contra* zu reden.[5])

Während die Schriften der eigentlichen Sophisten früh verschwanden, hat Isokrates fortgewirkt und ist mit dem Siege der Attizisten wieder neu erstanden, namentlich in den Schriften des Dionysios von Halikarnaßos, wie in den Reden des Ailios Aristeides, der die späteren Jahrhunderte ähnlich wie jener beeinflußte.

Wiederholt eifert Isokrates zur Wiederbehandlung schon bearbeiteter Stoffe an, da nur hierbei die vollendete rhetorische Technik glänzen könne. Freilich verhehlt er sich die Schwierigkeiten nicht über Dinge zu reden, die schon längst vorweggenommen seien, da das Wichtige schon aufgebraucht und nur noch Unbedeutendes übrig gelassen sei [6]),

---

1) paneg. 8f.: ἐπειδὴ δ᾽ οἱ λόγοι τοιαύτην ἔχουσι τὴν φύσιν ὥσϑ᾽ οἷον τ᾽ εἶναι περὶ τῶν αὐτῶν πολλαχῶς ἐξηγήσασϑαι, καὶ τά τε μεγάλα ταπεινὰ ποιῆσαι καὶ τοῖς μικροῖς μέγεϑος περιϑεῖναι, καὶ τά τε παλαιὰ καινῶς διελϑεῖν καὶ περὶ τῶν νεωστὶ γεγενημένων ἀρχαίως εἰπεῖν, οὐκέτι φευκτέον ταῦτ᾽ ἐστί, περὶ ὧν ἕτεροι πρότερον εἰρήκασιν ... αἱ μὲν γὰρ πράξεις αἱ προγεγενημέναι κοιναὶ πᾶσιν ἡμῖν κατελείφϑησαν, τὸ δ᾽ ἐν καιρῷ ταύταις καταχρήσασϑαι καὶ τὰ προσήκοντα περὶ ἑκάστης ἐνϑυμηϑῆναι καὶ τοῖς ὀνόμασιν εὖ διαϑέσϑαι τῶν εὖ φρονούντων ἴδιόν ἐστιν.
2) Aristot. rhet. II 24; vgl. Cicero, Brutus II 8; Gellius V 3, 7.
3) Aristophanes nub. 113 ff.; ebenso Platon, apol. 19 B.   4) Protag. 329 B.
5) Vgl. Euripides, *Antiope* fr. 29:
ἐκ παντὸς ἄν τις πράγματος δισσῶν λόγων
ἀγῶνα ϑεῖτ᾽ ἄν, εἰ λέγειν εἴη σοφός.
6) Hel. 13: περὶ μὲν τῶν δόξαν ἐχόντων σπάνιον εὑρεῖν, ἃ μηδεὶς πρότερον εἴρηκε, περὶ δὲ τῶν φαύλων καὶ ταπεινῶν ὅ,τι ἄν τις τύχῃ φϑεγξάμενος, ἅπαν ἴδιόν ἐστιν; vgl. paneg. 74. Man muß eben dann von dem von andern Unerwähnten ausgehen und τά τε μεγάλα ταπεινὰ ποιῆσαι καὶ τοῖς μικροῖς μέγεϑος προσϑεῖναι.

wie auch Plinius[1]) meint: *res ardua vetustis novitatem dare, novis auctoritatem.* Noch Apuleius bringt das isokratisch-sophistische Dogma voller Überzeugung[2]): *oratoris excellentis est lata anguste, angusta late ..., nova usitate, usitata nove proferre, extenuare magna, maxima et minimis posse efficere,* ebenso wie Longinos[3]): ὅτε ῥητορικῆς ἔργον τὰ μὲν σμικρὰ μεγάλως λέγειν, τὰ δὲ μεγάλα σμικρῶς, καὶ τὰ μὲν καινὰ παλαιῶς, τὰ δὲ παλαιὰ καινῶς. Auch Lukianos betont im Zeuxis (25), bei einem Werke der schönen Kunst sei die Anmut, der Verstand, die Harmonie (Stileinheit), die Kunst überhaupt das Wesentliche, die Neuheit der Erfindung nur Nebensache.

Ja, Ästhetiker warnen geradezu vor der Erfindung neuer Stoffe. So empfiehlt Quintilian[4]) bei der *enarratio historiarum* Bezugnahme auf alte Geschichten. Die Erzählung sei *diligens quidem, non tamen usque ad supervacuum laborem occupata. nam receptas aut certe claris auctoribus memoratas exposuisse satis est.* Berufung auf eine bekannte Autorität ersetzt den Alten geschichtliche Quellen. Andrerseits ruft Horatius dem angehenden Dramatiker warnend zu[5]):

> *difficile est proprie communia dicere; tuque*
> *rectius Iliacum carmen deducis in actus*
> *quam si proferres ignota indictaque primus.*

Während der Dichter, der sich auf den allbekannten Mythos stützt, schon fertige, wohlbekannte Charaktere und Fakta zur Verfügung hat, so daß er auf die Erfindung neuer Kombinationen und Verknüpfungen, neuer Motivierungen sein Hauptaugenmerk lenken kann, muß der andere, der auf jene schon vollzogene Individualisierung verzichtet, aus dem allgemeinen Menschenleben sich Typen herausschälen, um sie individualistisch zu verarbeiten. „*Der Dichter,*" sagt Lessing[6]), „*braucht eine Geschichte nicht darum, weil sie geschehen ist, sondern darum, weil sie so geschehen ist, daß er sie schwerlich zu seinem gegenwärtigen Zwecke besser erdichten könnte.*" So meint auch Plautus im Prologe seiner Casina: *qui utuntur vino vetere sapientes puto et qui lubenter veteres spectant fabulas* mit Beziehung auf Pindar, Ol. IX 48. So sehen wir denn auch in der neuen

---

1) nat. hist. praef. 12.   2) de dogm. Platonis III p. 362 Hildebr.
3) I 328 Sp.; vgl. noch Julianos, paneg. 1: οἱ δὲ τῆς τέχνης ἀπολαῦσαί φασιν ἐν τῷ δύνασθαι περὶ τῶν μικρῶν μειζόνως διελθεῖν καὶ τὸ μέγεθος ἀφελεῖν τῶν ἔργων τῷ λόγῳ. Libanios, prog. 5: ὅταν δὲ εἴπω ῥήτορα, ἄνθρωπον λέγω τὰ μεγάλα μὲν ἱκανὸν ὄντα μικρὰ δεῖξαι, τὰ μικρὰ δὲ μεγάλα. Καὶ τὰ μὲν ἄδικα δίκαια, τὰ δὲ δίκαια οὐ τοιαῦτα; Basileios ep. 146 vom Sophisten: τὰ μεγάλα μικρὰ ποιεῖν ὁπότε βούλεται, καὶ τοῖς μικροῖς προστιθέναι μέγεθος.
4) inst. I 8, 18.   5) ars poet. 128 ff.
6) *Hamb. Dramat. St.* 19.

Komödie der Griechen immer wieder die bekannten Charaktere des Parasiten, des Bramarbas, des geizigen Alten, der koketten Hetäre, des abgefeimten Sklaven, des Tölpels, des Parvenüs; immer wieder dieselbe Situationskomik, Verwechslungsmanöver, Intriguenspiele wiederkehren.

Und wie der Dichter, läuft auch der Redner Gefahr, die innere Wahrscheinlichkeit, die uns vor allem eine Historie glaubwürdig macht, zu verletzen. In diesem Sinne rät Quintilian[1]): *communia bene adprenduntur ... commune qui prior dicit, contrarium facit. est enim contrarium, quo adversarius bene uti potest.*

Wie sehr die alten Ästhetiker hierin das Richtige trafen, ersieht man wohl auch daraus, daß Goethe[2]) das nämliche empfiehlt, wenn er sagt: *„Besonders warne ich vor eigenen großen Erfindungen ... Charaktere und Ansichten lösen sich als Seiten des Dichters von ihm ab und berauben ihn für fernere Produktionen der Fülle. Und endlich: welche Zeit geht nicht an der Erfindung und innern Anordnung und Verknüpfung verloren, worauf uns niemand etwas zugute tut, vorausgesetzt, daß wir überall mit unserer Arbeit zustandekommen."*

„Bei einem gegebenen Stoff hingegen ist alles anders und leichter. Da werden Fakta und Charaktere überliefert und der Dichter hat nur die Belebung des Ganzen. Auch bewahrt er dabei seine eigene Fülle; denn er braucht nur wenig von dem Seinigen hinzuzutun; auch ist der Verlust von Zeit und Kräften bei weitem geringer; denn er hat nur die Mühe der Ausführung. Ja, ich rate sogar zu schon bearbeiteten Gegenständen. Wie oft ist nicht die Iphigenie gemacht, und doch sind alle verschieden; denn jeder sieht und stellt die Sachen anders, eben nach seiner Weise."

Die vortrefflichen Ausführungen Goethes sind die beste Erläuterung zu den antiken ästhetischen Anweisungen.[3])

---

1) inst. V 13, 29.   2) Gespr. mit Eckermann 18. Sept. 1823.

3) Feinsinnig ist auch die Tagebuchnotiz Rohdes (vom 17. V. 73 bei Crusius S. 231 f.): *„Ein Grund für die lange Beibehaltung überlieferter Stoffe in der Dichtung der Griechen und mittelalterlicher Völker, der Scheu vor der Einführung selbsterfundener Stoffe, lag wohl in der (unbewußten) Empfindung, daß eine selbstgeschaffene Geschichte, vornehmlich wenn sie, wie die meisten Begebenheiten dieser 'besten Welt' auf ein traurig-schmerzliches Ende hinausläuft, entweder ein herbes Gefühl von der schrecklichen Irrationalität dieses irdischen Weltlaufes hinterläßt oder uns mit einem kunstvoll gebauten nach Ursache und Folge, Schuld und Strafe absichtslos unklar gegliederten Lebenslauf durchaus aus dem Lande der Dichtung hinausärgert. Eine uralt überlieferte, von vielen Geschlechtern liebevoll, wie eine Offenbarung ältester Weisheit gepflegte, allmählich autorlos gewordene Erzählung kann uns das Schrecklichste ohne juristisch-poetische Zugabe einer sog. 'Gerechtigkeitserlösung' vortragen. Den eigenen Erfindungen, in specie dem Roman, klebt wesentlich stets eine Tendenz, etwas Didaktisches an, das dem reinen Kunstschaffen im Wege steht."*

Stemplinger: Das Plagiat i. d. griech. Lit.

Mit dieser Gleichgültigkeit gegen den Stoff hängt auch die Abneigung der guten Autoren gegen die Spannung des Zuschauers oder
Zuhörers zusammen. Wie schon der Prolog zur Ilias und Odyssee und
einzelne Hinweise das Kommende in großen Zügen verraten, so noch
eingehender die dramatischen Prologe[1]), besonders bei Euripides, der
öfter den ganzen Hergang der Tragödie voraussagt und in der neuen
Komödie, ein Brauch, den die römische Komödie übernahm. Schon
Lessing hat im 49. Stück der Hamburgischen Dramaturgie über die
Prologe des Euripides zu „Hekuba" und besonders „Ion" prächtig gehandelt, um dann zu schließen: *„Euripides sahe es so gut, als wir,
daß z. B. sein 'Jon' ohne den Prolog bestehen könne; daß er, ohne denselben, ein Stück sei, welches die Ungewißheit und Erwartung des Zuschauers bis an das Ende unterhalte; aber eben an dieser Ungewißheit und Erwartung war ihm nichts gelegen."* Warum? Weil
das ästhetisch gebildete Publikum nicht dem zum größten Teil ohnehin bekannten Mythos ein Interesse entgegenbrachte, sondern der dichterischen Neu- und Umgestaltung. Ähnliches finden wir auch öfter in
den Stücken selber, so wenn z. B. Diphilos im *Φάσμα* eine Traum-
erzählung bringt, welche den weiteren Verlauf der Handlung vorweg-
nimmt, wie es auch die epische Technik liebt, auf Künftiges zum mindesten kurz andeutend hinzuweisen. Noch in der Zeit der späten Antike nahmen die Romanschriftsteller den Schluß gleich am Anfang der
Erzählung vorweg, um die ästhetische Freude an der Form nicht dadurch zu beeinträchtigen, daß der Leser allzusehr durch die Handlung
gespannt würde. Noch Lukianos (de conscr. h. c. 61) sagt, man solle
niemals die Unterhaltung der Mitwelt im Auge haben, sondern die
Ewigkeit. Bei uns ist bekanntlich das Verhältnis fast durchwegs umgekehrt. Die meisten Leser überschlagen die formell schönsten Schilderungen von Natur und Menschenpsyche, nur um den äußeren Verlauf
der Geschehnisse möglichst rasch zu erfahren. H. v. Kleist, der in
den ersten Zeilen seines „Michael Kohlhaas" oder der „Marquise von O*"
den Inhalt des Kommenden kurz zusammenfaßt, findet wenig Durch-
schnittsleser. Derselbe Gegensatz in der Kunst. Bei uns ist die Idee
(der Verstand) in den Vordergrund gerückt, so daß selbst eklatante
Verstöße gegen die Formgebung hingenommen werden; bei den Alten
galt nur die Form. Im „Laokoon" dürfen wir nicht etwa eine Allegorie des Kampfes menschlicher Ohnmacht mit der Natur erblicken,
sondern nur die reale Tatsache des durch Schlangen getöteten Priesters.

---

1) Vgl. Aristoteles rhet. 1215a 18.

Des antiken Künstlers Ziel ist, mittels formaler Schönheit eine ästhetische Wirkung zu erreichen, das Gemüt, nicht den Intellekt anzuregen.

b) BEDEUTUNG DER FORM.

Isokrates vertritt im Panegyrikos[1]) für die Reden den Standpunkt, man müsse erst dann einen Stoff verlassen, wenn man sehe, daß die Gestaltung die höchste Vollendung erhalten habe, so daß andern ein Bessermachen nicht mehr möglich sei. Ferner wendet er sich gegen diejenigen, welche über etwas zu reden sich vornehmen, worüber noch nie gesprochen worden sei, da es sich doch darum handle, so zu reden, wie es kein zweiter könne.

Dem angeborenen Triebe der Hellenen zur Abwechslung mußte die Literatur entgegenkommen. Ursprünglich herrschte jedenfalls die Sucht nach neuen Stoffen vor. Läßt doch schon ein Rhapsode den Odysseus sagen (μ 452 f.):

$$\dot{\epsilon}\chi\vartheta\varrho\grave{o}\nu\ \delta\acute{\epsilon}\ \mu o\acute{\iota}\ \dot{\epsilon}\sigma\tau\iota\nu$$
$$\alpha\tilde{v}\tau\iota\varsigma\ \dot{\alpha}\varrho\iota\zeta\acute{\eta}\lambda\omega\varsigma\ \epsilon\dot{\iota}\varrho\eta\mu\acute{\epsilon}\nu\alpha\ \mu\upsilon\vartheta o\lambda o\gamma\epsilon\acute{\upsilon}\epsilon\iota\nu,$$

woraus der Scholiast die irrige Schlußfolgerung zieht, daß die $\delta\iota\sigma\sigma o\lambda o\gamma\acute{\iota}\alpha\iota$ bei Homer gegen Kunst und Brauch des Dichters verstoßen. Und Telemachos sagt zur zürnenden Mutter, als sie dem Phemios das Lied von der traurigen Heimfahrt der Griechen verweist (α 351):

$$\tau\grave{\eta}\nu\ \gamma\grave{\alpha}\varrho\ \dot{\alpha}o\iota\delta\grave{\eta}\nu\ \mu\tilde{\alpha}\lambda\lambda o\nu\ \dot{\epsilon}\pi\iota\varkappa\lambda\epsilon\acute{\iota}o\upsilon\sigma'\ \ddot{\alpha}\nu\vartheta\varrho\omega\pi o\iota,$$
$$\ddot{\eta}\ \tau\iota\varsigma\ \dot{\alpha}\varkappa o\upsilon\acute{o}\nu\tau\epsilon\sigma\sigma\iota\ \nu\epsilon\omega\tau\acute{\alpha}\tau\eta\ \dot{\alpha}\mu\varphi\iota\pi\acute{\epsilon}\lambda\eta\tau\alpha\iota.[2])$$

Horaz zeichnet[3]) mit kurzen Strichen die rasche Empfänglichkeit des Hellenen für Neuerungen auf dem Gebiete der Gymnastik, der bildenden und musischen Künste und trifft in der Charakteristik mit den bekannten allgemeinen Bemerkungen des Aristoteles über die Entwicklung besonders des attischen Geistes zusammen.[4])

In der epischen Dichtung mußte sich, als der künstlerisch ältesten Form, ein Ausleben zunächst bemerkbar machen, zumal die Kykliker das von Ilias und Odyssee betretene oder nur angedeutete Stoffgebiet

---

1) paneg. c. 3.   2) vgl. ϑ 74.

3) ep. II 1, 93—102. Die Wurzel liegt in dem von Platon (pol. IV c. 11 p. 435 E) zuerst fixierten Wissenstrieb des Hellenen: $\tau\grave{o}\ \varphi\iota\lambda o\mu\alpha\vartheta\acute{\epsilon}\varsigma,\ \ddot{o}\ \delta\grave{\eta}\ \pi\epsilon\varrho\grave{\iota}\ \tau\grave{o}\nu\ \pi\alpha\varrho'\ \dot{\eta}\mu\tilde{\iota}\nu\ \mu\acute{\alpha}\lambda\iota\sigma\tau'\ \ddot{\alpha}\nu\ \tau\iota\varsigma\ \alpha\dot{\iota}\tau\iota\acute{\alpha}\sigma\alpha\iota\tau o\ \tau\acute{o}\pi o\nu$ (gegenüber dem $\vartheta\upsilon\mu o\epsilon\iota\delta\acute{\epsilon}\varsigma$ des Thrakers und dem $\varphi\iota\lambda o\chi\varrho\acute{\eta}\mu\alpha\tau o\nu$ des Semiten).

4) Polit. V 6: $\sigma\chi o\lambda\alpha\sigma\tau\iota\varkappa\acute{\omega}\tau\epsilon\varrho o\iota\ \gamma\grave{\alpha}\varrho\ \gamma\epsilon\nu\acute{o}\mu\epsilon\nu o\iota\ \delta\iota\grave{\alpha}\ \tau\grave{\alpha}\varsigma\ \epsilon\dot{\upsilon}\pi o\varrho\acute{\iota}\alpha\varsigma\ \varkappa\alpha\grave{\iota}\ \mu\epsilon\gamma\alpha\lambda o\psi\upsilon\chi\acute{o}\tau\epsilon\varrho o\iota\ \pi\varrho\grave{o}\varsigma\ \dot{\alpha}\varrho\epsilon\tau\acute{\eta}\nu,\ \ddot{\epsilon}\tau\iota\ \tau\epsilon\ \pi\varrho\acute{o}\tau\epsilon\varrho o\nu\ \varkappa\alpha\grave{\iota}\ \mu\epsilon\tau\grave{\alpha}\ \tau\grave{\alpha}\ M\eta\delta\iota\varkappa\grave{\alpha}\ \varphi\varrho o\nu\eta\mu\alpha\tau\iota\sigma\vartheta\acute{\epsilon}\nu\tau\epsilon\varsigma\ \dot{\epsilon}\varkappa\ \tau\tilde{\omega}\nu\ \ddot{\epsilon}\varrho\gamma\omega\nu,\ \pi\acute{\alpha}\sigma\eta\varsigma\ \ddot{\eta}\pi\tau o\nu\tau o\ \mu\alpha\vartheta\acute{\eta}\sigma\epsilon\omega\varsigma,\ o\dot{\upsilon}\delta\grave{\epsilon}\nu\ \delta\iota\alpha\varkappa\varrho\acute{\iota}\nu o\nu\tau\epsilon\varsigma\ \dot{\alpha}\lambda\lambda'\ \dot{\epsilon}\pi\iota\zeta\eta\tau o\tilde{\upsilon}\nu\tau\epsilon\varsigma.$ Es ist athenisches Prinzip, das Thukydides (I 71) die Korinthier den Neuerungen abholden Lakedaimoniern gegenüber aussprechen läßt: $\dot{\alpha}\nu\acute{\alpha}\gamma\varkappa\eta\ \delta\grave{\epsilon}\ \ddot{\omega}\sigma\pi\epsilon\varrho\ \tau\acute{\epsilon}\chi\nu\eta\varsigma\ \dot{\alpha}\epsilon\grave{\iota}\ \tau\grave{\alpha}\ \dot{\epsilon}\pi\iota\gamma\iota\gamma\nu\acute{o}\mu\epsilon\nu\alpha\ \varkappa\varrho\alpha\tau\epsilon\tilde{\iota}\nu.$

fleißig beackerten und Dithyrambos und Tragödie dieselben Mythen und Erzählungen dramatisierten. Schon sehr früh, zu Herodots Zeiten, hören wir über die Erschöpfung alter, vielbesungener Stoffe klagen, wenn Choirilos [1]) singt:

> Ἄ μάκαρ, ὅστις ἔην κεῖνον χρόνον ἴδρις ἀοιδῆς,
> Μουσάων θεράπων, ὅτ᾽ ἀκήρατος ἦν ἔτι λειμών.
> νῦν δ᾽ ὅτε πάντα δέδασται, ἔχουσι δὲ πείρατα τέχναι,
> ὕστατοι ὥστε δρόμου καταλειπόμεθ᾽, οὐδέ πῃ ἔστι
> πάντῃ παπταίνοντα νεοζυγὲς ἅρμα πελάσαι.

Infolgedessen heiße es einen neuen Weg bahnen (ἥγεό μοι λόγον ἄλλον), den er selbst mit der Perseis, einem zeitgenössischen Stoff, betrete. Indes ist nur die Form neu: der Stoff ist den prosaischen Geschichten des Herodotos entnommen, wie das unzweifelhafte Abhängigkeitsverhältnis beider zeigt.[2])

Wie die homerischen Gedichte selber verschiedene Zusätze verschiedener Dichter und Zeiten erfuhren, indem die Rhapsoden, um die Neues verlangenden Zuhörer zu befriedigen, Andeutungen des alten Kernes breiter ausspannen, und mit dem überkommenen Sprach- und Versgut der epischen Tradition nicht selten auch ungehörig wirtschafteten[3]), so haben die Kykliker, die gleichfalls auf stoffliche Neuheit besonders der erotisch-romantischen Motive das Hauptgewicht legten, dem gegenüber sie die künstlerische Form zurücktreten ließen, die homerische Sprachform nicht immer in glücklicher Weise benutzt. Aristarch protestiert bereits gegen die Stoffverwertung der νεώτεροι, deren ästhetische Minderwertigkeit gegenüber Homer schon Isokrates[4]) und Aristoteles[5]) proklamiert hatten. Vor allem findet er die romantisch-pikanten Sagenumwandlungen der „Jüngeren" der ernsten Würde der homerischen Poesie nicht entsprechend.[6]) Öfters konstatiert er den „kyklischen Mißbrauch" der homerischen Sprache; wenn er stereotype Beiwörter, formelhafte Wendungen an unpassenden Stellen, nachlässige Ausdrucksweise, breite Wiederholungen, schablonenhafte Charakteristiken[7]) als κυκλική κατάχρησις bezeichnet, so können wir daraus Rückschlüsse auf die ästhetischen Mängel der Kykliker machen, die

---

1) ep. gr. fr. p. 266 K.

2) D. Mülders Hypothese (Klio 7, 29 ff.), daß Herodot von Ch. abhänge, scheitert trotz allen Scharfsinnes an den bestimmten chronologischen Daten.

3) Vgl. Rothe, *Die Bedeutung der Wiederholungen für die homerische Frage* S. 154 ff.   4) 12, 263.   5) poet. c. 23.

6) Belege bei Bachmann, II, 30.

7) Belege bei Bachmann, II, 25 u. 31.

wir aus den spärlichen Überbleibseln nicht mehr nachzuweisen vermögen.

Mit dieser ästhetischen Einschätzung der kyklischen Dichtung von seiten des Aristarch hängt aufs engste der Prinzipienstreit zusammen, der schon vorher zwischen Kallimachos und seiner Richtung und der gegnerischen Anschauung des Apollonios und Genossen entbrannt war. Vor allem protestierten jene gegen das kyklische Wiederkäuen längst behandelter Stoffe in geistloser Verwendung der abgegriffenen epischen Phrasen. In diesem Sinne schmettert Kallimachos jene vielbesprochene Chamade heraus[1]):

$$\mathrecht{ἐχθαίρω τὸ ποίημα τὸ κυκλικὸν οὐδὲ κελεύθῳ}$$
$$\mathrecht{χαίρω, τίς πολλοὺς ὧδε καὶ ὧδε φέρει.}$$

Ihm stimmten Theokritos[2]) bei und Parthenios.[3]) Und Horaz[4]) schließt sich derselben ästhetischen Anschauung an, wenn er die Nachahmung nur unter der Bedingung billigt,

si
non circa vilem patulumque moraberis orbem,

in offenbarer Anspielung an das *κυκλικὸν ποίημα*.[5])

Noch Statius[6]) spricht von den *trita vatibus orbita* und Pollianos, aus Hadrians Zeit, spottet[7]):

τοὺς κυκλίους τούτους τοὺς 'αὐτὰρ ἔπειτα' λέγοντας
μισῶ, λωποδύτας ἀλλοτρίων ἐπέων . . .
οἱ δ' οὕτως τὸν Ὅμηρον ἀναιδῶς λωποδυτοῦσιν,
ὥστε γράφειν ἤδη 'μῆνιν ἄειδε θεά',

während der Maler Galaton, ebenfalls dem Ptolemäerhofe angehörig, das Motiv behandelte, wie Homer sich übergibt und die übrigen Dichter das Erbrochene auffangen[8]), ein unappetitliches, aber drastisches Bild.

Weil man eben ganz nach aristotelischer Auffassung in Homer die Vollendung des Epos erblickte und ihn für unerreichbar hielt[9]),

---

1) ep. 28. Hauptwerk: K. Dilthey, *de Callimachi Cydippa*. Die Stellen, die in dem Streite Kallimachos-Apollonios in Betracht kommen, behandelt J. Heumann (*de epyllio Alexandrino*, Diss. Leipz. 1904 p. 13 ff.) eingehend.
2) VII 45 ff.

ὥς μοι καὶ τέκτων μέγ' ἀπέχθεται, ὅστις ἐρευνῇ
ἴσον ὄρευς κορυφῷ τελέσαι δόμον Εὐρυμέδοντος,
καὶ Μοισᾶν ὄρνιχες ὅσοι ποτὶ Χῖον ἀοιδόν
ἀντία κοκκύζοντες ἐτώσια μοχθίζοντι.

Pindar hatte diese törichten Nachtreter (Ol II 86) „krächzende Raben" gescholten
3) Anth. Pal. VII 377.　　4) ars poet. v. 132.
5) Propertius (IV 1, 14): *non datur ad Musas currere lata via.*
6) Silv. II 7, 51.　　7) Anth. Pal. XI 130.　　8) Ailian v. h. 13, 22.
9) fr. 74a Schn.; Theokr. 16, 20, 22, 218 ff.; Euphor. fr. 62 *M.*

wandten sich Kallimachos und seine Gesinnungsgenossen mit solcher
Schärfe gegen diejenigen, die das kostbare Gut des Epikers κατ' ἐξοχήν
in täppischer Weise mißbrauchten. Deshalb richtete jener seine Kritik
auch gegen die vielbewunderte Kunst des Antimachos[1]) und einen
der feurigsten Bewunderer desselben, den Philosophen Platon.[2])

Weil aber Kallimachos die Ansicht hatte und mit ihm die Wortführer der neuen Richtung, daß die epische Form in Homer die
höchste Vollendung erreicht habe, daß diese Gattung ausgeschöpft sei,
sucht er nach einer neuen Form und findet sie im Gegensatz zu dem
Epos alten Stiles in kurzen, feinziselierten Einzelliedern. Diese ließen
sich allerdings nicht mit der Elle messen[3]), meint er mit bissigem
Humor; ein dickes Buch sei ein großes Übel[4]); er liebe nicht ein viele
Bücher durchlaufendes ἄεισμα διηνεκές[5]); nicht jene Versungeheuer,
die dem Meere oder dem Riesenstrom Euphrates gleichen, der Schlamm
und allerlei Unrat mit sich führe[6]), nicht jene dem Ibis ähnlichen
Epiker, die von den Abfällen des alten Epos lebten[7]), Anwürfe, die
sich zum großen Teil gegen Apollonios[8]) wenden.

Die Detailkunst, auch in den bildenden Künsten mit dem Veris-
mus verschwistert, konnte dem Leser und Hörer nicht mehr langaus-
gesponnene Epen zumuten, wenn anders er die feine Ziselierarbeit des
Dichters würdigen sollte. Die kulturgesättigte, teilweise blasierte Zeit
war der breiten „klassischen" Epik überdrüssig geworden. •Und diese
Abneigung übertrug sich auf die Folgezeit. Propertius, angeregt von
Maecenas, des Kaisers Taten episch zu verherrlichen, beruft sich auf das

---

1) fr. 74 b Schn.

2) Procl. ad Plat. remp. I p. 43, 13 Kr. 65, 1 ff. u. ad Plat. Tim. I 90, 95 Diehl.

3) fr. 481: μὴ μετρεῖν σχοίνῳ Περσίδι τὴν σοφίην.

4) fr. 359: τὸ γὰρ μέγα βιβλίον ἴσον τῷ μεγάλῳ κακῷ.

5) fr. 287: οὐχ ἓν ἄεισμα διηνεκὲς ἤνυσα.

6) Hymn. II 105.:

> Ὁ Φθόνος Ἀπόλλωνος ἐς οὔατα λάθριος εἶπεν·
> οὐκ ἄγαμαι τὸν ἀοιδὸν ὃς οὐδ' ὅσα πόντος ἀείδει.
> τὸν Φθόνον Ὡπόλλων ποδί τ' ἤλασεν ὧδέ τ' ἔειπεν·
> Ἀσσυρίου ποταμοῖο μέγας ῥόος, ἀλλὰ τὰ πολλὰ
> λύματα γῆς καὶ πολλὸν ἐφ' ὕδατι συρφετὸν ἕλκει.
> Δηοῖ δ' οὐκ ἀπὸ παντὸς ὕδωρ φορέουσι μέλισσαι,
> ἀλλ' ἥτις καθαρή τε καὶ ἀχράαντος ἀνέρπει
> πίδακος ἐξ ἱερῆς ὀλίγη λιβὰς ἄκρον ἄωτον.

7) Vgl. Suid. unter Καλλίμαχος.

8) Literatur verzeichnet bei Christ-Schmid II 97 [7].

Beispiel seines Vorbildes Kallimachos[1]); Vergil erinnert daran[2]), daß die
mythologischen Stoffe erschöpft und abgegriffen seien; Horatius und Ovidius lehnen wiederholt ab ein Epos zu dichten mit der konventionellen
Entschuldigung, ihre Kräfte seien dazu zu schwach.[3]) In Wirklichkeit
widerstrebt ihrem Kunstgeschmack die langatmige Form des homeri-
rischen Epos. Mit ungeschminkten Worten tritt später die Gering-
schätzung der Epik, wie z. B. bei Martialis hervor, der vermutlich
mit einem Seitenhieb auf Statius über den aufgeblähten Schwulst des
Heldengedichts spöttelt.[4])

Im Zusammenhang damit steht auch die kallimacheische Abneigung gegen die abgegriffenen Themen überhaupt. Er haßt alle *publica materies*[5]), die gemeinsame Heeresstraße. So suchte man denn,
wiederum nach isokratischem Vorbild, noch nicht erschöpfte Stoffe,
abgelegene Lokalsagen, Natursagen, Pflanzenfabeln, Märchen, taucht
hinab in das schätzereiche Bergwerk des Volkstums, machte Reisen
mit dem Notizblock in der Hand, verschaffte sich Quellenbücher[6]) und
Stoffsammlungen, und versäumte nicht, gelegentlich seinen Forscher-

---

1) II 1, 39 f.:
> *neque Phlegraeos Iovis Enceladique tumultus*
> *intonet angusto pectore Callimachus,*
> *nec mea conveniunt duro praecordia versu,*
> *Caesaris in Phrygios condere nomen avos.*

2) Georg. III 3:
> *cetera, quae vacuas tenuissent carmine mentes,*
> *omnia iam volgata: quis aut Eurysthea durum*
> *aut inlaudati nescit Busiridis aras . . .*
> *temptanda via est, qua me quoque possim*
> *tollere humo victorque virum volitare per ora.*

3) Vgl. Riedner S. 24—30.

4) IV 49: *Ille magis ludit, qui scribit prandia saevi*
> *Tereos aut cenam, crude Thyesta, tuam . . .*
> *a nostris procul est omnis vesica libellis*
> *Musa nec insano syrmate nostra tumet.*

5) ep. 28: μισέω καὶ περίφοιτον ἐρώμενον οὐδ' ἀπὸ κρήνης
> πίνω· σικχαίνω πάντα τὰ δημόσια.
Horatius (ep. I 3, 10) lobt den Titius
> *Pindarici fontis qui non expalluit haustus,*
> *fastidire lacus et rivos ausus apertos*
mit deutlicher Anspielung auf ein pindarisches Wort (fr. 274 Chr.), das Quintilian (inst. X 1, 109) erwähnt: *non enim pluvias, ut ait Pindarus, aquas colligit,
sed vivo gurgite exundat.* Deshalb halte ich das überlieferte ἀπὸ κρήνης für ver-
derbt; es wird doch die Bedeutung „überallher zusammengelaufenes Wasser"
gegenüber der reinen, ungetrübten Quelle vorausgesetzt.

6) Cicero (ad Att. 1, 9, 2) ersucht im Auftrag des Dichters Thyillos den
Atticus um die Εὐμολπιδῶν πάτρια zu einem Gedichte; vgl. auch Wachsmuth,
de Tim. sillogr. II 18 f.

fleiß zu rühmen.[1]) Mit Stolz hebt der gelehrte Dichter hervor, neue
Pfade zu wandeln[2]) und entschuldigt sich, wenn man behandelte Themen
wiederholen muß.[3])

Aber trotzdem man den verwöhnten Gaumen der Zeitgenossen
durch neue, raffinierte Form und Stoffe reizen und befriedigen wollte,
ist selbständige Erfindung des Stoffes ausdrücklich von Kallimachos
ausgeschlossen[4]); die Macht der παράδοσις macht sich bei der gelehrten
Dichtung der hellenistisch-römischen Zeit ganz besonders geltend.
Wenn sie auch überlebte Formen aufgab und vernachlässigte oder
bisher nur angedeutete oder spärlich bebaute Gebiete mit regstem Eifer
kultivierte — es sei nur an die Bukolik oder die erzählende Elegie
erinnert — und zum Teil ganz umpflügte, so blieb sie doch dem alten
Grundsatz getreu, nichts aus sich selber in freischaffender Phantasie
zu erfinden, sondern höchstens verschüttete Quellen aufzudecken, die
Früchte der wissenschaftlichen Forschung in kulturhistorischen und anti-
quarischen Werken mit Poesie zu kandieren, durch aitiologische Exegese
von Lokalsitten, naturgeschichtlichen Märchen und Tier- und Pflanzenfabeln, durch psychologische Vertiefung einzelner Episoden aus der
Götter- und Heldensage den Zusammenhang mit den uralten National-
mythen der großen Vergangenheit, wie sie im Kanon der Meister des
Epos, Dithyrambos und der Tragödie verherrlicht vorlagen, aufrecht
zu erhalten, wobei allerdings wie in der Kunst das mächtige Pathos
gorgianischer Geziertheit und Zärtlichkeit weichen mußte. Auch die
Lust den Vorgänger zu übertreffen, erhellt aus der Behandlung des
gleichen Motivs gleichzeitiger Dichter: so hören wir von einer Galateia
des Kallimachos, Theokritos, Nikias; einem Glaukos von Kallimachos,
Alexandros Aitolos, Hedylos; einem Herakles von Theokritos und Parthenios u. dgl.

Wenn es jetzt Sitte wird, daß die Dichter und Schriftsteller überhaupt sich als Pfadfinder neuer Wege brüsten, so handeln sie nach
alexandrinischem Vorbild. Und immer dreht es sich wie bei jenen um
neue Formen und Einführung neuer γένη. So rühmt sich Babrius[5]):

---

1) Kallim. ep. 27; Cinna bei Isid. orig. VI 12 u. ö.

2) Kallim. fr. 293: ἑτέρων δ' ἴχνια μὴ καθομά; Artemidoros (Ὀνειροκριτικά
IV 63) rühmt Lykophrons Alexandra, die Λέσχαι des Herakleides Pont. und die
Elegien des Parthenios als ἱστορίαι ξέναι καὶ ἄτριπτοι.

3) Apollonios Rhod. (IV 982 f.):

ἵλατε Μοῦσαι,

οὐκ ἐθέλων ἐνέπω προτέρων ἔπος.

4) Kallim. fr. 442: ἀμάρτυρον οὐδὲν ἀείδω, ein Programmpunkt, nach dem
sich fast alle alexandrinischen Epylliendichter kehren (Heumann a. O. 46).

5) pr. II (Crusius p. 98).

ἀλλ᾽ ἐγὼ νέῃ μούσῃ
δίδωμι, φαλάρῳ χρυσέῳ χαλινώσας
τὸν μυθίαμβον ὥσπερ ἵππον ὁπλίτην.
ὑπ᾽ ἐμοῦ δὲ πρώτου τῆς θύρης ἀνοιχθείσης
εἰσῆλθον ἄλλοι ...
μαθόντες οὐδὲν πλεῖον ἢ 'με γινώσκειν.

Auch bei ihm kann es sich bei der „Neuheit" nicht etwa um „Erfindung" des Fabelstoffes handeln: dieser lag in älteren und neueren Sammlungen vor. Aber die künstlerische, poetische Formung und Stoffgestaltung ist seine Erfindung, nicht bloß Vers und Sprache. Seine Nachahmer verändern wiederum die Versform, wie die Dichter der μυθικά des „Anhangs" zeigen, behalten aber sonst genau die Darstellung des Musters bei. Ein ähnliches Vorgehen sehen wir bei Lukianos[1]), der sich rühmt, er habe mit seinen Dialogen ein neues γένος in die Literatur gebracht. In der Tat waren aber Dialoge längst in der philosophischen, besonders peripatetischen Literatur heimisch gewesen; Lukianos hatte sie nur mit dem kaustischen Witz der Komödie durchtränkt, wie er selbst sagt.

Wenn die römischen Autoren auf die *νέα ὁδός* pochen, so ist bei Terenz und Plautus unter der *nova fabula* (in den Prologen) ein Stück gemeint, das noch nicht aus dem Griechischen übersetzt und auf die Bühne gebracht ist.[2]) Und wenn Vergil sagt[3]): *saltus sequamur intactos*, so ward ihm, wie die Berner Scholien zeigen, der Einwurf gemacht, Hesiodos, Nikandros u. a. hätten schon vor ihm dieses γένος bearbeitet; aber, lautet die Rechtfertigung, *intactos ad Romanos rettuli, quia nullus scripsit*. Ebenso meint Plinius[4]) von seiner Naturgeschichte: *iter est non trita auctoribus via nec qua peregrinari animus expetat; nemo apud nos, qui idem temptaverit*. Ingleichen wird Cicero nicht müde zu bemerken, er habe die Philosophie nach Latium verpflanzt. Ennius betont[5]), er habe den griechischen Hexameter eingeführt; Horatius[6]), er habe den Römern das griechische Melos und die Jamben des Archilochos geschenkt; Lucretius[6]), er habe das naturwissenschaftliche Epos als érster in Rom gepflegt; Ovidius[7]), er habe die Heroiden nach Latium gebracht. Phaedrus[8]) rühmt sich der Einführung der aisopischen Fabel, Manilius[9]), ihm verdankten die Landsleute das astronomische Lehrgedicht usw.

---

1) Prom. in verbis 3.
2) Röhricht, Aug., *Quaestiones scaenicae* .. (Diss. Argent. 1885).
3) Georg. III 40.
4) n. h. praef. 12.   5) annal. 226 ff. *M.*   6) Stellen bei Riedner S. 68.
7) ars am. III 346.   8) III prol. 38.   9) II 57. III 1 ff.

War nun in dem großen Prinzipienstreit zwischen Kallimachos und Apollonios — um die zwei Gegenpole herauszuheben — das Dogma des Kyreṇäers zum herrschenden geworden, das die Neugestaltung der Form auf den Schild hob, so erhebt sich die weitere Frage: Wie hat sich die ästhetische Norm in der Komödie entwickelt?

Platon fordert in den „Gesetzen"[1]) von den Komödien, sie sollten stets Neues bringen. So wollte es auch das Publikum. Aristophanes sagt[2]) von den Zuschauern — und er kannte das anspruchsvolle Volk der Athener —:

πέραινε μόνον μήτε δεδραμένα μητ' εἰρημένα πω πρότερον.
μισοῦσι γὰρ ἢν τὰ παλαιὰ πολλάκις θεῶνται.

Ebenso hebt Antiphanes[3]) die Wertschätzung hervor, die neue Ideen bei den Zuhörern fanden:

ἐπὶ τὸ καινουργεῖν φέρου
οὕτως ἐκείνως, τοῦτο γιγνώσκων ὅτι
ἓν καινὸν ἐγχείρημα, κἂν τολμηρὸν ᾖ,
πολλῶν παλαιῶν ἐστι χρησιμώτερον.

Und Anaxandrides[4]) empfiehlt neue Gedanken dem Publikum vorzubringen aus subjektiven und objektiven Gründen:

ἡδονὴν ἔχει,
ὅταν τις εὕρῃ καινὸν ἐνθύμημά τι,
δηλοῦν ἅπασιν· οἱ δ' ἑαυτοῖσιν σοφοὶ
πρῶτον μὲν οὐκ ἔχουσι τῆς τέχνης κριτήν,
εἶτα φθονοῦνται· χρὴ γὰρ εἰς ὄχλον φέρειν
ἅπανθ' ὅσ' ἄν τις καινότητ' ἔχειν δοκῇ.

Je schwieriger es nun wurde, bei der Fülle der Produktion neue Motive zu erfinden — von den herkömmlichen Mitteln der Komik, den Anspielungen, Parodien, den drolligen Wortzusammensetzungen, dem Wechsel von Pathos und Vulgärem u. dgl. ganz abgesehen — destomehr fanden sich die Konkurrenten veranlaßt, ihren Zuhörern die Originalität ihrer Schöpfungen recht nachdrücklich vorzurücken, womöglich mit einer kollegialen Anschwärzung älterer oder jüngerer Nebenbuhler. So rühmt sich Aristophanes[5]) seiner unerschöpflichen Phantasie, die immer wieder dem Publikum Neues auftische:

κἀγὼ μὲν τοιοῦτος ἀνὴρ ὢν ποιητὴς οὐ κομῶ
οὐδ' ὑμᾶς ζητῶ 'ξαπατᾶν δὶς καὶ τρὶς ταῦτ' εἰσάγων,

---

1) leg. VII 816 E. καινὸν δ' ἀεί τι περὶ αὐτὰ φαίνεσθαι τῶν μιμημάτων.
2) Ekkles. 578 ff.   3) CA Fr. II p. 22 fr. 29 K.   4) CA Fr. II 159 K.
5) nub. 545 ff.

ἀλλ' ἀεὶ καινὰς ἰδέας ἐσφέρων σοφίζομαι,
οὐδὲν ἀλλήλαισιν ὁμοίας καὶ πάσας δεξιάς.

Ebenso tröstet er sich in der Parabase der „Wespen"[1]) über den Durchfall seiner „Wolken", daß das kunstunverständige Publikum die „funkelnagelneuen Ideen" nicht erkannt habe. Aber auch andere Komöden betonen ihre Selbständigkeit; so Metagenes im Philothytes[2]):

ὡς ἂν καιναῖσαι παροψίσι καὶ πολλαῖς εὐωχήσω
τὸ θέατρον

und Lysippos in der Parabase seiner Βάκχαι[3]):

οὐδ' ἀνακνάψας καὶ θειώσας τὰς ἀλλοτρίας ἐπινοίας.

Indes darf nicht übersehen werden, daß dieses Selbstlob nicht immer wörtlich zu nehmen ist[4]); manche Motive des Aristophanes können wir heute noch als Umgestaltungen älterer nachweisen, womit wir uns angesichts der verschütteten voraristophanischen Komödie begnügen müssen.

Übrigens befand sich die Komödie der Tragödie gegenüber im Nachteil insofern, als der Mythos als Substrat der Tragödie von vornherein bekannt war, selbst die Einzelpersonen in ihren Schicksalen und Hauptcharakteren, so daß der Dichter nur deren Namen zu nennen brauchte, um lauter wohlbekannte Vorstellungen im Herzen der Zuschauer auszulösen. Hingegen hatte die Komödie alles zu erfinden, die Verwicklung, den phantastischen Aufputz, die Situationskomik, die Idee des Stückes. Antiphanes weiß diesen Unterschied zwischen Tragikern und Komöden mit scharfen Strichen zu zeichnen.[5]) Das Publikum, das bloß unterhalten und belustigt sein will, ist in der Regel anspruchsvoller, seine Lachmuskeln durch stets neue Possen gereizt zu sehen, als jenes, das im ernsten Spiel eine ethische Befriedigung und sein seelisches Gleich-

---

1) vesp. 1044 f.:
    πέρυσιν καταπρούδοτε καινοτάταις σπείραντ'
    αὐτὴν διανοίαις..
2) I 708 K.   3) I 700 K.
4) Vgl. W. Süß, *Aristophanes und die Nachwelt (das Erbe der Alten II/III*, Leipz. 1911, S. 6).
5) CAFr II 90 K (vgl. Tzetzes bei Kaibel CFrGr I 17, 4 ff.):
        „Μακάριόν ἐστιν ἡ τραγῳδία
  ποίημα κατὰ πάντ', εἴ γε πρῶτον οἱ λόγοι
  ὑπὸ τῶν θεατῶν εἰσιν ἐγνωρισμένοι,
  πρὶν καί τιν' εἰπεῖν. ὥσθ' ὑπομνῆσαι μόνον
  δεῖ τὸν ποιητήν ...
  ἡμῖν δὲ ταῦτ' οὐκ ἔστιν, ἀλλὰ πάντα δεῖ
  εὑρεῖν, ὀνόματα καινά, τὰ διῳκημένα
  πρότερον, τὰ νῦν παρόντα, τὴν καταστροφήν,
  τὴν εἰσβολήν. ἂν ἕν τι τούτων παραλίπῃ
  Χρέμης τις ἢ Φείδων τις, ἐκσυρίττεται."

gewicht, eine Erhebung über die Niederungen des Alltaglebens sucht.
Daraus erklärt sich aber auch die Häufigkeit der Plagiatvorwürfe unter
den Komikern, wie wir sie im ersten Teil kennen lernten.

Zwei Umstände[1]) veränderten die Grundlage der alten Komödie
völlig: das Verbot der namentlichen Verhöhnung der Staatsbeamten und
das Sparsystem, das die verarmte Bürgerschaft Athens seit dem Verlust der griechischen Hegemonie in der Leiturgie der Komödien anwandte. Die politische Aktion war damit vorüber und der Phantastik
aus technischen Gründen ein Zaum angelegt. Die Komödie lief allmählich in das humoristisch-parodistische Fahrwasser des bürgerlichen
Lustspiels ein, um im harmlos-frivolen Charakter- und Intriguenspiel
zu landen. Die Kunst des Dichters liegt weniger in der Stofferfindung —
die Motive der Erkennungsszenen, der Verwechslungen, Intriguen, Situationskomik, der erotischen Wechselfälle lagen im alten Drama namentlich des Euripides und der Komödie und in der Elegie vorgebildet —,
sondern in der feinen Führung des Dialogs und der flotten und rea-
listischen Charakterzeichnung; die Haupttypen: der alte Geizhals, der
Sykophant, der verlogene Galgenstrick von einem Sklaven, der Prahlhans,
die verschmitzte Hetäre, der verliebte junge Mann, zu denen hie und
da noch eine weitere glücklich erfundene Figur (der Parasit des Alexis,
der Misanthrop des Phrynichos, der Bramarbas des Timokles) kam,
wurden konventionelle Elemente der neueren Komödie, die das Publikum
zu sehen wünschte, wie später den Harlekin und die Colombine oder
den Hanswurst und Kasperl. Wie bei uns das französische Lustspiel
den doppelten Boden einer gewissen Ehemoral zum ständigen Motiv
hat, so fanden einst glückliche Einfälle, wie die Verwechselung von
Doppelgängern, Düpierung des knauserigen Vaters, Intriguen des abgefeimten Kupplers u. dgl. immer wieder Verwendung, wie in unsern
Lustspielen und Operetten eine gewisse Situationskomik und wirksame
Motive immer wiederkehren. Es handelte sich schließlich nur mehr
um ein fortgesetztes „Neuempfinden und Neumotivieren des Vorhandenen".[2]) So kommt es denn auch, daß wir von gegenseitigen Plagiatvorwürfen der späteren griechischen Komödie[3]) nichts mehr vernehmen

---

1) Ἀριστοφάνους βίος § 10: Ψηφίσματος γὰρ γενομένου χορηγικοῦ ὥστε μὴ
ὀνομαστὶ κωμῳδεῖν τινα καὶ τῶν χορηγῶν οὐκ ἀντεχόντων πρὸς τὸ χορηγεῖν καὶ
παντάπασιν ἐκλελοιπυίας τῆς ὕλης τῶν κωμῳδιῶν διὰ τούτων αὐτῶν ... ἔγραψε
Κώκαλον, ἐν ᾧ εἰσάγει φθορὰν καὶ ἀναγνωρισμὸν καὶ τἄλλα πάντα ἃ ἐξήλωσε
Μένανδρος ...

2) Burckhardt I 62.

3) Der Vergleich mit den römischen Lustspieldichtern ist hier nicht an-
gebracht. Wir wissen, wie sich Plautus und namentlich Terenz in ihren Prologen

— Literarhistoriker stachen die „Plagiate" ja wohl auf —, obschon gleiche Stoffe behandelt wurden, wie sich aus den gleichen Titeln ergibt: wir kennen einen Θησαυρός von Dioxippos, Diphilos, Menandros, Philemon; 'Αδελφοί von Apollodoros, Diphilos, Euphron, Hegesippos, Menandros, Philemon; einen 'Επίκληρος von Alexis, Antiphanes, Diodoros, Diphilos, Heniochos und Menandros u. a. m.

Wir sehen somit, daß auch die anfangs so urwüchsig und originell sich geberdende Komödie schließlich in den Wettstreit der neuen Formgestaltung, der glücklichen Mischung überkommener Motive und Formen ausmündet.

Bei der Tragödie ist ohnehin der Stoff im Mythos von Anfang an fest umgrenzt. Das Gesetz, das Aristoteles[1]) aus der Kunstübung der besten Zeit abstrahierte, wurde Norm: die überlieferten Sagen dürfe man nicht aufheben, daß z. B. Klytaimestra durch Orestes und Eriphyle durch Alkmaion fällt; aber der Dichter müsse Neues hinzuerfinden und von der παράδοσις einen guten Gebrauch machen[2]), d. h. wie der Dichter den Hörer zu dem unveränderlichen Endergebnis hinführt, welche Motivierung, welche Verwicklungen er gebraucht, welche neue Erdichtungen von Personen und Handlungen er für notwendig findet, ist seine Sache. Da nun die Dichter bei der Suche nach tragischen Mythen immer auf dieselben Motive stoßen mußten, bewegen sich die am schönsten gestalteten Tragödien schließlich nur innerhalb weniger Familien, fährt Aristoteles fort.[3]) In der Tat kennen wir einen Alkmaion des Sophokles, Agathon, Astydamas, Nikomachos, Theodektes und Euripides; einen Oidipus des Aischylos, Sophokles, Euripides, Achaios, Nikomachos, Philokles, Xenokles, Diogenes, Karkinos; einen Meleagros von Phrynichos, Sophokles, Euripides, Antiphon; einen Thyestes von Euripides, Karkinos, Agathon, Kleophon, Diogenes,

---

gegen die Angriffe der Gegner verteidigen. Die *nova fabula* erhebt aber nur den Anspruch, zum erstenmal aus dem Griechischen übertragen worden zu sein. Wenn im Prolog zum Eunuchen (V. 25) der Gegner meint:

Colacem esse Naevi et Plauti veterem fabulam,

so erwidert der Dichter (V. 30):

Colax Menandrist.

Also nur die Entlehnung aus heimischen Werken galt für unrecht, ebenso die Absicht, eine Anleihe verbergen zu wollen (*furtum facere*, prol. Eun. 28); die Übersetzung, freie Bearbeitung oder Kontamination griechischer Stücke war allgemein üblich.

1) c. 14: τοὺς ... παρειλημμένους μύθους λύειν οὐκ ἔστιν.

2) ib. αὐτὸν δὲ εὑρίσκειν δεῖ καὶ τοῖς παραδεδομένοις χρῆσθαι καλῶς.

3) c. 14, 9 und 20: ζητοῦντες γὰρ οὐκ ἀπὸ τέχνης ἀλλ᾽ ἀπὸ τύχης εὗρον τὸ τοιοῦτον παρασκευάζειν ἐν τοῖς μύθοις. ἀναγκάζονται οὖν ἐπὶ ταύτας τὰς οἰκίας ἀπαντᾶν ὅσαις τὰ τοιαῦτα συμβέβηκε πάθη.

Apollodoros, Chairemon, Theodektes; einen Telephos von Aischylos,
Sophokles, Euripides, Agathon, Moschion, Kleophon. Ist's in der
Geschichte der neueren dramatischen Poesie anders? Tauchen nicht
immer wieder die dramatisch wirksamsten Motive von Catilina[1]), Hypatia[2]), Esther[3]), Tristan und Isolde[4]), Hero und Leander[5]), Julianos
Apostata[6]), Kleopatra[7]) u. a. in alter und neuer Zeit auf? Versucht man
nicht in allerneuester Zeit uralte Meisterwerke des Sophokles und Aischylos
dem modernsten Zeitgeist näher zu bringen?[8]) Man freute sich eben
an der glücklichen Formgebung, an dem unermüdlichen Streben, den
tragischen Problemen von allen Seiten beizukommen, den dutzendmal
behandelten Stoffen wieder neue Lichter aufzusetzen, übersehene Züge
abzugewinnen, schließlich alte Mythen durch Kontamination und Umgestaltung in eine neue Beleuchtung zu rücken, kurzum in isokratischer
Weise das zu behandeln, was noch nicht gesagt ist. Von dem tragischen
Dichter gilt jene Ausführung Lessings[9]), die auf den bildenden Künstler
gemünzt ist: *„Da er sahe, daß die Erfindung seine glänzende Seite nie
werden könne, daß sein größtes Lob von der Ausführung abhange, so
ward es ihm gleichviel, ob jene alt oder neu, einmal oder unzähligemal
gebraucht sei, ob sie ihm oder einem anderen zugehöre. Er blieb in dem
engen Bezirke weniger, ihm und dem Publico geläufig gewordener Vorwürfe, und ließ seine ganze Erfindsamkeit auf die bloße Veränderung
in dem Bekannten gehen, auf neue Zusammensetzungen alter Gegenstände".*
Oder man lese bei Eckermann nach[10]), wie sich Goethe über das von
den drei großen Tragikern behandelte Sujet des „Philoktetes" äußert, wie
er die verschiedenen Möglichkeiten der Behandlungsweise zergliedert und
auf die hundert andern Dinge hinweist, *„die alle in der Willkür der
Dichter lagen und in deren Wahl oder Nichtwahl der eine vor dem anderen
seine höhere Weisheit zeigen konnte,"* um dann zu schließen: *„So sollten
es die jetzigen Dichter auch machen, und nicht immer fragen, ob ein Sujet
schon behandelt worden oder nicht, wo sie denn immer in Süden und Norden*

---

1) Speck, H. B. G., *Katilina im Drama der Weltliteratur* (Diss. Bresl. 1906).
2) *Hypatia in Tradition und Dichtung* (St. z. vgl. Lit. VII 11—44 von Asmus).
3) Geiger, L. *Der Estherstoff in der Lit.* (Ost und West 1901, I).
4) *Tristan und Isolde* von W. Golther (Leipz. 1907).
5) *Die Sage von Hero und Leander in der Dichtung* von M. H. Jellinek
(Berl. 1890).
6) Vgl. Stud. z. vgl. Lit. V 1.
7) W. Evereth in *Atlantic Monthly* 1905.
8) Man denke an Weingartners „Orestes", Hofmannthals u. Strauß' „Elektra";
Ödipus oder *das Rätsel des Lebens* von Gertrud Prellwitz (Berl. 1900); Leconte
de Lisles „Jon" u. a.
9) Laokoon XI.   10) 31. Jan. 1827.

*nach unerhörten Begebenheiten suchen, die oft barbarisch genug sind und
die dann auch bloß als Begebenheiten wirken. Aber freilich, ein einfaches
Sujet durch eine meisterhafte Behandlung zu etwas zu machen, erfordert
Geist und großes Talent.*"

Bei der Chorlyrik, wo es sich genau wie in der Tragödie um die
Verbindung von Wort, Ton und Tanz handelt, bei der antiken Lyrik
überhaupt, die mit der Musik aufs engste verbunden war, ist eine Summe
technischer Fertigkeiten Vorbedingung, wie bei dem bildenden Künstler.
Die Neuheit der musikalischen und orchestischen Erfindung — abgesehen
vom Worttext, der anfangs aus der epischen Dichtung herübergenommen
wurde — ward oft dem Laien, immer dem Kenner und Rivalen ersichtlich. Wie bei den Meistersingern zum „Meister" nur derjenige ausge-
rufen wurde, der einen neuen „Ton" erfand, d. h. eine neue Melodie mit
neuen Textstrophen — der Inhalt war Nebensache —, so stand in der
griechischen Chorlyrik der als „Erfinder" da, der weder fremde Strophen-
formen nachbildete noch Modulationen noch Tanzfiguren, sondern wer
selbst mit Außerachtlassung seiner eigenen früheren Erfindungen ganz
Neues brachte. So wissen wir von Simonides, daß er für jedes Chorlied ein neues Maß erfand; von Pindar rühmt Dionysios von Halikarnaß[1]),
er habe auf Melodie und Rhythmik mehr Fleiß verwendet als auf den
Ausdruck; Phrynichos rühmt sich bei Plutarch[2]), er wisse soviel Tanzweisen als eine Sturmnacht im Meere Wellen errege; von Aischylos
hebt Aristophanes[3]) hervor, er habe stets neue Weisen komponiert,
überhaupt unter allen Tragikern die schönste Musik geboten und Chamaileon erwähnt von ihm mit Berufung auf Aristophanes[4]), er habe
zuerst auf die Dienste des ὀρχηστοδιδάσκαλος verzichtet und selber die
Tanzweisen ersonnen.[5]) Wie aus den Angriffen des Aristophanes auf
die musikalische Unselbständigkeit des Euripides[6]) zu erschließen ist,
ward die Trennung vom Lyriker und Musiker als ein Mangel empfunden.

Aber auch von den Lyrikern selbst besitzen wir noch Zeugnisse
hohen Selbstgefühls. So singt Terpandros (5, 2): νέους κελαδήσομεν

---

1) de vi Demosth. 26: περὶ δὲ τὰ μέλη καὶ τοὺς ῥυθμοὺς μᾶλλον ἢ περὶ τὴν
λέξιν ἐσπουδακώς.　　　2) quaest. sympos. VIII 9, 3.　　　3) ran. 1254 ff. 1282.

4) I 558 K: τοῖσι χοροῖς αὐτὸς τὰ σχήματ' ἐποίουν, sagt Aischylos.

5) fr. 21 Köpke: καὶ πολλὰ σχήματα ὀρχηστικὰ αὐτὸς ἐξευρίσκων ἀνεδίδου
τοῖς χορευταῖς. Χαμαιλέων γοῦν πρῶτον αὐτόν φησι σχηματίσαι τοὺς χοροὺς ὀρ-
χηστοδιδασκάλοις οὐ χρησάμενος, ἀλλὰ καὶ αὐτὸν τοῖς χοροῖς τὰ σχήματα ποιοῦντα
τῶν ὀρχήσεων. Diese Nachricht zu bezweifeln (vgl. Leo, *Griech.-röm. Biogr.* 105 f.
und A. Körte, *Festschr. zur 49. Phil.-Vers.* (Basel 1907) S. 198 f.) halte ich für
übertriebene Skepsis.

6) ran. 1295 und 1310 ff. (nebst Scholien). Der βίος berichtet:
τὰ μέλη αὐτῷ φασι Κηφισοφῶντα ποιεῖν ἢ Τιμοκράτην Ἀργεῖον.

ὕμνους. Alkman hebt (fr. 1) sein μέλος νεοχμόν hervor; ebenso betont Pindar öfters die Neuheit seiner Erfindung: νεοσίγαλον εὑρόντι τρόπον (Ol. III 4), νέον σύνπεμψον ὕμνον (Isthm. 4, 63), νεόχυτα μέλεα (fr. ad lyr. 112 p. 724). So hebt auch ein Anonymos (Auth. gr. p. 320, 9 H.-Cr.) die Neuheit der Erstaufführung seines Phallosträgerchores hervor:

Σοί, Βάκχε, τάνδε μοῦσαν ἀγλαΐζομεν
ἁπλοῦν ῥυϑμὸν χέοντας αἰόλῳ μέλει,
καινάν, ἀπαρϑένευτον, οὔτι ταῖς πάρος
κεχρημένον ᾠδαῖσιν, ἀλλ' ἀκήρατον
κατάρχομεν τὸν ὕμνον.

Überall in all diesen Äußerungen der Originalität ist nirgends der Stoff gemeint, der Inhalt, sondern die neue Formgebung, die neugefundene Rhythmik und Melodik. Da uns aber die musikalische Form fast durchweg verloren gegangen ist, können wir der antiken Lyrik nicht in dem Maße gerecht werden wie unserer Buchlyrik, die in den seltensten Fällen gesungen wird, häufig überhaupt nicht sangbar ist.

Seit Lasos von Hermione änderte sich der musikalische Charakter völlig[1]), etwa wie in unserer Oper das Hauptgewicht auf die Musik, nicht auf den meist sehr mangelhaften Text gelegt ist, Neuerungen, die auf die Nomenpoesie und die Chorlyrik der zeitgenössischen Tragödie übersprangen.[2])

Auf jene Zeiten spielt Anaxilas — ein jüngerer Zeitgenosse des Timotheos aus Milet — an, wenn er spöttisch bemerkt[3]):

Ἡ μουσικὴ δ' ὥσπερ Λιβύη πρὸς τῶν ϑεῶν
ἀεί τι καινὸν κατ' ἐνιαυτὸν ϑηρίον τίκτει.

Auch die Stärke des gefeierten Musikers und Nomenpoeten Timotheos liegt in der Form. Während der Kitharode, wie es auch unsere älteren italienischen und deutschen Opernkomponisten taten, unbedenklich fremde, selbst bereits vertonte Texte benutzen durfte, hat jener wie sein Lehrer Phrynis sich zu seinen Melodien selber Texte geschaffen, natürlich weil die alten Rhythmen zu dem starken Wechsel der Tonarten, zum Wechsel von Solo- und Chorgesang, zu der Verwendung der tonmalerischen Effekte nicht mehr paßten. Darauf bezieht sich seine stolze σφραγίς (fr. 27):

οὐκ ἀείδω τὰ παλαιά. τὰ γὰρ ἐμὰ κρείσσω.
νέος ὁ Ζεὺς βασιλεύει. τὸ πάλαι δ' ἦν
Κρόνος ἄρχων. ἀπίτω μοῦσα παλαιά.

---

1) Vgl. Crusius in der Realenzykl. V 1222 f.
2) Aristot. poet. c. 26; Horat. ars p. 214 ff.; Cicero de leg. II 15, 39.
3) CF II 272 Kock.

Daß aber die Stoffe die althergebrachten blieben, ersieht man aus den uns bekannten Titeln: Ἀΐας, Σεμέλη, Λαέρτης, Ναύπλιος, Νιόβη, Πέρσαι, Σκύλλα, Φινεῖδαι.

Wir haben nun auf dem ganzen Gebiete der Poesie in rascher Wanderung die Wahrnehmung gemacht, daß überall die Formgebung, wenn auch nicht ursprünglich, so doch mit der Zeit (unter dem Einflusse der Rhetorik) gegenüber der Erfindung des Stoffes zur Hauptsache wurde.

Wie verhält es sich nun mit der μίμησις in der Prosa? Daß man wissenschaftliche Entdeckungen und Erfindungen, ärztliche Neuerungen, die Fortschritte auf physikalischem und chemischem, astronomischem und kosmophysischem Gebiet womöglich mit seinem Namen stempelte, versteht sich von dem Zeitpunkte an, da man infolge der ausgedehnten Möglichkeit seinen Gedanken große Verbreitung zu verschaffen, auch dem geistigen Eigentum größeren Wert beizulegen begann, zumal die persönliche Vorstellung der früheren Zeiten weggefallen war. Späterhin sorgte die εὑρήματα-Literatur für eine ausgiebige Untersuchung der Prioritätsansprüche und sparte auch nicht mit phantasievoller Nachhilfe. Aber auch in der Philosophie, die in ihrer Wurzel auf Kosmophysik zurückgeht, hatte man, wie in den Naturwissenschaften Anlaß, die Originalität der Ideen hervorzuheben. Denken wir nur an Empedokles, der auf seine Selbständigkeit pochend, von der kosmischen Bedeutung der Liebe sagt[1]):

τὴν οὔτις μεθ᾽ ὅλοισιν ἑλισσομένην δεδάηκε θνητὸς ἀνήρ,
σὺ δ᾽ ἄκουε λόγων στόλον οὐκ ἀπατηλόν.

So kommt es denn auch, daß wie in der Komödie die Plagiatvorwürfe in der Philosophie häufig erscheinen, obschon in den beiden Fällen das Weiterbauen auf früheren Ideen und Motiven Voraussetzung des Epigonen ist.

Sehen wir von den rein wissenschaftlich sachlichen Darlegungen ab, wie sie schließlich auch im letzten Ende noch in den lexikographischen Sammelwerken der Spätzeit zu suchen sind, so werden wir in der Kunstprosa vor allem die Rhetorik, ihre Gesetzgeberin seit Isokrates, ausforschen müssen, welche Stellung sie zur Frage der Originalität einnimmt. Die ästhetischen Grundsätze des Isokrates bedürfen zunächst einer Zusammenfassung. Mit überlegenem Spotte macht er sich über die Stoffjäger lustig, die nach ungewöhnlichen, paradoxen

---

1) V. 85f. Vgl. dazu die Erläuterung bei Zeller I⁴ 805.

Themen fahndeten, und über deren unkritische Bewunderer.[1]) Er
wendet sich zweifellos gegen zeitgenössische Redner wie Alkidamas,
der eine Lobrede des Todes fertigte, oder Polykrates, der ein Enkomion
auf die Mäuse, auf Töpfe und Steinchen schrieb. Später kamen noch
Hummeln, das Salz, Schnaken, Papageien, das Haar, Wechselfieber,
die Gicht, Kahlheit, Blindheit, Taubheit usw. daran[2]), Geschmacklosig-
keiten, über die auch der Verfasser περὶ ὕψους klagt als Ursache des
Würdelosen[3]), die dann in der späteren Schulrhetorik noch viel kras-
sere Blüten treiben sollten. Ein Redner, fährt Isokrates fort[4]), der
diesen Namen wirklich verdiene, werde lieber an gebrauchten Themen
seine Kunst versuchen und Mustergültiges schaffen. Freilich sei es
schwierig, bei berühmten Stoffen noch Ungesagtes hervorzuheben
— und darauf kommt es ihm in erster Linie an —, während alles,
was man über Geringwertiges und Triviales vorbringen könne, Gemeingut sei.[5]) Aber wie man ein vielbehandeltes Thema dennoch stofflich
neugestalten könne, zeigt er an seiner Helena, dem ἐγκώμιον Ἑλένης
seines Lehrers Gorgias entgegengestellt, in der er alles früher bereits
Gesagte unerwähnt lassen will.[6]) Grundbedingung aber ist immer:
auch bei gleichen Themen ist Neuheit der Form unerläßlich, was ja
einem durchgebildeten Redner niemals schwer fallen kann. Hatten ja
schon die Sophisten gelehrt, daß man das Instrument der Rede nach
Belieben und Bedarf umstimmen könne, so daß es zu jedem Zwecke

---

1) Hel. 1. εἰσί τινες οἳ μέγα φρονοῦσιν, ἢν ὑπόθεσιν ἄτοπον καὶ παράδοξον
ποιησάμενοι περὶ ταύτης ἀνεκτῶς εἰπεῖν δυνηθῶσι ... ἐγὼ δ' εἰ μὲν ἑώρων νεωστὶ τὴν περιεργίαν ταύτην ἐν τοῖς λόγοις ἐγγεγενημένην καὶ τούτους ἐπὶ τῇ καινό-
τητι τῶν εἰρημένων φιλοτιμουμένους, οὐκ ἂν ὁμοίως ἐθαύμαζον αὐτῶν ... So
verachtet auch Aristeides die μελέται der gewöhnlichen Rhetoren über πλάσματα (42, 768, 297).

2) Vgl. Cresoll, Theatr. p. 203s u. Burgeß 165.

3) I₂ 112H: ἅπαντα μέντοι τὰ οὕτως ἄσεμνα διὰ μίαν ἐμφύεται τοῖς λόγοις
αἰτίαν, διὰ τὸ περὶ τὰς νοήσεις καινόσπουδον, περὶ ὃ δὴ μάλιστα κορυβαντῶσιν οἱ
νῦν. Ebenso spottet Julianos (or. 1 paneg.) über jene Originalitätshascher, ἐπει-
δάν τινα μῦθον καὶ μηδέπω τοῖς πρόσθεν ἐπινοηθέντα φθῶσιν und über deren
Bewunderer, die jene zu den absonderlichsten Themen und Gedankensprüngen
verführten.

4) paneg. 8: ἡγοῦμαι δ' οὕτως ἂν μεγίστην ἐπίδοσιν λαμβάνειν, ... εἴ τις
θαυμάζοι καὶ τιμώη μὴ ... τοὺς περὶ τούτων ζητοῦντας λέγειν περὶ ὧν μηδεὶς
πρότερὸν εἴρηκεν, ἀλλὰ τοὺς οὕτως ἐπισταμένους εἰπεῖν, ὡς οὐδεὶς ἂν ἄλλος δύναιτο.

5) Hel. 13: περὶ μὲν τῶν δόξαν ἐχόντων σπάνιον εὑρεῖν, ἃ μηδεὶς πρότερον
εἴρηκε, περὶ δὲ τῶν φαύλων καὶ ταπεινῶν ὅ,τι ἄν τις τύχῃ φθεγξάμενος, ἅπαν
ἴδιόν ἐστιν.

6) Hel. 15: ἵνα δὲ μὴ δοκῶ τὸ ῥᾷστον ποιεῖν, ἐπιτιμᾶν τοῖς ἄλλοις μηδὲν
ἐπιδεικνὺς τῶν ἐμαυτοῦ, πειράσομαι περὶ τῆς αὐτῆς ταύτης εἰπεῖν, παραλιπὼν
ἅπαντα τὰ τοῖς ἄλλοις εἰρημένα.

passe. So wissen wir auch von Hippias, dessen enzyklopädischer
Standpunkt bekannt ist[1]), daß er freimütig zugesteht, er beziehe seinen
Stoff von prosaischen und poetischen Quellen, von einheimischen und
fremden, aber er gestalte daraus ein neues Gebilde.[2]) Damit stimmt
das Zwiegespräch zwischen Hippias und Sokrates überein, das Xenophon notiert.[3]) Da der Sophist dem ehemaligen Bildhauer zuruft, er
sage immer noch das nämliche, erwidert dieser: Nicht genug, daß ich
immer das nämliche sage, ich rede auch immer vom nämlichen. Du
freilich, bist ja ein kenntnisreicher Mann, redest niemals von dem gleichen
Gegenstande mit gleichen Worten. Da hast du recht, entgegnete Hippias; ich versuche immer etwas Neues zu sagen. In diesem kurzen Zwiegespräch ist der große Gegensatz zwischen kunstloser Redeform, wie
sie Sokrates in seinen Straßengesprächen liebte (λόγοι ἐν διεξόδῳ) und
der rhetorischen Kunstform scharf dargestellt.

Nur einen Fall nimmt er aus: die parainetischen Reden. Hierbei ists nach seiner Ansicht unnötig, sich um eine Umformung und
Neugestaltung des Gegebenen zu mühen[4]); da es sich weder um etwas
Unglaubliches noch Anbezweifeltes handle[5]), gilt ihm jene Rede als
die schönste, die am meisten von den zerstreuten schönen Gedanken
anderer sammelt und darüber aufs trefflichste spricht. Der Redner wird
eben hier bloß zum Sammler und Ordner der landläufigen Weltanschauung
und der zeitgenössischen Moral, der die Perlen aneinanderreiht in ge-
schmackvoller Fassung. In diesem Falle findet er es auch nicht anstößig,
sich selbst auszuschreiben und ohne wesentliche Änderungen zu zitieren.[6]) Hier scheint ihm der Inhalt höher zu stehen als die Form.

---

1) Norden, *Ant. Kunstpr.* 671[1].

2) Clem. Alex. VI 7, 45: τούτων ἴσως εἴρηται τὰ μὲν Ὀρφεῖ, τὰ δὲ Μουσαίῳ,
κατὰ βραχὺ ἄλλῳ ἀλλαχοῦ, τὰ δὲ Ἡσιόδῳ, τὰ δὲ Ὁμήρῳ, τὰ δὲ τοῖς ἄλλοις τῶν
ποιητῶν, τὰ δὲ ἐν συγγραφαῖς τὰ μὲν Ἕλλησι, τὰ δὲ βαρβάροις. ἐγὼ δ᾽ ἐκ πάντων
τούτων τὰ μάλιστα [καὶ] ὁμόφυλα συνθεὶς τοῦτον καινὸν καὶ πολυειδῆ τὸν λόγον
ποιήσομαι. Gomperz (*Sitzber. d. Wiener Ak.* 1890 [IV] 13) weist das Bruchstück der συναγωγή zu.

3) *mem.* IV 4, 6: οὐ μόνον ἀεὶ τὰ αὐτὰ λέγω, ἀλλὰ καὶ περὶ τῶν αὐτῶν.· σὺ
δ᾽ ἴσως, διὰ τὸ πολυμαθὴς εἶναι, περὶ τῶν αὐτῶν οὐδέποτε τὰ αὐτὰ λέγεις.Ἀμέλει,
ἔφη, πειρῶμαι καινόν τι λέγειν ἀεί.

4) ad Nicocl. 41: οὐκ ἐν τοῖς λόγοις χρὴ τούτοις ζητεῖν τὰς καινότητας, ἐν
οἷς οὔτε παράδοξον οὐπ ἄπιστον οὔτ᾽ ἔξω τῶν νομιζομένων οὐδὲν ἔξεστιν εἰπεῖν
ἀλλ᾽ ἡγεῖσθαι τοῦτον χαριέστατον, ὃς ἂν τῶν διεσπαρμένων ἐν ταῖς τῶν ἄλλων
διανοίαις ἀθροῖσαι πλεῖστα δυνηθῇ καὶ φράσαι κάλλιστα περὶ αὐτῶν.

5) Vgl. auch Ulpian zu Demosth. Olynth. I p. 8D.

6) Phil. 13: καὶ μηδεὶς ὑπολάβῃ με βούλεσθαι λαθεῖν, ὅτι τούτων ἔνια πέφρακα
τὸν αὐτὸν τρόπον ὅνπερ πρότερον. ἐπιστὰς γὰρ ἐπὶ τὰς αὐτὰς διανοίας εἱλόμην μὴ
πονεῖν γλιχόμενος τὰ δεδηλωμένα καλῶς ἑτέρως εἰπεῖν. καὶ γὰρ εἰ μὲν ἐπίδειξιν
ἐποιούμην, ἐπειρώμην ἂν ἅπαντα τὰ τοιαῦτα διαφεύγειν, σοὶ δὲ συμβουλεύων μω-

Im übrigen bewertet er diese Art der Reden, die in der Literatur noch
eine wichtige Rolle spielen sollten, ziemlich gering: sie sind ihm offenbar zu populär, zu unwissenschaftlich, unkünstlerisch.[1])

Die Theorien des Isokrates, wenn sie auch nicht in einer besonderen τέχνη ausgearbeitet waren, sind hinsichtlich des Verhältnisses
von Inhalt und Form klar: der Stoff ist Gemeingut, neue Form ist
unerläßlich, abgesehen von der Parainese. Die Geschichte der Rhetorik,
die Ausbildung der rhetorischen Technik, die unausgesetzte Weiter-
formung der einzelnen Redegattungen und -Teile, die endlose Kette
der Musterübungen und Lehrbücher lehrt deutlich, daß die rhetorische
Schultradition sich von den Sophisten und Isokrates bis in die letzten
Jahre von Byzanz in den Formen und Stoffen fast gleich bleibt und
der Sieg der Form unbestritten ist.

Insofern aber die Rhetorik als rein formale Kunst auf alle Disziplinen anwendbar ist — ein Satz, den Aristoteles klarer und deutlicher als die Sophisten ausgesprochen hat —, durchtränkt das Prinzip der immanenten Neugestaltung der Form nicht bloß die ganze
Kunstprosa, sondern auch in immer steigendem Maße die Poesie und
die poetische Prosa.[2])

Isokrates, der die Rhetorik aus.dem engen Bezirke der Volks- und
Gerichtsrede heraushob und ihr, als der Beherrscherin der höheren
Bildung und praktischen Lebensweisheit, auch die bisherige unbe-
strittene Domäne der Poesie, die Erziehung der Nation, zuwies, hat
auch für die Geschichtschreibung ein neues Programm in seinem
Panegyrikos und Euagoras entwickelt.[3]) Seine Schüler, Theopompos

---

ρὸς ἂν εἴη, εἰ περὶ τὴν λέξιν πλείω χρόνον διέτριβον ἢ περὶ τὰς πράξεις, ἔτι δ' εἰ
τοὺς ἄλλους ὁρῶν τοῖς ἐμοῖς χρωμένους αὐτὸς μόνος ἀπειχόμην τῶν ὑπ' ἐμοῦ πρότερον εἰρημένων.

1) or. 1, 5 sagt Isokrates, indem er die mit allen Mitteln der pathetischen
Rhetorik ausgestattete παράκλησις der kunstlosen παραίνεσις entgegensetzt: διόπερ ἡμεῖς οὐ παράκλησιν εὑρόντες ἀλλὰ παραίνεσιν γράψαντες μέλλομέν σοι συμ-
βουλεύειν ... Man vergleiche die sentenzenreichen parainetischen Reden des
Isokrates mit dem Euripidesfragment 364, wo Erechtheus in 30 Versen eine Perlen-
schnur der mannigfaltigsten Sentenzen aneinanderreiht oder mit den alten poetischen ὑποθῆκαι oder den exegetisch-parainetischen Predigten der ersten christlichen Jahrhunderte, die bezeichnenderweise ὁμιλίαι hießen; knüpften sie doch an
die gesprächsweise (also kunstlose) Form der Belehrung an, die Sokrates und
seine Nachfolger ihren Schülern (τοῖς ὁμιληταῖς) gaben (vgl. Xenoph. mem. I 2, 6.
12. 15. 48, und andere Belegstellen bei Norden, AK 541).

2) Vgl. Aristot. poet. I 7 und besonders die Ausführungen bei Cicero Or. 20, 67.

3) R. v. Scala, *Über Isokrates und die Geschichtschreibung*, Verh. der Münchener Philol. Vers. (1891) S. 102 ff.

und Ephoros haben das Programm in die Historie eingeführt und seitdem herrscht das rhetorische Prinzip in ihr.

Der Stoff, der einmal vorliegt, ist Gemeingut, der ohne weiteres zur Benutzung bereit ist[1]), wie etwa der Marmorblock für den Bildhauer. Die Geschichtschreibung ist eine ὑπόϑεσις ῥητορική[2]), ein *opus unum oratorium maxime*.[3]) Das Ziel derselben ist (nach *Duris* fr. 1): μίμησις καὶ ἡδονή, d. h. ergötzliche Lektüre bei dramatischer Anschaulichkeit. Nicht die Wahrheit, sondern das *prodesse et delectare* ist die Hauptsache; man suchte auch beim rhetorisierenden Historiker die objektive Wahrheit nicht.[4]) Fehlt die stilistische Kunst[5]) — die *varietas colorum, verborum conlocatio, tractus orationis lenis et aequabilis*, die Cicero[6]) an Coelius Antipater vermißt[7]), — so langweilt sich der gebildete Leser; Dionysios von Halikarnassos kann deswegen den Polybios, der selber zugesteht[8]), die λέξεως παρασκευή sei seine schwache Seite und den Leser deshalb selber um Nachsicht bittet[9]), vor Langeweile nicht zu Ende lesen.[10]) Solche Schriftsteller sind eben *non exornatores rerum, sed tantummodo narratores*.[11]) Den rhetorisierenden Historikern sind die πράγματα an und für sich nur Werkmaterial, Rohstoff; sie werden von ihnen zugestutzt und zurecht gemacht, wie man sie braucht; die παρασκευὴ λέξεως ist ihnen alles.[12]) Ewigen Ruhm erwarten sie nicht von der objektiven Darstellung der Geschichte, sondern einzig und allein von der schönen Gestaltung.[13]) Cicero spricht[14]) ganz im Sinne der zeitgenössischen griechischen Geschichtschreibung,

---

1) *parata inquisitio*, wie Plinius (ep. 5, 8, 12) die *vetera et scripta aliis* heißt.

2) Dionys. Hal. de Thuc. 9: ganz im isokratischen Sinne.

3) Cicero de leg. I 2, 5.

4) Vgl. Cicero Brut. 42 und 62, ferner Dionys. Hal. de Thuc. 9.

5) Cic. Or. 207: *in aliis, id est in historia et in eo quod appellamus ἐπιδεικτικόν, placet omnia dici Isocrateo Theopompeoque more illa circumscriptione ambitaque, ut tanquam in orbe inclusa currat oratio, quoad insistat in singulis ·perfectis absolutisque sententiis.* 6) de or. II 54.

7) Vgl. Or. 19, 65: *verba altius transferunt eaque ita disponunt ut pictores varietatem colorum. Huic generi historia finitima est, in qua et narratur ornate et regio saepe aut pugna describitur, interponuntur etiam contiones et hortationes ...*

8) 16, 17, 9.

9) 29, 12, 20: εἰ μή ... φανείημεν ἢ λήμμασι χρώμενοι τοῖς αὐτοῖς ἢ χειρισμῷ πραγμάτων ἢ τοῖς τῆς λέξεως σχήμασι. 10) de compos. 4, 30 R.

11) Cicero, de or. II 54.

12) So Polybios XVI 18, 2.

13) Herodian. I 1, 1: οἱ πλεῖστοι τῶν περὶ συγκομιδὴν ἱστορίας ἀσχοληϑέντων ἔργων τε πάλαι γεγονότων μνήμην ἀνανεώσασϑαι σπουδασάντων ... τῆς μὲν ἀληϑείας ἐν ταῖς ἀφηγήσεσιν ὠλιγώρησαν, οὐχ ἥκιστα δὲ ἐπεμελήϑησαν φράσεώς τε καὶ εὐφωνίας.

14) ad Atticum II 1, 1.

wenn er von seinem *ὑπόμνημα τῆς ὑπατείας* sagt: *meus autem liber
totum Isocrati myrothecium atque omnis eius discipulorum arculas ac non
nihil etiam Aristotelia pigmenta consumpsit.*

Man suchte daher, ganz nach isokratischem Rezept, nicht unbekannte und unbehandelte Gebiete auf, um vielleicht weniger helle Punkte
zu beleuchten, sondern *ὑπόθεσιν καλὴν καὶ κεχαρισμένην τοῖς ἀναγνωσο-
μένοις.*[1]) Man darf eben nie vergessen, daß die Geschichtschreibung
keinen wissenschaftlichen Lehr-, sondern einen Unterhaltungszweck
hatte. Selbst Polybios, der sicherlich gegen die rhetorischen Historiker
laut genug polemisiert, verschmäht dürre Aufzählungen von Tatsachen
(*ψιλῶς λεγόμενα*): ihre Niederschrift sei keine geschichtliche Darstellung.[2])

Da demnach der Stoff an sich gleichgültig ist — nicht selten
wird von „Handlangern" das Stoffliche zurecht gerichtet, wie wir dies
von Sallustius[3]) wissen —, so kam es nur auf die neue Darbietung
an, auf die *onerosa collatio*, wie sie Plinius[4]) heißt. Infolgedessen kann
auch dem Leser die Wiederholung derselben Stoffgebiete nicht lästig
fallen, insofern nur der Grundsatz der Andersgestaltung wahrgenommen
ist, wie ihn Strabon im Hinblick auf seine Geographica[5]) ausspricht:
*εἰ δὲ πολλῶν προειπόντων ἐπιχειροῦμεν καὶ αὐτοὶ λέγειν περὶ τῶν
αὐτῶν, οὔπω μεμπτέον, ἂν μὴ καὶ τὸν αὐτὸν τρόπον διελεγχθῶσιν
ἐκείνοις ἅπαντα λέγοντες.* Und wenn Tacitus in einem Exkurs seines
Agricola (10) sagt: *Britanniae situm populosque multis scriptoribus me-
moratos non in comparationem curae ingeniive referam, sed quia tum primum perdomita est,* so ist doch der abgeleugnete Grund allein der trei-
bende gewesen.

Zusammenfassend legt Seneca die ästhetische Auffassung nicht
bloß seiner Zeit dar, wenn er seinem Freunde über die Bearbeiter des
vielbehandelten Ätnastoffes schreibt[6]): *non praeripuisse quae dici pot-
erant, sed aperuisse ... sed multum interest, utrum ad consumptam ma-
teriem an ad subactam accedas: crescit in dies et inventuris inventa non
obstant. praeterea condicio optima est ultimi: parata verba invenit, quae
aliter instructa novam faciem habent.* Der alte isokratische Gedanke feiert hier seine Urständ.

Nur für das *ὑπόμνημα*, das *ὑπομνηματικὸν εἶδος τοῦ λόγου*, das
dem *πανηγυρικὸν* entgegengesetzt wird[7]), die reine Materialsammlung,
zu denen Tagebücher, Exzerpte, Scholien, Kompilationen, wissenschaftliche Handbücher, Florilegien — diese den *παραινέσεις* und *ὑποθῆκα*

---

1) Dionysius Hal. ad Pompeium 3, 2.   2) I 1, 1.
3) Vgl. H. Peter, *Wahrheit und Kunst* 434 ff.   4) ep. V 8, 12.
5) c. 14.   6) ep. 79, 6.   7) Philostorgos 8, 11.

verwandt — u. dgl. zählen, fällt die stilistische Umarbeitung weg.
So waren die ὑπομνήματα des Sikyoniers Aratos ohne stilistische
Feilung διὰ τῶν ἐπιτυχόντων ὀνομάτων abgefaßt (Plut. Arat. 3 = FHG
III 21—23); deshalb rühmte diese ὑπομνηματισμοί als λίαν ἀληθινοὺς
καὶ σαφεῖς der allen rhetorischen Aufputz hassende Polybios (II 40, 4).
So ist auch das Geschichtswerk des Olympiodoros, der den Eunapios ergänzte bis auf 425, eine bloße Materialsammlung, wie sein
Exzerptor Photios (cod. 80) sagt: σαφὴς μὲν τὴν φράσιν, ἄτονος δὲ
καὶ ἐκλελυμένος καὶ πρὸς τὴν πεπατημένην κατενηνεγμένος χυδαιο-
λογίαν, ὥστε μηδ᾽ ἄξιος εἰς συγγραφὴν αὐτῷ ταῦτα ἀναγράφεσθαι ὁ
λόγος. ὃ καὶ αὐτὸς ἴσως συνιδὼν οὐ συγγραφὴν αὐτῷ ταῦτα κατα-
σκευασθῆναι, ἀλλὰ ὕλην συγγραφῆς ἐκπορισθῆναι διαβεβαιοῦται. In
diesem Sinne würdigt auch Lukianos (de histor. conscr. 16) das ὑπόμνημα, wenn er meint: ἄλλος δέ τις ... ὑπόμνημα τῶν γεγονότων
γυμνὸν συναγαγὼν ἐν γραφῇ κομιδῇ πεζὸν καὶ χαιμαιπετές, οἷον καὶ
στρατιώτης ἄν τις τὰ καθ᾽ ἡμέραν ἀπογραφόμενος συνέθηκεν ἢ τέκτων
ἢ κάπηλός τις συμπερινοστῶν τῇ στρατιᾷ. πλὴν ἀλλὰ μετριώτερός γε
ὁ ἰδιώτης οὗτος ἦν, αὐτὸς μὲν αὐτίκα δῆλος ὢν οἷος ἦν, ἄλλῳ δέ τινι
χαρίεντι καὶ δυνησομένῳ ἱστορίαν μεταχειρίσασθαι προπε-
πονηκώς. Für den Geschichtschreiber verlangt er folgenden Weg (48):
πρῶτα μὲν ὑπόμνημά τι συνυφαινέτω ... καὶ σῶμα ποιείτω ἀκαλλὲς
ἔτι καὶ ἀδιάρθρωτον. εἶτα ἐπιθεὶς τὴν τάξιν ἐπαγέτω τὸ κάλλος καὶ
χρωννύτω τῇ λέξει καὶ σχηματιζέτω καὶ ῥυθμιζέτω.[1]) So hält bezeichnenderweise Cicero Cäsars Kommentarien über den gallischen Krieg für
eine bloße Stoffsammlung zu einer künftigen historisch-rhetorischen
Darstellung[2]); gerade so wie er selbst dem Poseidonios sein ὑπόμνημα
über sein Konsulatsjahr übersandt hatte, *ut ornatius de eisdem rebus
scriberet.*[3]) Ebenso vergleicht er[4]) die Genealogien des Pherekydes, Hellanikos, Akusilaos mit den kunstlosen Chroniken des Cato, Pictor und
Piso, *qui sine ullis ornamentis monumenta solum temporum, hominum
locorum gestarumque rerum reliquerunt.* Aufs deutlichste erhellt der
Unterschied zwischen einem kunstvoll stilisierten Werk und einer

---

1) Die letzten Belege aus Norden, AK. 94[1].
2) Brutus 262: *nudi sunt ..., omni ornatu orationis tanquam veste detracta.
sed dum voluit alios habere parata, unde sumerent qui vellent scribere historiam,
ineptis gratum fortasse fecit, qui volent illa calamistris inurere.* Um Cäsar, der dem
Redner mit seiner Schrift *de analogia* eine Huldigung gebracht hatte, ein Gegen-
kompliment, übrigens von Poseidonios entlehnt, zu machen, ist er diesmal für die
schmucklose Historiographie begeistert.
3) ad Attic. II, 1, 2.
4) de or. II 53.

bloßen Stoffsammlung aus der Vorrede des Macrobius zu seinen Saturnalia, wenn es heißt: *nec mihi vitio vertas, si res, quas ex lectione varia
mutuabor, ipse saepe verbis, quibus ab ipsis autoribus enarratae sunt, ex-
plicabo: quia praesens opus non eloquentiae ostentationem, sed noscendorum geriem pollicetur.* — Ein interessantes Schulbeispiel bietet uns
ein ὑπομνηματικόν eines Epikureers, wozu uns auch die stilistische
Ausarbeitung erhalten ist, im Stil wesentlich vom Konzept verschieden
(Sudhaus zu Philodemos II p. IX sqq.).

c) PRINZIP DER VERBESSERUNG.

Das καλλιεπεῖν und τὰ αὐτὰ ἕτερον τρόπον ὑποβάλλειν[1]) durchzieht
das ganze schriftstellerische Schaffen des Griechentums. Das ὀνόματα
θηρεύειν, wogegen Andokides vergebens polemisiert[2]), das Prunken mit
στρογγύλοις τοῖς ῥήμασιν, das auch Aristophanes mißbilligend rügt[3]),
entsprang dem ausgeprägten Sinne der Griechen für die schöne Form.[4])

Aus der Forderung aber, auch für Altes stets eine neue Einkleidung
zu suchen und anzustreben, entspringt von selbst der Ehrgeiz, den Vorgänger zu überflügeln. Es ist ohnehin ein besonders stark ausgepräg-
ter nationaler Zug der Griechen, andere übertreffen zu wollen. Wenn
Hippolochos bei Homer[5]) seinen Sohn Glaukos ermahnt, „immer der
erste zu sein und vorzustreben vor andern," so ist das das Ziel der
καλοκάγαθία geworden. Dies prägt sich in den leidenschaftlich gepfleg-
ten musischen und gymnastischen Agonen aus, ferner in den festgesetz-
ten Preisen, die sich sogar auf die Herolde und Trompeter erstrecken.
Auch im geselligen Leben spielen Preise eine wichtige Rolle: kennen wir
doch Agone im Küssen, Rätsellösen, Wachbleiben, Essen und Trinken![6])
Vor Gericht, auf der Agora, ja in den Hallen der Philosophen wetteifern sie um den Sieg beim Richter, beim Volke; und selbst die Tugend
wird Gegenstand des sittlichen ζῆλος. Wenn der sterbende Kyros bei
Xenophon[7]) von seinem Sohne Kambyses sonst gar nichts voraussetzt,
als daß ihn der Stachel, seines Vaters Taten zu überbieten, sein Lebtag
treibe, so hat der Grieche die Anschauung seines Volkes auf das fremde
übertragen.[8])

---

1) Dion Prus. 18 p. 476 R.   2) I 9.   3) Acharn. 686.
4) Vgl. die schöne Zitatensammlung Neuerer über den griechischen Formen-
sinn bei Billeter 157 f.
5) Il. VI 208.   6) Vgl. *Schmidt*, Ethik I 193.
7) Kyrup. VIII 7, 12.
8) Vgl. Billeter, „*Der Wettkampf als Mittelpunkt des griechischen Lebens*“,
212 ff.

So lautet denn auch die ästhetische Forderung: Versuche es besser zu machen, als dein Vorgänger!

Schon der Verfasser der pseudoplatonischen „Epinomis" sagt mit echt griechischem Nationalstolze (c. 10 p. 987 DE): ὅ τι περ ἂν Ἕλληνες βαρβάρων παραλάβωσι, κάλλιον τοῦτο εἰς τέλος ἀπεργάζονται (dazu *Billeter* 245 f.).

Das fordert Isokrates, wenn er im Hinblick auf bereits erörterte Themen mahnt[1]): οὐκέτι φευκτέον ταῦτ' ἐστί, περὶ ὧν ἕτεροι πρότερον εἰρήκασιν, ἀλλ' ἄμεινον ἐκείνων εἰπεῖν πειρατέον. So läßt auch Aristophanes den Aischylos gegenüber den Angriffen des Euripides, als habe er fremde Melodien entlehnt, sagen[2]):

$$ἐς\ τὸ\ καλὸν\ ἐκ\ τοῦ\ καλοῦ\ ἤνεγκον.$$

Das ist jene *opportuna derivatio*, von der Furius Albinus als Verteidiger Vergils ganz im griechischen Geiste meint[3]): *denique et iudicio transferendi et modo imitandi consecutus est, ut quod apud illum legerimus alienum aut illius esse malimus aut melius hic quam ubi natum est sonare miremur.* Ebenso erzählt Seneca von Arellius Fuscus[4]), dem man eine Anleihe aus den Schriften des Rhetors Adaios vorgeworfen hatte: *memini ... Fuscum ... non infitiari transtulisse se eam in Latinum, et aiebat non commendationis id se aut furti, sed exercitationis causa facere. do, inquit, operam, ut cum optimis sententiis certem, nec illas corrumpere conor sed vincere.* Im gleichen Sinne polemisiert Plinius[5]) gegen die Exzerptoren, die andere wörtlich ausschrieben, ohne sie zu nennen, *non illa Vergiliana virtute, ut certarent* und faßt selber seine Schriftstellerei als ἀγώνισμα auf[6]): *faveo ... ego vero et posteris, quos scio nobiscum decertaturos sicut ipsi fecimus cum prioribus.* Das hält ja Quintilian[7]) für den Hauptanreiz des Schriftstellers, *priores superasse.*

Es entspricht ganz der antiken Auffassung, wenn Porphyrios[8]) zu einer auffallenden Parallele bei Demosthenes und Hypereides bemerkt: ἄγαμαι μὲν Δημοσθένην, εἰ λαβὼν παρὰ Ὑπερίδου πρὸς δέον διώρθωσε.

Die Nachahmung und Entlehnung wird von der antiken Ästhetik nirgends an und für sich getadelt, insofern sie eine Besserung[9]), eine ge-

---

1) paneg. 8.　　2) ran. 1298.　　3) Macrob. sat. VI 1, 2 ff.
4) suas. IX 1, 13.　　5) n. h. praef. 22.　　6) ib. 20.
7) inst. X 2, 28.　　8) p. 466 a.
9) Vgl. auch Bartoli (deutsch von Kuffstein, p. 190):
„*Wer auff solche Weise (nämlich durch derartige Verbesserung, „daß es das vorige ansehen gantz verendert und nicht mehr ist, was es vorhin gewesen") nimmet*

wisse Selbständigkeit verrät, die es versteht, ἴδιον προσεξευρεῖν.[1]) In diesem Sinne sagt Ulpianos von Aischines[2]): καὶ δὴ καὶ ὁ Αἰσχίνης οὐδὲν ἴδιον ἔχει, τοῖς δὲ τῶν ἄλλων λόγοις προσεκέχρητο, αὐτὸς ἀπαίδευτος ὤν. Denn ein vollendeter Redner ist nur, meint Quintilian,[3]) *qui etiam propria ... adiecerit, ut suppleat quae deerunt, circumcidat si quid redundabit.* So tadelt Nikagoras bei Porphyrios[3]) an Theopompos, daß er vieles verschlechtert habe, und Porphyrios selber meint im oben angeführten Falle: μέμφομαι δὲ τὸν Ὑπερίδην, εἰ λαβὼν παρὰ Δημοσθένους πρὸς τὸ χεῖρον διέστρεψε. Ebenso rügt Probus[4]) bei Vergil die unglückliche Herübernahme des Homerischen Vergleiches von Nausikaa mit Artemis (im 4. Buche), die dem Apollonios sehr gut gelungen war.[5]) Dahin zielt auch die Horazische, etwas gewundene Vorschrift[6]):

> *nec desilies imitator in artum,*
> *unde pedem proferre pudor vetet aut operis lex.*

Werde kein Sklave des Originals, dessen Autorität dich hindert, eigene Wege zu wandeln oder deinen Plan selbständig zu entwerfen!

Deshalb ist auch der Vergleich dieser schriftstellerischen Arbeit, die das Material zusammensucht, wo es sich findet, um es dann in sich aufzunehmen, mit dem eigenen Wesen zu vermischen und als etwas Neugestaltetes wiederzugeben, mit dem fleißigen Tun der Biene sehr zutreffend und den Alten sehr geläufig. Poetisch drückt sich Macrobius[7]) aus: *apes ... quodammodo debemus imitari, quae vagantur et flores carpunt, deinde quicquid attulere disponunt ac per favos dividunt et sucum varium in unum saporem mixtura quadam et proprietate spiritus sui mutant.* Die Stoffsammlung (εὕρεσις), Anordnung (τάξις, οἰκονομία), *partitio* (διαίρεσις) und *elocutio* (λέξις), die stilistische Einheitlichkeit und Selbständigkeit ist in jenen Bildern trefflich gekennzeichnet. Schon Platon[8]) paraphrasiert ein ebendahin zielendes Dichterwort: λέγουσι γὰρ δήπουθεν πρὸς ἡμᾶς οἱ ποιηταί, ὅτι ἀπὸ κρηνῶν μελιρρύτων ἐκ Μουσῶν κήπων τινῶν καὶ ναπῶν δρεπόμενοι τὰ μέλη ἡμῖν φέρουσιν ὥσπερ αἱ μέλιτται καὶ αὐτοὶ οὕτω πετόμενοι. Allerdings spielt bei diesem Vergleich noch der Umstand mit, daß die Biene wegen der berauschenden Kraft des Honigtrankes als Symbol der Begeisterung galt.[9])

---

grobe ungestalte Klötze, schöne Bilder draus zu schnitzen, der ist kein Dieb, sondern ein fürnehmer Meister".　　　　1) Athen. XV 673 F.

2) zu Demosth. 18, 269 D.　　　　3) p. 465 b.　　　　4) bei Gellius IX 9.

5) Argon. III 875.　　　　6) ars p. 134 f.

7) sat. I praef. 4.　　　　8) Ion 534 a.

9) Drum nennt Pindar (Pyth. IV 60) die Pythia „*Delphische Biene*"; vgl. den Mythos von den Musen, die als Bienen den Athenern den Weg nach Ionien weisen (Himer. 10, 1; Philostr. im. II, 8, 5).

Bei Dichtern treffen wir diesen Vergleich häufig, so z. B. bei Lucretius, der schön sagt[1]):

floriferis ut apes in saltibus omnia libant,
omnia nos itidem depascimur aurea dicta.

Auch Horatius[2]) stellt sein dichterisches Schaffen mit der Tätigkeit der Biene zusammen:

ego apis Matinae
more modoque
grata carpentis thyma per laborem . . .
operosa parvus
carmina fingo,

ein Bild, das seit der Renaissance vielfache Nachahmung gefunden hat.[3]) Sehr grob, aber im Kern zutreffend mahnt Birken in seiner „*Teutschen Redebind- und Dichtkunst*"[4]) die Jünger Apolls: „*Man muß das Gehirne zum guten Magen machen, der die Speisen nicht wie er sie empfangen wieder herauskotze*".

Ebenso bezeichnend ist das andere Bild von der Krähe, die sich mit fremden Federn schmückt. Die aisopische Fabel (200), von Babrius (72) auf den κολοιὸς κορώνης υίός, von Phaedrus (I 3) auf den *graculus* bezogen, der sich mit Pfauenfedern ziert, ist ursprünglich nicht auf literarische Verhältnisse gemünzt. Wenn Philodemos[5]) in dem Teil, wo er die τέχνη definiert, vom Redner sagt:

παραλαβὼν καὶ ῥητορικῆς καὶ γε-
ωμετρίας καὶ ἀστρολογίας
καὶ μουσικῆς ἀλλοτρίοις ἑαυτόν
πτεροῖς κολοιοῦ τρόπον κεκόσμηκεν,

so meint er damit, daß die Rhetorik sich mit den bunten Lappen fremder Künste schmücke, die nicht organisch mit ihr verbunden sind. Diese schroffe Ansicht deckt sich ganz mit der Epikurs, der die Rhetorik ebenso wie alle anderen enzyklopädischen Wissenschaften ablehnte.[6]) Im gleichen Sinne ruft Horatius[7]) seinem Freund Celsus zu, *privatas ut quaerat opes,* d. h. zu sorgen, daß die *publica materies privati iuris*[8]) wird,

---

1) de rer. n. III 10.
2) c. IV 2, 27 ff; vgl. ep. I 3, 21, wo er den Florus fragt: *quae circumvolitat agilis thyma?*
3) Vgl. *E. Stemplinger, Das Fortleben der Horaz. Lyrik,* S. 383.
4) Nürnberg 1679, S. 115.
5) π. ρ. II p. 68, 25 S. und Quellennachweise p. 63 von *Crusius.*
6) Vgl. Arnim, *Leben und Werke des Dio von Prusa,* 73 ff.
7) ep. I 3, 15 ff.   8) ars p. 130.

> *ne, si forte suas repetitum venerit olim*
> *grex avium plumas, moveat cornicula risum*
> *furtivis nudata coloribus.*

Wenn die Entlehnungen nur äußerlich sind, nicht in das eigene Gewebe kunstvoll verwoben, so daß die Nähte überhaupt nicht sichtbar
werden, so können sie, wie die gestohlenen Federn der Dohle, die nicht
an ihrem Körper festgewachsen, nicht mit ihr organisch verbunden,
nicht von dem lebendigen Blute gespeist werden, wieder weggenommen
werden, ohne daß dem eigentümlichen Wesen ein Schaden ersteht, nur
daß des Diebes eigene Armseligkeit zum Vorschein kommt. So faßten
auch einige Erklärer den σπερμολόγος, den Demosthenes[1] dem Aischines
entgegenschleudert, wohl fälschlich als Anspielung auf jene aisopische
Fabel auf, wie Ulpianos bemerkt: τινές φασιν οὕτω καλεῖσθαι τὸν
κολοιόν, ὡς ἀλλοτρίοις πτεροῖς χρησάμενον· καὶ δὴ καὶ ὁ Αἰσχίνης οὐδὲν
ἴδιον ἔχει.

Wenn aber die Nachahmung zugleich ein *certamen* ist, das in dem
Wunsche und Bestreben gipfelt, das Vorbild zu übertreffen, wenn sie
sich zu einer Neugestaltung und geistigen Wiedergeburt des Angeeigne-
ten erhebt, dann ist, wie der Verfasser περὶ ὕψους[2] so schön sich ausdrückt, οὐ κλοπὴ τὸ πρᾶγμα, ἀλλ᾽ ὡς ἀπὸ καλῶν εἰδῶν ἢ πλασμάτων
ἢ δημιουργημάτων ἀποτύπωσις. Ja, Photios, einer der kenntnisreichsten
Geister der Spätzeit, geht in der Verteidigung des Isokrates, dem man
die Benützung fremder Quellen im Panegyrikos vorgerückt hatte, noch
weiter[3]: οὐδὲν κωλύει παραπλησίων ἀνακυπτόντων πραγμάτων ταῖς
ὁμοίαις ἐξεργασίαις κεχρῆσθαι καὶ τοῖς ἐνθυμήμασιν, οὐχ ἀναβλαστα-
νούσης φύσεως τοιαῦτα οἷα τοῖς προλαβοῦσι προβαλλομένη ἐπιδείκνυται.
Er trifft hierbei mit Afranius zusammen, der im Prologe der Compi-
talia seinen Neidharten, die ihm Menandrosplagiate vorwarfen, mit
keckem Selbstbewußtsein zuruft[4]:

> *fateor, sumpsi non ab illo modo,*
> *sed ut quisque habuit, conveniret quod mihi,*
> *quodque me non posse melius facere credidi,*
> *etiam a Latino.*

Wunderlich, daß Goethe in demselben Falle einmal[5] dasselbe äußert:
„*So singt mein Mephistopheles*[6] *ein Lied von Shakespeare, und warum
sollte er das nicht? Warum sollte ich mir Mühe geben, ein eigenes zu*

---

1) 18, 269 (p. 306 D).
2) I 129 H.　　　　3) bibl. 487 B 32.　　　　4) fr. com. 144 R.
5) Gespr. mit Eckermann 108 G.
6) „Mephistopheles' Lied" (VII 96 ff.) aus Hamlet.

erfinden, wenn das von Shakespeare eben recht war und eben das sagte, was es sollte?"

Horaz stellt in seiner *ars poetica*[1]) die ästhetischen Grundsätze der römischen *imitatio* zusammen, die natürlich mit der traditionellen Ästhetik der Griechen sich decken. Er sagt:

> *publica materies privati iuris erit, si*
> *non circa vilem patulumque moraberis orbem,*
> *nec verbum verbo curabis reddere fidus*
> *interpres, nec desilies imitator in artum,*
> *unde pedem proferre pudor vetet aut operis lex.*

Das allen bereitliegende Gemeingut, der auch schon behandelte Stoff, wird dein persönliches Eigentum, wenn du drei Gebote beachtest:

1. Wandle nicht in trivialer Weise ausgetretene Geleise! (Dies Gebot verrät alexandrinischen Ursprung.)

2. Biete keine wortgetreue Übersetzung!

3. Werde kein Sklave des Originales! Bewahre dir die Bewegungs- und Schaffensfreiheit!

Diese drei Gebote fassen zusammen, was wir bisher als ästhetische Gesetze der Griechen kennen lernten, nur daß noch die Übersetzung — für die Römer von ganz anderer Bedeutung wie für die Griechen — hereingezogen ist. Im übrigen ist der Stoff als Gemeingut vorausgesetzt und Neugestaltung und Neuschöpfung verlangt.

Die Fabeln des Phädrus geben uns ein typisches Beispiel dafür, wie die römische *imitatio* sich zur freien Produktion entwickelte.[2]) Im Prolog zum ersten Buche sagt er selbst:

> *Aesopus auctor quam materiam repperit,*
> *hanc ego polivi versibus senariis.*

Dagegen kann er sich im Prologe (38) des 3. Buches bereits rühmen:

> *ego porro illius semitam feci viam,*
> *et cogitavi plura, quam reliquerat.*

Hier sind bereits selbständige Versuche untergemischt.

Völlig eigener Produktion kann er sich im 4. Buche (prol. 12) brüsten:

> *quas Aesopias, non Aesopi, nomino,*
> *quia paucas ille ostendit, ego plures fero,*
> *usus vetusto genere, sed rebus novis.*

Wie hier der Werdegang eines Autors durch eigene Zeugnisse belegt

---

1) v. 130 ff.
2) Vgl. *J. J. Hartman, de Phaedri fabulis commentatio* (Lugd. Bat. 1889. c. II). Ähnlich ist die Entwicklung bei Babrius.

ist, so vollzog und vollzieht er sich heute noch in der Geisteswerkstatt.
eines jeden, der Ernstes erstrebt. Nur sind meistens die Arbeiten der
untersten Stufe, als Übungswerke, nicht an die Öffentlichkeit gegeben
worden, so daß wir erst aus den reifen Schöpfungen mit Aufwand.
großer Mühe die Spuren der früheren Vorstudien mit den Reagenzien
literarischen Scharfsinns entwickeln können.

d) URTEILE MODERNER AUTOREN.

Indes würde man sich in einem großen Irrtum befinden, falls man
glaubte, die ästhetischen Anschauungen der Antike seien durch die Moderne überwunden; mit dem zunehmenden Feingefühl für das geistige
Eigentum seien auch strengere Auffassungen über die Verwertung fremden Stoffes wirksam geworden; der Inhalt werde heutigestags auch vom.
ästhetischen Standpunkt ungleich höher gewertet und damit dem „Erfinden" eine wesentlich gesteigerte Schätzung zuteil.

Es wird gut sein, anstatt den oft wiederholten theoretisierenden
Ansichten moderner Plagiatforscher großen Meistern der Schrift selber
das Wort zu erteilen!

Zunächst Goethe. In Gesprächen mit Eckermann sagt der Alt-
erfahrene[1]): „*Im Grunde sind wir alle kollektive Wesen, wir mögen uns
stellen, wie wir wollen. Denn wie weniges haben und sind wir, das wir
im reinsten Sinne unser Eigentum nennen! Wir müssen alle empfangen
und lernen, sowohl von denen, die vor uns waren, als von denen, die mit
uns sind. Selbst das größte Genie würde nicht weit kommen, wenn es
alles seinem eigenen Innern verdanken wollte. Das begreifen aber viele
sehr gute Menschen nicht und tappen mit ihren Träumen von Originalität
ein halbes Leben im Dunkel ... Was hatte ich, wenn wir ehrlich sein.
wollen, das eigentlich mein war, als die Fähigkeit und Neigung, zu sehen
und zu hören, zu unterscheiden und zu wählen, und das Gesehene und
Gehörte mit einigem Geiste zu beleben und mit einiger Geschicklichkeit
wiederzugeben.*" Ein andermal[2]) äußert er sich über Stoff und Form:
„*Den Stoff sieht jedermann vor sich; den Gehalt findet nur der, der etwas.
dazu zu tun hat und die Form ist ein Geheimnis der meisten.*" Und
„*das schönste Zeichen der Originalität*" erblickt er[5]) darin, „*wenn man
einen empfangenen Gedanken dergestalt fruchtbar zu entwickeln weiß, daß
niemand leicht, wieviel in ihm verborgen liege, gefunden hätte.*" Und als
man Byron verschiedener Plagiate zieh, da meinte er[4]): „*Was da ist,*

---

1) S. 618f.
2) *Sprüche in Prosa* 248.   3) ebd. 540.   4) *Gespräche mit E.* 107.

das ist mein! hätte er sagen sollen, und ob ich es aus dem Leben oder aus dem Buche genommen, das ist gleichviel; es kam bloß darauf an, daß ich es recht gebrauchte." Denselben Gedanken finden wir bei Geibel versifiziert[1]):

> „*Woher ich dies und das genommen?*
> *Was gehts euch an, wenn es nur mein ward.*
> *Fragt ihr, ist das Gewölb' vollkommen,*
> *Woher gebrochen jeder Stein ward?*"

Noch deutlicher spricht sich Goethe[2]) aus, wenn er den wissenschaftlichen Entdeckungen gegenüber, die sehr häufig Existenzfragen seien und deren Wirkung im *Aperçu*, nicht in der Behandlung beruhe, betont: „*Im Reich der Ästhetik ... ist alles weit läßlicher; die Gedanken sind mehr oder weniger ein angeborenes Eigentum aller Menschen, wobei alles auf die Behandlung und Ausführung ankommt ... Ein einziger Gedanke kann das Fundament zu hundert Epigrammen hergeben und es fragt sich bloß, welcher Poet denn nun diesen Gedanken auf die wirksamste und schönste Weise zu versinnlichen gewußt habe.*" In einem Gedankensplitter über das „Plagiat"[3]) schließlich spricht er noch den Satz aus, der unsere bisherigen Ausführungen über die antike Auffassung der Originalität knapp zusammenfaßt: „*Die Menge, die einen falschen Begriff von Originalität hat, glaubt den Künstler tadeln zu müssen, wenn er schon vorhandene, gebrauchte, ja bis auf einen gewissen Grad gesteigerte Motive nochmals behandelt*", „*anstatt daß er höchlich zu loben ist, wenn er irgend etwas schon Vorhandenes auf einen höhern, ja den höchsten Grad der Bearbeitung bringt. Nicht allein den Stoff empfangen wir von außen, auch fremden Gehalt dürfen wir uns aneignen, wenn nur eine gesteigerte, wo nicht vollendete Form uns angehört.*"

Von Interesse wird es auch sein, was der Meister der neudeutschen Kritik und Ästhetik, Lessing, über Originalität denkt. Hatte er schon in der „*Theatralischen Bibliothek*"[4]) mit Beziehung auf Deslisles' Lustspiel 'Les Caprices du Cœur et de l'Esprit' bemerkt: „*Die Fabel dieses Stückes hat mit der Fabel meines 'Freigeistes' soviel Gleichheit, daß es mir die Leser schwerlich glauben werden, daß ich den gegenwärtigen Auszug nicht dabei sollte genutzt haben. Ich will mich also ganz in der Stille verwundern in der Hoffnung, daß sie mir wenigstens, eine fremde Erfindung auf eine eigene Art genutzt zu haben, zugestehen werden*"; so findet man seine reife Ansicht über das Verhältnis von Original und

---

1) *Neue Gedichte* 85.   2) a. O. 432.   3) *Meteore des literar. Himmels.*
4) IV 129.

Kopie im 73. Stück der „*Hamburgischen Dramaturgie*" ausgedrückt, wo
er im Hinblick auf „Richard III." von Weiß bemerkt: „*Wenn man den
Ärmel aus dem Kleide eines Riesen für einen Zwerg recht nutzen will,
so muß man ihm nicht wieder einen Ärmel, sondern einen ganzen Rock
daraus machen. Tut man aber auch dieses, so kann man wegen der Beschuldigung des Plagiums ganz ruhig sein. Die meisten werden in dem
Faden die Flocke nicht erkennen, woraus er gesponnen ist. Die wenigen,
welche die Kunst verstehen, verraten den Meister nicht und wissen, daß
ein Goldkorn so künstlich kann getrieben sein, daß der Wert der Form
den Wert der Materie bei weitem übersteigt.*"

Ebenso wünscht Schiller in einem Brief an Goethe[1]) „*daß unter
den vielen schriftstellerischen Spekulationen solcher Menschen, die keine
andere als kompilatorische Arbeit treiben können, auch einer daraufi verfallen möchte, in alten Büchern nach poetischen Stoffen auszugehen*" und
meint, er könne einen Freund wie Hyginus brauchen. „*Ein Reichtum
an Stoffen für möglichen Gebrauch vermehrt wirklich den inneren Reichtum, ja er übt eine wichtige Kraft und es ist schon von großem Nutzen,
einen Stoff auch nur in Gedanken zu beleben und sich daran zu versuchen.*"
Wir sehen hier wiederum die antike Auffassung von der Gleichgültigkeit des Rohstoffes an sich. Schiller erklärt auch in der Rezension von
Matthisons Gedichten ausdrücklich: „*Es ist niemals der Stoffi sondern
die Behandlungsweise, was den Künstler und Dichter macht.*"

Im selben Geiste äußert sich Wieland zu dieser Frage in längeren
Ausführungen, die wert sind, wieder aufgefrischt zu werden[2]): „*Jeder
wahre Künstler ahmt in gewissem Sinne seine Vorgänger nach ... Ein
Pfuscher ohne alles Talent könnte ein höchstelendes Werk von 50 Ge-
sängen, der Erfindung und ganzen Ausführung nach aus seinem eigenen
schalen Kopfi gezogen und keinen Menschen nachgeahmt haben, und würde
dadurch doch weiter nichts als ein originaler Pfuscher sein; hingegen
könnte ein großer Dichter nicht nur das Sujet, sondern, wenn er es für
gut fände, den ganzen Plan seines Werkes von einem andern nehmen
und durch die Art der Ausführung ein Neues und Vortreffliches aus
einem schlechten erschaffen. Das was den wahren Meister macht, ist nicht
die Erfindung eines unerhörten Sujets, unerhörter Sachen, Charaktere,
Situationen usw., sondern der lebendige Odem und Geist, den er seinem
Werke einzublasen vermag und die Schönheit und Anmut, die er darüber
auszugießen weiß. Es ist mit den Dichtern hierin wie mit den Malern
und andern Künstlern. Alle vortrefflichen Maler haben Marienbilder und*

---

1) Am 15. Dez. 1795.   2) Horazens *Episteln* (1782, 1 295 zu ep. I 19).

heilige Familien gemalt: der Inhalt ist der nämliche, die Charaktere sind
die nämlichen, die Farben auf dem Palet sinds auch: gleichwohl hat jeder
ebendenselben Gegenstand auf eine ihm eigene Art behandelt: und soviel
vortreffliche Madonnen schon da sind, so wird sich doch gewiß kein künftiger
großer Maler abschrecken lassen auch die seinige hinzuzutun.“

Wieland hat das Problem richtig erfaßt und in seiner klaren Weise
vortrefflich zu erläutern verstanden.

Lassen wir noch einen Wortführer der Romantik zu Worte kommen, Tieck, der im „*Sternbald*“ seinen Albrecht Dürer sagen läßt[1]):
„Das eigentliche Erfinden ist gewiß sehr selten … Was uns erfunden
scheint, ist gewöhnlich nur aus älteren schon vorhandenen Dingen zusam-
mengesetzt und dadurch wird es gewissermaßen neu; ja, der eigentlich
erste Erfinder setzt seine Geschichte oder sein Gemälde doch auch nur
zusammen, indem er teils seine Erfahrungen, teils was ihm dabei ein-
gefallen oder was er sich erinnert, gelesen oder gehört hat, nur in eins
faßt.“ Die Goethesche Auffassung, die wir oben kennen gelernt, kehrt
hier in etwas anderer Umrahmung wieder.

Und Jungdeutschland, das gerade auf die Originalität seines
Schaffens mit lauter Stimme hinwies? Hören wir Heines Worte[2]):
„Nichts ist törichter als der Vorwurf des Plagiats; es gibt in der Kunst
kein sechstes Gebot, der Dichter darf überall zugreifen, wo er Material zu
seinen Werken findet; und selbst ganze Säulen mit ausgemeißelten Kapi-
tälern darf er sich aneignen, wenn nur der Tempel herrlich ist, den er
damit stützt.“ Ins Poetisch-Humoristische übersetzt, lautet dieselbe
Ansicht[3]):

> *„Der Stoff, das Material des Gedichts,*
> *Das saugt sich nicht aus dem Finger;*
> *Kein Gott erschafft die Welt aus nichts,*
> *Sowenig wie irdische Singer.“*

Schließen wir die Sammlung dieser Aussprüche deutscher Autoren mit
den Worten eines Romanschriftstellers, einer Gattung, bei der auf Erfindung des Stoffes ein Hauptgewicht gelegt wird, Spielhagens[4]): *„Es*
erscheint uns die Tätigkeit des Künstlers, des Dichters stets in der zwie-
fachen Qualität des Findens und Erfindens … Von der einen Seite
betrachtet, scheint dem Künstler alles gegeben, nichts von ihm erfunden:
von der andern alles von ihm erfunden, nichts ihm gegeben. Die Wahr-
heit ist, daß er nichts verwenden kann, wie es gegeben: jedes Atom des

---

1) S. 194 Minor. 2) *Werke* VII 153 K. 3) ebd. I 254.
4) *Beitr. zur Theorie und Technik des Romans* S. 34.

Erfahrungsstoffes erst durch die Phantasie befruchtet werden muß.“ Die
Tätigkeit, die durch das Bild von der Biene gezeichnet wird, ist hier
ins Philosophisch-Psychologische übertragen.

Mit trefflicher Antithese sagt Lamothe de Vayer[1]): *„On peut
derober à la façon des abeilles, sans faire de tort à personne; mais le
vol de la fourmi qui enlève le grain entier ne doit jamais être imité.“*
Und Alfred de Musset erklärte[2]) 1830 mit richtiger Hervorhebung
des Wesentlichen:

*Pourquoi désavouer l'imitation, si elle est belle? Bien plus, si elle est
originale elle-même? Virgile est d'Homère et le Tasse est fils de Virgile.
Il y a une imitation sale, indigne d'un esprit relevé, c'est celle qui se cache
et se renie, vrai metier de voleur; mais l'inspiration, quelle que soit la
source, est sacrée.“* Andr. Chénier meint in L'Invention (II 170):

> *„Ainsi donc, dans les arts, l'inventeur est celui*
> *Qui peint ce que chacun put sentir comme lui.“*

Wir ersehen auch aus diesen Äußerungen bedeutender Meister, daß
ihnen der Stoff an sich wenig bedeutet, die Ausführung alles. Der echte
Dichter und Künstler ist wie König Midas, unter dessen Händen alles
zu Gold wird; der stilistische Meister gleicht jenem Autolykos, der
nach Pherekydes' Erzählung (fr. 63) in seiner Wohnung am Parnassos
zahlreiche geraubte Gegenstände um sich gesammelt hatte und durch
seinen göttlichen Vater Hermes mit der Gabe versehen war, jene so umzuwandeln, daß sie sogar ihren früheren Besitzern unkenntlich wurden.
Von jenem gilt, wessen Raffael bei Gobineau sich rühmt[3]): *„J'ai pris
de toutes parts et de toutes mains: ce qui est à moi a été à d'autres.
Mais quoi! j'ai tout élargi, tout elevé tout éclairé! Je suis un ordon-
nateur! Je ne me suis pas amusé, copiant l'un, volant l'autre, à ajuster
mesquinement des lambeaux secrètement empruntes à chacun et que chacun eût eu le droit de réclamer plus tard. Non! j'ai tout fondu ensemble,
et de ces éléments disparates, je me suis créé une force d'un seul jet. C'est
d'une matière compacte et devenue mienne, bien mienne, que je m'apprête,
désormais, à composer mes œuvres, y ajoutant toujours; cette matière est
melangée comme je l'entends, colorée comme il me convient, dure au point
précis qui me plaît, et c'est ainsi que j'élèverai ces monuments sur les-
quels j'inprimerai mon sceau et que nul me disputera.“*

---

1) *Cinq dialogues,* 1671 préf.
2) *Mélanges de littér. et de crit.* (Par. 1899) p. 14.
3) *La Renaissance* (Par. 1877) p. 290s.

3. STILISTISCHE ΜΙΜΗΣΙΣ.

a) IM ALLGEMEINEN.

Die Lektüre soll nach Dionysios (fr. VI) nicht bloß um des stofflichen Gewinnes halber betrieben werden, ἀλλὰ (ἵνα) καὶ τὸν ἰδιωμάτων ζῆλον χορηγηθῶμεν.

„Mit Absicht dichten, mit Absicht nachahmen," sagt Lessing[1]), „ist das, was das Genie von den kleinen Künstlern unterscheidet ... Es ist wahr, mit dergleichen leidigen Nachahmungen fängt das Genie an zu lernen; es sind seine Vorübungen. ... Wer nichts hat, der kann nichts geben."

Bei der bewußten Nachahmung des Stiles empfiehlt die griechische Ästhetik vor allem das eklektische Verfahren. Nach stoisch-pergamenischer Lehre ist auch Dionysios von Halikarnaß für einen gemischten, aber einheitlich erscheinenden Stil.[2]) Wie ein Maler nicht ein Modell abkonterfeie, sondern aus verschiedenen Modellen das Schönste entnehme, so mache es auch der Schriftsteller. In demselben Sinne führt Cicero[3]) das Beispiel von Zeuxis vor, als er das Bild der Helena malte und arbeitet den Vergleich zwischen jenem und dem nach verschiedenen Mustern schaffenden Schriftsteller aus. Ebenso stoßen wir in den Longinosexzerpten auf die Empfehlung des eklektischen Stils.[4]) Das ist jenes κεραννύειν τοὺς λόγους, das Dionysios[5]) so warm anrät, jenes κεκρᾶσθαι παντὶ εἴδει λόγου, das Diogenes von Laerte bei Bion Borysthenites so hervorhebt.[6]) Mit einem hübschen Bilde bemerkt der Scholiast zu dem Satze des Hermogenes[7]): ἐκ ... τῆς μίξεως ... καὶ οἷον ἐνώσεως ὁ ἁπλῶς πολιτικὸς γίνεται λόγος folgendes: τὴν ἀρίστην παρὰ τῷ ῥήτορι τῶν ἰδεῶν ἕνωσίν τε καὶ σύγκρασιν, σύμφθαρσιν ἐκάλεσεν, ἀπὸ μεταφορᾶς τῶν διαφόρων σιτίων, ἅπερ ἐν τῇ γαστρὶ πρότερον ἀλλοιοῦνται καὶ τὴν οἰκείαν μεταβάλλει ποιότητα, εἶθ' οὕτως ἕνα χυμὸν κατ' ἐπικράτειαν γεννῶσι θρεπτικὸν τοῦ σώματος καὶ σωτήριον .. Und noch Photios[8]) hebt die ποικιλότης hervor, ὅταν οὐ καθ' ἓν εἶδος σύγκειται ὁ λόγος.

Aber auch die unbewußte Anlehnung der Ausdrucksweise an den ausschließlich gelesenen oder verehrten Autor war den Alten nicht

---

1) Hamb. Dramat. 13. Stück.
2) fr. VI: ἃ καὶ αὐτὰ μὲν οἰκείᾳ φύσει τέρπει, εἰ δὲ καὶ κερασθείη διὰ τῆς τέχνης εἰς ἑνὸς τύπον λογικοῦ σώματος, βελτίων ἡ φράσις τῇ μίξει γίνεται.
3) de inv. II 1 ff.
4) I² 115: ὅτι ἄριστοι λόγοι καὶ μιμήσεως ἄξιοι οἱ μὴ ἔχοντες ἑνὸς χαρακτῆρος ἀλλὰ διαφόρων.   5) de comp. 24.   6) IV 7, 5.   7) περὶ ἰδεῶν p. 410.
8) bibl. c. 175.

fremd. Dionysios bemerkt darüber[1]) sehr richtig: ἡ ψυχὴ τοῦ ἀναγινώσκοντος ὑπὸ τῆς συνεχοῦς παρατηρήσεως τὴν ὁμοιότητα τοῦ χαρακτῆρος ἐφέλκεται. Und Eustathios (zu Il. Ω p. 1362) sagt schön:
δυνατὸν εἶναι τὰ αὐτὰ νοήματα εἰς διαφόρους ἔρχεσθαι αὐτοφυῶς.

Man vergleiche damit Morhofs Bemerkung[2]): „Es kan oft geschehen, daß jeman Wörter oder Verse im Gedächtnis hat, die er vergessen, wo und ob er sie gelesen, welche bei Gelegenheit sich unter seine
eigenen Gedanken verstecken, wozu die Reyme bisweilen den Weg bahnen."
Ebenso ruft Du Bellay seinen Verkleinerern im Vorwort der Olive
(1550) zu[3]): Si par la lecture des bons livres, ie me suis imprimé quelques traicts en la fantaisie, qui apres, venant à exposer mes petites conceptions selon les occasions qui m'ent sont données, me coulent beaucoup
plus facilement en la plume, qu'ilz ne me reviennent en la memoire,
doibt-on pour ceste raison les appeller pièces rapportées?

Wie einzelne musikalische Motive unbewußt wiederkehren[4]); wie
der Stil Schillers, Heines, der „Butzenscheibenlyrik", Nietzsches gewisse Zeitläufte beherrschte, wie wir in Goethes Tagebüchern noch
deutlich die Stile verschiedener Epochen nebeneinander beobachten
können, so trugen auch ganze Perioden der griechischen Prosa je nach
dem tonangebenden Vorbild einen bestimmten Stilcharakter an sich.[5])
Doch davon mehr im 3. Teil!

b) IN DEN EINZELNEN ΓΕΝΗ.

Innerhalb der rednerischen Darstellungsweise unterschieden die
alten Techniker mit einer uns Deutschen kaum recht begreiflichen
Feinfühligkeit noch verschiedene Stilarten (χαρακτῆρες φραστικοὶ τοῦ
λόγου).[6]) Ursprünglich stellte man, wohl nach dem Vorgang der Isokrateer[7]), drei Stilarten auf, die erhabene, mittlere und niedrige (gra-
vem, mediocrem, extenuatam[8]); subtile, modicum, vehemens[9]); ὑψηλός,

---

1) fr. VI.
2) Unterricht von der deutschen Sprache und Poesie (Leipz.³ 1718) S. 128.
3) I 76 (Marty-Laveaux).
4) Nur einige Beispiele! Das Pognermotiv vom „schönen Fest Johannistag"
in Wagners „Meistersingern" steht wortgetreu in der Ballettmusik zu dem Beet-
hovenschen „Die Geschöpfe des Prometheus"; das Todverkündungsmotiv in der
„Walküre" steht fast notengetreu in Marschners „Hans Heiling"; die ersten Ak-
korde des „Tristan" finden wir wieder im 2. Satz des Es-dur-Streichquartetts bei
Mozart; das Gralmotiv ist das alte Amen der Dresdener Hofkirche.
6) Vgl. Cicero de or. II 93.   5) Markellinos vita Thuc. c. 39.
7) Über die vielumstrittene Frage nach dem Ursprung der Lehre von den
drei Stilarten siehe die Literatur verzeichnet bei Christ-Schmid, II 49⁵; J. Kayser,
de veterum arte poetica p. 80sqq; Nassal, p. 54sqq.
8) Cic. Or. 21, 69.   9) Quintil. inst. XII 10, 58.

μέσος, ἰσχνός).[1]) Dionysios von Halikarnassos behandelt eingehend[2])
die jeder dieser drei Stilarten eigentümliche ἁρμονία ‚und stellt als
Muster der ἁρμονία αὐστηρὰ καὶ φιλάρχαια καὶ σεμνὴ καὶ φεύγουσα
ἅπαν τὸ κομψόν Aischylos und Pindar, ferner Thukydides auf[3]); als
Muster der ἁρμονία γλαφυρὰ καὶ λιγυρὰ καὶ θεατρικὴ καὶ πολὺ τὸ
κομψὸν καὶ αἱμύλον ἐπιφαίνουσα, ᾗ πανηγύρεις τε κηλοῦνται καὶ ὁ
συμφορητὸς ὄχλος Hesiodos, Sappho, Anakreon, ferner Isokrates und
seine Schule[4]); als Muster der aus beiden gemischten ἁρμονία κοινή
Homeros, Herodotos, Platon, Demosthenes.[5])

Demetrios περὶ ἑρμηνείας unterscheidet[6]) vier χαρακτῆρες ἁπλοῖ,
nämlich ἰσχνός, μεγαλοπρεπής, γλαφυρός und δεινός. Als Muster der
ersten Art gilt ihm Lysias[7]), der zweiten Thukydides[8]), des γλαφυρός Sappho, Xenophon[9]), des δεινός besonders Demosthenes.[10]) Eine
weitere Ausbildung und Fortbildung dieser Lehren gibt Hermogenes
in seinen Ausführungen über die Ideen oder Grundformen des Stils[11])
und im Anschluß daran, wenn auch mit wesentlicher Vereinfachung
und Umschmelzung, Aristeides[12]) περὶ πολιτικοῦ καὶ ἀφελοῦς λόγου.
Viele Beispiele aus den Schriften der „Klassiker" erläutern die Theorien und spornen zu fleißiger Lektüre der Muster an, die zur Nachahmung reizen soll.

Aus den Progymnasmata[13]) des Aphthonios u. a. wird uns klar,
welche Stilvirtuosität die Alten sich angeeignet haben müssen, wenn
man einen Brief anders stilisieren sollte wie ein διήγημα, einen μῦθος
anders wie eine ἔκφρασις, das Prooimion anders wie die Ausführung.
Der antike Leser oder Hörer wußte sofort, ob er es mit einem ὄνομα
δικανικόν, ἱστορικόν, διαλεκτικόν oder κωμικόν zu tun hatte: die σύνθεσις ὀνομάτων verriet ihm schon die Stilgattung, etwa wie bei uns
heutzutage wohl auch jeder Gebildete aus dem Rhythmus einen Walzer
vom Schottisch, Menuett zu unterscheiden vermag. In den rhetorisie-

---

1) Besonders *Dionys. Hal. de adm. vi dic. Dem.* p. 207.   2) p. 211 ff.
3) p. 212 ff.   4) p. 216 ff.
5) p. 218 f. Vgl. de comp. v. c. 21. 24, wo als Hauptvertreter der ἁ. αὐστηρά
Antimachos, Empedokles, Pindaros, Aischylos, Thukydides, Antiphon;
der γλαφυρὰ καὶ ἀνθηρὰ σύνθεσις Hesiodos, Sappho, Anakreon, Simonides,
Euripides, Isokrates (Ephoros, Theopompos?); der κοινὴ ἁ. Homeros, Stesichoros, Alkaios, Sophokles, Herodotos, Demosthenes, Demokritos, Platon,
Aristoteles genannt werden.   6) rh. Gr. III 270 ff.   7) ib. 303 f.
8) p. 270 ff.   9) p. 290 f.   10) p. 314 ff.
11) ib. II 265 ff. Auch Antisthenes hatte περὶ λέξεως ἢ περὶ χαρακτήρων gehandelt (Diog. L. VI 16).   12) ib. II 459 ff.
13) Schon Aristoteles betont (rhet. III 12): δεῖ δὲ μὴ λεληθέναι, ὅτι ἄλλη ἑκάστῳ γένει ἁρμόττει λέξις.

renden Geschichtswerken, den Romanen u. dgl. treffen wir verschiedene Stilformen je nach dem Charakter des διήγημα, der ἔκφρασις, der
θρῆνοι, der γνῶμαι, der eingelegten Reden angewendet. Ein Stilvir-
tuose wie Fronto meistert sein Instrument nach Belieben, bald auf den
Ton der Erhabenheit, bald auf den der Einfachheit und Nüchternheit
gestimmt.[1]) Man verlangt infolgedessen schon von dem Vorlesenden
oder Vortragenden, den Stilunterschied herauszuarbeiten. Dionysios
Thrax (p. 6 Uhlig) gibt darüber genaue Vorschriften: ἵνα τὴν μὲν
τραγῳδίαν ἡρωικῶς ἀναγνῶμεν, τὴν δὲ κωμῳδίαν βιωτικῶς, τὰ δὲ
ἐλεγεῖα λιγυρῶς, τὸ δὲ ἔπος εὐτόνως, τὴν δὲ λυρικὴν ποίησιν ἐμμελῶς,
τοὺς δὲ οἴκτους ὑφειμένως καὶ γοερῶς. τὰ γὰρ μὴ παρὰ τὴν τούτων
γινόμενα παρατήρησιν καὶ τὰς τῶν ποιητῶν ἀρετὰς καταρριπτεῖ καὶ
τὰς ἕξεις τῶν ἀναγινωσκόντων καταγελάστους παρίστησιν. Cicero
charakterisiert mit knappen Strichen in seinem *orator* die Diktion der
Philosophen (62—65), Schönredner (Sophisten: 65), Historiker (66)
und Dichter (66—68) und betont wiederholt als allgemein gültigen
Maßstab das πρέπον (*decorum*). Daß das γένος den Stil bedingt, dafür haben wir verschiedene Beispiele aus der antiken Praxis.[2]) Wir haben
auch längst erkannt, daß ein und derselbe Autor je nach dem γένος die
Stilart wechselt. So schreibt Sedulius sein *paschale opus* in prosaischem,
sein *paschale carmen* in poetischem Stil; Paulinus von Nola stilisiert
seine Briefe ganz anders wie seine Gedichte; Aristeides schreibt die
Reden 9—19 im isokratischen, 29—39 im demosthenischen Tone; sich
gelegentlich in einem fremden Stil zu versuchen, gehört zur rhetorischen Selbstbildung. So schreibt Plinius d. J. gelegentlich[3]): *hunc
(librum) rogo ex consuetudine tua et legas et emendes eo magis, quod
nihil ante peraeque eodem stilo scripsisse videor. temptavi enim imitari
Demosthenem semper tuum, Calvum nuper meum.* Man lernte aber diese
ἰδέαι nicht, um eine ansprechende auszuwählen, um im Stil gleichsam
den innern Menschen auszuprägen, sondern um die verschiedenen Weisen
je nach Bedarf anzuwenden, seine rhetorische Kunst dem jeweiligen Zweck,
den verschiedenen Hörern und Lesern anzupassen, ebenso wie der Dramatiker den Boten oder Knecht anders sprechen läßt als den König;
wie Horaz eine Römerode anders stilisiert als ein Gelegenheitsgedicht
auf Maecenas; Tacitus den Dialogus ganz anders schreibt als die An-
nalen; Xenophon das Enkomion auf Agesilaos anders abfaßt als die
gleichstofflichen Teile in der Hellenika; der Stilkünstler Apuleius die

---

1) Näheres bei Norden, AK 365[3].
2) Leo, *Götting. gel. Anz.* 1898, 175 ff.　　3) ep. I 2.

Abhandlung *de mundo* geradezu gegensätzlich stilisiert wie die Florida; Arrianos zuerst als νέος Ξενοφῶν im ἀφελὴς λόγος auftritt, besonders in seiner ἀνάβασις, später seine Ἰνδική im jonischen Dialekt im Stile Herodots verfaßt. So beobachtete man auch die regelmäßige Stildifferenz zwischen διάλεξις und μελέτη bei den Jungsophisten, die sich bis auf sprachliche Einzelheiten erstreckt.

c) FALSCHE ΜΙΜΗΣΙΣ.

Für die stilistische μίμησις ist diese Erkenntnis von großem Belang: mußte doch die Individualität des einzelnen sich dem einmal anerkannten Musterkanon unterordnen. Indes war jede sklavische und oberflächliche Nachahmung des Ausdruckes, der Äußerlichkeiten und des Unwesentlichen zu vermeiden; alles kam auf den Geist, das ἦθος an. Dionysios[1]) sagt treffend: μίμησις ... οὐ χρῆσίς ἐστι τῶν διανοημάτων, ἀλλ᾽ ἡ ὁμοία τῶν παλαιῶν ἔντεχνος μεταχείρισις. καὶ μιμεῖται τὸν Δημοσθένην οὐχ ὁ τὸ ⟨Δημοσθένους λέγων ἀλλ᾽ ὁ⟩ Δημοσθενικῶς καὶ τὸν Πλάτωνα ὁμοίως καὶ τὸν Ὅμηρον. Dies Nachahmen, das als gemacht, unnatürlich, affektiert, frostig, gezwungen erscheint, dieses Streben nach einer Form, die dem Autor innerlich fremd ist (κακόζηλον)[2]), veranlaßt Horaz zu jener bekannten Invektive auf die *imitatores, servum pecus.*[3])

IV. ΚΛΟΠΗ IM EIGENTLICHEN SINNE.

Nachdem wir die verschiedenen Formen der literarischen μίμησις nachgeprüft und das Verhältnis der Autoren zu ihren Vorlagen einer objektiven Würdigung unterzogen haben, ist uns der Weg dazu gebahnt worden aus den ästhetischen Theorien über die literarische Nachahmung wichtige Grundsätze herauszuschälen.

1. Der Stoff, in seinem Wesenskerne eine Nachahmung der Natur und des menschlichen Lebens und Strebens, ist wie Luft und Licht Gemeingut aller.

---

1) *ars rhet.* X 19 p. 394.
2) Näheres darüber bei Hermogenes II 256 ff.; Demetrios III 302 f.; Anonymos III 118. Neanthes von Kyzikos und Kallinikos hatten περὶ κακοζηλίας ῥητορικῆς geschrieben (Suid. unter κακοζηλία); das Wort taucht zuerst bei Polybios auf (X 25, 10); dann verschwindet es für längere Zeit; Herennius hat es nicht, ebensowenig wie Cicero und Dionysios von Halikarnassos. Erst Seneca gebraucht es in seinen rhetorischen Schriften wieder und seit Quintilian (vgl. VIII 3, 56) wird es sehr häufig angewendet (F. Beheim-Schwarzbach, *libellus* περὶ ἑρμηνείας *qui Demetrii nomine inscriptus est* . . [Diss. Kiel 1890] p. 38 f.).   3) *ep.* I 19, 19.

2. Zum individuellen Eigentum wird er erst durch die Form.
Entlehnungen, Nachbildungen, Nachschöpfungen sind kein Zeichen
künstlerischer Unselbständigkeit, sofern nur das Neuentstandene neu-
geformt, das Neugeformte durch den Chymus der künstlerischen Individualität individualisiert ist.

Es erhebt sich nun noch die Frage: was verstand die antike
Ästhetik unter Plagiat? Folgerichtig alles auf Täuschung der Hörer
oder Leser abgesehene Abschreiben oder unbefugte Usurpieren fremder
Geisteserzeugnisse, das mühelose Ernten fremder Saat, das selbstsüch-
tige Zusammenscharren des Hamsters, jenes Treiben, das dem Tun der
Bauern ähnelt, die aus den Trümmerresten antiker Bauwerke sich
Hütten zusammenkitten, so daß den Forschern die unbehauenen und
ungeänderten Stücke die Arbeit der Rekonstruktion nicht schwer
machen können.

Wie man die berechtigte Nachahmung in ästhetischen Kreisen
beurteilte, sahen wir beim Verfasser περὶ ὕψους, der von μεγάλων
συγγραφέων καὶ ποιητῶν μίμησίς τε καὶ ζήλωσις sagt (13, 4): ἔστι
δ᾿ οὐ κλοπὴ τὸ πρᾶγμα, ἀλλ᾿ ὡς ἀπὸ καλῶν εἰδῶν ἢ πλασμάτων ἀποτύπωσις. Die griechische Literarästhetik guter Zeiten schimmert auch
im 5. und 6. Buche der Saturnalien des Macrobius durch, wo ähnlich
wie in der φιλόλογος ἱστορία des Porphyrios von der κλοπή des Vergilius in gelehrter Form gesprochen wird. Der Verteidiger des Dichters
weist die *imperiti et maligni*, die Vergils *alieni usurpationem* rügen,
darauf hin, daß diesen Brauch *et nostri tam inter se quam a Graecis
et Graecorum excellentes inter se saepe fecerunt.* Das tendenziöse *furtum*
wird stets mit *imitari, mutuari, sequi, trahere, transferre* u. a. umschrieben.

Aber es wird auch die Nachahmung an und für sich in der
Ästhetik des Altertums, wie sie uns zumeist in den Scholien entgegentritt, nirgends getadelt, sondern nur aus exegetischen Gründen angemerkt. Wenn ein Tadel damit verbunden ist, so trifft dieser nur die
unzulängliche, verkehrte, mechanische Nachahmung.[1]) Eine geschickte
μίμησις veralteter Werke wird sogar mit Dank begrüßt, so wenn
Furius Albinus[2]) den Vergilius verteidigend sagt: *cui etiam gratia hoc
nomine est habenda, quod nonnulla ab illis in opus suum, quod aeternum
mansurum est, transferendo fecit, ne omnino memoria veterum deleretur,
quos, sicut praesens sensus ostendit, non solum neglectui, verum etiam
risui habere iam coepimus.*

---

1) Vgl. *Die Vergilästhetik:* Georgii 559; die Homerscholien zu Θ 70. X 351
und viele andere.   2) Macrobius sat. VI 1, 2 f.

Zur *κλοπή* wird jedoch auch die Nachahmung, sofern sie heimlich geschieht in der Absicht, den Leser zu täuschen. Dieser ästhetische Standpunkt wird sogar aus der *κλοπαί*-Literatur, die sicherlich nicht zur ästhetischen zu rechnen ist, ersichtlich. So wird dem Theopompos die Nacherzählung der Pythagoraslegenden von Pollion nicht zum Vorwurf gemacht, sondern nur die Verschleierung der Entlehnung[1]); ebenso wird Theodektes, der in einer Sentenz mit Euripides zusammentrifft, von Porphyrios heftig angefahren, weil er die Quelle hatte verheimlichen wollen.[2]) Der rechte Schriftsteller will, daß der Leser die Quelle seiner Nachdichtung erkennt, damit er den Wettstreit des Epigonen würdigen könne und in gerechter Abschätzung die Palme dem Sieger reiche. Drum ist die Rechtfertigung Ovids, die wir bei Seneca[3]) lesen, ganz im Sinne der herrschenden Ästhetik: *fecisse illum, quod in multis aliis versibus Vergilii fecerat, non subripiendi causa, sed palam mutuandi, hoc animo, ut agnosci vellet.*

Daraus erklärt sich auch, daß man bei bloßen Kompilationen, die das Material ohne künstlerische Umformung und Zwecke zusammenstellten, die Quellenautoren zitierte: das ersehen wir bei Arrian, Juba, Agatharchides, Apollonios von Perge, Didymos Chalkenteros (*Ξένη ἱστορία*), Alexander Polyhistor, bei Plinius d. Ä., der sich in bitteren Worten (pr. 21) über die Verschweigung der Quellen äußert, bei Stephanos von Byzanz oder dessen Vorlagen u. a. Daß man die Exzerpte nicht als Plagiate betrachtete, versteht sich. Und es war nur aus der Unkenntnis der ästhetischen Gesetze der Antike möglich, die harmlosen Chronisten der byzantinischen Literatur, die in manchen Teilen „fast nur die Bedeutung von Handschriften älterer Werke" besitzen, wegen des literarischen Kommunismus als unverschämte Freibeuter zu brandmarken.

Ein zweifelloser Diebstahl liegt vor, wenn fremde Erzeugnisse gestohlen und unter eigenem Namen herausgegeben werden. Den klassischen Beleg hierzu bietet Martial. Ein gewisser Fidentinus las ungescheut Martials — unveröffentlichte — Gedichte als eigene vor, verbreitete sie sogar in Abschriften unter seinem Namen[4]); den Pseudodichter nennt der Bestohlene dann einmal neben *fur* (I 53, 12. 66, 1) auch *plagiarius* (I 52, 9). Als Dichter ist er selbstverständlich *dominus* seiner Produkte; in diesem bildlichen Sinne faßt er nun seine Epigramme als belebte Wesen, freigelassene Sklaven, Sacheigentum auf mit humoristischer Anspielung auf die *lex de plagiariis* des Konsuls

---

1) Siehe oben S. 49.   2) Siehe oben S. 53.
3) I 29. 38. 53. 72. I 52, 66.   4) suas. III 7.

Qu. Fabius Verrucosus (209), welche die an einem römischen Bürger begangene rechtswidrige Freiheitsberaubung, insbesondere die dolose Unterschlagung eines Sklaven gegenüber dem rechtmäßigen Besitzer ahndete. Das sind jene Diebsgesellen und Buchräuber, die Synesios[1]) ärger als Leichenschänder findet, die Jamblichos[2]) als Abschaum der äußersten Rücksichtslosigkeit erklärt.

Sobald die Exegese sich damit begnügte, die Parallelen nebeneinander zu stellen, ohne zu prüfen, ob der gleiche oder ähnliche Inhalt in verschiedener Form, unter verschiedenem Gesichtspunkt, nach andern Richtlinien dargestellt sei, war die ästhetische Kritik verlassen, begann das Plagiatwittern, ihre häßliche Stiefschwester, zu hausen. Ohne den Quellen des literarischen Schaffens nachzuspüren, ohne den Einfluß der Schulung abzuschätzen, ohne die mannigfaltigen Formen der μί- μησις zu erkennen und zu würdigen, setzt sich die Afterweisheit der κλοπή-Literatur auf den hohen Richterstuhl und urteilt über Diebstahl nach bloß äußeren Indizien.

Während man aber lange Zeit die römische Literatur mit ganz geringen Ausnahmen in Bausch und Bogen als unoriginell verdammte, lächelte man über die Plagiatvorwürfe eines Porphyrios und Klemens als alberne Tendenzschriften einer absterbenden Gelehrsamkeit und sprach ihnen rundweg alle Berechtigung ab. Wir glauben nun, durch die Darlegung der ästhetischen Theorien über Originalität und Nachahmung einen festen Grund gebaut zu haben, um darauf unser drittes Stockwerk, die literarische Praxis der Griechen, zu errichten und unser Gebäude zu glücklichem Ende zu führen.

---

1) ep. 143: ἡγοῦμαι δὲ ἀσεβέστερον ἀποθανόντων λόγους κλέπτειν ἢ θοἰμάτια, ὃ καλεῖται τυμβωρυχεῖν.

2) l. IV in Nicomachi Arithm. 4: οὐχ ἡγούμενοι δεῖν ... οὔτε σφετερίζεσθαι τὰ γεγραμμένα. Ἀγνωμοσύνης γὰρ ἐσχάτης ἔργον, ἀφειρεῖσθαι τῆς ἐπιβαλλούσης δόξης τὸν συγγεγραφότα.

DRITTER TEIL

DIE LITERARISCHE PRAXIS DES ALTERTUMS.

EINLEITUNG.

In unseren Tagen der literarischen und musikalischen Überproduktion sind brutale Aneignungen, die dem Schutzgesetz verfallen der Zuständigkeit des Juristen überwiesen werden müssen, gar nicht selten. Im übrigen sorgen die Autoren selber eifersüchtig für die Wahrung ihrer vermeintlichen Eigentumsinteressen — der Zwist Maeterlinck-Heyse über einige Motive in den beiden Dramen Maria Magdalena zeigt deutlich, wie befangen selbst einsichtige Männer sein können —; andrerseits notiert ein geschäftiges Heer von Rezensenten und Kritikern alle Analogien, Verwandtschaften, Anlehnungen und Anklänge; unterlassene Gänsefüßchen können einen wissenschaftlichen Arbeiter diskreditieren. Wer aber kann schließlich nachweisen, ob die vermeintliche Urquelle wirklich unbestrittenes Eigentumsrecht besitzt? Wer kann die Rinnsale alle auffinden, die einem gemeinsamen Kulturbrunnen entrieseln? Ist ein Geisteswerk wirklich nur ein chemisches Produkt, das sich restlos in die verschiedenen Bestandteile analysieren läßt? Geht nicht jeder Stoff erst durch den Persönlichkeitsfilter hindurch, der sondert und klärt? Wahrhaftig, der Historismus ist zu einer Überspannung gediehen, daß alle συμπτώσεις der Gedanken oder Erfindungen nur als Plagiat gedeutet werden, als ob sich nicht die Mutter Natur auch sonst wiederholte.

Naive Zeiten haben den Eigentumsbegriff auch in geistigen Gebieten erst entdecken müssen.

I. QUELLENANGABEN.

1. SELBSTVORSTELLUNG.

Plutarch stellt in seinem Essai περὶ τοῦ αὐτὸν ἐπαινεῖν ἀνεπιφθόνως die Fälle zusammen, in denen das Selbstlob zu billigen sei, falls nämlich eine Verleumdung, eine Anklage oder ein Unglück u. dgl. vorliege, um daraus gleichsam eine Propädeutik des taktvollen Selbst-

lobes zu konstruieren. Ebenso wartet Ailios Aristeides[1]) mit einer Zitaten-
reihe klassischer Zeugen des Selbstlobes auf, der homerischen Helden
und der Agonensieger, der Politiker und Strategen, wie sie sich bei
Dichtern, Historikern und Rednern finden, schließlich auch der Schriftsteller und kommt endlich zu dem Ergebnis[2]): ὅλως ἀρχαῖον νόμιμον
τοῦτο καὶ Ἑλληνικόν, φρονεῖν ἐπὶ τοῖς ἑαυτοῦ καὶ χωρὶς τούτου τοῦ
φρονήματος οὔτε πρᾶξις κατ' ἀνθρώπους ἀξία μνήμης οὔτε λόγος δια-
φέρων οὔτ' ἄλλο τελεσθείη ποτ' ἂν οὐδέν.

Das erste Zeichen schriftstellerischen Selbstgefühls verrät sich in
der Nennung des Namens, womit zugleich der Übergang von dem mündlichen Vortrag zur buchmäßigen Verbreitung angezeigt ist. Das zag-
hafte Heraustreten des einzelnen aus der Masse charakterisiert sich
durch die ursprüngliche Gewohnheit, daß der Urheber einer Schrift
sich in der dritten Person ankündigt, nach Art des Lapidarstiles.[3])

Mit Recht weist O. Crusius[4]) darauf hin, daß künstlerische Indi-
vidualitäten sich schon in den Homerischen Epen offenbaren, mit eigen-
tümlicher Stilmanier, wie wir sie beim Dichter der Dolonie, der Diomedie,.
der Totenklage in Ω und der zweiten Nekyia sehen. Auch für persönliche
Anschauungen und Stimmungen fand sich früh eine Form. Das erkennen
wir schon in den Einleitungen zu epischen Vorträgen, in dem hymnen-
artigen Prooimion zu Hesiods Theogonie u. dgl. Man kann gut unterscheiden den Anruf, Hauptteil und Epilog (mit Gelübde und Gebet)..
Crusius erkannte, wie einige solcher Hymnen zwischen dem epischen
Hauptteil und dem Epilog einen breiten, ganz persönlich gefärbten Teil
einschieben, wie Hesiods Theog. V. 22ff.; Delischer Hymnos V. 165ff.

Nach einer sich allmählich entwickelnden, aber dann festausgebil-
deten Tradition nannten sich die Nomendichter regelmäßig in dem
Abschnitt, der σφραγίς hieß, weil hier gleichsam der Dichtung das Siegel der Persönlichkeit aufgedrückt ward. Man vergleiche den 1. Homer-
hymnos (I 165ff.):

„*Wenn ein Fremder kommt und Euch fragt: wer gilt Euch als der*
süßeste Sänger, ihr Jungfrauen, so erwidert:
Τυφλὸς ἀνήρ, οἰκεῖ δὲ Χίῳ ἔνι παιπαλοέσσῃ,
τοῦ πᾶσαι μετόπισθεν ἀριστεύσουσιν ἀοιδαί.
Der Name fehlt noch, aber er ist dem Kundigen bekannt.

Im neuentdeckten Timotheosfragment der Perser (fr. 27) treffen:

---

1) or. 49: περὶ τοῦ παραφθέγματος.　　2) p. 469D.
3) vgl. *Valckenaer in Theocritum* I 65.
4) *Sitzungsberichte der bayer. Akad.* 1905 S. 331f.; vgl. *Berl. phil. Woch.*
1908 S. 164.

wir ebenfalls auf „eine persönliche Sphragis, wenn auch keine Selbstvorstellung"[1]):

νῦν δὲ Τιμόθεος μέτροις
ῥυθμοῖς τ⟨ε⟩ ἑνδεκακρουμάτοις
κίθαριν ἐξανατέλλει ...
Μίλητος δὲ πόλις νιν ἁ
θρέψας (v. 241 ff.).

Die Sitte übertrug sich auf die Folgezeit: wir finden sie bei Kallimachos[2]), Tibullus[3]), Propertius[4]) u. a.[5]). Hierher gehören auch jene
Worte Alkmans (fr. 17):

ἔπη τάδε καὶ μέλος Ἀλκμὰν εὗρε

und das bekannte Fragment des Hipponax (fr. 13: II[4] S. 465 B):

ἀκούσατ' Ἱππώνακτος· οὐ γὰρ ἀλλ' ἥκω.

Aus diesen persönlichen Bemerkungen schöpften wohl spätere Literarhistoriker biographische Notizen, um auch verschiedene Nomen und
Metren nach den „Erfindern" zu benennen.

Nach dem Vorbild der Nomendichter stellten ebenso Didaktiker
ihre Namen ihren Werken voran, geradeso wie die älteren Prosaschriften
am Kopfe ein solches Siegel zu tragen pflegten.

Unter den Dichtern ist Hesiodos der erste, welcher im Gegensatz zu
Homer und dem alten Epos absichtlich mit seinem Namen seine Theogonie beginnt. Während Homer sich nur als Wortführer, als Fort-
pflanzer alter Motive in Anonymität hüllt — Dion von Prusa weiß dafür die schöne Deutung[6]): ὁ δὲ οὗτος ἄρα ἐλεύθερος ἦν καὶ μεγαλόφρων
... ὥσπερ οἱ προφῆται τῶν θεῶν ἐξ ἀφανοῦς καὶ ἀδύτου ποθὲν φθεγ-
γόμενος —, hebt sich Hesiod selbstbewußt aus dem Milieu der Hirten,
der „Toren und müßigen Fresser" heraus. Der boiotische Rhapsode benützt die Homerische Technik zu einem Bauernsang; im Gegensatz zur
aristokratischen Herrenepik der Ilias und Odyssee besingt er statt der
mythischen Helden und herrischen Großtaten und Schicksale die Arbeit
des gemeinen Volkes; im Grunde Didaktiker stempelt er wie einer
von diesen seine tiefgründige Weisheit mit seinem Namen ab; was er
sich mühsam errungen aus dem Hören jonischer Dichtung und aus dem
vielgestaltigen Leben, das verkündet er als Eigentum, selber ein Eigen-

---

1) Wilamowitz, *Perser* S. 100.   2) *Apollohymnos* 105—112.
3) II 5, 105—120.   4) V 6, 69—84.
5) Vgl. O. Crusius, *Über die Nomosfrage*, Verh. der 39. Vers. deutsch. Philol.
u. Schulm. (Zürich 1887, 258—276), der das σφραγίς-Problem so aufstellte und
mit obigen Belegstellen gelöst hat.
6) 53, 555 M.

brödler, der nicht als Glied einer Dichtergilde oder Erbe großväterlicher Kunst die Tradition eingesogen hatte.

Man denke ferner an die bekannten und vielumstrittenen Verse des Theognis:

Κύρνε, σοφιζομένῳ μὲν ἐμοὶ σφρηγὶς ἐπικείσθω
τοῖσδ' ἔπεσιν, λήσει δ' οὔποτε κλεπτόμενα.
οὐδέ τις ἀλλάξει κάκιον τοὐσθλοῦ παρέοντος.
ὧδε δὲ πᾶς τις ἐρεῖ· Θεύγνιδός ἐστιν ἔπη.

Crusius[1]) erklärt den V. 21 gegen Sitzler[2]) richtig also: *„Niemand wird ein schlechteres Gedicht eintauschen für ein besseres d. h. niemand wird geringere Dichtungen hören oder lesen wollen, sondern* πᾶς τις ἐρεῖ: *Das sind Dichtungen des hochberühmten Theognis von Megara, die ziehe ich vor.“* Die nämliche Art, echte Verse mit der Namensetikette des Autors zu versehen, sehen wir, offenbar nach herkömmlicher Tradition, angewandt bei Phokylides, Demodokos u. a. Die gnomischen Sprüche sollten gleichsam abgestempelt sein, um gefälschte Weisheit, die sich ja hierbei am leichtesten einschmuggeln ließ, abzusperren. Man vergleiche damit biblische Stellen, wie z. B. die Sprüche Salomons (1, 1), wo es ebenfalls eingangs heißt: *„Dies sind die Sprüche Salomons, des Königs Israels, Davids Sohn.“*

So schrieben auch die Ärzte ihre Rezepte in Versen, um ihnen eine σφραγίς aufzudrücken und sie vor Fälschungen zu schützen.[3])

Als Verkünder einer neuen, göttlichen Wahrheit stellt sich auch Empedokles in seinem Sühnelied den Hörern in rhapsodisch-rhetorischer Pose vor[4]):

ἐγὼ δ' ὑμῖν θεὸς ἄμβροτος οὐκέτι θνητός.

Man vergleiche damit die Propheten Israels, die gleichfalls ihre Gesichte mit ihrem Namen decken. *„Dies ist das Gesicht Jesaia, des Sohnes Amos“*[5]); *„dies sind die Geschichten Jeremia, des Sohnes Hiskia“*[6]); *„da geschah des Herrn Wort zu Hesekiel, dem Sohne Busi“*[7]) u. a.

Für den Brauch der σφραγίς bei Prosaschriften ist eine Notiz bei Vitruvius[8]) bemerkenswert: *Democriti ... commentarium, quod inscribitur* Χειροκμήτων, *in quo etiam utebatur anulo, ut signaret caera molli quae esset expertus.* Sind auch diese „Handfesten“ pseudodemokritisch, so bestätigt doch Vitruvius, daß es eine Sitte gab zur Bekräftigung der Autorschaft das Handsiegel anzuwenden.[9])

---

1) *Rhein. Mus.* 43, 623.   2) *Theogn. reliquiae* (Heidelb. 1880) p. 26s.
3) Galen. t. XIV 115 K.   4) 112, 4 Diels.   5) Jesaias 1, 1.
6) Jerem. 1, 1.   7) Hesek. 1, 3.   8) IX 3, 14.
9) Darauf ist wohl auch der seltsame Vogel zu beziehen, der sich im Papyros der „Perser“ des Timotheos vor der σφραγίς befindet (Wappensiegel). Über die

Bei den Historikern ist die Selbstvorstellung alter Brauch. Schon die ursprüngliche Art, Material durch ausgedehnte Reisen als Augen- und Ohrenzeuge zu gewinnen, ließ die Namennennung als berechtigt erscheinen. So beginnen die bekannten Werke: Ἑκαταῖος Μιλήσιος ὧδε μυθεῖται; Ἀλκμαίων Κροτωνιάτης τάδ' ἔλεξε; Ἡροδότου Ἁλικαρνησσέος ἱστορίης ἀπόδεξις ἥδε; Θουκυδίδης Ἀθηναῖος ξυνέγραψε τὸν πόλεμον; Ἀντίοχος Ξενοφάνεος τάδε συνέγραψε u. dgl. Später, seit Polybios, als. der Titel mit dem Namen dem Werke vorangestellt wurde, ganz ge- trennt, zog man die Selbstvorstellung nicht mehr in den Einleitungs- satz. Dionysios von Halikarnassos und Appian stellen den Namen an das Ende des Prooimions; Josephos nennt sich am Schlusse des ein- leitenden Satzes. Die künstlerische Form der Schlußsphragiden treffen wir zuerst bei Thukydides an (καὶ τρίτον [ἕκτον, ἔνατον] ἔτος τῷ πο- λέμῳ ἐτελεύτα τῷδε ὃν Θουκυδίδης ξυνέγραψεν: II 103; III 116; IV 135).. Diese Sitte entspricht der Papyrosrolle, die man unten zu lesen anfing und dann aufrollte.[2]) Schon diese Schlußsphragiden stützen die be- kannten Hypothesen, daß Thukydides anfangs nur den zehnjährigen (sog. archidamischen) Krieg beschrieb und zwar in drei Teilen herausgab. Diese Schlußsphragiden treffen wir wieder an als *subscriptio* in Bibliotheks- büchern, wie wir sie noch für die demosthenische Kranzrede im Pari- sinus Σ und andern Handschriften, namentlich Scholien erhalten finden. Die alte Sitte greifen die Lyriker (nach alexandrinischem Vorbild?) wieder auf; so Horatius, wenn er am Schluß des 1. Epistelbuches (20) sich selber nach Herkunft, Lebenslauf, äußerer Erscheinung, Haupt- charakter und Alter vorstellt, nach dem Schema des bibliothekarischen βίος; ebenso Propertius, der am Schlusse des μονόβιβλος (I 22) in einem fragmentarischen Gedichte seine Herkunft angibt und Ovidius in seiner ausführlichen Selbstbiographie am Schlusse des vorletzten Tristienbuches.[3]) Man erinnere sich, wie sich diese literarische Autobiographie über Au- sonius hinüber in die Humanistenzeit forterhielt, ja im Volkslied zu einer formelhaften Angabe des anonymen Dichters erstarrte.[4]) Selbst. die persönlichste und eitelste aller Selbstvorstellungen durch das eigene Porträt finden wir in der späteren Kaiserzeit.[5])

Verwendung des Siegels vgl. P. Wolters, *Loco sigilli* in den *Mélanges Perrot* (Par. 1903) p. 333—340.

2) Vgl. Birt, *das antike Buchwesen* (Berl. 1882) S. 223 ff.

3) Vgl. *Misch, Autobiogr.* I 182 f.

4) Interessant wäre es, den Namensetiketten der Künstler nachzugehen..

5) Vgl. Martialis (I 1):

> hic est, quem legis ille, quem requiris
> tota notus in urbe Martialis;

dazu Crusius, *Rhein. Mus.* 44, 455.

Die Entwicklung des Selbstgefühls der Literaten geht Hand in
Hand mit dem der Künstler. Abgesehen von den wenigen Architekten-,
Maler- und Grabinschriften älterer Zeit beginnt seit dem 7. Jahrhundert
die Sitte häufiger zu werden, an Gemmen, Münzen, Statuen, Votivtafeln,
bemalten Vasen den Namen des Künstlers (nicht selten auch den des
Vaters und der Heimat) beizufügen. Die homonymen Namen haben
auch in der Kunstgeschichte ähnliche Verwirrung verursacht wie in der
Literaturhistorie.

Kein Wunder, daß die jüngere Rhetorik auch mit diesem Brauch
der Namennennung ihr Spiel trieb, indem man den Namen zwar verschwieg, aber in koketter Ziererei erraten ließ, wie z. B. Photios vom
Rhetor Kephalion berichtet[1]):

οὗτος τὸ μὲν γένος αὐτοῦ καὶ πατρίδα, ὡς αὐτὸς ἐκεῖνός φησι,
ὥσπερ Ὅμηρος, ἀποσιωπᾶ, ὅτι δὲ διατρίβων ἐν Σικελίᾳ φυγῆς ἕνεκα
τὴν ἱστορίαν συνέταξεν, ἀποφαίνεται.

Damit im Zusammenhang stehen die Akrosticheis, eine Vers-
künstelei, die schon in alexandrinischer Zeit nachgewiesen werden kann,
in der Epigrammenliteratur mit Vorliebe gepflegt wurde, auch bei den
Römern, vermutlich durch Ennius[2]) Eingang fand, bei den christlichen
lateinischen Dichtern und in der byzantinischen Kirchenpoesie zur vollen
Herrschaft gelangte.[3]) Da wir die Akrosticheis ursprünglich hauptsächlich in der Orakelliteratur wahrnehmen, scheint das gleiche Bestreben,
die Texte vor Interpolationen und Verstümmelungen zu schützen, d. h.
die göttliche Inspiration vor menschlichen Zutaten zu bewahren —
man denke an die Strafen, die in der Apokalypse (22, 18f.), 5 Mos. 4, 2
u. a. auf etwaige Zusätze angedroht werden — vorgelegen zu haben,
wie bei den Gnomikern. Natürlich wurden auch Fälschungen mit Akrosticheis gedeckt, wie wir es von Epicharmschriften wissen; bezeichnend
sagt darüber Diogenes Laert. (VIII 3): καὶ παραστιχίδια ἐν τοῖς πλεί-
στοις τῶν ὑπομνημάτων πεποίηκεν, οἷς διασαφεῖ ὅτι ἑαυτοῦ ἐστι τὰ
συγγράμματα.

Späterhin aber wurde, was ehedem aus religiösen Gründen geschah,
zur Spielerei, wie bei Ennius, bei der Periegese des Dionysios τοῦ
Καλλιφῶντος, in vielen Argumenten der plautinischen Stücke u. dgl.
Ob die Akrostichis der byzantinischen Meloden sich wieder dem ursprünglichen Zwecke nähert, die betreffenden Lieder als kirchlich

---

1) bibl. 68, 34a.   2) Vgl. Cicero de divin. II 54, 111.
3) Vgl. W. Meyer, *Anfang u. Ursprung der lat. u. griech. rhythm. Dichtg.*
S. 370f.; H. Diels, *Sibyll. Bl.* (Berlin 1890), S. 25—37; besonders den guten
Artikel von Graf bei Pauly-Wissowa.

approbiert mit einer σφραγίς zu versehen, muß ich dahingestellt sein lassen.

Wollen wir den Gründen nachgehen, die den Autor veranlaßten, aus der ursprünglichen Anonymität herauszutreten, so wurzeln sie — abgesehen von religiösen Motiven — im Boden des Individualismus. Als sich infolge der sozialpolitischen Verschiebungen neben den „Herren- menschen", unter deren überragender Bedeutung der Sänger im Schwarme der dienenden Klienten namenlos untertauchte, aus der Masse allmählich geistige Potenzen emporhoben, als der geistige Mittelpunkt von Hellas zu demokratischen Tendenzen erwachte, als gegenüber den volkstümli- chen, zunftmäßigen Bestrebungen der bewußte Künstler mit neuen Ge- danken und Motiven auf das Podium der Literatur trat, als vor allem die Verbreitung der Schriftwerke, die·ursprünglich vom Autor selbst durch Vortrag und Vorlesung betätigt ward, so daß der Verfasser ohne- hin den Hörern persönlich bekannt wurde, durch buchhändlerischen Ver- trieb größere und immer umfassendere Formen annahm, ergab sich die Namennennung von selbst. Mit dem Wachsen des Lesepublikums wurde der berühmte Name zur Reklame, so daß Fälschungen auf das Konto begehrter Schriftsteller sehr häufig werden; andererseits will der den Nachruhm über alles schätzende Grieche ebensowie der Sieger in den Agonen sich genannt und gepriesen sehen; denn ein Agon ist ihm die literarische Tätigkeit, kein Geschäft.

2. QUELLENZITIERUNG.

Hatte man verhältnismäßig spät begonnen, die eigene schriftstelle- rische Leistung mit dem Namenstempel zu versehen, so geht man noch viel später daran, die Quelle zu nennen, aus der man schöpft.

So nennt Herodotos den Hekataios, den er zweifellos öfters benützt hat[1]), nur zweimal, und zwar wo er dagegen polemisiert; Ephoros über- nimmt aus Herodotos fast ganze Abschnitte, ohne seiner Erwähnung zu tun[2]); Dion Cassius nennt außer den Memoiren der drei Kaiser: Augustus, Hadrianus, Severus nach streng eingehaltener Regel keinen Gewährsmann[3]), offenbar aus höfischer Schmeichelei. Von Plutarch wissen wir, daß er seine Biographie des Coriolanus fast ganz dem Dionysios von Halikarnassos entlehnt, ohne ihn nur einmal anzu- führen; gerade so machen es Appianos und Herodianos; Zonaras ver-

---

1) Vgl. besonders I 110 = Hekat. fr. 172; vgl. Diels, Hermes 22, 411 ff. *Wachsmuth* 327. H. Peter, *W. u. K.* 87 ff.
2) *Bauer, Jahrb. f. Phil.*, suppl. X, 279—342.
3) *Schwartz*, PW III 1710.

schweigt seine Hauptquelle, Dion Cassius, vollständig; Ailios Aristeides zitiert manchmal mit denselben Worten, meistens aber rhetorisch
aufgeputzt, alle möglichen Stellen aus alten Autoren, nennt aber Namen
nur ausnahmsweise, so den unzähligemal benutzten Herodotos nur zweimal, den vielfach ausgeschriebenen Plutarchos gar nirgends.[1]) So nennt
auch Macchiavelli den häufig benutzten Polybios, Iustinus und Suetonius nirgends.[2]) Die Abhängigkeit von den Vorlagen erreicht bei den
byzantinischen Chronisten den Höhepunkt, die zum größten Teil die
ihnen vorliegenden Geschichtswerke fast wörtlich exzerpierten, ohne ihre
Quellen namhaft zu machen, ähnlich wie L. Aretinus (Bruni) seine Geschichte der Goten in der Hauptsache aus Prokopios übersetzt, ohne
ihn zu nennen.

Den Grund dieses antiken Verfahrens erblicken wir in der gleichen
Richtung, die Harsdörfers „*Poetischer Trichter*" (1653) für die Zeit
der Renaissance, die in so vielen Beziehungen mit antiken Anschauungen
sich deckt, treuherzig angibt[3]): „*Die Exempel beizusetzen ist unvonnöten,
weil solche bey den heutigen Poeten gemein und die Sache leicht zu verstehen*". Literaturkundige kannten die Quellen ohnehin, durfte man annehmen. Im übrigen galten ursprünglich schriftliche Quellen nicht viel
mehr wie etwa Urkunden, Inschriften, mündliche Erzählungen, zumal
jene — in geschichtlichen Werken — aus diesen entsprangen. Insofern
betrachtete man sie als Gemeingut, das jeder wie etwas Natürliches benützte.

In vielen Fällen ist die Quelle nur angedeutet. So nennt Herodotos
für einzelne Nachrichten, die er zweifellos Hekataios verdankt, als
Quelle: τοὺς ῎Ιωνας, Αἰγυπτίους[4]), ῞Ελληνας und bedient sich der Umschreibungen λόγοι, λέγουσιν, φασί, εἰσὶ δὲ οἵτινες, wo ihm schriftliche Vorlagen zur Verfügung standen. So schreibt er (II 156): λέγε
ται δὲ ὑπ' Αἰγυπτίων. Die Nachricht stammt von Hekataios (fr. 284 *M*).
Vermutlich hatte Hekataios Aigyptier als Gewährsmänner angegeben und
Herodotos hält sich mit Überspringung der Mittelsperson an jene. Ebenso schreibt Strabon, der nie in Gades war, Γαδιτανοί φασι (III 169 u. ö.):
er hatte die Notizen aus Poseidonios herübergenommen, wie sie dort
standen.[5]) Ähnlich lesen wir beim Historiker Pausanias (III 5): Δελ

---

1) Alfr. Haas, *Greifsw. Diss.* 1884, S. 34.
2) G. Ellinger, *Die antiken Quellen der Staatsschriften M's.* Tübingen 1888.
3) III p. 41.
4) J. V. Prášek, *Beitr. alt. Gesch. IV,* 193 ff.; Ed. Meyer, *Forschungen z.
alt. Gesch. I* (1892) 169 ff. 183 ff.
5) K. Zimmermann, *Hermes* 23, 126 f.

φοὶ λέγουσιν oder Μεσσήνιοι ἀντιλέγουσιν (IV 5, 3), wo Herodotos
(V 75 und I 66, 82, 69 ff.) Quelle ist. Oder wir hören, wie Aristoteles
(rhet. I 9) bemerkt: ὥσπερ . . . Σωκράτης ἔλεγεν; das Diktum findet sich
bei Platon (Menex. 235 D); ebenso läßt Xenophon (Conv. 8, 32) den Pausanias etwas sagen, was Platon geschrieben hatte. So verhält es sich
auch mit dem Periegeten Pausanias; er zitiert einen ἀνὴρ Ἐφέσιος
(V 5, 9), wo Artemidoros gemeint ist. Oder er schreibt: ὅσοι μνήμην
περὶ τοῦ ἱεροῦ πεποίηνται (VIII 10, 12) oder: πολυπραγμονήσαντες
σπουδῇ ἐς τοὺς πλάστας (V 20, 2), wo Polemon verstanden ist. Thukydides zitiert ποιητάς (I, 10, 1), τοὺς παλαιοὺς τῶν ποιητῶν (I 5, 2), τοὺς
παλαιούς (I 13, 5), wenn er Homer meint; Xenophon umschreibt den
Namen desselben mit τῶν ποιητῶν ὅ τε λέγων (mem. I 2, 20) oder mit
ἐπαινέτης . . . τοῦ ἔπους τούτου (I 3, 3). Aber Platon versteht unter
ποιητής nicht bloß den Dichter der Ilias und Odyssee, sondern auch
Hesiodos (leg. X 901). So lesen wir einmal (40, 27, 3) bei Dion Cassius:
ὥς γέ τινές φασιν, wo Livius (cf. Florus I 46, 11) gemeint ist. Aristeides
(I 280) schreibt: εἴρηταί τε καὶ ἐνεθυμήθην ὡς ἑτέρῳ προείρηται. Da
aber dieser ἕτερος niemand anderer ist als Ephoros, den Aristeides
ausschreibt, glaubt Haury[1]) für ἑτέρῳ — Ἐφόρῳ einsetzen zu dürfen —
eine unnötige und irrtümliche Verbesserung. Wie sehr die Unart, mit
φησίν eine Meinung des ausgeschriebenen Schriftstellers anzudeuten,
bei den Epitomatoren eingerissen ist, ist bekannt.[2]) Auch bei den
Dichtern, wie Euripides[3]) und Sophokles[4]), ist es Sitte geworden, ein
Zitat aus dem Literaturschatz der Vorzeit, mit λέγουσι und φασί zu bezeichnen. Diese Art, eine Quelle anzudeuten, setzt immer eine Vertrautheit der Leser mit den Autoren voraus, die häufig sehr umfangreich
angenommen wird, so wenn z. B. Themistios mit seinem Hinweise (τίς
ποιητής, or. 30 p. 350ᵃH) erwarten kann, seine Leser oder Hörer dächten
an den Periegeten Dionysios. Andrerseits wird durch Nennung der
Heimat (ὁ Κεῖος, ὁ Θηβαῖος ποιητής), des Fundortes, (ὁ κωμικός, μετὰ
τὴν θαυμαστὴν τραγῳδίαν, τὸ ἔπος ἐκεῖνο) u. dgl. auf die Spur des Zitates
hingelenkt. Oder es wird durch den Titel einer Schrift deren Verfasser
angedeutet; so wenn Isaios (X 14) durch die Worte: τὸν γράψαντα
περὶ τῆς Ἑλένης auf Isokrates, dieser mit dem Hinweis: ἄκυροι . . .

---

1) *Quibus fontibus Aelius Aristides usus sit* . . . (Progr. Augsburg. Realg.
1888, p. 32).

2) Vgl. Lehrs, *zu Herodian π. μον. λ.* 14, 26 (p. 44 s.).

3) Vgl. Hofinger, Fr., *Euripides u. seine Sentenzen.* (Progr. G. Schweinfurt
(1896) S. 9 ff.)

4) Wolf, Eug., *Sentenz u. Reflexion bei Sophokles* (Leipzig 1910).

ὄντες τοῖς νόμοις καὶ ταῖς πολιτείαις (V 12) auf Platon anspielt. Große Vertrautheit mit den literarischen Tagesfragen setzen schon derlei Anspielungen voraus, wie wir sie bei Platon und Isokrates antreffen. So schreibt jener (Phaid. 90 B): οἱ περὶ τοὺς ἀντιλογικοὺς λόγους διατρίψαντες und (Lys. 216 A): οὗτοι οἱ πάσσοφοι ἄνδρες, οἱ ἀντιλογικοί. Isokrates (13, 1) sagt: τίς γὰρ οὐκ ἄν... καταφρονήσειε... τῶν περὶ τὰς ἔριδας διατριβόντων, οἳ προσποιοῦνται μὲν τὴν ἀλήθειαν ζητεῖν. Aus Diogenes Laertius (IV 1, 9) kennen wir folgende Werktitel des Antisthenes: Ἀλήθεια, περὶ τοῦ διαλέγεσθαι, ἀντιλογικός, Σάθων ἢ περὶ τοῦ ἀντιλέγειν... περὶ ὀνομάτων χρήσεως ἢ ἐριστικός. Zweifellos treffen jene Anspielungen unseren Antisthenes. Wieviele Hinweise und verborgene Andeutungen sind uns heutzutage mangels der Vorlagen unverständlich! Bisweilen ist mit der Verschweigung des Namens eine Verächtlichmachung ausgedrückt, so wenn Sokrates bei Platon (Gorg.522B) seinen Gegner Polykrates mit τίς bezeichnet. Meistenteils hängt aber die Verschweigung des Namens mit dem Brauche zusammen, Zeitgenossen gar nicht namentlich zu zitieren oder nur, wenn gegen sie opponiert wird, bzw. wenn deren Angaben richtig gestellt oder ergänzt werden sollen. So nennt Isokrates in der „Helena" die älteren (verstorbenen) Protagoras, Gorgias, Zenon, Melissos u. a.; gegen die noch lebenden Platon und Antisthenes wird anonym polemisiert. Thukydides vermeidet es sogar, alle Personen, die zur Zeit, als er schrieb, noch am Leben waren, zu nennen.[1])

Mit Aristoteles beginnt die genauere Art der Quellenangabe, die der Arbeitsweise des „großen Lesers"[2]) und Exzerptors[3]) entsprach. Abgesehen davon, daß er von den systematischen Werken, geschweige von seinen Materialsammlungen wenig oder gar nichts selber veröffentlichte, hielt er bei rein sachlichen Darlegungen (wissenschaftliche ὑπομνήματα) die Form für Nebensache.[4]) Infolgedessen vermissen wir in den meisten uns erhaltenen Schriften des Meisters jenes *aureum flumen*, das Cicero (Acad. II 119) den Dialogen nachrühmt, treffen sogar in einzelnen Büchern kunstlos und sorgfältiger stilisierte Teile, die sich nur aus posthumen Veröffentlichungen erklären lassen. Im Gegensatz zur abgeklärten, ausgefeilten, künstlerischen Gestaltung des Platon, Isokrates

---

1) Vgl. VI 60, 2 = Andokides. Vgl. Rud. Seippel, *De veterum scriptorum Graecorum ratione auctores laudandi* (Diss. Greifswald 1903, p. 3 ss.); F. Dümmler, *Akademika* p. 155.   2) Westermann, βιογρ. p. 399, 25.

3) Im Katalog des Ptolemaios n. 15 lesen wir: *in quo abbreviavit sermonem Platonis de regimine civitatum*, also ein Exzerpt der πολιτεία; an Exzerpte müssen wir auch bei den Titeln: τὰ ἐκ τῶν νόμων Πλάτωνος, ἐκ τῶν Τιμαίου καὶ Ἀρχύτου denken.   4) Vgl. rhet. III 1.

u. a. finden wir bei jenem die Vorliebe für genauere Quellenangabe, weil eben die συναγωγαί stilistisch nicht verarbeitet sind. Insbesondere Gelehrte der peripatetisch-alexandrinischen Schule, bei denen die Arbeitsweise des Stageiriten vorbildlich wurde, folgten auch bei Zitaten und Quellenangaben diesem Beispiele und nicht dem Vorgange Platons und der Isokrateer.

So gibt Kallimachos in seinen geographischen Sammelschriften (κτίσεις νήσων καὶ πόλεων καὶ μετονομασίαι. περὶ τῶν ἐν τῇ οἰκουμένῃ ποταμῶν) seine Quellenautoren genau an: Ktesias, Eudoxos, Theopompos, Aristoteles, Lykos, Timaios, Amometos u. a.; der große Kompilator Alexandros Polyhistor, der sogar die Dialektformen in den Zitaten beibehielt, führt seine Gewährsmänner .gewissenhaft an, so daß wir eine große Anzahl von Autoren nur aus seinen Fragmenten kennen; Dionysios von Halikarnassos schickt seiner Archaiologia die Angabe der Hauptquellen voraus (praef. I 6 f.); nicht minder „korrekt" zeigen sich die Historiker Juba, Arrianos, teilweise Strabon (p. 117f.), Pseudo-Skymnos (p. 310), Agatharchides (§ 64 M); der Mathematiker Apollonios von Perge sagt (prol. zu I u. IV) genau an, was er von seinen Vorgängern benutzt und was er selbst gefunden hat; ebenso schickte Antonios Diogenes, wie Photios (bibl. 237, 23) bezeugt, jedem Buche ein Verzeichnis seiner Quellen voraus.

Die enzyklopädische und polyhistorische Richtung der nachalexandrinischen Zeiten begünstigte solche Sammelwerke, die von stilistischer Feile absehen und nur für verschiedene Zwecke und Bedürfnisse Stoff sammeln, ordnen, aus verschiedenen Werken exzerpieren. Für Arbeiten solcher Art trifft jenes Wort des Macrobius zu: *praesens opus non eloquentiae ostentationem, sed noscendorum geriem pollicetur.* So paradox es klingen mag, für die antike Schriftstellerei kann der Satz aufgestellt werden: je mehr wörtlich angeführte Zitate, desto schlechter der Stil. Chrysippos z. B., der Vielschreiber, pfropfte seine Schriften mit Zitaten aus Homeros, Hesiodos, Euripides u. a. an, wie wir bei seinem Exzerptor Plutarchos noch ersehen können (vgl. Diog. L. VII, 180f.); er galt aber auch als der allerschlechteste Stilist (nach Dionysios Hal. de v. c. 4 p. 31 R.).

Aber jene Quellenangaben haben schon häufig zur Rekonstruktion verschollener Werke verführt. Man übersah, daß es dem rhetorischen Geiste der Zeit (seit dem 1. Jahrhundert n. Chr.) entsprach, eine Gewissenhaftigkeit zur Schau zu tragen, die man gar nicht hatte, mit Autornamen um sich zu werfen, die man gar nicht kannte, geschweige denn gelesen hatte, eine Gelehrsamkeit vorzutäuschen, wie man sie

etwa nach den Quellenregistern moderner Doktordissertationen vermuten könnte. So glänzt Diogenes Laertios mit Autorenzitaten, die er
nur aus zweiter und dritter Hand empfing; so prahlt Ailianos mit
Gewährsmännern, die er zumeist der παντοδαπὴ ἱστορία des Favorinos
entlehnt; so entwickelt Athenaios eine Belesenheit, die ihren Grund
in den Lexicis des Didymos und Pamphilos hat: selbst sein so persönlich klingendes εἰ γνήσιον τὸ βιβλίον stammt aus seinen Vorlagen; Lukianos macht sich in seinem Essay πρὸς τὸν ἀπαίδευτον
über diese Zitatenrenommisterei lustig. — Bei den römischen Kompila-
toren nehmen wir den gleichen Vorgang wahr. So hat Gellius nachweislich die Unmenge der zitierten Autoren nicht gelesen[1]); ebenso
prunkt Censorinus mit — ungelesenen — Verfassernamen und Celsus
zitiert 72 jetzt verlorene medizinische Autoritäten, die er zum größten
Teil seinen paar Hauptquellen entnimmt. Trotz der prononzierten
Art, wie der ältere Plinius (n. h. pr. 21) seine Strenge in den Quellenangaben rühmend herausstreicht, steht fest, daß er die zitierten griechischen Autoren zumeist gar nicht eingesehen und die Hauptmasse
seiner Gewährsmänner aus wenigen, besonders römischen Quellen gewonnen hat.

Um mit recht viel Autornamen aufwarten zu können und somit
die πιθανότης des Lesers zu erreichen — das ist ja der Zweck —
zitiert man häufig die Vorlage mit der dort angegebenen Quelle zusammen oder verschweigt jene, um mit der Quelle allein zu dienen,
ein Verfahren, das heutzutage noch mit der gleichen Häufigkeit angewendet wird wie ehedem[2]) und zumeist dieselbe Wirkung erzielt.
Ein klassisches Beispiel dafür bietet Cicero, wenn er sich (ad Att. 12,
5, 3) zunächst auf die Epitome Fanniorum des Brutus beruft; gleich
darauf zitiert er abkürzend Brutus et Fannius und schließlich: *ut apud
Brutum est.* Diese Art des Zitierens wurde namentlich bei Lexikographen und Kommentatoren gebräuchlich. So ist die Urquelle in
derlei Zitaten klar: Εὔπολις ἐν Βάπταις καὶ Δίδυμος[3]); Σκύλαξ ἢ
Πολέμων[4]), Δίδυμος καὶ Πάμφιλος[5]), Δίδυμος καὶ Κράτερος[6]), Ἡρω-
διανὸς καὶ Δίδυμος[7]), Ἔφορος καὶ Στράβων[8]) u. a.[9])

---

1) M. Hertz, *opusc. Gelliana*, (1886); L. Mercklin, *Fleckeis. Jahrb.* Suppl. 3,
35; Hosius, Ausg. p. XVIs.   2) Vgl. Schultz, *Allg. Zeit.* Beil. 1906 n. 127.
3) schol. Apoll. Rhod. I 1138.   4) Athen. II 70 B.   5) ib. XI 487 C.
6) schol. Aristoph. Lys. 313.   7) Etym. Magn. 148, 8.
8) Steph. Byz. unter Ναύπακτος; Strabon zitiert tatsächlich (p. 427) den
Ephoros.
9) Vgl. Preller zu Polemon 146; zu Gellius u. a.: L. Mercklin (a. O.);
O. Jahn, *Rhein. Mus.* 9 (1854), 629.

Von dieser Täuschung des Lesers — sie ist auch die Quelle der
sich forterbenden falschen und richtigen Zitate und Zitatennester —
ist nur mehr ein Schritt dahin, etwas als selbstgehört oder selbst-
geschaut hinzustellen, waṣ man in Wahrheit nur aus Büchern schöpfte.[1]
Um der κατασκευὴ λέξεως willen sind dem rhetorisierenden Schriftsteller solch harmlose Kunststücke erlaubt. *Concessum est rhetoribus
ementiri in historiis, ut aliquid dicere possint argutius,* läßt Cicero im
Scherz (Brut. 42) den Attikus sagen und wie man aus tendenziösen
Gründen selbst bekannte historische Fakta umgemodelt hat, dafür hat
Römer hübsche Beispiele gesammelt.[2] Und so behauptet denn der
Perieget Pausanias (V 5, 5, 9): ἀκούσας δὲ ἀνδρὸς Ἐφεσίου λέγω τὸν
λόγον. Der Leser meint natürlich, der Perieget habe dies aus dem
Munde eines Ephesiers sagen hören; in der Tat aber hatte er es bei
Artemidoros, der allerdings auch ein Ephesier ist, gelesen. Oder er
schreibt: ἤκουσα δὲ ἐν Θάσῳ (V 25, 12), was er aus Herodotos entnommen hat (II 44 und VI 47). I 24, 6 lesen wir: ἐν τοῖς ἔπεσιν Ἀρι-
στέας ὁ Προκοννήσιος ... φησίν ..., in der Tat aber wiederholt er
nur die Erzählung, wie sie Herodotos (IV 13 und III 116) aus Aristeas
geschöpft hatte.[3] Ebenso haben wir es mit Lesefrüchten zu tun, wenn
Dion von Prusa schreibt: ἐγὼ ... ἀνδρὸς Μήδου λέγοντος ἤκουσα (I 366 R)
oder ἄλλον λόγον ἀνθρώπου Φρυγὸς ἀκούσας, Αἰσώπου συγγενοῦς (I 684)
oder μῦθον ... ὃν ἐγώ ποτε ἤκουσα γυναικὸς Ἠλίας ἢ Ἀρκαδίας (I 56).[4]
Bewußt Unwahres meldet auch Diodoros, wenn er (I 69) sich brüstet, er
habe die hieroglyphischen Urkunden in Ägypten selbst eingesehen, während er nur seiner Vorlage, Manetho, nachspricht. Ähnlich behauptete
auch Bandello (Nov. I 25), die Geschichte von Rhampsinit *nelle antichi
istorie dei regi d'Egitto* entdeckt zu haben, während er sie aus Herodotos
abschrieb.[5] Nicht minder kühn erzählt Gellius (IX 4) von den Fabel-
büchern, die er in Brundisium ausgestellt fand und kaufte, während
er in Wirklichkeit die ganze Geschichte von den fünf sonderbaren
Menschenrassen in derselben Reihenfolge, ja teilweise mit denselben
Worten aus der Naturgeschichte des Plinius (VII 9 ff.) entlehnt. Zu
diesen Aufschneidereien gehört auch, wenn Apion Mochthos erzählt,
er habe in Hermopolis den unsterblichen Ibis[6], in Rom Androklos

---

1) Daß ursprünglich lesen = hören bedeutete, legt H. Peter, *W. u. K.*
29 u. 88, trefflich dar.

2) *Abh. der bayer. Ak.* 22, 25 ff.

3) C. Wernicke, *de Pausaniae periegetae studiis Herodoteis* (Berl. 1884).

4) Gurlitt, *Pausanias* 136.

5) Rohde, *Gr. R.* 593[3].　　6) Aelian. *h. an.* X 29.

mit dem Löwen[1]) gesehen, er habe vom Thraker Kteson die Beschreibung des Brettspieles der Penelopefreier erhalten[2]) u. dgl.[3])

Diese ganze Einkleidung, für die man mühelos Beispiele auch aus modernen Reiseerzählungen, Ichromanen, Autobiographien u. ä. zusammenlesen könnte, ist nur die Anwendung eines rhetorischen Kunstgriffes, den schon Aristoteles (rhet. II 23) befürwortet und Aristeides in seiner Rhetorik (II 489) also empfiehlt: ἀξιοπιστίας δὲ καὶ ὅσα μὴ ἔχεις ἄλλοθεν συστῆσαι, ἐξ ἀκοῆς ταῦτα πιστοῦσθαι· ἤκουον δ' ἔγωγέ τινων ὡς... Auf diese Weise werden etwa fehlende Gewährsmänner am einfachsten ersetzt.

Schließlich scheut man sich auch nicht Quellenschriftsteller zu erfinden, worüber sich schon Quintilian (I 8, 21) entrüstet.[4]) Es scheint nach seinen Worten diese Übung ziemlich im Schwang gewesen zu sein. Hatte sich schon Platon in der poetischen Fiktion der Atlantis (im Kritias) auf seinen Ahnherrn Solon berufen, der wiederum von einem ägyptischen Priester in Sais unterrichtet worden sei, so beginnt mit Theopomps Μεροπὶς γῆ und Euhemeros' Ἱερὰ ἀναγραφή die Reihe der fabulistischen Quellenfunde, die bis ins Mittelalter fortwucherten und von Zeit zu Zeit immer noch eine Fälschung gelingen lassen.[5]) Wie jener auf Silen, dieser sich auf eine Inschrift in panchaischer Sprache beruft, welche auf einer goldenen Säule im Tempel des Zeus Triphylios zu lesen war, so renommierten mit erfundenen Quellen Antonios Diogenes[6]), Kephalion[7]), Alexandros[8]) u. a. und noch Eusebios erdichtet im Leben Konstantins die nötigen Aktenbelege nach berühmten Mustern. Den Vogel aber in dieser Hinsicht schießt zweifellos der große Schwindler Ptolemaios Chennos in seinem Werke περὶ τῆς εἰς πολυμαθίαν καινῆς ἱστορίας ab, der wie der Verfasser περὶ ποταμῶν und μικροὶ παράλληλοι fast alle zitierten Autorennamen glatt selber zusammenschweißt.[9]) Wie bequem er sich die Sache machte, ersieht man daraus, daß häufig die erste Silbe eines Sachnamens zur Bildung des Personennamens verwendet wird: so werden die Fluß-

---

1) Gellius V 14.   2) Athen. I 16 F.
3) Auch Palaiphatos περὶ ἀπίστων beruft sich bei seinen Mythendeutungen auf Aussagen alter Leute, die den Sachverhalt noch kannten.
4) *improbissimo cuique pleraque fingendi licentia est adeo, ut de libris totis et auctoribus, ut succurrit, mentiantur tuto, quia inveniri qui nunquam fuere non possunt.* Vgl. andere Stellen bei H. Peter, *W. u. K.* 428.
5) Vgl. Wilhelm, *Beitr. zur Gesch. d. deutsch. Spr. u. Lit.* 23, 289 ff. und die vortrefflichen Ausführungen bei Rohde, *Gr. R.* 201 ff.; *Kl. Schr.* II 9 ff.
6) Phot. bibl. 111, 34.   7) ib. 68, 19.   8) ib. 188.
9) *Hercher, Jahrb. f. cl. Phil.* Suppl. I 269 ff. und Einleitung der betr. Ausgaben.

und Pflanzennamen Χρυσορρόας und Χρυσόπολις durch den Autor Χρυσέρμος belegt; den Tod eines Timandros bezeugt ein Timagoras u. ä. Wie man in peripatetischen Kreisen um jeden Preis für ein εὕρημα einen berühmten Erfinder fand, anonyme Schriftwerke auf das Konto berühmter Meister übertrug, beurkundende Inschriften auf alte anonyme Kunstwerke setzte[1]), zumal als derlei Fälschungen bei der fanatischen Sammelwut hellenistischer Herrscher und römischer Kunstfreunde und Kunstprotzen sich verzinsten, so sparte man auch mit Namenserfindungen nicht, da ja umfangreiches Bücherwissen solchen Naiven imponierte, über die Lukianos[2]) sich lustig macht.

Es handelte sich für mich nur darum, typische Beispiele für den Verlauf der Quellenangaben auszuwählen. Die ursprüngliche Art, Namen zu verschweigen, mußte zurücktreten, sobald die Gelehrsamkeit den Essay und die naive Art des Plauderns verdrängte, sobald wissenschaftlich-sachliche Erwägungen rein ästhetischen Zwecken vorgezogen wurden. Rhetorische Absichten bedienen sich bald jener wissenschaftlichen Bräuche zu Manövern verschiedener Art. Von einer Schablone kann natürlich keine Rede sein; die *imitatio* läßt noch in spätbyzantinischer Zeit die Quellenverschweigung eines Herodotos üben und ein und derselbe Schriftsteller ist in der Angabe seiner Quellenautoren bald strenger, bald lässiger. Aber durchaus verkehrt und unhistorisch ist es, von der Nichtangabe der Quellen eine absichtliche Irreführung der Leser abzuleiten. Sie entspräche auch durchaus der theoretischen Auffassung nicht, die die Antike von der schriftstellerischen μίμησις hatte.

II. WÖRTLICHE ZITATE.

1. SELBSTZITATE.

Sicherlich sind uns durch diese Art der Quellenverschüttung manche als Zitate gedachte oder gewollte Anspielungen mangels der Vorlagen wohl für immer unkenntlich geworden. Aber trotzdem können wir noch eine reichliche Anzahl wörtlicher Zitate feststellen.

Zunächst am leichtesten natürlich die Selbstzitate. Kundige wissen, daß Calderon und Shakespeare sich massenhaft wiederholen, daß es namentlich bei diesem „*wenige Dramen gibt, in denen sich unter 100 Parallelismen mit anderen Dichtungen finden*"[3]): der Grund ist klar, beider Dichtungen waren nur zum Zuhören bestimmt und was Goethe[4])

---

1) Vgl. Löwy, *Inschriften* n. 496 ff.   2) πρὸς τὸν ἀπαίδευτον c. 1.
3) *Herm. Conrad, Germ.-Roman. Monatsschr.* I 233.
4) *Gespräche mit Eckermann vom 8. III. 1824.*

hinsichtlich der Widersprüche bei Shakespeare sagte, gilt auch hierbei: *„Er sah seine Stücke als ein Bewegliches, Lebendiges an, das von
den Brettern, den Augen und Ohren rasch vorüberfließen würde, das man
nicht festhalten und im einzelnen bekritteln könnte . . . Überhaupt hat
Shakespeare bei seinen Stücken schwerlich daran gedacht, daß sie als
gedruckte Buchstaben vorliegen würden, die man überzählen und gegen-
einander vergleichen und berechnen möchte."* Dieselbe Erwägung trifft
jedenfalls für die ältere epische und dramatische Poesie der Griechen
zu. Aber andrerseits versteht der Musikkundige die feine Anspielung,
wenn Richard Wagner in den „Meistersingern" bei Hans Sachsens
Worten:

> *„Mein Kind, von Tristan und Isolde*
> *Kenn' ich ein traurig Stück"* —

das Liebesmotiv aus „Tristan" erklingen läßt; oder wenn Mozart im
2. Finale des „Don Juan" neben andern s. Z. beliebten Opernmelodien
auch die eigene Weise *„Dort vergiß leises Flehen"* spielen und den Le-
porello sagen läßt: *„Das ist gar aus dem Figaro von Mozart"*; oder
wenn Siegfried Wagner im „Banadietrich" beim Bockstanz des Teu-
fels vor der Kirchentür ein ganzes Stück aus der Teufelsmusik des
„Bärenhäuter" herübernimmt. Auch hierfür finden wir schlagende Parallelen in der Antike. Aber mit der bloßen Registrierung von Selbstwiederholungen ists nicht getan, ebensowenig mit billigen Anwürfen
wegen der Unfruchtbarkeit oder Nachlässigkeit der betreffenden Autoren
oder gar, wie es bei den homerischen und epischen Wiederholungen
gern geschah, mit apodiktischen ästhetischen Urteilen über mehr oder
minder wohlgeratene Nachahmungen. Im allgemeinen wird es geraten
sein nach Gründen dieser Selbstzitate sich umzusehen.

Am bekanntesten und vielbesprochen[1]) sind die wörtlichen Selbst- ·
wiederholungen in der epischen Poesie, namentlich bei Homer. Dieser
Kunstübung folgten die Homernachahmer von Vergilius[2]), Lucretius[3])
bis herauf zu Tasso, Ronsard (Françiade) und noch J. H. Voß, Goethe
(in Hermann und Dorothea), Schiller (in seinen Balladen) wenden
dieses Kunstmittel erfolgreich an. Naturereignisse (Sonnenaufgang[4]), die

---

1) Christ, W. *Wiederholungen gleicher und ähnlicher Verse in der Ilias*
(Sitzungsber. d. b. Ak. 1880, 221—72).
   Sittl, K. *Die Wiederholungen in der Odyssee* (München 1882).
   Pfudel, E. *Die Wiederholungen bei Homer* (Progr. d. Ritterak. Liegnitz 1891).
2) Albrecht, E. *Wiederholte Verse und Versteile bei Vergil* (Hermes 16
(1881), 393—444).
3) Gneiße, C. *De versibus in Lucretii carmine repetitis* (Diss. Straßb. 1878).
4) $\varPi$ 421 f. $= \tau$ 433 f.

sich mit immer gleichem Wechsel vollziehen; Handlungen, die mit natür-
licher Gleichmäßigkeit vor sich gehen (Aussteigen aufs Land[1]), Aus-
rüstung)[2]); Gemütsbewegungen, die sich wie Muskelspannungen auto-
matisch einstellen (lähmender Eindruck des Schmerzes)[3]) werden ebenso
ohne Variation mit den gleichen Worten wiedergegeben wie die stehenden Epitheta, die zu Formeln erstarrten. Aber auch bei gleichen Situationen finden wir die gleichen Verse wiederholt. So wenn Ajas und
Polyphemos[4]) einen gewaltigen Felsblock schleudern oder wenn die
Frauen Andromache und Penelope[5]) vom Männergeschäft hinweggewie-
sen werden; oder wenn Odysseus vor Müdigkeit in einen Schlaf verfällt,
der ihm verhängnisvoll werden soll.[6]) Oder wenn Götter (Hera und
Eris) das Heer zum Kampfe auffordern[7]) oder über die Todes- oder
Lebensentscheidung abgewogen wird.[8])

Ohne weiteres verständlich wirken derlei Wiederholungen, insofern
ein Auftrag, so umfangreich er auch sein mag, mit denselben Worten
mit allen Nebenmotiven wiedergegeben wird: nichts kann ja die pünkt-
liche Vollziehung des Auftrages besser charakterisieren, als wenn der
Bote die Worte seines Bestellers urkundlich treu wiedergibt, etwa wie
wenn man Kinder und Soldaten gern eine Bestellung wiederholen läßt.
Um diese Äußerungen ursprünglicher Naivität zu verstehen, erinnern
wir uns, wie einzelne symbolische Embleme in der Kunst bis zum
heutigen Tage, zu typischen Formeln erstarrt, fortwirken. Die Symbolik
zeugt von erstarrten Typen, wenn der Stier den Zeus Atabyrios[9]),
Dionysos[10]) oder Flußgötter[11]), eine kleine Scheibe auf hohem Holz
den Sonnengott bei den Päoniern[12]) bedeutet; man denke ferner an die
Glossare der biblischen Symbole, die hinab bis zu dem Physiologus naeh-
wirkten. Auch die *„willkürlichen Zeichen der Tanzkunst“*, wie Lessing[13])
die typischen Bewegungen der antiken Pantomimik nennt, könnten zum
Vergleiche herangezogen werden.

Erinnern wir uns schließlich, wie in der Kunst des Mittelalters gewisse Schemata vom Sündenfall, der Opferung Isaaks, von Christi Ge-

---

1) A 435—37 = o 497—99.

2) Des Hermes: Ω 340—45 = ε 44—49 = 95—98; Gespann und Kleidung
der beiden Olympier Zeus und Poseidon: Θ 41 ff. = N 23 ff.

3) P 695 f. = δ 704 f.   4) H 268 f. = ι 537 f.

5) Z 490—493 = φ 350—353 (hier einige Worte den veränderten Umständen
entsprechend verändert).

6) $\varkappa$ 31 = ν 328.   7) Θ 222 f. = λ 5 ff.   8) Θ 67 ff. = χ 209 ff.

9) Strab. 14, 655.   10) Athen. 11, 476 a.

11) Pind. P. 1, 185. Eurip. Ion 1261 u. ö.

12) Max. Tyr. 8, 8.   13) *Fragment von den Pantomimen der Alten.*

burt, Himmelfahrt, Leiden und Sterben u. dgl. in Malbüchern sich fort-
erbten, wie ähnliche Schilderungen des Textes mit ganz gleichen Holz-
schnitten und Miniaturen charakterisiert wurden, wie in Schedels
Weltchronik oder Jacob Lochers „Horaz" dieselben Porträtköpfe Terentius oder Hector, dieselben Mauern, Türme, Dächer bald Rom, bald
Metz, bald Nikaia darstellen; wie die Gebärdensprache in der künstlerischen Darstellung ebenso typisch ist wie im Pantomimus und in der
Zeichensprache der lebhaft gestikulierenden Südländer; wie im ganzen
Epos des Mittelalters *„stehende Epitheta, Reimformeln, ganze Szenen:*
Fürstenwerbung, Botensendung, Turniere, Zweikämpfe" sich traditionell
forterben; einigermaßen ähnliche Szenen sogar innerhalb derselben Gedichte mit denselben Ausdrucksmitteln und Formeln wiedergegeben
werden[1]); wie in der Volksdichtung von stereotypen Wendungen und
ganzen Versmotiven und -formeln unbedenklich Gebrauch gemacht wird[2]):
in der serbischen Volkspoesie sind alle preiswürdigen Dinge weiß, alle
Wasser kühl, so daß man sogar lesen kann: *„Die Hände des schwarzen*
Mohren sind weiß"[3]), ebenso wie bei Homer (Ψ 303) die Rosse des
Antilochos ὠκύποδες heißen, obschon Nestor von ihnen sagt, sie seien
die langsamsten. War einmal ein schöner Typ gefunden, der nicht mehr
verbesserungsfähig erschien, so blieb man dabei wie bei der Form, die
man einmal für eine Literaturgattung gewonnen hatte. Hier liegt die
Wurzel der Erklärung. Und so sagt[4]) denn auch Karl Spitteler, der
Dichter des *„Olympischen Frühling"*, selbst keiner der geringsten Epiker,
im Hinblick auf die stereotypen Wiederholungen in den Märchen von
Tausend und Einer Nacht, in deutschen Sagen und Mären und ähnlichen Ansätzen im Alten Testamente: *„Es handelt sich darum, gewisse*
Situationen z. B. Anfänge, Überleitungen und Schlüsse, die sich ewig
wiederholen, zu stilisieren, ein für allemal in feste geläufige Redeformen
zu gießen." Er findet diese Wendungen für nötig, um dem Dichter die
Mühe zu ersparen, die nämlichen und verhältnismäßig unbedeutenden
Dinge immer wieder auf neue Art zu sagen, um solch unbedeutende
Dinge poesiemäßig und gedächtnisfähig zu machen und schließlich, um
zwischen Dichter und Hörer ein Einverständnis zu erzielen. Daß diese
formelhaften Wiederholungen eine starke Stütze für die Rhapsoden
und Vortragsmeister (fahrenden Sänger) wurden, versteht sich wohl
von selbst.

---

1) Vgl. Panzer, R. *Neue Jahrb. 1904*, 150 ff., R. Meyer, *Z. d. A. 44*, 197 ff.
2) Frz. Schnorr von Carolsfeld. *Archiv f. Lit. 10*, 314 ff.
3) Talvj, Th. *Versuch einer geschichtlichen Kritik der Volkslieder.* (Leipzig
1840 S. 133).   4) *Kunstwart 1909* S. 345.

Aber auch humoristischen Zwecken konnte diese Wiederholung dienen, so wenn der Dichter von ι 51 den schönen Vergleich der Ilias, auf das gewaltige Heer angewendet (Σ 533), auf den kleinen Stamm der Kikonen überträgt. — Die Wiederholung desselben Motivs mit steigernder Absicht stammt aus der Technik volkstümlicher Erzählung. So sehen wir in der Odyssee die Geschichte von Penelopes Gewebe dreimal wiederholt: einmal (β 93—110) vom Freier Antinoos im Tone des Vorwurfs, das andere Mal (τ 138—156) von Penelope selber vorgebracht, mit leichten Veränderungen der andersgestalteten Lage angepaßt; schließlich (ω 128—146), nach der Auffassung eines der getöteten Freier, Amphimedon. Gleichartig ist die Wirkung, wenn Athene in Gestalt eines Phaiakenmädchens dem fragenden Odysseus inhaltlich dasselbe betätigt (η 73 ff.), was er von Nausikaa (ζ 303 ff.) kurz vorher vernommen. Man beachte dabei nur, wie dies Mädchen in ihrer Rede nachholt, was die Königstochter in ihrer Bescheidenheit verschwiegen hatte!

Auch in der dramatischen Poesie[1]) sind Selbstzitate nicht selten. Ganz nach epischer Weise läßt Aischylos den Boten eigene Worte wiederholen (Sept. 531 = 47; 549 = 426, nur statt τύχη eingesetzt θεός); ebenso nimmt Atossa (Πέρσαι 293 ff.) Worte des Unglücksboten mit Absicht auf. Oder der Bote in den Ἱκετίδες des Euripides (670 ff.) gibt das Gebot des Theseus (524 ff.) teilweise mit denselben Worten wieder. Wenn Elektra bei Sophokles (1399) ἀλλὰ σῖγα πρόσμενε ruft, so wiederholt sie damit die gleichen Worte absichtlich, die Orestes früher (1236) zu ihr gesprochen hatte.

Nicht selten erzielen derlei Selbstzitate tragische Wirkungen. Erschütternd klingt dem Zuhörer die Wiederholung des Fluches, den Oidipus auf den Mörder des Laios (238 ff. = 817 ff.) schleudert, da er weiß, daß sich der Unglückliche unbewußt selber trifft. — Ebenso wirksam ist der Vers 949 in der Medeia des Euripides, wo sie den Jason bittet, λεπτόν τε πέπλον καὶ πλόκον χρυσήλατον schenken zu dürfen; der Hörer weiß, wie das Geschenk gemeint ist, aus dem früher wörtlich angeführten Verse (786).

Mit bedeutsamer Anspielung wiederholt Hippolytos bei Euripides (1044) die Worte unbewußt, die Theseus voller Grimm geäußert hatte (885). — Dankerfüllt erkennt Herakles in der Alkestis die treffliche Gesinnung des gastlichen Admetos mit denselben Worten an (856), die dieser früher gebraucht (404 f.).

---

1) Schröder, Fr. de iteratis apud tragicos Graecos (Diss. Argentor. philol. selectae 6 (1882) p. 1—130. Fleißige Sammlung; aber sehr oft sind die gegenseitigen Beziehungen der Parallelen verkannt.

Mit denselben Worten (ἀνήρ, ἄναξ, βέβηκεν …) stellt der Chor in
der sophokleischen Antigone (1091 = 766) dem starrsinnigen Kreon
die Stimmung des Teiresias wie des Haimon vor Augen, die wie Axt-
hiebe in die gleiche Kerbe wirken.

Oder die Wiederholung wirkt wie bitterer Hohn, etwa wie Schillers.
bekannter Vers von dem „nichts durchbohrenden Gefühle." So ruft Pentheus.
in den Bakchen des Euripides (836):

οὐκ ἂν δυναίμην θῆλυν ἐνδῦναι στολήν.

Und mit höhnischer Anspielung sagt der erzürnte Gott Dionysos (850 ff.):

ὡς φρονῶν μὲν εὖ
οὐ μὴ θελήσῃ θῆλυν ἐνδῦναι στολήν,
ἔξω δ' ἐλαύνων τοῦ φρονεῖν ἐνδύσεται.

Wie ein Leitmotiv wirkt es, wenn die Dulderin Chrysothemis in der
sophokleischen Elektra das sie charakterisierende Wort: τοῖς κρατοῦσι
εἰκαθεῖν wörtlich wiederholt (396 = 1014) oder wenn sie zweimal ihre
Mahnung (μὴ 'ξ ἀβουλίας πεσεῖν: 398 = 429) ausspricht.

Daß auch unbeabsichtigte Selbstzitate sich einschleichen können, ist bei modernen Dramatikern und Lustspieldichtern ebenso nachzuweisen wie bei Sophokles und Euripides. Namentlich im dramatischen.
Nachlaß Schillers, der uns einen guten Einblick in des Dichters Werkstatt gewährt, ist die Übereinstimmung in Motiven und Sentenzen eine
auffällige.[1])

Nicht minder treffen wir in den Komödien Selbstzitate. Wenn Aristophanes in den „Wespen" (1030—35) die Angriffe auf Kleon in dem
„Frieden" (752—58) des nächsten Jahres wörtlich wiederholt und zwar
beidemal in der Parabase, so geschieht es jedenfalls des Nachdrucks
halber oder weil jene Verse ungeheuren Applaus erzielten. Eine Rück-
verweisung auf das mit dem 1. Preis bedachte Stück war damit stillschweigend verbunden. — Wenn Aristophanes in den „Fröschen" (183 ff.)
dieselben Schimpfworte gebraucht wie im „Frieden" (467 ff.), so erklärt
sich diese Wiederholung aus der parodistischen Absicht: in dem Theseus
des Euripides soll nach dem Scholiasten dieser oder Minos diese Ehren-
titel augewendet haben. — Und wenn in den „Rittern" V. 96 bald darauf
wiederkehrt (114), so wird dadurch die schwatzhafte Bedientenweise des
οἰκέτης A gut charakterisiert; deshalb scheint mir Wieland diesen Vers
(114) mit Unrecht zu tilgen.[2]) — Ebensolche Absichten wird, was wir

---

1) Roedder: The Journal of English and Germ.Phil. VII 4. VIII 1. 2.
2) Vgl. ferner: nub. 177 ff. = av. 1000 ff.; nub. 1115 ff. = av. 1101 ff.; pax
981 ff. = Thesm. 796 ff.   Näheres bei S. Kann 11—25.   Selbstzitate in der neueren
Komödie ebd. 52—59.

nicht mehr nachweisen können, Eubulos verfolgt haben, wenn er dieselben Verse im Nannios und Pannychides gebraucht[1]) oder Alexis[2])
und Anaxilas[3]), der fast die gleichen 2 Verse im *Χρυσόχοος* und in den
Πλούσιοι wiederholt.

Unter den Historikern ist der Fall Xenophon ziemlich bekannt:
der *Ἀγησίλαος* berührt sich vielfach wörtlich mit den stofflich gleichartigen Teilen der *Ἑλληνικά* (III—V 1); der Verfasser der Monographie
benützt eben sein eigenes Geschichtswerk, mag es nun schon als Ganzes
vorher erschienen sein oder nicht, als Stoff *publici iuris;* nur ist das
ἐγκώμιον in dem entsprechenden Stil geschrieben, woraus sich die kleinen sprachlichen und stilistischen Abweichungen erklären. In derselben
Weise wird umgekehrt Polybios seine Monographie über Philopoimen,
von der er in den *ἱστορίαι* (10, 21) spricht, im Hauptwerk zugrunde gelegt haben. — Von Ephoros weiß Polybios (VI 46, 10) zu berichten:
ὁ δὲ Ἔφορος χωρὶς τῶν ὀνομάτων, καὶ ταῖς λέξεσι κέχρηται ταῖς αὐταῖς
ὑπὲρ ἑκατέρας ποιούμενος τῆς πολιτείας ἐξήγησιν, ὥστε εἴ τις μὴ τοῖς
κυρίοις ὀνόμασι προσέχοι, κατὰ μηδένα τρόπον ἂν δύνασθαι διαγνῶναι
περὶ ὁποτέρας ποιεῖται τὴν διήγησιν. Also wiederum eine Übertragung
gleicher Verhältnisse. — Bei Diodoros' ganzer Arbeitsweise dürfen
wir uns nicht sonderlich wundern, daß er in den Vorreden (I 1, 5;
XV 1, 1 u. ö.) und in den Schlußformeln (II 48 = XIX 98) ebenso wie
in den Übergangsphrasen sich wiederholt. Ein Abschnitt über die Li-
gurer (V 39 = IV 20) ist zum Teil mit denselben Worten wiedergegeben;
der Exkurs über Arabien (II 48, 6—Schluß) kehrt später (XIX 98) wörtlich wieder; die Erzählung von Gelons Grab (XI 38, 5) lesen wir ebenso
einige Bücher später (XIV 63, 3).[4]) Sind Wiederholungen bei den großen
Zwischenräumen erklärlich und bei der antiken Art der Buchrollen und
des Lesens nachgerade notwendig, so entspringen manche nicht selten
der Verarbeitung von Exzerpten. — So schreibt sich auch Plutarchos
öfters wörtlich aus[5]), ebenso Ailianos[6]), wohl eine Folge der Benützung
einer Art von Zettelkatalog.

Häufig wiederholen sich die Redner. Am auffälligsten ist dies
bei Antiphon[7]) in der 6. und 5. Rede. Aber abgesehen davon, daß diese

---

1) Athen. XIII 568 f.　　2) ebd. X 419 B.
3) ebd. X 416 E.
4) Vgl. Krumbholz, *Wiederholungen bei Diodor:* Rh. M. 44 (1889), 286 ff.
5) v. h. 12, 2 = 14, 37; 12, 5 f. = 14, 35 f.
6) Vgl. *Π. ἀοργ.* 9 = *Π. τῆς ἠθ. ἀρ.* 10. Näheres bei Pohlenz, M., Hermes
31, 332 ff.
7) VI 2 = V 14; VI 3 f. = V 87; VI 5 f. = V 87 ff.; VI 97 = V 38; VI 47 = V 84.

beiden Reden einen ziemlich gleichartigen Kriminalfall behandeln, arbeitet Antiphon noch sehr nach den Heften dialektisch-rhetorischer
Schulung, die auf Individualisierung ziemlich verzichtet. Wie streng
man urteilte, zeigt Platon (Phaidr. 264 B), der gegen Lysias den Tadel
ausspricht: οὐ χύδην δοκεῖ βεβλῆσϑαι τὰ τοῦ λόγου; ἢ φαίνεται τὸ δεύτερον εἰρημένον ἔκ τινος ἀνάγκης δεύτερον δεῖν τεϑῆναι; ein solcher
Zwang lag z. B. für Demosthenes vor, wenn er in der Rede gegen Timokrates (24 p. 750 ff.) manches wörtlich aus der Rede gegen Androtion
(22 p. 607 ff.) wiederholt. Timokrates hatte den Staatskranz für Androtion beantragt; dieser aber hatte, wie Demosthenes (für den Ankläger
Diodor) nachwies, Staatsgelder unterschlagen. Er entschuldigt aber
diese Rekapitulationen (§ 159 Tim.): λέξω δ᾽ οὐδὲν ὧν ἀκηκόαϑ᾽ ὑμεῖς,
εἰ μή τινες ἄρα ἐπὶ τοῖς Εὐκτήμονι γιγνομένοις ἀγῶσι παρῆσαν. Die
frühere Rede gilt gleichsam als Urkunde bzw. als Protokoll.[1] — Isokrates handelt ganz folgerichtig, wenn er in seiner autobiographischen
Apologie περὶ ἀντιδόσεως Teile seiner früheren Reden[2] als Aktenstücke
etwa wie Urkunden oder Gesetze durch einen andern vorlesen läßt.
Und zwar begründet der 82jährige Greis diese Maßnahme mit seinem
hohen Alter; in der Tat aber bezweckt die ganze Fiktion, die Leser-
welt auf die Glanzstellen der isokratischen Rhetorik nochmals zu verweisen. — Wie Ovidius als *imitator sui* bekannt ist, wiederholt sich
vor allem häufig auch der Spätling Babrius, wie aus der Ausgabe von
Crusius leicht zu ersehen ist: es ist eine seltsam gebundene und doch
ganz gefällig wirkende Technik. Außerdem finden wir Gemeinplätze
öfters[3] fast wörtlich wiederholt und parainetische Gedanken, die sogar Isokrates nicht umstilisiert.

Nicht immer ist es uns möglich, einen Grund des Selbstzitates zu
finden; Einlagen, wie sie uns auch bei Goethe begegnen — es sei nur
an die Stelle aus der Kunstreise am Rhein erinnert, die sich in Wilhelm Meister (269 H) wiederfindet — waren auch im Altertum in Schwang;
sehr häufig werden namentlich Gemeinplätze unversehens und unbeab-
sichtigt einfließen; bisweilen erklären sich Wiederholungen namentlich
in den Einleitungen und Perorationen aus dem Studium und gedächt-
nismäßigen Einprägen von Musterbeispielen, wie sie in den Schul-Hand-

---

1) Dasselbe trifft zu I 217 und 221 = III 249 und 250; Pantain. 64 und 82 =
Nausim. 84 und 90.

2) Paneg. 51—99; περὶ εἰρ. 25—56, 133—Schluß; πρὸς Νικ. 14—39; κατὰ
σοφ. 14—18.

3) Demosth. Ol. III 39 f. = Arist. 75 f.; Phil. I 44 = III 120; Phil. III 133 f.
= Chers. 112.

büchern sich vorfanden. Bei Dramatikern sind Verswiederholungen nicht gar selten auf Rechnung der Schauspieler. zu setzen, deren Zusätze zweifellos sind.[1])

2. CENTO.

Die primitivste Weise fremdes Eigentum wörtlich zu benutzen und durch die neue Anordnung und Verbindung einen neuen Inhalt zu erzielen, ist der Cento.[2]) Es lag für die Rhapsoden, die gedächtnismäßig über eine Masse homerischer Verse und Formeln verfügten — wie wir Ähnliches auch bei den serbischen und finnischen Volkssängern nachweisen können — sehr nahe, ihre Kunst produktiv zu verwerten, mit dem Kapital, über das sie verfügten, nach Belieben zu schalten und zunächst mit Hilfe versetzter Homerverse eine neue Mosaikarbeit anzufertigen und bei verschiedenen Gelegenheiten zum besten zu geben. Eustathios, der sich mit den Homerokentren eingehender befaßt[3]), bezeichnet die Rede des Glaukos (P 142—168), die aus überallher zusammengeflickten Homerversen besteht, als Cento (1099, 38), ebenso die Rede des Telemachos (δ 317f.: 1497, 59ff.). Aber die Homerforscher haben auch erkannt, daß das Füllsel H 313—482, B 76—83 — schon von Aristarchos athetiert —, ε 7 ff. u. a. aus zusammengestoppelten Versen und Halbversen der Ilias und Odyssee entstanden ist. Eine Bestätigung der oben angeführten Äußerung des Eustathios, daß solche Centone zu festlichen Zwecken verfertigt wurden, gleichsam als Ouvertüre[4]) für den folgenden rhapsodischen Vortrag aus Homer, ersieht man in dem pseudohomerischen Hymnos auf Aphrodite, der eine Menge von Ganz- und Halbversen und Formeln der homerischen Dichtung herübernahm.[5]) Wie die nachhomerische Epik mit dem alten Sprachgut, den Formeln, einzelnen Versen frei schaltete, ersieht man deutlich aus den neugefundenen Resten eines hesiodischen Katalogosgedichtes[6]) oder aus dem pseudohesiodischen ἀγὼν Ἡσιόδου καὶ Ὁμήρου, wobei alte und neugeschmiedete Verse beider Dichter centoartig vorgeführt werden.

---

1) Vgl. schol. Eurip. Med. 356. 380 u. ö. Valckenaer ad Phoen. p. 433.
2) Vgl. Suidas s. κέντρων; Et. Magn. p. 503 u. a. Zweckdienliches bei Adam S. 69ff. und Crusius PW. III 1929ff.
3) 6, 29; 1308, 62; 1498; 1099, 51 u. ö.
4) Diese, alten Stiles, stellen die Hauptmotive der Oper oder Operette dem Zuhörer vor.
5) Vgl. die übersichtliche Ausgabe von Sterrett (Diss. Monac.: Boston 1881) und Trübers Hallenser Dissertation (1903): *De hymno in Venerem Homerico.*
6) *Berliner Klassikertexte* V S. 44: Wilamowitz; vgl. K. Witte, *Glotta* 1908 S. 140ff.

Abgesehen von den Centonen christlicher Zeit, die man in Teu-
chers Sammlung (Lips. 1793) nachlesen mag, finden sich Beispiele
solcher schon in klassischer Zeit, so bei Aristophanes. Im „Frieden" faßt
Trygaios zunächst eigene Gedanken in Homerreminiszenzen (1089—93),
dann zitiert er *I* 63f. Hernach tritt der Junge des Lamachos auf und
trägt auf Verlangen Verse vor, 1270 den Anfang der Epigonen, 1273—74
Homerverse (*Δ* 446f. und 450) 1282—3 mit komischer Verdrehung
der Satzglieder eines unbekannten Epikers. — Bekannt ist der Cento
in den „Fröschen" aus aischyleischen (1126 ff. und besonders 1285 ff.)
und euripideischen (1308 ff.) Versen und Phrasen. — Auch bei Lukianos
(Charon c. 14) sehen wir Anfänge eines Cento aus Herodotos, Homeros
u. a., so daß Hermes dem Charon zuruft: εὖ γε παρῳδεῖς ἤδη. — Sicherlich wurde der Cento vielfach auch später als Spielerei betrieben, wie
wir derlei Verskompositionen in unsern Witzblättern öfter lesen ähnlich den musikalischen Potpourris. So weiß Lukianos (Lapith. c. 17)
von Histiaios zu berichten: ὁ δὲ Ἰ. ὁ γραμματικὸς ἐρραψῴδει . . . καὶ
συνέφερεν ἐς τὸ αὐτὸ τὰ Πινδάρου καὶ Ἡσιόδου καὶ Ἀνακρέοντος, ὡς
ἐξ ἁπάντων μίαν ᾠδὴν παγγέλοιον ἀποτελεῖσθαι. Diogenes von Laerte
(IV 64) hat uns einen hübschen Cento des Karneades auf seinen Schüler
Mentor überliefert, in dem zwei Odysseeverse (δ 384 und β 268) mit
einem Sophoklesvers (Ant. 203) zusammengeschweißt sind. — Chrysippos und Dion von Prusa liebten besonders Homer- und Euripides-
centonierung.[1])

Ferner kennen wir den Cento, mit dem Areios (Ἀρείου Ὁμηρικοῦ
ποιητοῦ ἐκ Μουσείου ἀκούσαντος) die Memnonssäule verewigte[2]):

   N 99 ὦ πόποι, ἦ μέγα θαῦμα τόδ' ὀφθαλμοῖσιν ὁρῶμαι,
   τ 40 ἦ μάλα τις θεὸς ἔνδον, οἳ οὐρανὸν εὐρὺν ἔχουσιν,
   ω 530 ἤϋσεν φωνῇ, κατὰ δ' ἔσχεθε λαὸν ἅπαντα·
   π 196 οὐ γάρ πως ἂν θνητὸς ἀνὴρ τάδε μηχανόῳτο.

ein Beweis, daß schon die Alexandriner solch gelehrte Spielereien nicht
verschmähten. — Bekannt ist auch das Fragment aus einer Nekyia
des Herakles, bei Epiphanios[3]) erhalten, aus lauter Homerversen gebildet. — Auch in der Anthologie finden wir zwei Stücke, die hier
eingereiht werden müssen: ὁ πρῶτος Ἠχοῦς ἀκούσας (AP. IX 382)
ein vollständiger zehnzeiliger Cento aus Odyssee und Ilias und ein
anderes Gedicht: εἰς Λέανδρον καὶ Ἡρώ (IX 381), achtzeilig, ebenfalls
aus Homerversen komponiert. Ein weiteres Kunststück hat uns der

---

1) Orelli-Henzen III p. 124 (zu nr. 1179); vgl. Crusius PW. III 1931.
2) Praechter, K. bringt dafür Belege (*Philol.* 67 (1908) S. 155f. u. A. 7).
3) Πανάριον II 1, 376 Oehl.

Scholiast zu Dionysios Thrax[1]) aufbewahrt: ἡ Ἠχὼ τοῦ Πανὸς αὐτὴν διώκοντος, sechs Verse aus der Ilias und Odyssee kunstvoll zusammengewebt:

ϑ 306 Ζεῦ πάτερ ἠδ᾽ ἄλλοι μάκαρες θεοὶ αἰὲν ἐόντες,

ϑ 307 δεῦρ᾽, ἵνα ἔργα γελαστὰ καὶ οὐκ ἐπιεικτὰ ἴδητε·

Z 165 ὅς μ᾽ ἔθελεν φιλότητι μιγήμεναι οὐκ ἐθελούσῃ,

Δ 109 τοῦ κέρα ἐκ κεφαλῆς ἑκκαιδεκάδωρα πεφύκει.

E 429 ἀλλὰ σύ γ᾽ ἱμερόεντα μετέρχεο ἔργα γάμοιο,

Γ 24 εὑρὼν ἢ ἔλαφον κεραὸν ἢ ἄγριον αἶγα.

Offenbar fehlte es zu derlei immerhin vortreffliche Kenntnis Homers voraussetzenden Künsteleien auch nicht an Humor, wie gerade das letzte Beispiel zeigen dürfte. Außerdem setzt deren Verständnis ein Publikum voraus, das den betreffenden Autor intim kennt. So kommt es, daß bei den Griechen Homer, bei den Römern hauptsächlich Vergil zu Centones verarbeitet wurde.

3. KONTAMINATION.

Bei diesen Centones tritt nicht selten der Fall ein, daß ein Vers aus verschiedenen Halbversen desselben Dichters kontaminiert ist; so beim pseudo-homerischen Hymnos auf Aphrodite, beim pseudohesiodischen „Schild des Herakles"[2]) und jüngeren Partien der homerischen Epen.[3]) So sehen wir auch einen Vers im Cento auf Hero und Leandros[4]) aus η 276 + ϑ 561, im δ πρῶτος Ἠχοῦς ἀκούσας[5]) aus ε 489 + 238, kontaminiert. Aber auch spätere Epiker liebten es, Halbverse zusammenzuschweissen; so komponiert Antimachos (fr. 34) β 234 und Π 563, was ihm Porphyrios als Plagiat vorrückt; Apollonios von Rhodos (IV 790) einen Vers aus den Kyprien und Pindaros. Daß bei den hellenistischen Dichtern diese gelehrtkünstliche Form recht beliebt war, darf man aus der römischen Nachahmung erschließen: Vergil. Aen. VI 445 = λ 225 + 321; VI 455 = λ 552 + π 191 u. ö.; Valerius Flaccus, Argonaut. I 439 f. = Apollon. Rhod. I 52 + 641; V 141 = II 375 + 1002 u. ö.

Aber auch in Prosa treffen wir solche Versteilzusammensetzungen öfters, zumeist eine Folge der Gedächtniszitate, manchmal auch mit beabsichtigter Kunst. So sagt einmal Aristoteles[6]): Ὅμηρος ἐποίη-

---

1) Gramm. Gr. I 3, 480 Hilg.
2) Vgl. Ausg. von Wolf-Ranke (Quedlinb. 1840) p. 348s.
3) So z. B. Υ 83 = E 180 + N 219; Υ 113 = 88 + Δ 251; Υ 128 = Ω 210 + η 198; Υ 134 = Θ 310 + Φ 394; Υ 160 = P 754 + A 7; Υ 284 = 442 + M 190; Υ 291 = Γ 374 + H 445 u. ö. 4) Anth. P. IX 381, V. 6. 5) ib. IX 382, V. 3. 6) π. τ. ζῷα ἱστ. VI 28 p. 578b 1.

σεν ‚θρέψεν ἐπὶ χλούνην σῦν ἄγριον· οὐδὲ ἐῴκει θηρί γε σιτοφάγῳ ἀλλὰ ῥίῳ ὑλήεντι', was sich (bei leichter Textveränderung) als ein Neugebilde aus I 539 + ι 190 ergibt. Ebenso absichtlich kontaminiert Polybios bei der Schilderung des Schlachtgeschreies der karthagischen Söldner Δ 437 mit B 804:

ἄλλη δ᾽ ἄλλων γλῶσσα, πολύκλητοι δ᾽ ἔσαν ἄνδρες, καθάπερ ἀρτίως ἐξηριθμησάμην.

Als Gedächtnisfehler ergeben sich derlei Kontaminationen, wie wir sie bei Scholiasten finden. So wenn wir zu Aristophanes nub. 178 lesen:

καὶ Ὅμηρος·

‚αὐτὰρ ἐπεὶ ῥ᾽ ὤπτησε καὶ ἀμφ᾽ ὀβελοῖσιν ἔπειρεν'

(= I 215 + 210); oder zu Euripides, Troad. 424:

Ὅμηρος· ‚κήρυκες δ᾽ αὐτοῖσιν ὕδωρ ἐπὶ χεῖρας ἔχευαν'

(= I 173, α 146 = γ 338 + φ 270). Damit vergleiche man Platon (pol. III 398ᵉ): τὰ ἴσαν μένεα πνείοντες Ἀχαιοί, σιγῇ δειδιότες σημάντορας (= Γ 8 + Δ 431) oder Aristophanes (pax 1287): πύργων δ᾽ ἐξεχέοντο, βοὴ δ᾽ ἄσβεστος ὀρώρει (Π = 259 (267) + Δ 500) oder Plutarch, de disc. adul. 67 A (= Δ 652 f. + N 775); consol. ad Apoll. 114 E (= Ψ 109 + α 423).

4. KOMPLIMENTZITATE.

Diese Zusammenschweißung von einzelnen Versen oder Versgruppen fand noch zu allen Zeiten als geistreiches Spiel Verständnis und Anerkennung.

Wörtliche Zitate können aber auch persönliche Gründe haben; sie können ein Kompliment für den Zitierten bedeuten. So wenn Richard Wagner in Straußens „Feuersnot" als „hoher Herrscher der Geister" mit dem Walhallmotiv begrüßt wird oder Mendelssohn am Schlusse seiner Ouvertüre zum „Sommernachtstraum" durch Einwebung Weberscher Motive jenem Meister eine sinnige Huldigung darbringt oder Lessing im „jungen Gelehrten" (I 1) in den Worten des Damis: „Du kannst essen" usw. seinem Freunde Mylius eine feine Schmeichelei erweist, der in seinen „Betrachtungen über die Majestät Gottes" kurz vorher ganz ähnliche Gedanken veröffentlicht hatte. Bekannt ist, wie Vergilius durch wörtliche Herübernahme von Versen des Varius *(de morte Caesaris)* in die Aeneide (VI 621 s.) diesem ein Kompliment machen wollte[1]), ebenso wie Propertius (II 34, 67 ff.) den Meister Vergilius durch Herübernahme bukolischer Klänge desselben

---

1) Macrobius Saturn. IV 4, 11.

ehrt. Auch in der griechischen Literatur sind derlei Komplimentzitate nicht selten. So huldigt Bakchylides seinem älteren Bruder in Apollo (V 92) durch die Verse:

Βοιωτὸς ἀνὴρ τάδ' ἐφών[ασεν παλαιός,] Ἡσίοδος πρόπολος
Μοισᾶν . . .

Ebenso erblicke ich in den gleichförmigen Versen des Semonides (fr. 6) und Hesiodos (op. 702 f.), die schon Klemens und Porphyrios als Plagiatbeispiele zusammengestellt hatten, eine bewußte Ehrung, die der jüngere Semonides dem Altmeister darbringt.

Eine besondere Tonfärbung erzielen wörtliche Anklänge an zeitgenössische Mitstrebende oder Vorbilder. So ist der Satz des Bakchylides (V 31 i. J. 476 entstanden): τὼς νῦν καὶ ἐμοὶ μυρία παντᾷ κέλευθος ὑμετέραν ἀρετὰν ὑμνεῖν κυανοπλοκάμου ἕκατι Νικίας zweifellos eine schmeichelhafte Anspielung auf die zwei Jahre vorher von Pindaros gedichteten Hymnos (Isthm. IV 1), wo es heißt: ἔστι μοι θεῶν ἕκατι μυρία παντᾷ κέλευθος, ὦ Μέλισσ', εὐμαχανίαν γὰρ ἔφανας Ἰσθμίοις ὑμετέρας ἀρετὰς ὕμνῳ διώκειν. — Eine galante Huldigung erblicken wir auch in dem offenbaren Anklang sapphischer Verse bei Mimnermos (Anth. lyr. fr. 5). Ebenso klar ist die Bezugnahme auf Herodotos bei Sophokles im Oidipus auf Kolonos 337—41 = Herod. II 35 und in der Elektra 417—23 = Herod. I 108.[1]) — Hierher gehört auch, wenn Thrasymachos ein euripideisches Wort aus dem Telephos wiedergibt[2]) oder Theopompos einen Gemeinplatz seines Lehrers Isokrates unverändert wiederholt.[3]) Wie viele derartige Feinheiten entgehen uns mangels der verlorenen Literatur!

Ebendahin zielt, wenn der Dichter durch einen bekannten Anklang eine ähnliche Szene, eine bestimmte Gedankenreihe in der Seele des Lesers oder Hörers erwecken will. Ein prächtiges Beispiel gibt Sophokles in der Elektra (1415 f.):

Κλ: ὤμοι πέπληγμαι.   Ἠλ: παῖσον, εἰ σθένεις, διπλῆν.
Κλ: ὤμοι μάλ' αὖθις.   Ἠλ: εἰ γὰρ Αἰγίσθῳ θ' ὁμοῦ —.

Aufmerksame Zuhörer mußten diese Worte den gräßlichen Widerhall an jene Worte ertönen lassen, die Agamemnon bei Aischylos von Klytaimestra und Aigisthos erschlagen, ausruft (Ag. 1343 f.):

ὤμοι, πέπληγμαι καιρίαν πληγὴν ἔσω . . .
ὤμοι μάλ' αὖθις, δευτέραν πεπληγμένος.

---

1) Über weitere Anklänge vgl. Steins Ausg. I⁶, p. XXVI A. 2.
2) Vgl. oben S. 65.   3) Vgl. oben S. 48.

Die unweiblichen Rufe Elektras bekommen in diesem Zusammenhalt
die Bedeutung der rächenden Nemesis.

Auch die leisen Anspielungen auf bekannte Werke enthalten
in sich eine zarte Huldigung oder· lösen in dem Wissenden das angenehme Gefühl aus, die Absicht des Autors zu verstehen und zu
würdigen. So mochten wohl den Alten die Verse des Archilochos (fr. 88 und
fr. 85), die an Hesiodos (op. 202 ff. und Theog. 120); Alkmans (fr. 106),
und Alkaios' (fr. 39), die an Hesiodos (op. 584 ff.) anklangen, im Ohre
wiedertönen. Und jedem Gebildeten klang der Homervers (O 37) wieder, wenn Demosthenes (40, 20) ausrief: ὅρκῳ, ὃς μέγιστος δοκεῖ
καὶ δεινότατος παρὰ πᾶσιν ἀνθρώποις εἶναι; ebenso ward jedem die
homerische Anspielung (Δ 297) klar, der in Xenophons Kyrupaidie
(VII 5, 5) las: ἀναπτυχθείσης δ' οὕτως τῆς φάλαγγος ἀνάγκη τοὺς
πρώτους ἀρίστους εἶναι καὶ τοὺς τελευταίους, ἐν μέσῳ δὲ τοὺς κακί-
στους τετάχθαι; vgl. ebenda I 2,6 = υ 228; IV 6, 10 = α 273; VII 1, 1
= Π 253. — So weiß Aristophanes den Beifall der Kenner zu ernten,
wenn er einen Vers aus der kleinen Ilias (Eq. 529), aus Pindaros (vesp.
263—5), aus Alkaios (vesp. 1234), abgesehen von den zahllosen Homerversen zitiert. Ebenso wissen die großen Tragiker mit „bald leisern
bald deutlichern Strichen und Zügen dem Publikum süße Erinnerungen
an dessen Lieblingsdichter zu erwecken und damit einen Teil der Gunst,
die diesem allgemein geschenkt wurde"[1] auf sich selber zu übertragen,
indem sie homerische Sentenzen, Wörter, Vergleiche zum großen Teil
wörtlich wiedergeben.[2]

Nicht selten dienen die Anspielungen humoristischen Zwecken. So
sagt Antisthenes (oder Diogenes: Stob. ecl. II 8,21), die Göttin Fortuna
würde, wenn sie ihn ansähe, den Homervers (Θ 299) gebrauchen:

τοῦτον δ' οὐ δύναμαι βαλέειν κύνα λυσσητῆρα.

Als man einen auf einem Purpurdiebstahl ertappte, bemerkte Diogenes
(Diog. L. VI 57):

ἔλλαβε πορφύρεος θάνατος καὶ Μοῖρα κραταιή   (= Ε 83).

Ähnliches erzählt Athenaios (XII 540 A) von Theokritos von Chios.
Als Platon seine Tragödie verbrannte, da rief er aus (Diog. L. III 5):

Ἥφαιστε, πρόμολ' ὧδε· Πλάτων νύ τι σεῖο χατίζει

(= Σ 392: Θέτις statt Πλάτων).

---

1) F. G. Schoene, Rhein. Mus. N. F. V 86.
2) Vgl. die eingehenden Studien Lechners: de Sophocle poeta Ὁμηρικωτάτῳ
(Progr. Erlangen 1859: Sentenzen [p. 14 ff.]; Vergleiche p. 26 ff.). — de Aeschyli
studio Homerico (ib. 1862. Wortformen: 5 ff.; Gleichnisse: 20 ff.). — de Homeri imitatione Euripidea (ib. 1864, Parallelen zw. Kyklops und ι: p. 12 ff.; Wortformen:
14 ff.; Vergleiche 22 ff.).

Eine ähnliche Bedeutung als Schulautor wie Homer hatte das
Theognisbuch. Keinem gebildeten Leser oder Hörer entgingen die
Reminiszenzen, die, wie bei uns Bibelverse, mit Vorliebe eingestreut
wurden. So weist Pindaros (N VIH 28) auf Theognis 197 hin, Sophokles, Antig. 707 auf V. 221, Isokrates ad Dem. 25 auf V. 127 und so
oft, Xenophon, Kyrup. I 6, 44 auf V. 141 und auch sonst häufig. Wie
Herodotos den Theognis benutzt, zeigt E. v. Leutsch (Philologus 21, 143)
eingehend. Die ganze didaktisch-gnomische Literatur ist durchsetzt von
Theognisgedanken;[1]) ebenso wie gnomische Partien in Poesie und Prosa
mit Vorliebe darauf Bezug nehmen. Daher erklären sich auch die häufigen Theognisreminiszenzen beim sentenzenreichen Euripides.[2]) — Aischines, zuerst Schauspieler, dann Redner und Agitator, rechnet auf den
Applaus seiner Zuhörer, wenn er, jedenfalls mit dem Pathos der Bühne,
Glanzpartien aus Dichtern, die er vielleicht früher selber deklamiert
hatte (I 128f., 144f. u. ö.), rezitiert; desgleichen sucht Lykurgos mit
Dichterversen Wirkungen zu erzielen, die zumal aus der Schule stammen. Hinwiederum werden aber auch besonders gut geprägte Bilder
oder Ausdrücke wörtlich wiederholt, weil man sich scheute, Vollendetes
überbieten zu wollen. So, wenn Euripides die aischyleische Metapher
πλούτου λιμήν (Pers. 250) oder κλίμακος προσαμβάσεις (Sept. 466) im
Orestes (1076) bzw. Iphigeneia Taur. (96), Phoinissen (488, 1173), Bakchen (1212) wiedergibt; wenn der von Sophokles glücklich gebrauchte
Ausdruck: Ἀθηνῶν τῶν θεοδμητῶν ἄπο (El. 707) bei Euripides öfters
(Hipp. 974. Iph. T. 1449) wiederkehrt; wenn Kallimachos in seinem
delischen Hymnos (135) einen Vers des homerischen Apollohymnos
wiederholt (383); wenn Antipatros Sidonius (Anth. P. IX 66) ein Wort
Sapphos trefflich auf die Dichterin selber münzt;[3]) wenn Antipatros
von Thessalonike (AP. VII 409, 3) in seinem Lob des Antimachos mit
den Worten:

$$\varepsilon i \ \tau \acute{o} \varrho o v \ o \grave{v} a \varrho$$
$$\H{\varepsilon} \lambda \lambda a \chi \varepsilon \varsigma$$

den bekannten Angriff des Kallimachos (fr. 441): Λύδη καὶ παχὺ γράμμα
καὶ οὐ τορόν abwehrt oder Kallimachos (hymn. 1, 5) berichtend auf
den Eroshymnos des Antigonos von Rhodos anspielt; wenn Nonnos

---

1) v. Leutsch, *Philologus 29*, 516 ff.
2) Hofinger, F. *Euripides und seine Sentenzen I (Progr. Schweinfurt 1896,*
p. 10 n. 3).
3) Dilthey weist (*Cydippe 19*) mit Recht auf die Vorliebe der Epigrammatiker hin, einzelne Worte oder Aussprüche in billigendem oder tadelndem Sinne
aufzugreifen.

ohne Bedenken Hemistichien und ganze Verse von Homer herübernimmt[1]) oder Verse des Apollonios von Rhodos einflicht (V 278 u. ö.).

Besonders fein sind solche Anspielungen, wie sie der viel verlästerte
Dion Cassius öfters anwendet.[2]) So läßt er einmal (45, 27, 4) den Cicero
sagen: οὗτος ὁ τὸ σπέρμα τῶν κακῶν τῶν μετὰ ταῦτα ἐκφύντων ἐμ
βαλών. In der Tat hatte Cicero, mit deutlicher Anspielung auf eine
Demosthenesstelle (p. 280,28: ὁ γὰρ τὸ σπέρμα παρασχὼν οὗτος τῶν
φύντων αἴτιος) von Antonius (Phil. II 22, 55) gesprochen: *ut igitur in
seminibus est causa arborum et stirpium, sic huius luctuosissimi belli
semen tu fuisti*. Ebenso ein andermal (46, 7, 4) läßt er wiederum Cicero
also sprechen: ἀλλ᾽ ὀκνῶ μὴ τὰ προσόντα σοι ἀκριβῶς λέγων αὐτὸς
οὐ προσήκοντας ἐμαυτῷ λόγους ποιεῖσθαι δόξω. Die Stelle lautet bei
dem Römer (Phil. II 19,47): *Sunt quaedam quae honeste non possum
dicere: tu autem eo liberior quod ea in te admisisti, quae a verecundo
inimico audire non posses*. Dion geht wiederum auf die Demosthenische
Quelle zurück, die Cicero im Auge hatte und welche also lautet (p.270,15):
ἀλλὰ γὰρ ὀκνῶ ... μὴ περὶ σοῦ τὰ προσήκοντα λέγων αὐτὸς οὐ προσή
κοντας ἐμαυτῷ δόξω προηρῆσθαι λόγους.

Wie derlei stillschweigende Hinweise, Anspielungen und Reminiszenzen bei dem gebildeten Leser oder Hörer — und solche werden ja
vorausgesetzt — ein gewisses Lustgefühl hervorrufen, so auch die Berufung auf geflügelte Worte und Sprichwörter. Aristoteles (rhet. 1395[a] 8)
rät deshalb mit feiner psychologischer Begründung dem Redner oder
Dichter: χρῆσθαι δὲ δεῖ καὶ ταῖς τεθρυλημέναις καὶ κοιναῖς γνώμαις,
ἐὰν χρήσιμοι ὦσι. διὰ τὸ γὰρ εἶναι κοινά, ὡς ὁμολογούντων πάντων,
ὀρθῶς ἔχειν δοκοῦσιν ... χαίρουσι γὰρ ἐάν τις καθόλου λέγων ἐπι
τύχῃ τῶν δοξῶν ἃς ἐκεῖνοι κατὰ μέρος ἔχουσι. In den Progymnasmata des Hermogenes (II 7 f.), Aphthonios (II 25 f.), Nikolaos Sophistes
(III 463 f.) werden die bekanntesten Beispiele vorgeführt. In Prosa und
Poesie werden mit Vorliebe Gnomen gebraucht, besonders von Euripides;
so Medea 964:

πείθειν δῶρα καὶ θεοὺς λόγος;

Hel. 513:

λόγος γάρ ἐστιν οὐκ ἐμός, σοφῶν δ᾽ ἔπος
δεινῆς ἀνάγκης οὐδὲν ἰσχύειν πλέον

oder Phoin. 438:

πάλαι μὲν οὖν ὑμνηθέν, ἀλλ᾽ ὅμως ἐρῶ·
‚τὰ χρήματ᾽ ἀνθρώποισι τιμιώτατα
δύναμιν τε πλείστην τῶν ἐν ἀνθρώποις ἔχει᾽.

---

1) 37, 44. 50. 104. 289. 634; 40, 113. 217 u. ö.; vgl. Lehrs, quaest. ep. p. 284s.
2) Vgl. Cobet, *Mnemosyne* 7 (1879) S. 42—46.

Dazu vergleiche man Theognis 718, Sophokles fr. 86 und 327, Pindar, Isthm. II 17, Alkman fr. 35, Hesiod. op. 686.[1]) Ähnlich Ag. 1668 = Eur. Phoin. 396 = Soph. inc. fr. 863 (ἐλπὶς γὰρ ἡ βόσκουσα τοὺς πολλοὺς βροτῶν). Daß bei der Anwendung und Paraphrasierung solcher Spruchweisheit häufig wörtliche Anklänge wiederkehren, ist selbstverständlich; aber nur κλοπαί-Schriftsteller wie Klemens konnten hierin Plagiate wittern.

Zu den bisher genannten Motiven, die zur Zitierung fremder Worte reizten, kommt noch eines der häufigsten, die Sucht, seine ausgebreiteten Kenntnisse, den Umfang seiner Lektüre durch eingestreute „rhetorische Zitate" zu erweisen. Konnten wir schon in der Häufung der Autorenzitation ein Merkmal rhetorischer Übertreibung erkennen, so noch mehr in der Wiedergabe fremder Gedanken und Worte. Wie in den Zeiten des Humanismus die Poetiken von Scaliger, Vida bis herunter zu Boileau, Opitz und Gottsched dem *poeta doctus* empfohlen, mit „Blümchen" früherer, ja oft verschollener Schriftsteller die eigene Darstellung zu verzieren, so hielten es die rhetorisierenden griechischen Autoren von Aischines an bis in die spätbyzantinischen Tage.

So zeigt Apollonios von Rhodos sein umfangreiches Studium und Wissen, wenn er ältere, längst vergessene Dichter wieder ausgräbt und durch einige Verse ins literarische Leben zurückzurufen versucht, wie Eumelos (schol. III 1372—76), Promathidas (II 911), Kleon (I 623), Antimachos (IV 156) u. a.; so ahmt Nonnos (XIII 186) den Euphorion (fr. 81 *M*) oder Apollonios (V 278 = II 527) nach. Das gleiche Verfahren bei Vergilius ist bekannt genug; antike Ästhetiker (Macrob. VI 1,7) sagen ihm sogar Dank dafür, daß auf diese Weise manches Vergessene unsterblich geworden sei. So streut auch Lukianos überall Lesefrüchte aus Demosthenes, Aristophanes, Homeros, Pindaros, Platon ein, wie Dion von Prusa, der (or. 8) selber den Rat gibt, man solle nicht bloß einzelne Ausdrücke herübernehmen und zur Schmückung der Rede benutzen, sondern die ganze Rede müsse nach der Antike schmecken. Er flicht deshalb ganze Dichterstellen ein, so am meisten nach Homeros Hesiodos, Bakchylides, Tyrtaios, Anakreon, Aristophanes, unter den Tragikern besonders Euripides. Nicht minder bekundet Aristeides gern seine Belesenheit, die er durch Zitate aus Homeros, Archilochos, Eupolis, Euripides und selteneren Autoren belegt. Dieselbe Beobachtung machen wir bei Philostratos, Libanios und allen bedeutenden Autoren der byzantinischen Literatur,

---

1) Beispiele siehe ferner: Simonides fr. 5, 8. 53; Bakchylides V 192 Bl.; Pindar Pyth. IV 277; Aischyl. Prom. 887; Sophokles Antig. 621 und die Erklärer dazu; ferner Fr. Hofinger, *Euripides u. s. Sentenzen* (Progr. Schweinfurt I 1896).

die alle jenem Gesetze folgen, das Fronto (p. 106, 3 ff. N) in die Worte
faßte: *vel graves ex orationibus veterum sententias arriperetis, vel dulces
ex poematis vel ex historia splendidas vel comes ex comedis vel urbanas
ex togatis vel ex Atellanis lepidas et facetas.* Dabei kam es gar nicht
darauf an, ob der zitierte Autor genannt wurde oder nicht; zumeist
verschwieg man den Namen, denn der Literaturkundige bedurfte keines
Hinweises. Und daß man das Wiederholen besonders glücklicher Gedanken anderer, die das Publikum immer wieder gern hört, nicht als
Geistesarmut, sondern geradezu als ästhetische Forderung betrachtete,
bezeugt Ulpianos zu Demosthenes (c. Arist. 157): ἔϑος πᾶσι τοῖς πα-
λαιοῖς ἐπὶ τῶν αὐτῶν νοημάτων καὶ τοῖς αὐτοῖς κεχρῆσϑαι ῥήμασιν,
ἵνα μὴ δοκοῖεν ἀπειρόκαλοι εἶναι ἐναλλαγῇ τῆς φύσεως.

5. POLEMISCHE ZITATE.

Aber derlei wörtliche Wiederholungen und Zitate verfolgen nicht
selten auch polemische Zwecke. Wenn z. B. Deinarchos (I 91) von
Demosthenes sagt: πολλοὺς οὗτος ἐρεῖ καὶ παντοδαποὺς λόγους ..
.. καὶ οὐδέποτε τοὺς αὐτούς, so will er offensichtlich in die gleiche
Kerbe schlagen, die schon Aischines (I 127 κατὰ Τιμάρχου) geöffnet
hatte: ἐγὼ δέ, ὦ Δημόσϑενες, περὶ μὲν τῶν ἀναϑημάτων ... πολλοὺς
καὶ παντοδαποὺς καὶ οὐδέποτε τοὺς αὐτοὺς λόγους λεγομένους.
In derselben Absicht, fast mit denselben Worten, zugleich mit paro-
distischem Unterton, erhebt Deinarchos (I 96) dieselben Vorwürfe gegen
Demosthenes, die dieser (18, 311) gegen Aischines geschleudert hatte.
— Damit zu verknüpfen sind die Repliken in Gegenreden und Gegenschriften, die auf frühere Äußerungen der Gegner sich beziehen, sie oft
ironisierend wiederholen, um sie dann zu zerzausen. Es sei nur an die
Rede des Lysias gegen (14) und die des Isokrates für Alkibiades (16)
erinnert, die beide erst nachträglich unter gegenseitiger Bezugnahme
auf das gesprochene bzw. veröffentlichte Plaidoyer ihre vor Gericht
gehaltenen Reden korrigierten und erweiterten. Muster wirksamer Replik
geben die isokratischen Stellen 10, 11, verglichen mit Lysias 30, 37
und 31. Ebenso ergiebig für diese Art von Replik sind die korrespon-
dierenden Reden des Demosthenes und Aischines περὶ παραπρεσβείας
und περὶ στεφάνου einerseits und κατὰ Τιμάρχου, περὶ παραπρεσβείας
und κατὰ Κτησιφῶντος andrerseits. — Berühmt ist die stille Polemik
des Thukydides gegen Herodotos: man lese die verdeckten Vorwürfe
gegen diesen I 20, 3 und dazu die treffliche Erläuterung des Scholions;
oder II 97, 6 (gegen Her. IV 46), VII 85 (gegen Her. VII 170).

Aber auch in den philosophischen Kreisen Athens, als Platon sich ebensosehr gegen die rhetorische φιλοσοφία der Isokratischen Schule wie gegen die gorgianisch-prodikeische Richtung eines Antisthenes und die hedonistische des Aristippos wendete und durch sein selbstbewußtes Auftreten eine literarische Gegnerschaft säte, erwuchs Gegenschrift um Gegenschrift, und wir können nur mehr aus wenigen Autoren, hauptsächlich aus Platon selber, verhältnismäßig wenig Feinheiten der Eristik herausschälen. Nicht viel besser steht es mit den späteren Schulkämpfen, die uns ja zum größten Teil nur durch das Medium der lateinischen Sprache erhalten sind.

Die Poesie dagegen läßt uns noch manchen Blick in die polemische Werkstatt tun. Da es die Form der Rezensionen und Rezensionszeitschriften noch nicht gab, verlegten die Dichter den Kampfplatz der Kritik entweder ins Theater oder auf das Vortragspodium. So kritisiert ein anonymer Komiker (327) den euripideischen Vers 234 im Orestes: μεταβολὴ πάντων γλυκύ folgendermaßen[1]):

> ὁ πρῶτος εἰπὼν 'μεταβολὴ πάντων γλυκύ'
> οὐχ ὑγίαινε, δέσποτ'. ἐκ μὲν γὰρ κόπου
> γλυκεῖ' ἀνάπαυσις, ἐξ ἀλουσίας δ' ὕδωρ·
> ἢν δ' ἐκ πλουσίου
> πτωχὸν γενέσθαι, μεταβολὴ μὲν, ἡδὺ σ' οὔ.
> ὥστ' οὐχὶ πάντων ἐστὶ μεταβολὴ γλυκύ.

Oder Menandros (IV 139 M) kritisiert einen allbekannten Spruch also:

> κατὰ πόλλ' ἄρ' ἔστιν οὐ καλῶς εἰρημένον
> τὸ γνῶθι σαυτόν· χρησιμώτερον γὰρ ἦν
> τὸ γνῶθι τοὺς ἄλλους.

Hierher gehören auch jene wahren oder fingierten Kritiken, die bedeutenden Männern nachgesagt wurden.

Den bekannten Vers des Sophokles (fr. 711):

> ὅστις γὰρ ὡς τύραννον ἐμπορεύεται
> κείνου 'στὶ δοῦλος, κἂν ἐλεύθερος μόλῃ

veränderte nach Diokles (bei Diog. L. II 82) Aristippos, nach Plutarch (mor. p. 33 D) Zenon — beide waren ja an fremde Höfe gezogen — also

> οὐκ ἔστι δοῦλος, ἂν ἐλεύθερος μόλῃ.

Den geflügelten Vers des Hesiodos (op. 225)[2]):

> οὗτος μὲν πανάριστος, ὃς αὐτὸς πάντα νοήσῃ·
> ἐσθλὸς δ' αὖ κἀκεῖνος, ὃς εὖ εἰπόντι πίθηται

gestaltet Zenon (Plut. comm. ad Hes. fr. XI 9) also um:

---

1) Vgl. schol. Eurip. Or. 234.
2) Vgl. Welcker p. LXXX sqq; Geyso 38.

οὗτος —, ὃς εὖ εἰπόντι πίθηται·
ἐσθλὸς —, ὃς αὐτῷ πάντα νοήσῃ.

Wenn Theognis (175—178) sagt:

ἣν (sc. πενίην) χρὴ φεύγοντα καὶ ἐς βαθυκήτεα πόντον
ῥίπτειν καὶ πετρέων, Κύρνε, κατ' ἠλιβάτων·
καὶ γὰρ ἀνὴρ πενίῃ δεδμημένος οὔ τέ τι εἰπεῖν
οὔθ' ἔρξαι δύναται, γλῶσσα δέ οἱ δέδεται,

so wendet sich Thukydides (= Perikles) (II 43) energisch dagegen, wie
auch der Scholiast verzeichnet: οὐ γὰρ οἱ κακοπραγοῦντες δικαιότερον
ἀφειδοῖεν ἂν τοῦ βίου, οἷς ἐλπὶς οὐκ ἔστ' ἀγαθοῦ, ἀλλ' οἷς ἡ ἐναντία
μεταβολὴ ἐν τῷ ζῆν ἔτι κινδυνεύεται καὶ ἐν οἷς μάλιστα μεγάλα τὰ
διαφέροντα, ἤν τι πταίσωσιν. Ebenso wandte sich Bion ausdrücklich
gegen diese Theognisverse mit den Worten (Plut. de aud. poet. 4): πῶς
οὖν σὺ πένης ὢν φλυαρεῖς τοσαῦτα καὶ καταδολεσχεῖς ἡμῶν;

Der Vers des Euripides in Aiolos (fr. 19 N):

τί δ' αἰσχρόν, ἢν μὴ τοῖσι χρωμένοις δοκῇ

erfuhr verschiedene Veränderungen. Aristophanes (ran. 1475) wendet
ihn witzig um, indem er für χρωμένοις — θεωμένοις einsetzt. Platon
(nach Serenos: Stob. fl. 5, 82), oder Antisthenes (nach Plut. mor. 33 C)
erwidern:

αἰσχρὸν τό γ' αἰσχρόν, κἂν δοκῇ κἂν μὴ δοκῇ.

Da Mimnermos (fr. 6B) sang:

ἑξηκονταέτη μοῖρα κίχοι θανάτου,

da replizierte Solon (fr. 20B):

καὶ μεταποίησον, Λιγυαστάδη, ὧδε δ' ἄειδε.
Ὀγδωκονταέτη μοῖρα κίχοι θανάτου. —

Gegen den solonischen Ausspruch (fr. 13 B):

εἶναι δὲ γλυκὺν ὧδε φίλοις, ἐχθροῖσι δὲ πικρόν,
τοῖσι μὲν αἰδοῖον, τοῖσι δὲ δεινὸν ἰδεῖν

wendet sich Krates (fr. 10 p. 220 Diels) mit dem Wort:

ὠφέλιμον δὲ φίλοις, μὴ γλυκερὸν τίθετε,

ebenso wie eine spätere Gnome (Gnom. Byz. 170 p. 194 Wachsm.) sagt:

καὶ ἰατρὸν καὶ φίλον οὐ τὸν ἡδίον', ἀλλὰ τὸν ὠφελιμώτερον ἐκλέ-
γεσθαι δεῖ.

Der Theognissatz (1153 f.):

εἴη μοι πλουτεῦντι κακῶν ἀπάτερθε μεριμνέων
ζώειν ἀβλαβέως μηδὲν ἔχοντι κακόν

wird im Kynikermunde zu folgender Weisheit (1155 f):

οὐκ ἔραμαι πλουτεῖν οὐ δ' εὔχομαι, ἀλλά μοι εἴη
ζῆν ἀπὸ τῶν ὀλίγων, μηδὲν ἔχοντι κακόν.

(Mehr über derlei „Dittographien bei Theognis" s. Gerhard 260f.)
Sicherlich wiederholt auch Apollonios von Rhodos[1]) mit kritischer
Spitze den Vers des Kallimachos (fr. 46): βουσόον, ὅν τε μύωπα
βοῶν καλέουσιν ἀμορβοί, wenn er verbessernd sagt (III 277):

οἶστρος τέλλεται, ὅν τε μύωπα βοῶν κλείουσι νομῆες.

Ebenso entspringt kritischer Ader der Vers des Apollonios (III 1340f):

τῆμος ἀρήροιτο νειὸς ὑπ' ἀκαμάτῳ ἀροτῆρι
τετράγυός περ, ἐοῦσα,

der gegen eine Stelle des kallimachischen Hymnos (III 175) gerichtet ist:

μὴ νειὸν τημοῦτος ἐμαὶ βόες εἵνεκα μισθοῦ
τετράγυον τέμνοιεν ὑπ' ἀλλοτρίῳ ἀροτῆρι.[2])

Wenn ferner Euripides einen fremden Vers wiederholt, so tut
er es mit wenigen Ausnahmen nur, um ihn zu verspotten oder zu be-
richtigen, so wenn er in den Bakchai (193) wörtlich den sophokleischen
Vers (fr. 628): γέρων γέροντα παιδαγωγήσω σ' ἐγώ wiedergibt, um
den absonderlich wirkenden Gegensatz (γέροντα παιδαγωγήσω) herauszuheben.

In der Komödie nimmt die Kritik am häufigsten die Form der
Parodie an. Diese hatte ursprünglich an Homer, den bekanntesten
und gelesensten aller Dichter angeknüpft und war jedenfalls gelegentlich schon frühzeitig[3]) angewendet worden. In die Literatur führte
sie Hipponax ein — drum heißt er bei Athenaios (XII 698 B) „Erfinder"
der Parodie —; Hegemon von Thasos, Epicharmos u. a. bildeten
diese lustige Weise noch weiter aus. Wie man dabei Homerverse und
-Phrasen umwendete und einschaltete[4]), zeigt das sogenannte δεῖπνον
Ἀττικόν des Matron, das uns Athenaios (IV 134 D—137) gerettet hat.

Es war für die Komödiendichter naheliegend, dieses wirksame
Kunstmittel ebenfalls zu gebrauchen und zwar zu polemischen Zwecken,
zumal in Athen und Eretria seit Perikles parodische Agone abgehalten
wurden, die das Verständnis des Publikums für dieses geistreiche und

---

1) Vgl. Weinberger, Excurs II (p. 17) zu Gomperz, Aus der Hekale des
Kallimachos (Wien 1893).

2) Gercke, Rh. Mus. 44, 137 u. 145 findet eine Menge von Anspielungen
zwischen Apollonios und seinen Widersachern Kallimachos und Theokritos, die
größtenteils unhaltbar sind.

3) Schon in der Odyssee erscheint ein Vers (ϑ 248) parodistisch nach Ilias
(Α 177: αἰεὶ γάρ τοι ἔρις τε φίλη πόλεμοί τε μάχαι τε), wenn wir lesen: αἰεὶ δ'
ἡμῖν δαίς τε φίλη κίθαρίς τε χοροί τε.

4) Die Parodien homerischer Verse hat J. Teufer: de Homero in apophthegmatis usurpato (Lips. 1890) p. 33—42 gesammelt.

geistfordernde Spiel weckten und förderten. Der Niederschlag dieser
Form findet sich für uns am deutlichsten und umfangreichsten bei
Aristophanes, dessen Hauptwerke eben eine glückliche Schickung erhielt; aber auch die Komiker älterer und späterer Zeiten haben sicherlich damit nicht gespart, wennschon wir für diese Annahme nur dürf-
tige Beweisstücke besitzen.[1])

Man erinnere sich der lustigen Parodie auf die Kyklopie, wie der
alte Philokleon einen Durchbruchsversuch — vergebens — unternimmt
(Wespen 130 ff.); ferner auf das Harmodioslied in den „Wespen" (750f.),
auf die homerische Kirke (I 63) im „Plutos" (302 ff.), auf Aischylos in
der „Lysistrata" (194f.); in den „Wolken" (334f.) lesen wir ein Kon-
glomerat von Dithyrambosphrasen u. dgl. In unerschöpflicher Fülle tritt
uns der Parodist in den „Fröschen" bei der Inszenierung des berühmten
Sängerstreites entgegen. Der alte Kratinos konnte deshalb den jüngeren
Konkurrenten treffsicher εὐριπιδαριστοφανίζων schelten.[2]) Aber auch
Eubulos[3]) und andere Komiker hechelten Euripides und spätere Dramatiker parodierend durch. Ob nicht die von Athenaios notierten Parallelen, die sich bei Eubulos und Alexis, Ephippos und Ophelion;
Antiphanes und Ephikrates[4]); ferner bei Ameipsias und Platon[5]); Pherekrates und Aristophanes[6]) finden, auch parodistischen Zwecken entsprungen sind, können wir nicht mehr entscheiden.

Schlagend ist die Wirkung, wie Demokritos von Chios die Hesiod-
verse (op. 267):

$$οἳ αὐτῷ κακὰ τεύχει ἀνὴρ ἄλλῳ κακὰ τεύχων,$$
$$ἡ δὲ κακὴ βουλὴ τῷ βουλεύσαντι κακίστη$$

auf den bekannten „modernen" Musiker Melanippides parodisch ummodelt (bei Aristot. rhet. III 9):

---

1) Vgl. die dramatischen Parodien bei den attischen Komikern in W. Ribbecks
Anhang zu der Ausgabe der Acharner (1864) S. 277—316; ferner A. Römer: *Die
Parodien und die Lehre der Alexandriner über dieselben* (Philologus 67 (1908),
240 ff).

2) schol. Plat. p. 330; vgl. A. Römer, *Abh. d. b. Ak.* XXII S. 637 ff.

3) Zu Eurip. fr. 225 u. 126.   4) Siehe oben S. 30.

5) Ameipsias ἐν Κόννῳ (I 672 K):

ὀρφῶσι σελαχίοις τε καὶ φάγροις βοράν

= Platon ἐν Κλεοφῶντι (I 616 K: 18 Jahre später):

σὲ γάρ, γραῦ, συγκατῴκισεν σαπράν

ὀρφῶσι — βοράν.

6) Pherekrates (bei Eustath. Od. 1369, 43):

ὁ χορὸς δ' αὐτοῖς εἶχεν δάπιδας ῥυπαρὰς καὶ στρωματόδεσμα.

Aristoph. ἐν Δαναΐσιν (Athen. H 57a):

ὁ χορὸς δ' ὠρχεῖτ' ἂν ἐναψάμενος δάπιδας καὶ στρωματόδεσμα.

οἵ τ᾽ αὐτῷ — τεύχων,
ἡ δὲ μάκρ᾽ ἀναβολὴ τῷ ποιήσαντι κακίστη.

Oder wie der Theognisvers (409 f.):

Πουλύπου ὀργὴν ἴσχε, πολυπλόκου, ὅς ποτι πέτρῃ
τῇ προσομιλήσῃ, τοῖος ἰδεῖν ἐφάνη

auf einen Günstling der Kleopatra gemünzt ward (Philostr. vit. soph.
I 5 p. 486):

Πανσόφου ὀργὴν ἴσχε Φιλοστράτου, ὃς Κλεοπάτρᾳ
νῦν προσομιλήσας τοῖος ἰδεῖν πέφαται.

Doch beschränkte sich die parodische Form nicht bloß auf die
Poesie, auch in Prosa wurde sie dann und wann mit Geist und Witz
verwertet. Wie uns Aristophanes den Dichter Agathon im Hohlspiegel
seiner karikierenden Manier zeigt, so Platon den Prosaiker in der
meisterhaft feinen Parodie des Symposions (194 E—197 E)[1]), die sicherlich wörtliche Anklänge an die Sprechweise des Gezeichneten enthält.
Auch sonst schwingt der Meister des Stils diese Waffe öfters. — Wenn
Demosthenes, der sonst Dichterzitate nicht bringt, solche in auffälliger
Häufung in der Rede περὶ παραπρεσβείας (243 ff.) und ὑπὲρ Κτησιφῶντος (289) vereinigt, so hat man längst erkannt, daß Demosthenes damit einen parodistischen Zweck verbindet, um einerseits den Aischines
lächerlich zu machen, der gern, namentlich in der Timarchea mit
Dichterzitaten großtut, andererseits aber auch, um ihm zu zeigen, wie
man solch rhetorische Zierate zweckdienlich anwenden solle.

Wenn Demosthenes (X 311) auf seine Verdienste mit den gehäuf-
ten Fragen hinweist: τί ... ἐπηνώρθωται; ποῖαι τριήρεις; .. ποῖοι νεώσοικοι; .. ποῖον ἱππικόν; so repliziert Deinarchos (1, 96) darauf mit
bissiger Wiederholung: ποῖαι γὰρ τριήρεις εἰσὶ κατεσκευασμέναι διὰ
τοῦτον, .. ἢ ποῖοι νεώσοικοι τούτου πολιτευομένου γεγόνασι; πόθ᾽
οὗτος ἢ διὰ ψηφίσματος ἢ νόμου ἐπηνώρθωσε τὸ ἱππικόν;

Daß übrigens namentlich homerische Parodien auch bei späteren
Prosaikern — abgesehen von Platon[2]) — häufig vorkommen, ist bekannt. Man denke nur an derlei literarische Anekdoten, wie wir sie
bei Strabon (p. 610) lesen, wo das homerische ἆσσον ἴθ᾽ (Z 143) witzig
auf die Stadt Assos bezogen wird oder bei Lukianos, der (δραπετ. 30)
das Homerdiktum (I 312 f.) witzig ummodelt in:

ἐχθρὸς γάρ μοι κεῖνος ὁμῶς Ἀίδαο πύλῃσιν,
ὃς χρυσὸν φιλέει μὲν ἐνὶ φρεσίν, ἄλλο δὲ εἴπῃ,

---

1) Vgl. die Analyse bei Norden A K I 74.
2) Vgl. Kratyl. 407 D: ὄφρα ἴδηαι, οἷοι Εὔφρονος ἵπποι = E 221 f.: ὁ. ι.
οἷοι Τρώιοι ἵπποι u. ö.

Travestien, wie sie zu Dutzenden bei Athenaios, Diogenes Laertios und ähnlichen Sammelwerken sich vorfinden. Damit vergleiche man auch die lustigen, wennschon etwas fadenscheinigen Stücklein, die Dion von Prusa seiner 32. Rede einverleibt: Schlager kynischer Diatriben, wie sie Bion (εὐφυὴς παρῳδῆσαι: Diog. La. IV 5, 2) u. a. einzustreuen liebten.[1])

Polemischer Natur entspringt auch die Sucht, den Vorgänger zu verbessern oder zu übertrumpfen. So nimmt Euripides in seiner Medea (523) das schöne Bild vom ναὸς κεδνὸς οἰακοστρόφος aus den „Sieben" des Aischylos (62) wörtlich herüber. Aber während es bei dem Älteren etwas gezwungen klingt (φάρξαι πόλισμα ὥστε . . .), überträgt es Jason sehr glücklich auf den Wortschwall Medeas, er müsse wie ναὸς κεδνὸς οἰακοστρόφος ἄκροισι λαίφους κρασπέδοις ὑπεκδραμεῖν: die Metapher ist trefflich erschöpft. Bekannt ist die Verbesserung des Euripides (Phil. fr. 790):

$$\varphi\alpha\gamma\acute{\epsilon}\delta\alpha\iota\nu' \ \grave{\alpha}\acute{\epsilon}\acute{\iota} \ \mu o\upsilon \ \sigma\acute{\alpha}\varrho\kappa\alpha \ \vartheta o\iota\nu\tilde{\alpha}\tau\alpha\iota \ \pi o\delta\acute{o}\varsigma$$

an dem aischyleischen Verse des gleichnamigen Dramas (fr. 249), wo zu lesen war:

$$\varphi\alpha\gamma\acute{\epsilon}\delta\alpha\iota\nu' \ \grave{\alpha}\acute{\epsilon}\acute{\iota} \ \mu o\upsilon \ \sigma\acute{\alpha}\varrho\kappa\alpha\varsigma \ \grave{\epsilon}\sigma\vartheta\acute{\iota}\epsilon\iota \ \pi o\delta\acute{o}\varsigma.$$

Aristoteles bemerkt hierzu (poet. 1458[a] 18), Euripides habe dadurch, daß er nur ein Wort durch ein anderes, das eigentliche und gewohnte durch ein fremdartiges ersetzt habe, bewirkt, daß derselbe Vers bei ihm schön, bei jenem einfältig erscheine.

So möchte ich auch den Vers in den Phoinissen (870):

$$\alpha\acute{\iota} \ \delta' \ \alpha\acute{\iota}\mu\alpha\tau\omega\pi o\acute{\iota} \ \delta\epsilon\varrho\gamma\mu\acute{\alpha}\tau\omega\nu \ \delta\iota\alpha\varphi\vartheta o\varrho\alpha\acute{\iota}$$

als einen durch wirksame Alliteration gehobene Verbesserung des bekannten Sophoklesverses (OK 552):

$$\tau\grave{\alpha}\varsigma \ \alpha\acute{\iota}\mu\alpha\tau\eta\varrho\grave{\alpha}\varsigma \ \grave{o}\mu\mu\acute{\alpha}\tau\omega\nu \ \delta\iota\alpha\varphi\vartheta o\varrho\acute{\alpha}\varsigma$$

betrachten, wodurch allerdings die ohnehin sehr zweifelhafte Hypothese von der Priorität des Oidipus Koloneus einen weiteren Stoß bekäme.[2])

Die Umwandlung des Homerverses (I 558) durch Antimachos in den spondeischen Schluß (ἦν δ' ἀνδρῶν), die bei Porphyrios als Verballhornung eines Plagiators gerügt wird, ist ein bewußter Verbesserungsversuch; sie wird deshalb auch von Lykophron gelobt, ὡς δι' αὐτῆς (μεταθέσεως) ἐστηριγμένου τοῦ στίχου.[3])

---

1) Vgl. Wachsmuth, Sillogr. 69 f
. 2) Hierher zu rechnen sind auch die Parallelen Soph. Ant. 1238 f. = Aisch. Ag. 1389 f., ferner Soph. inc. fr. 698: γυναικομίμοις ἐμπρέπεις ἐσθήμασιν, das unzweifelhaft durch Euripides (Antiop. fr. 698):

$$\gamma\upsilon\nu\alpha\iota\kappa o\mu\acute{\iota}\mu\omega \ \delta\iota\alpha\pi\varrho\acute{\epsilon}\pi\epsilon\iota\varsigma \ \mu o\varrho\varphi\acute{\omega}\mu\alpha\tau\iota$$

stilistisch gebessert ist.
3) Vgl. oben S. 53.

Chrysippos, der wie Kleanthes verrufen war, die Dichterzitate nach seinen Zwecken zurechtzustutzen (συνοικειοῦν ταῖς δόξαις: fr. 1078, II p. 316 v. Arnim), gab wohl öfters einen Verbesserungsvorschlag an, wie z. B. wenn wir lesen (Plutarch, de Stoic. repugn. 14):

ποτὲ δὲ τὸν Θέογνιν ἐπανορθούμενος· οὐκ ἔδει, φησίν, εἰπεῖν·
χρὴ πενίην φεύγοντα κτλ.
μᾶλλον δὲ·
χρὴ κακίην φεύγοντα κτλ. —

Mit Recht hat man auch im Hylas (id. 13) und in den Dioskuren (id. 22) bewußte Verbesserungen zu den Argonautica des Apollonios (I Schluß und II Anfang) erkannt.[1])

Ein Beispiel einer scherzhaften Verbesserung bietet Lukianos in seinen „Wahren Geschichten" (2, 32), wo er die homerische Stelle (τ 560 bis 570) von den Toren der Träume einer schelmischen Korrektur unterzieht.

6. ZUSAMMENFASSUNG.

Schon aus dieser Erörterung, in der nur typische Beispiele angezogen wurden, kann ersichtlich werden, daß für die wörtlichen Zitate, mochten sie nun dem geistigen Urheber namentlich zugeteilt sein oder nicht, verschiedene Beweggründe in Betracht kommen konnten. Sehr oft werden wir nach unserem mangelhaften Material blinde Zitate überhaupt nicht mehr als solche erkennen, noch häufiger deren Zweck und beabsichtigte Wirkung durchschauen können. Aber die mancherlei Möglichkeiten, die zugrunde liegen können, müssen uns bestimmen, sehr vorsichtig abzuwägen und eher an eine für uns nicht mehr durchsichtige Absicht zu denken, als plagiarisches Abschreiben anzunehmen. Das haben Plagiatuntersuchungen bisher meistens übersehen und andererseits haben sich Parallelverzeichner nur zu häufig damit begnügt, die Parallelstelle anzumerken, anstatt die Ähnlichkeiten und Verschiedenheiten, die oft durch ein einziges Wort, manchmal durch andersgestaltete Wortsetzung ausgedrückt sein mögen, genau zu beobachten und zu erläutern. Hierin liegt für die ästhetische Beurteilung der antiken Schriftstellerei noch ein reiches Feld, das nur in wenigen Strichen bearbeitet ist und doch eine ungemein reiche Ernte verspricht, die auch für die Wertschätzung der römischen Literatur ergiebig werden könnte.

III. FREIE ÜBERTRAGUNG.

1. EINLEITUNG.

Gutschmid, der Kenner der antiken Geschichtschreibung, faßt in seiner Antrittsrede über die schriftstellerische Abhängigkeit der an-

---

1) Knaack, *Gött. Gel. Anz.* 1896, 883 ff.; Rannow, *Berl. phil. W.* 1906, 709 ff.

tiken Historiker sein Ergebnis in die Worte zusammen: die Ernte der
κλοπαί-Literatur sei sehr mager; eine analoge Arbeitsweise, wie man
sie von der mittelalterlichen auf die antike zu übertragen pflege, sei
nicht üblich gewesen und vor allem hätten sich die Autoren nicht so
anzustrengen brauchen, wenn das wörtliche Abschreiben so allgemeine
Praxis gewesen wäre, wie behauptet werde.[1]) Dieser Satz trifft für die
ganze schriftstellerische Arbeitsweise der Griechen zu und seine Richtig-
keit ist nur deswegen noch nicht allgemein durchgedrungen, weil man
die verschiedenen Formen der freien Verarbeitung fremder Gedanken
und Stoffe noch nicht systematisch einer näheren Untersuchung unterzogen hat.

2. ÜBERSETZUNG.

Nach den theoretischen Erwägungen der Antike galt jede Erneue-
rung und Neugestaltung der Form als selbständige Leistung. Infolgedessen ist auch die kunstgemäße Übersetzung in den Augen der Ästhetiker und des kunstsinnigen Publikums als formale Umformung des Originals (Neudichtung) eine geschätzte und vollgewürdigte Arbeit. Da die
Römer hauptsächlich als Übersetzer in Betracht kommen, müssen wir auch
die theoretischen Anforderungen der Antike aus ihren Werken heraus-
suchen.[2]) Cicero, der als Übersetzer in Prosa und Poesie sich be-
tätigte, spricht sich im Vorwort zu seiner Version der Kranzrede des
Demosthenes und der aischineischen Replik (de opt. gen. or. § 14) über
das Prinzip der künstlerischen Übersetzung klar aus: *nec converti ut
interpres sed ut orator; sententiis iisdem et earum formis tanquam figu-
ris, verbis ad nostram consuetudinem aptis; in quibus non verbum pro
verbo necesse habui reddere, sed genus omne verborum vimque servavi;
non enim ea adnumerare lectori putavi oportere sed tanquam ap-
pendere.* Er erklärt sich also für die nach künstlerischen Absichten und
Zwecken freie Übertragung des Originals, die von wörtlicher Wiedergabe absieht und die Worte nicht zählt, sondern abwiegt. Anderswo
(de fin. III 4, 15) bezeichnet er die bloße Dolmetschertätigkeit gerade
als Fehler der Wortarmut: *nec tamen exprimi verbum e verbo necesse
erit, ut interpretes indiserti solent.* Und von den Alten Ennius, Pacu-
vius, Accius u. a., die griechische Güter in die römische Literatur ein-
führten, rühmt er (acad. post. 10): *non verba sed vim Graecorum expres-
serunt poetarum.* Wie Cicero verwirft auch Horatius in seiner *ars*
(133 f.) die wortgetreue, handwerksmäßige Interlinearversion mit den
bekannten Worten:

1) S. 12.
2) S. J. Tolkiehn, *Homer und die röm. Poesie.* (Leipz. 1900). S. 78 ff.

nec verbum verbo curabis reddere fidus interpres.

Bestätigt sehen wir diese römische Theorie in den Beispielen verschiedener Übersetzungen. Die Art der freien Übertragung mit Kürzungen und Erweiterungen zeigt Accius (fr. 581) verglichen mit den Phoinissen des Euripides und die Übertragungen Ciceros (XI 77—81; 89 ff. B.—K.) oder die Benützung des Polybios durch Livius, die stellenweise zu einer freien Übertragung wird.[1])

Da nach dieser Auffassung die Übersetzung eine schöpferische Tätigkeit war — Cicero (de or. I 155) drückt dies mit deutlichen Worten aus: *hoc adsequebar, ut non solum optimis verbis uterer et tamen usitatis sed etiam exprimerem verba quaedam imitando, quae nova nostris essent —,* stand der Übersetzer im gleichen Ansehen wie der Dichter, so daß ursprünglich *poeta* für Dichter und Übersetzer gebraucht wurde, wie der Prolog zur Andria des Terentius beweist, ferner daß *nova fabula* jedes Stück ankündigte, das noch nicht aus dem Griechischen übersetzt ward. Wie hoch man die Übersetzertätigkeit einschätzte, ersieht man daraus, daß auch dann noch, als längst in Rom selbständige Werke von Bedeutung erschienen waren, diese freien Übertragungen von den bedeutendsten Autoren verfaßt wurden; es sei nur erinnert an Catulls Übertragungen aus Kallimachos, des Cornelius Gallus aus Euphorion, der *Φαινόμενα* des Aratos durch Varro Atacinus, Cicero, Vergilius, Germanicus, Gordianus, Avienus.

Leider haben wir von g r i e c h i s c h e n Übersetzungen wenig, aber das wenige zeigt, daß die Römer auch hier den bewährten Kunstgesetzen der Hellenisten folgten. So sind die jüngsten Schriften des alten Testamentes (Hiob, Daniel u. a.) in der Septuaginta mit größter Freiheit übersetzt, mehr in der Form einer Paraphrase, wobei Zusammenziehungen und *größere* Zusätze nicht vermieden werden.[2]) Ebenso macht es Paianios, der den Eutropius ins Griechische übertrug[3]): das Original wird sehr frei behandelt, alles für Griechen Uninteressante wird übergangen, überflüssig erscheinende Jahreszahlen, Titel, Namen, Örtlichkeiten; auch sonst wird der Text zusammengezogen, andrerseits sind kleinere Zusätze aus Dion Cassius hinzugefügt. Dieselben Grundsätze verfolgt ein noch späterer Übersetzer des Eutropius, Kapiton[4]), der aber noch mehr Zusätze als Paianios macht. Leider besitzen wir von sonst genannten Übersetzungen berühmter römischer Autoren

---

1) Die Literatur bei S c h a n z , *Gesch. d. röm. Lit.* verzeichnet.
2) S. O. S t ä h l i n bei Christ-Schmid II 414.
3) Bei Droysen, *Eutropius ed. maior* praef. XXII.
4) Fragm. bei Droysen, a. O.

keine Zeile mehr, so von Zenobios, der zu Hadrianus' Zeit den Sallustius[1]), von Arrianos, der Vergils Georgica[1]) übertrug. Man denke
etwa an die freie Weise, wie Amyot den Plutarch übersetzte oder Marot
die Psalmen oder wie Heinrich von Veldeke, mit den französischen Ori-
ginalen, Paul von der Aelst, der erste deutsche Übersetzer der *ars amatoria* des Ovidius, mit der römischen Vorlage, der Münchener Schaiden-
reißer mit Homer oder, um einen Modernen anzuführen, Leconte de Lisle
mit den horazischen Oden verfuhr!

3. PARAPHRASEN.

Den Übersetzungen kommen die Para- bzw. Metaphrasen am
nächsten, die, wie wir oben sahen[2]), einen wesentlichen Bestandteil der
rhetorischen Schulung bildeten. Theon beruft sich in seiner Empfehlung dieser stilistischen Übungen, deren systematischen Gang Quin-
tilianus ebenfalls ein großer Freund derselben, klar skizziert[3]), auf die
Beispiele der alten Dichter und Historiker, die nicht nur ihre eigenen
Worte paraphrasierten, sondern auch Fremdes umgossen[4]); er bringt
Belege aus Homer, Archilochos, Demosthenes, Aischines, Thukydides,
Philistos, Lysias, Lykurgos und Isokrates; besonders Demosthenes paraphrasiert sich selber gern.[5]) Er selber gibt eine Musterparaphrase der
Einleitungsworte des 2. Buches von Thukydides (II 87 ff.); das erste Beispiel einer kunstvollen rhetorischen Paraphrase ist bekanntlich bei Platon
(rep. III 393)[6]) zu lesen. Caecilius (fr. 95 Ofenl.) weist darauf hin, wie
ἡ ἀνθρωπίνου σκήνους ἀνατομὴ bei Xenophon (mem. I 4, 5) πομπικῶς
καὶ ἔτι μᾶλλον ἀναζωγραφεῖται θείως bei Platon (Tim. p. 69 d u. ff.)
paraphrasiert ist. Aus einem ägyptischen Papyrus wurde uns erst jüngst
die Paraphrase eines orphischen Gedichtes über den Raub der Persephone bekannt (*Berliner Klassikertexte V* 1, 7—18). Aristeides paraphrasiert in seiner τέχνη ῥητορική (II 510) Ilias *A* 1—40 und Odyssee ι 425
bis 436. Photios (bibl. 160) erwähnt μεταφράσεις στίχων Ὁμηρικῶν εἰς
ποικίλας λόγων ἰδέας ἐκμεμορφωμέναι des Rhetors Prokopios von Gaza.
Nach Seneca (suas. I 12) verfaßte Dorion eine Metaphrase des Homer;

---

1) Nach Suidas.   2) S. oben S. 118 ff.
3) inst. or. I 9, 2: *versus primo solvere, mox mutatis verbis interpretari, tum
paraphrasi audacius vertere, qua et breviare quaedam et exornare salvo modo poetae
sensu permittitur.*
4) II p. 62: ἁπλῶς πάντες οἱ παλαιοὶ φαίνονται τῇ παραφράσει ἄριστα κεχρημένοι, οὐ μόνον τὰ ἑαυτῶν ἀλλὰ καὶ τὰ ἀλλήλων μεταπλάσσοντες.
5) Vgl. oben Näheres S. 38 ff.
6) zu Il *A* 17—42, die Platon also einleitet: φράσω δὲ ἄνευ μέτρου, οὐ γάρ
εἰμι ποιητικός. Von Ludwich *Homervulgata* (71 f.) eingehend besprochen.

Timogenes eine solche der Odyssee υ 77. Nach Suidas[1]) schrieb Demosthenes Thrax μετάφρασιν Ἰλιάδος πεζῷ λόγῳ und μετάφρασιν εἰς τὴν Ἡσιόδου θεογονίαν. Polybius paraphrasierte den Homer in lateinische, den Vergil in griechische Prosa, worüber Seneca (11, 5) dem Vf. schreibt: *in manus sume utriuslibet auctoris carmina, quae tu ita resolvisti, ut quamvis structura illorum recesserit, permaneat tamen gratia.* Wir besitzen noch zu den Ἰξευτικά des Ps. Oppianos von Dionysios, zu den Ἀλεξιφάρμακα des Nikandros von Euteknios Paraphrasen. Wie die Fabeln des Aisopos verschiedenartig verwendet und paraphrasiert wurden, in Poesie und Prosa, zeigt die Tabelle bei Dora Bieber (S. 48). Das 10. Kapitel der Philostratischen εἰκόνες wird von Suidas nicht mit Unrecht eine παράφρασις τῆς Ὁμήρου ἀσπίδος genannt; manche Reden des Dion von Prusa (57. 59. 61) sind freie Übertragungen in Prosa. In den Reden des Himerios haben wir zum größten Teil prosaische Auflösungen altklassischer Lyrik, wie z. B. in der 14. Rede.[2]) — Auch in byzantinischer Zeit wurde eifrig paraphrasiert; es sei nur erinnert an die Paraphrase zu den Reden und Briefen des Dionysios Areopagites von Georgios Akropolites, zur Rede über die Regentenpflichten des Nikephoros Blemmides von Georgios Galesiotes und Onaiotes, zu den aisopischen Fabeln von Ignatios, zu den Heiligenlegenden von Symeon Metaphrastes u. a.

Umsetzung von Poesie in Prosa ist offenbar das Regelmäßige. Indes hören wir auch von Übertragung in ein anderes Metrum. So berichtet Suidas von einem Marianos unter Anastasios, er habe μετάφρασιν Θεοκρίτου ἐν ἰάμβοις, γρυ´, μετάφρασιν Ἀπολλωνίου τῶν Ἀργοναυτικῶν ἐν ἰάμβοις, εχη´, μετάφρασιν Καλλιμάχου Ἑκάλης, ὕμνων καὶ τῶν Αἰτίων καὶ τῶν ἐπιγραμμάτων ἐν ἰάμβοις, ϛωι´, μετάφρασιν Ἀράτου ἐν ἰάμβοις, αρμ´, μετάφρασιν Νικάνδρου τῶν Θηριακῶν ἐν ἰάμβοις, ατο´ verfaßt, d. h. Marianos hat jene alexandrinischen Dichtungen in der Art des Tzetzes in sog. politischen Versen verwässert. Umsetzung von Prosa in Poesie ist selten. Das bekannteste Beispiel bietet Aratos, der seinen Φαινόμενα ein in Prosa abgefaßtes Werk des Eudoxos zugrunde legte und versifizierte; ebenso wie Suidas von den Προγνωστικά des Nikandros sagt: μεταπέφρασται δ᾽ ἐκ τῶν Ἱπποκράτους Προγνωστικῶν.[3]

---

1) Eustathios (Hom. 1406, 16) nennt den Demosthenes Thrax als Vf. einer παράφρασις der Odyssee: τὸ βιβλίον ὅλον τοῦτο παραφράσας, μεταβολὴν τὴν τοιαύτην αὐτοῦ πραγματείαν ἐκάλεσε. Suidas scheint zu irren.

2) Vgl. G. E. Rizzo, Riv. di filol. 26 (1898), bes. S. 536—43.

3) Über die Paraphrasen zu Vergil vgl. Leo, Ind. lect. Gott. 1892/93 S. 20; zu Phaedrus: C. M. Zander, De generibus et libris paraphrasium Phaedrianarum (Act. soc. Lundensis 33 (1897)); zu Homer: Lehrs, a. O. 54 ff.; Aristarch³ S. 46. 153;

Hieher zu rechnen sind auch die Versifizierungen geographischer, mythologischer, medizinischer Handbücher, die im letzten Grunde mnemotechnischen Zwecken dienen, zur Erleichterung der Schule. Daß man dort solche Versübungen liebte, zeigen die uns noch erhaltenen Deklamationen, welche die landläufigen rhetorischen Themata in Versen behandeln. So die ὑπόθεσις des „Sextaners" Qu. Sulpicius Maximus aus d. J. 94 n. Chr. (Kaibel ep. 618); so die Anakreontika des Johannes von Gaza, die zum Teil ein *progymnasma* behandeln, z. B. ein Gedicht mit der Überschrift: τίνας ⟨ἂν⟩ εἴποι λόγους ἡ ᾿Αφροδίτη ζητοῦσα τὸν῎Αδωνιν[3]) oder Dutzende von Epigrammen der Anthologie, wie z. B. das des Leonidas von Tarent (IX 320), welches ein von Quintilian (II 4, 26) angegebenes Schulthema: *cur armata apud Lacedaemonios Venus* ausführt oder versifizierte Progymnasmata in der lateinischen Anthologie, wie 21R, *sacrilegus capite puniatur*, 198: *verba Achillis in parthenone, cum tubam Diomedis audisset;* 655, 672: Meditation des Augustus, ob er wirklich die Aeneis des Vergilius verbrennen solle u. dgl. Hätten wir bereits eine Sammlung der zerstreuten beglaubigten Schulthemen, so würde der Einfluß der Paraphrase klar hervorleuchten.

Auch Paraphrasen in verschiedene Stilformen sind üblich. Demetrios περὶ ἑρμηνείας (III 325f. Sp.) zeigt, wie ein berühmter Ausspruch des Kleophon in aristippische, xenophontische und sokratische Ausdrucksweise übersetzt werden kann (κατηγορῶν; ὑποθετικῶς; εἰς ἐρώτησιν). Brinkmann[2]) legt an markanten Beispielen dar, wie die Homerverse M 322 ff. im Lauf der Jahrhunderte paraphrasiert werden: im Protreptikos des Jamblichos, im pseudolysianischen Epitaphios, bei einem anonymen Komiker (III 429 K), bei Theopompos (fr. 77), im Protreptikos des Lesbonax (I 18), bei Prokopios von Gaza, Cicero, Nikolaos Kabasilas († 1371). — Auch diese gelegentlichen Paraphrasen entwickeln sich zu einem eigenen Literaturzweig. So weiß Photios (cod. 160) von Prokopios zu nennen ein βιβλίον ὅλον, στίχων ῾Ομηρικῶν μεταφράσεις εἰς ποικίλας λόγων ἰδέας ἐκμεμορφωμέναι; ein Beispiel aus den μεταβολαὶ καὶ μεταποιήσεις τῶν Δημοσθενικῶν χωρίων des Sopatros ist uns erhalten zu Demosthenes 18, 60: εἰκτικῶς — παθητικῶς — ἐπιτιμητικῶς und ἀσυνδέτως.[3])

Ein Vergleich mit den großen Epen unserer Hartmann von Aue, Wolfram von Eschenbach, Gottfried von Straßburg, die mehr Para-

---

Ludwich, *Aristarch* II 483 ff.; zu Pindar: Lehrs, *Pindarscholien* 25 ff. 120 ff.; zu Aristoteles: Prantl, *Gesch. d. Logik* I 617 ff. u. a.

1) Vgl. Norden, AK 887[2].   2) *Rhein. Mus.* 63, 619 ff.

3) Rabe, *Rhein. Mus.* 63, 142.

phrasen als Übersetzungen ihrer französischen Vorlagen Crestien (Guiot)
und Thomas bieten oder mit dem *roman de Troie* von Benoit de Sainte-
More, der Diktys-Dares zu mehr wie 30000 Versen paraphrasierte trotz
der Versicherung: *le latin sivrai et la lettre* mag zeigen, daß diese
freie Übertragung auch in nachantiken Zeiten noch gleich einer Eigen-
schöpfung eingeschätzt wurde.

4. DIASKEUE.

Im engen Anschluß an die Paraphrase ist die Diaskeue zu erörtern, die Galenos[1]) also definiert: ἐπιδιεσκευάσθαι λέγεται βιβλίον
ἐπὶ τῷ προτέρῳ γεγραμμένῳ τὸ δεύτερον γραφέν, ὅταν τὴν ὑπόθεσιν
ἔχον τὴν αὐτὴν καὶ τὰς πλείστας τῶν ῥήσεων τὰς αὐτάς, τινὰ μὲν ἀφῃ-
ρημένα ἐκ τοῦ προτέρου γράμματος ἔχει, τινὰ δὲ προσκείμενα, τινὰ δὲ
ὑπηλλαγμένα. Dabei ist zu unterscheiden zwischen einer Diaskeue durch
den Autor selber und durch fremde Hand.

Am häufigsten treffen wir Doppelbearbeitungen in der dramatischen Literatur.[2]) So besaßen die Alten von Euripides zwei Ausgaben des Autolykos und Phrixos; der Ἱππόλυτος (στεφανηφόρος
wohl von den Späteren zur Unterscheidung genannt), den wir besitzen,
ist eine Neubearbeitung des früheren Stückes (καλυπτόμενος); dasselbe
Verhältnis wird wohl zwischen den beiden Ἀλκμέων (ὁ διὰ Ψωφῖδος
und διὰ Κορίνθου) bestehen, deren erster 425, deren zweiter 406 aufgeführt wurde. Von Sophokles wurden ein Θυέστης δεύτερος, Φινεύς
πρότερος, Τυρὼ προτέρα, Λήμνιαι προτέραι erwähnt.[3]) — Das Gleiche
erfahren wir von Komödiendichtern. — Nach Athenaios (110B) sind
die Μοῦσαι des Epicharmos eine διασκευή von Ἥβης γάμος; der zweite
Autolykos des Eupolis ist nach Galenos u. a.[4]) eine Umarbeitung; zu
den „Wolken“ des Aristophanes lag neben der uns überlieferten Form
den alten Exegeten noch die erste Bearbeitung vor[5]); auch den Πλοῦ-
τος haben wir nur in der zweiten Fassung vom Jahre 388. — Bou-
talion hieß, nach Athenaios (358D), das umgearbeitete Stück Ἄγροικοι
des Antiphanes. — Von Alexis nennt Athenaios (429E) eine διασκευή
des Phrygios und (663C) des Demetrios, des früheren Philetairos. Von
dem Amphitryon des Archippos kennt Athenaios (95E und 426B) eine

1) XVII I p. 79 Kühn.
2) Zuerst beobachtet von Casaubonus zu Athenaios, III 28 p. 211. Boeckh,
princ. trag. 19 ff.
3) Casaubonus a. O. 487. 495. 496.
4) Suidas unter διασκευαζόμενος.
5) Vgl. 6. ὑπόθεσις; Eratosthenes in schol. nub. 552.

zweite Redaktion; ebenso spricht er (373 C) von einer ersten Ausgabe des *Ἐπίκληρος* Menanders. — Der Eunuchos oder *Στρατιώτης* des Diphilos ist nach Athenaios (496 F) eine *διασκευὴ τοῦ Αἱρεσιτείχους* und neben der ersten Ausgabe der *Συνωρίς* desselben Dichters gab es auch eine Umarbeitung (Athen. 247 D).[1])

Solche Umdichtungen wurden meistens durchgefallenen Stücken zu teil, wie uns eine Notiz bei Athenaios (374 B) aus Chamaileon zeigt. Anaxandrides aus Kameiros *πικρὸς δ' ὢν τὸ ἦθος ἐποίει τι τοιοῦτο περὶ τὰς κωμῳδίας. ὅτε γὰρ μὴ νικῴη, λαμβάνων ἔδωκεν εἰς τὸν λιβανωτὸν κατατεμεῖν καὶ οὐ μετεσκεύαζεν ὥσπερ οἱ πολλοί.* Aus diesem offenbar sehr häufigen Brauch erklären sich auch die nicht seltenen Zitierungen verschiedener Komödientitel. So erwähnt Athenaios (496 F), Kallimachos zitiere den *Αἱρεσιτείχης* unter dem Titel *Εὐνοῦχος*; wir wissen, daß das letztgenannte Stück eine *διασκευή* des ersten ist; so wird der *Βουταλίων* des Antiphanes, eine Umarbeitung des *Ἀγροῖκος*, mit beiden oder einem der beiden Namen aufgeführt.

Das Umarbeiten von dramatischen Stücken ist Literarhistorikern nichts Seltenes; es darf nur an die bekannten Beispiele erinnert werden, wie Schiller seinen Don Carlos umarbeitet, seinen „Wallenstein" aus der ursprünglichen Fassung in die jetzige Form bringt, wie Goethe den Prosaentwurf zur Iphigenie und zum Tasso in Jamben setzt, oder wie er Wilhelm Meisters Lehrjahre aus der ursprünglichen persönlichen Fassung, die erst jüngst wieder aufgefunden wurde, in die jetzt vorliegende Gestaltung umdichtet.

Indes waren auch in, anderen Literaturzweigen Doppelrezensionen nicht ausgeschlossen; sicher bezeugt ist uns, daß Apollonios von Rhodos seine Argonautika in zweiter verbesserter Gestalt herausgegeben hat. Aber auch bei einzelnen Autoren kommen Doppelbearbeitungen vor, für die Aristarchos das *ἀντίσιγμα περιεστιγμένον* (·)·) erfand; vgl. *B* 192. Wie solche Doppelfassungen entstehen und in den Text geraten können, zeigt Galenos (XVII 1 p. 79f.) deutlich: *ἐνίοτε γὰρ ὑπὲρ ἑνὸς πράγματος διττῶς ἡμῶν γραψάντων, εἶτα τῆς μὲν ἑτέρας γραφῆς κατὰ τὸ ὕψος οὔσης, τῆς δ' ἑτέρας ἐπὶ θάτερα τῶν μετώπων, ὅπως κρίνωμεν αὐτῶν τὴν ἑτέραν ἐπὶ σχολῆς δοκιμάσαντες, ὁ πρῶτος μεταγράφων τὸ βιβλίον ἀμφότερα ἔγραψεν, εἶτα μὴ προσχόντων ἡμῶν τῷ γεγονότι, μηδ' ἐπανορθωσαμένων τὸ σφάλμα, διαδοθὲν εἰς πολλοὺς τὸ βιβλίον ἀνεπανόρθωτον ἔμεινε.* Ein Musterbeispiel hiefür ist der *τόπος* bei Isokrates (XV 222f = 214), eine Doppelfassung, die in Form

---

1) Über die *Ἄντεια* des Alexis vgl. oben S. 23.

und Rhythmus isokratisch ist; aber schon der Umstand, daß die eine
Fassung in den Haupthandschriften ΓΔE, die andere in Θ fehlt, deutet
auf eine ähnliche Entstehung hin, wie sie Galenos angibt.[1])

Für die Annahme von Plagiaten viel wichtiger sind jedoch die
Umarbeitungen und Textveränderungen durch fremde Hände.
Wie Schiller Carlo Gozzis tragikomisches Märchen „Turandot" selbständig umgestaltete oder Shakespeare ältere Schauspiele und Komödien modernisierte und zurichtete, oft mit Beibehaltung derselben Szenen
und Ausdrücke, wie Molière in seinem Lustspiel *Les Fourberies de*
Scapin zwei Auftritte aus Cyrano de Bergerac: *Le pedant joué* wieder
aufnahm oder Goethe die Erzählung des Beaumarchais in den Mémoires
fast wörtlich in seinen Clavigo verarbeitete, so verfuhren auch griechische und römische Dramatiker. Nach Phrynichos[2]) gab es dafür die
Ausdrücke: ἐπικαττύειν καὶ πτερνίζειν. Und daß auch Aischylosdramen
eine Modernisierung und Anpassung an die veränderten Bühnenverhält-
nisse erfuhren, bezeugt Quintilian ausdrücklich.[3]) So ward ein Stück
des Komikers Magnes, die Λυδοί, umgedichtet[4]); nach der Zusammenstellung bei Athenaios (II 262 c) hat Epikrates den Δύσπρατος des Antiphanes neu bearbeitet; dasselbe dürfen wir bei der Ἄντεια des Antiphanes voraussetzen, die auch unter dem Namen Alexis läuft, im übrigen
wenig Unterschiede[5]) aufweist, und von dem Komiker Eupolis berichtet
Suidas[6]), er habe verschiedene Stücke umgearbeitet. Kennt man derlei
häufige Übungen, so ist es keineswegs kühn, zu vermuten, daß die
von Kaikilios konstatierte Gleichheit des Menandrischen Δεισιδαίμων
mit dem Οἰωνιστής des Antiphanes eben durch eine Neuinszenierung
des älteren Stückes zu erklären ist.[7]) Und ebenso einfach löst sich die
schon oben[8]) erörterte Frage betreffend die Medea des Neophron-Eu-
ripides. Man möchte ingleichen bei den häufigen Doppelzitaten, in denen

---

1) Mehr Beispiele bei Blaß, Iw. Müllers Handb. I 261.

2) App. soph. 39, 19: λέγουσι δὲ ἐπὶ τῶν τὰ παλαιὰ τῶν δραμάτων μετα-
ποιούντων καὶ μεταρραπτόντων ...

3) X 1, 66: *Correctas eius fabulas in certamen deferre posterioribus poetis*
Athenienses permisere, suntque eo modo multi coronati. Weil (*Rev. des ét. gr.* 1888
p. 7 ff.) denkt hierbei an erleichternde Umwandlungen. Ob Diog. Laert. II 43:
καὶ Ἀστυδάμαντα πρῶτον τῶν περὶ Αἴσχυλον ἐτίμησαν εἰκόνι χρυσῇ an Nachkommen
oder Umdichter des Ai. denkt, ist ungewiß.

4) Suid. unter Λυδοί Μάγνητος ... διεσκευάσθησαν; vgl. Hesych. s. Λυδίζων;
Phot. 233, 20: Λυδιάζων.

5) Athen. III 127 b: τὸ αὐτὸ δρᾶμα φέρεται καὶ ὡς Ἀλέξιδος ἐν ὀλίγοις σφόδρα διαλλάττον.

6) Unter διασκευαζόμενος. Εὔπολις Ἀθηναῖος κωμικὸς ἔγραψε τόσα καὶ ἄλλα
διασκευαζόμενος.

7) Vgl. oben S. 36.   8) Oben S. 20 f.

ein Stück unentschieden zwei Autoren zugewiesen wird, an Umarbeitungen oder Modernisierungen älterer Komödien denken.[1]) Daß manch
solche Diaskeue auch eine bloße Modernisierung bedeuten kann, zeigt
uns aus späterer Zeit Gordians Biograph Jul. Capitolinus (c. 3, 2), der
von jenem erzählt: *Adulescens cum esset Gordianus, poemata scripsit . .
et quidem cuncta illa quae Cicero i. e. Marium et Aratum . . ., quae
quidem ad hoc scripsit, ut Ciceronis poemata nimis antiqua viderentur.*

Διασκευαί im einzelnen können aber auch von Schauspielern
herrühren, wie uns bei manchen Stellen noch ausdrücklich bezeugt ist[2]),
so von Didymos zu Med. 356, 380, Orestes 1366 u. a.; zum Prolog
des Rhesos ist in den Scholien ein zweiter angeführt, der auf Schauspieler zurückgeht. Ähnlich haben wir auch zur Andria und zum Poenulus in einigen Handschriften einen anders gestalteten Ausgang und
zu Aratos' Phainomena hat es mehrere Prooimien gegeben.[3])

Schließlich können solche Zusätze oder Umänderungen auch tendenziösen Zwecken entspringen. Wie schon Platon im Scherze dem
Homer selbergemachte Verse unterschiebt (ἀπόϑετα ἔπη Ὁμήρου, Phaidr.
252 B), so fälschen die jüdischen Apologeten Verse oder schieben
eigene berühmten Namen unter[4]); ebenso wurden später christliche
Schriften interpoliert, um gewissen Zwecken eine uralte Sanktion zu
teil werden zu lassen. Indes würde uns eine eingehendere Besprechung
dieser ohnehin bekannteren Tatsachen zu weit vom Thema ablenken.

5. EXZERPTE.

Sehr häufig pflegt vergessen zu werden, daß die Alten viel mehr
nach Exzerpten arbeiteten wie wir. In den Werken des Aristoteles
begegnen wir zahlreichen Kollektaneen und Auszügen; so wird uns
ein Exzerpt aus der Πολιτεία des Platon ausdrücklich bezeugt[5]); τὰ
ἐκ τῶν νόμων Πλάτωνος, ἐκ τῶν Τιμαίου καὶ Ἀρχύτου gehören in
dieselbe Reihe. So hatte sich auch Plutarchos Exzerptensammlungen

---

1) Vgl. Athen. 471 E: Εὔβουλος ἢ Ἀραρώς; 306 a: Καλλίας ἢ Διοκλῆς; 118 e
u. ö.: Νικόστρατος ἢ Φιλέταιρος; 415 c u. ö.: Φιλοκράτης ἢ Στράττις; 568 e: Εὔ
νικος ἢ Φιλύλλιος; 140 a: Φιλύλλιος ἢ Ἀριστοφάνης; 628 e: Πλάτων ἢ Ἀριστοφάνης;
314 a: Πλάτων ἢ Κάνϑαρις; 319 a: Τιμοκλῆς ἢ Ξέναρχος.

2) Zusammenstellung bei O. Korn: *de publico Aesch. Soph. Eur. fabularum
exemplo* (Bonn 1863) p. 18 ff.

3) *Vit. Arati ap. Petavium Uranolog.* p. 272.

4) Gesammelt bei Schürer III[3] 453—461.

5) Katalog des Ptolemaios n. 15: *in quo abbreviavit sermonem Platonis de
regimine civitatum.*

angelegt, die er nach Bedarf benutzte.[1]) Die ὑπομνήματα des Aratos
waren nach Plutarchos (Ar. 3) διὰ τῶν ἐπιτυχόντων ὀνομάτων angelegt;
die λόγοι ἱστορικοί des Ägyptiers Olympiodoros sind in den Augen
des Photios[2]) kein stilistisch abgerundetes Geschichtswerk, sondern nur
eine Stoffsammlung. Bei Strabon finden wir, daß die letzten Bücher
fast bloße Exzerptenreihen darstellen, im Gegensatz zu den früheren,
sauber stilisierten Ausführungen; man wird kaum fehlgehen, wenn man
die letzten acht Bücher als nicht „druckfertig" abgeschlossen betrachtet.
Ebenso darf man wohl auch die auffällige Verschiedenheit der Durch-
arbeitung in einzelnen aristotelischen Schriften darauf zurückführen,
daß der Meister im Drange der Stoffmassen nicht zur Fertigstellung
kam. Aus dem Verfahren des Polyainos und Dion, das bereits eine
eingehendere Würdigung erfuhr, darf bei Autoren ähnlicher Stufe auf
ähnliche Arbeitsweise geschlossen werden. „*Man las einen größeren Abschnitt des zu benutzenden Autors durch und exzerpierte dann denselben
aus dem Gedächtnisse.*"[3]) Häufig wurden dabei Namen ausgelassen
und dafür das unbestimmte τίς oder τινές eingesetzt. Dazu kommt
noch, daß es auch im Altertum Sitte war, durch Schüler und gelehrte
Freunde oder Sekretäre das Exzerptenmaterial besorgen zu lassen wie
wir dies auch von Napoleon III., Bunsen oder Kronprinz Rudolf von
Österreich u. a. wissen. Daß dabei Nachlässigkeiten und Fehler aller
Art mit unterliefen, versteht sich: so sehen wir bei Diogenes Laertios
Doppelquellen wie bei Stephanos von Byzanz nebeneinander abgeschrieben;
bemerken, daß der zum Abschreiben hergegebene Brief Epikurs samt
den Scholien und Randnotizen wiedergegeben ist.[4]) Aus dieser Mithilfe
von Amanuenses entsprangen wohl auch nicht selten Plagiatvorwürfe;
so wenn Ekphantides sich seines Sklaven Choirilos bediente[5]) oder
Euripides die Musiker Ktephisophon oder Timokrates beizog.[6]) Der
Geograph Agatharchides wird als ὑπογραφεὺς καὶ ἀναγνώστης des Ge-
lehrten Herakleides Lembos genannt.[7]) Die herkulanischen Rollen eines
Epikureers, die uns der Zufall schenkte, lassen uns noch heute den
Vergleich ziehen zwischen den Vorarbeiten zu einem philosophischen
Werk und der nach Stil und Ausführung wesentlich verschiedenen

---

1) Vgl. de tranqu. an. 464F: ἀνελεξάμην περὶ εὐθυμίας ἐκ τῶν ὑπομνημάτων
ὧν ἐμαυτῷ πεποιημένος ἐτύγχανον.
2) cod. 80: ὃ καὶ αὐτὸς ἴσως συνιδὼν οὐ συγγραφὴν αὑτῷ ταῦτα κατασκευ-
ασθῆναι, ἀλλὰ ὕλην συγγραφῆς ἐκπορισθῆναι διαβεβαιοῦται.
3) J. Melber Jahrb. f. Phil. 14 suppl. 421ff.; für Dion: Progr. Maxg. München 1891, p. 68.
4) Vgl. Schwartz PW. V 746.   5) Siehe oben I S. 13.
6) Siehe oben I S. 14.   7) S. Susemihl I 685ff.

Ausarbeitung, die uns ebenfalls erhalten ist.[1]) Ein Musterbeispiel einer
Exzerptenarbeit bietet der sog. Pseudo-Arrianische Periplus des Pontos
Euxeinos: sämtliche Quellen, der alte Arrianos, der Periplus des Skylax,
die Epitome des Menippischen Periplus, Pseudo-Skymnos liegen uns
vor. In Zeiten, die umfangreiche Werke nicht mehr liebten, wurde die
Epitome der Ersatz dafür: so verfaßte Theopompos einen Auszug aus
Herodotos; Pamphile aus Ktesias; Zenodotos eine Epitome der ὑπομνήματα des Kallimachos; Hermolaos eine Epitome des geographischen
Lexikons von Stephanos Byz. u. a. m. Aber auch die Verfasser selber
boten die Hand dazu, wie z. B. Timosthenes sein Werk περὶ λιμένων
in zehn Büchern zu einer einbändigen Epitome umarbeitete oder Dionysios von Halikarnaß seine ἀρχαιολογία in einen Auszug von fünf
Büchern brachte.

    Aus der Benutzung solcher Exzerptenwerke oder der Anlage eige-
ner Exzerpte rühren nun namentlich in der Geschichtschreibung die
häufigen Plagiatvorwürfe her. Erinnern wir uns der Anklage, Hermippos habe das Geschichtswerk des Pappos sich angeeignet[2]); Herakleides habe den Chamaileon bestohlen[3]); erinnern wir uns der Plagiatnotizen betreffend Eudoros-Ariston[4]) und Athenaios-Hephaistion.[5]) In
den meisten Fällen handelt es sich wohl um Exzerpierung gleicher
Vorlagen. Vergegenwärtigen wir uns ferner den Vorwurf, Philistos
habe in seinen Σικελικά die betreffenden Abschnitte des Thukydides
ausgeschrieben (Theon); oder wie Ephoros und andere mit den alten
Logographen umgingen![6]) In der Hauptsache handelt es sich dabei
nur um Wiederholungen derselben Sagen oder Tatsachen. Dabei wird
viel zu wenig beachtet, daß späterhin durch den Schriftstellerkanon
die Auswahl der Quellenautoren wesentlich beeinflußt wurde, so daß
für bestimmte Epochen einzelne Schriftsteller geradezu ein kanonisches
Ansehen genießen, für die Perserkriege beispielsweise Ephoros dem
Herodotos durchaus vorgezogen ward.

    Man hat schon oft die Frage aufgeworfen, warum Strabons geo-
graphisches Werk bei seiner Zeit und noch lange darüber hinaus in der
literarischen Welt unbeachtet oder richtiger gesagt, unzitiert bleibt; der
Grund ist offensichtlich: als Exzerptenwerk wurde es ebenso wie Alexander Polyhistors Kollektaneen oder Diodors βιβλιοθήκη fleißig benutzt, aber nicht unter die eigentlichen Werke der Kunstprosa gerechnet.
Erst als die künstlerische Stoffgestaltung gegenüber dem Inhalt in den

---

1) S. Sudhaus zu Philodemos II p. IX sqq.   2) Oben S. 23.
3) Oben S. 18.   4) Oben S. 18.   5) Oben S. 19.
6) Oben S. 38 u. 47.

Vordergrund trat, wurden solche Kompilationen höher geschätzt und verdrängten die von ihnen aufgesogenen Einzelstudien.

6. GEMEINSAME STOFFQUELLEN.

Nachdem wir einer wenn auch knappen Durchsicht jene Haupt-arten fremder Stoffübernahme unterzogen haben, die nach den antiken Grundsätzen eine gewisse Wertschätzung verdienten, da eine Umformung des Stoffes damit verbunden ist, mag es zweckdienlich sein, bevor wir uns der im eigentlichen Sinne künstlerischen Neugestaltung bereitliegen-der Gedanken und Stoffe zuwenden, die gemeinsamen Stoffquellen näher zu betrachten.

Es ist bekannt genug, daß aus der Benutzung gleicher Vorlagen oft der Vorwurf des Plagiates gegen Autoren erhoben wurde, die sich tatsächlich gegenseitig nicht geplündert hatten: es sei nur an den Fall Ariston-Eudoros[1]) und Athenaios-Hephaistion[2]) erinnert. Wenn Diodoros und Strabon so häufig übereinstimmen, so erklärt sich das am besten durch deren gemeinsame Quelle: Artemidoros; die auffälligen Gleich-heiten bei Diodoros und Stephanos von Byzanz werden auf beider Ur-quelle: Alexander Polyhistor zurückgeleitet. Die auffällige Überein-stimmung zwischen der kretischen Πολιτεία des Aristoteles und den entsprechenden Abschnitten bei Ephoros sind aus der Benutzung gleicher Quellen zu erklären.[3]) Gleiche Wahrnehmungen lassen sich auch bei Dichtungen machen. Derlei Parallelen erleichtern und erschweren die Quellenuntersuchungen.

In sehr vielen Fällen spielen auch Handbücher verschiedener Art eine wichtige Rolle, aus denen sich Interessenten Rohstoff holten. Es sei erinnert an die mythographischen Enzyklopädien, die seit dem 2. Jahrh. v. Chr. zu Schul- und Lehrzwecken entstanden. Es ist noch wenig untersucht, inwieweit solche κύκλοι Dichtung und Prosa beeinflußt haben: für Ovidius ist die Benutzung eines derartigen Handbuches soviel wie sicher.[4]) Seitdem in hellenistischer Zeit Sagen und Mythen mit Vorliebe hervorgesucht wurden, kamen diesem Stoffbedürfnis Einzel-kompendien zu Hilfe. Ich denke hier an Bücher, wie sie Neanthes von Kyzikos (κατὰ πόλιν μυθικά), Menekrates (περὶ κτίσεων) u. a. ver-faßten. Sicheren Boden gewinnen wir mit den ἐρωτικὰ παθήματα des Parthenios (in Prosa), die er für seinen Freund, den römischen Ele-

---

1) S. oben S. 18.   2) S. S. 19.
3) S. C. v. Holzinger, *Philologus* 52, 114.
4) H. Kienzle, *Ovidius qua ratione compendium mythologicum ad meta-morphoseis componendas adhibuerit* (Diss. Basel 1903).

giker Corn. Gallus, zur dichterischen Behandlung aus griechischen Dichtern und Historikern zusammenstellte. Vielleicht sind auch die διηγή
σεις (50 mythische Erzählungen), die Konon dem König Archelaos
von Kappadokien widmete, für ähnliche Zwecke bestimmt gewesen.

Eine andere Gruppe bilden die Sammelbücher von Gnomen, Maximen, Sprichwörtern, Apophthegmata u. dgl.; aus ihnen wurden
die verschiedenen Literaturgattungen der Popularphilosophie gespeist,
namentlich die Diatribe und Satire; und von da verlaufen die einzelnen Kanäle in das allgemeine Gefilde des hellenistisch-römischen
Schrifttums.

Mit den sokratischen Denkwürdigkeiten eröffnete Xenophon die
Form der ἀπομνημονεύματα, von denen wir Sammlungen kennen von
dem Kyrenaiker Aristippos, dem Kyniker Diogenes, Metrokles, dem
Stoiker Zenon, Persaios, Ariston von Chios, Hekaton, dem Peripatetiker
Aristoteles und Demetrios von Phaleron, den Römern Cato, Cicero,
Caesar, Melissus.[1]) Wir dürfen uns nicht wundern, wenn Dikta und
Fakta weiser Männer immer wiederkehren.

Ebenso fanden die Sammlungen von χρεῖαι seit dem Vorgang des
Demetrios von Phaleron oder Metrokles fleißige Pflege.[2]) Aus ihnen
sind die Philosophenbiographien des Diogenes von Laerte gespeist; sie
kehren in den Florilegien wieder; sie bilden die Würze geschichtlicher
und geographischer Werke. Die Aussprüche werden häufig verschiedenen Berühmtheiten zugeteilt: so eine χρεία dem Antisthenes (Diog.
La. VI 3) und Bion (ebd. IV 48); dem Diogenes (Diog. La. VI 59) und
Diagoras (Cic. de n. d. 3); dem Diogenes (Diog. La. VI 50) und Antiphon (Plut. de adul. et am. discr. XI) u. a. m. Die verschiedenen χρεῖαι-
Ketten erben sich fort: dieselben Aussprüche stellen Diogenes von Laerte
(VI 29 f.), Gellius (n. A. II 18, 9) und Stobaios (fl. III 63) zusammen; oder
Diogenes (VI 38), Cicero (Tusc. V 32) und Plutarch (de exil. XV; vit.
Alex. 14); oder Diogenes (VI 54), Theon (prog. 5) und Stobaios (flor.
6, 5) u. dgl.

Auch Sprichwörter fanden frühzeitig Sammler, seitdem der Alexandriner Seleukos damit begonnen hatte. Hand in Hand damit gingen
Gnomen- und Zitatensammlungen. Entweder holte man die schönsten
Stellen aus einem Dichter, wie Hermippos mit seiner συναγωγὴ τῶν

---

1) Belege bei Gerhard 249.

2) S. Gerhard 248 ff. und Wartensleben. Die größte Chriensammlung
bietet das *Gnomologium Vaticanum* (von L. Sternbach in den *Wiener Studien* 9.
10. 11 (1887—89) veröffentlicht).

καλῶς ἀναφωνηθέντων ἐξ Ὁμήρου (Stob. fl. V 59)[1]) oder man ordnete die allenthalben zusammengelesenen Glanzstellen nach bestimmten Gesichtspunkten, wie sie uns die Sammlung des Stobaios zeigt. In der Schule lernte man zusammengestellte Gnomen[2]); Isokrates streift (II 43. 44) den Gedanken, daß jemand aus Hesiodos, Theognis und Phokylides Gnomen herausschälte. Abgesehen von gelegentlicher Benutzung solcher Spruchbücher, wie wir sie bei Dichtern und Rednern vielfach nachweisen können, wird besonders die Parainese[3]) eine fleißige Benutzerin. Wie die ältesten poetischen Parainesen (Χείρωνος ὑποθῆκαι, Werke und Tage) eine Aneinanderreihung von Gnomen darstellen, so auch die ältesten uns erhaltenen prosaischen Muster: πρὸς Νικοκλέα (2) und Νικοκλῆς (3) von Isokrates und die pseudo-isokratische Rede πρὸς Δημόνικον. Der Nachahmer des Isokrates (vgl. II 40) mahnt in seiner Parainese (51, 52), man solle, wie die Biene aus den Pflanzen das Beste ziehe, so von überallher, aus Dichtern und Sophisten die nützlichsten Gedanken sammeln. Wie Gnomen wanderten und überall in der Parainese, Komödie, Popularphilosophie eingestreut wurden, ist uns seit Wendlands Untersuchungen[4]) bewußt geworden. Aber die Vorlagen werden vielfach umgestaltet, in Poesie oder Prosa umgesetzt, pointiert, mit Antithesen aufgeputzt u. dgl. Es ist uns nicht mehr möglich, all den vielverschlungenen Pfaden der antiken Arbeitsweise nachzugehen, um zum Ausgangspunkte vorzudringen. Nur einige Sammelbecken seien näher untersucht, in erster Linie die Handbücher für Prooimien.

a) PROOIMIEN.

Daß sich in der Poesie frühzeitig ein formelhaftes Schema für Einleitungen einstellte, ersieht man deutlich aus der Technik der homerischen Hymnen, die mit dem Preise der Gottheit beginnen, so daß Pindar (N 1) verallgemeinernd sagen konnte:

> ὅθενπερ καὶ Ὁμηρίδαι
> ῥαπτῶν ἐπέων τὰ πόλλ’ ἀοιδοὶ
> ἄρχονται Διὸς ἐκ προοιμίον.[5])

---

1) Vgl. die Sammlung pythagoreischer Aussprüche von Aristoxenos; der sieben Weisen von Demetrios (nach älteren Spruchbüchern: Crusius, Philol. 55, 3 f.).

2) Aischines III 135: διὰ τοῦτο γὰρ οἶμαι παῖδας ὄντας ἡμᾶς τὰς τῶν ποιητῶν γνώμας ἐκμανθάνειν, ἵν’ ἄνδρες ὄντες αὐταῖς χρώμεθα.

3) P. Wendland, Anaximenes S. 81 ff. 4) Ebd. 84 ff.

5) Stenzel, Jul., de ratione, quae inter carminum epicorum prooemia et hymnicam Graecorum poesin intercedere videatur (Diss. Breslau 1908) hat genauer das Schema der Hymneneinleitungen zergliedert (9—15), das sich von den sog. homerischen Hymnen bis zu den Spätlateinern forterbt.

Das Epos pflegt, wie schon Aristoteles (rhet. III 14) hervorhebt, seinen
Stoff anzukündigen :

μῆνιν ἄειδε θεά (Ilias);

ἄνδρα μοι ἔννεπε, μοῦσα (Odyssee);

ἤγεό μοι λόγον ἄλλον, ὅπως Ἀσίας ἀπὸ

γαίας ἦλθεν ἐς Εὐρώπην πόλεμος μέγας (Choirilos) u. a.[1]):

Oder man rühmt sich neuer Wege in gesteigertem Selbstgefühl, das uns
auch in epideiktischen Reden (bei Isokrates u. a.) und in der Historiographie seit Thukydides entgegentritt. Bekannt ist, wie namentlich
der euripideische Prolog zu einem Schema erstarrte. Manchmal wird
durch eine vorangeschickte Sentenz gleichsam der Grundakkord ange-
schlagen, aaf den das Stück gestimmt ist[2]); in fast allen Stücken unterrichtet der Prolog die Zuhörer über den vorliegenden Mythos, die auf-
tretenden Personen, den Gang der Handlung. Je mehr das athenische
Publikum durch die Einführung des θεωρικόν in der Mehrzahl aus „Gevatter Schneider und Handschuhmacher“ bestand, war die Darlegung von
Mythen, die entlegeneren Lokalsagen entnommen oder weniger vulgär
waren, immer notwendiger, zumal wenn Aristoteles mit seinem Urteil
über das Theaterpublikum recht hat.[3]) — Die neue Komödie übernahm
diesen offenbar als praktisch befundenen Brauch und orientierte ebenfalls den Hörer über Gang und Absicht des Stückes oder auch des
Dichters, wobei die prologsprechenden Götter bei Euripides nicht selten
durch allegorische Gestalten des Ἔλεγχος, Φόβος, Ἀήρ u. dgl. ersetzt
wurden.

Eine besondere Aufmerksamkeit wurde den Prooimien in der Rhetorik zugewendet.

Kephalos soll nach Suidas (γέγονε δὲ ἐπὶ τῆς ἀναρχίας) der erste
gewesen sein, der προοίμια καὶ ἐπιλόγους προσέθηκε. Ebenso zitiert
Suidas (unter ἅμα, αἰδέσθαι, μοχθηρός) eine Vorrede und Schlußsamm-

---

1) Vgl. Heinze, *Lucretius* 47—61; Vahlen, *Sitzungsber. d. Berl. Ak.* 1877;
Sohnenburg, *Rh. Mus.* 62, 33 ff. — Engel, G., *de antiquorum epicorum didacti-
corum historicorum prooemiis* (Diss. Marburg 1910) untersucht die Prooimien der
3 genannten Gattungen genauer und findet, daß von den schematischen Motiven
(Inhaltsangabe; Gliederung; Dedikation; Selbstempfehlung; σφραγίς; Anrufung
der Götter) bei den Epikern sich Inhaltsanzeige und Götteranrufung stets finden
(7—14); bei den Didaktikern ein Prooimion nicht bloß am Eingang des Werkes,
sondern auch einzelner Bücher wahrzunehmen ist (15—41). Auch die Prooimien
(und Epiloge) der enkomiastischen Poesie sind nach typischen Formeln verfaßt,
wie G. Fraustadt (*encomiorum in litteris Graecis usque ad Romanam aetatem
historia*. Diss. Lips. 1909 p. 335) an Pindar und Bakchylides zeigt.

2) So Orestes und Herakleides.

3) poet. 1351[b], 23: καὶ γὰρ τὰ γνώριμα ὀλίγοις γνώριμα ἦν.

lung des Antiphon: vermutlich stammt die fast wörtlich von ihm wiederholte Einleitung V 14 und VI 2 daraus. Auch von Thrasymachos zitiert
Athenaios (416a) προοίμια. Als einen der frühesten Belege eines Schablonenhandbuches für die symbuleutische Rede finden wir die προοίμια
δημηγορικά des bekannten Führers der 30, Kritias. Manche Redner werden
sich wohl zum Privatgebrauch im voraus Anfangs- und Schlußformeln
zurechtgelegt haben, wie wir dies von Cicero wissen, der an Atticus
⟨16, 6, 4⟩ schreibt: *habeo volumen prooemiorum; ex eo eligere soleo, cum
aliquod σύγγραμμα institui*, wobei ihm allerdings einmal eine fatale
Verwechselung zustößt, wie er selber gesteht. Aber auch die griechischen
Redekünstler hatten derlei Prooimien auf Lager, die sie jederzeit von
Stapel lassen konnten, um den Anschein der Improvisation zu erwecken,
wie Hermogenes aus der Schule plaudert.[1]) Unter dem Namen des Demosthenes läuft eine Sammlung von 56 Einleitungen zu Staatsreden,
von denen sich einige mit den Prooimien der erhaltenen Reden tatsächlich decken, von andern (26—29) sich Stücke auf einem Papyrus
aus Oxyrhynchos[2]) vorfanden. Es ist und bleibt wohl strittig, ob wir
es hier mit einer Sammlung des Demosthenes selbst oder Späterer zu
tun haben.

Auch die Theoretiker beschäftigten sich eingehend mit der Anlage der Prooimien. Hatte schon Theophrastos ein Buch „*Einleitungen*"
veröffentlicht (nach Diogenes Laertios) — es ist wohl dabei eher an
eine Anleitung dazu zu denken —, so handelt Hermogenes ausführlich
über verschiedene Formen der Prooimien[3]); vortreffliche Beispiele dafür stellt ferner Aristoteles in seiner Rhetorik (III 14) zusammen; eine
Menge εὑρήματα bietet Apsines in seiner Abhandlung περὶ προοιμιῶν
⟨I 331—348⟩; über die Einleitung zum πολιτικὸς λόγος handelt ein
Anonymos ausführlich (I 427—433). Und will man die Technik der
isokratischen Schule an einem Musterbeispiele studieren, so lese man
die rhetorische Analyse des Dionysios über das lysianische Prooimion
der Rede gegen Diogeiton (de Lys. 24 p. 259).

Und so darf es uns gar nicht wunder nehmen, wenn wir in den
Prooimien wiederholt dieselben Gedanken entwickelt finden. So wird
das Auftreten als συνήγορος gerechtfertigt, ein unlauterer Beweggrund

---

1) H 188: αὐτὸ ... τοῦτό ἐστιν τεχνίτου ῥήτορος τὸ δοκεῖν αὐτόθεν λέγειν
ἵνα καὶ οὕτως ὁ δικαστὴς ταραχθῇ καὶ προοίμια ὡς αὐτόθεν εὑρίσκοντες
λέγουσι πάλαι σκεψάμενοι καὶ κεφάλαια μεταξὺ ἀναμνησθέντες κατὰ πάσας
τὰς δίκας.

2) Oxyrh. pap. I 53, saec. I/II p. Ch.

3) προοίμια ἐξ ὑπολήψεως: II 177—182; ἐξ ὑποδιαιρέσεως: 183—185; ἐκ πε
ριουσίας: 185—186; ἀπὸ καιροῦ: 186—187; vgl. Blaß I 18⁵.

mit Entrüstung abgewiesen: Lys. 5, 1. 15, 2. 31, 1; Demosth. 23, 1 f.
Der Redner ist unvorbereitet, dem Gegner nicht gewachsen: Lys. 12, 3.
17, 1. 19, 2. 31, 4; Demosth. 44, 3 (vgl. 30, 3. 34, 36. 59, 120); Isaios
8, 5 u. a. Das προοίμιον ἐκ διαβολῆς lesen wir bei Lys. 3. 14. 24 und
Demosth. 24, 6 ff. Die Wendungen, man werde sich kurz fassen, finden
sich häufig bei Lysias[1]) und Demosthenes[2]); der Verteidiger ist dem
Ankläger gegenüber stets im Nachteil: Lys. 19, 2 und fr. inc. 269;
Demosth. 45, 1. 57, 1; Andok. I 1, 6 f.; Isokr. 15, 17 ff.; diesen Gemeinplatz können wir zurückverfolgen bis ins Jahr 423, wo ihn Kratinos in
seiner Πυτίνη (fr. 185) parodierte. Darauf bezieht sich auch der Plagiatvorwurf des Klemens (6, 2, 20), der außerdem noch Nikias, Aischines
(III 1) und Philinos (fr. 48) in Parallele stellt. Blaß[3]) denkt hierbei
an Antiphon als Urquelle, *„da einzelne Ausdrücke des Gemeinplatzes
bei Andokides mit anderweitigen Stellen Antiphons merkwürdig stimmen"*.
Auf eine gemeinsame Quelle hatte schon Spengel[4]) hingewiesen. Den
Topos *„Ich würde nicht reden, wenn nicht"*, lesen wir bei Demosthenes,
Phil. I 1 wie bei Isokrates 8, 1 und 6, 2: ἐγώ δ', εἰ μέν τις τῶν εἰ-
θισμένων ἐν ὑμῖν ἀγορεύειν ἀξίως ἦν τῆς πόλεως εἰρηκώς, πολλὴν ἂν
ἡσυχίαν ἦγον· νῦν δ' ὁρῶν —, ἀνέστην ἀποφανούμενος ἃ γιγνώσκω
περὶ τούτων. Aristophanes parodiert diesen Gemeinplatz (Ekkl. 151):
ἐβουλόμην μὲν ἕτερον ἂν τῶν ἠθάδων λέγειν τὰ βέλτισθ᾽, ἵν᾽ ἐκαθήμην
ἥσυχος· νῦν δ᾽ οὐκ ἐάσω ...

Auf dieselbe Gedankenfolge bei Isokrates (Archid. 1—6) und Demosthenes (Phil. 4, 1 f.), daß manchmal die Jüngeren vor den Alten gehört werden müßten, macht schon Hermogenes (II 412 und 320) aufmerksam; ebenso verzeichnet der Scholiast zu Demosthenes (Timokr. 4:
p. 734 D) die Gleichheit mit dem Prooimion in einer isokratischen Rede
(Symm. 1—2). Und daß Antiphon seine eigenen Einleitungsformeln
wiederholte, zeigt de caed. H. 14 = de salt. 2. Einen gedankengleichen
Übergang von einer allgemeinen Ausführung zur ἰδία παρασκευή lesen
wir bei Isokr. 8, 1 und Demosthenes 24, 4. Auch die Übergangsphrasen
von der Einleitung zur διήγησις verlaufen in gleichen Linien wie z. B.
bei Isokr. 19, 4; Isaios 1, 8. 10, 3; Demosth. 27, 3. 29, 5. 30, 5· 45, 2. 54, 2.

Aber nicht bloß die Rede arbeitete mit gedankengleichen Prooimien — und ist es bei unsern Gerichts-, Wahl-, Fest- und Grabreden
anders? —, auch die Geschichtschreibung gefällt sich in ähnlichen

---

1) Taylor, *lect. Lys.* p. 227.   2) Weber, *Aristocr.* p 167 f.
3) I 116[1]; cf. 309[2].
4) συναγ. τεχν. p. 108.

Wiederholungen. In der Topik der historischen Prooimien[1]) hatte sich eine gewisse Einheitlichkeit gebildet: nach der Stoffankündigung folgte gewöhnlich ein abgekürzter λόγος προτρεπτικός über die Bedeutung der Geschichte und eine Kritik der Quellen oder Vorgänger. Seit Josephos ist die Einleitung ziemlich stereotyp geworden, Arrianos ausgenommen, so daß Lukianos[2]) mit Recht über diese Gleichförmigkeit sich lustig machen konnte.[3]) Daraus erklärt sich auch der Vorwurf, den Markianos[4]) erhob, Eratosthenes habe aus der Schrift des Timosthenes περὶ νήσων sogar das Prooimion wörtlich herübergenommen.

b) EPILOGE.

Wie in den Prooimien bildete sich frühzeitig auch in den Epilogen eine gewisse Schablone aus. So schließen mehrere Homerhymnen mit dem formelhaften Verse:

αὐτὰρ ἐγὼ καὶ σεῖο καὶ ἄλλης μνήσομ' ἀοιδῆς,

dem Keim einer Dedikationsformel, die uns in Inschriften (Corp. inscr. Gr. XIV n. 652) und Dichtungen (Ilias K. 462f.; Theokr. id. I 145) oft begegnet.

Das Exodion der Rhapsoden lautete nach Ailios Dionysios[5]):

νῦν δὲ, θεοὶ μάκαρες, τῶν ἐσθλῶν ἄφθονοι ἔστε.

Die Tragödienschlüsse[6]) werden immer formelhafter. Während sich bei Aischylos noch keine Spur einer Manier findet, sondern die Schlußworte aus der Situation erwachsen, treffen wir bei Sophokles schon in lockerer Verbindung Schlußsentenzen; der Epilog im Ajas könnte füglich jedem Drama beigesetzt werden; bei Euripides haben wir bereits Formeln, die mit dem vorausgehenden Stücke in keiner inneren Beziehung stehen, demnach wie in der Andromache, Alkestis, Helena, in den Bakchen denselben Wortlaut haben, ebenso im Orestes, den Phoinissen und der taurischen Iphigeneia. Stereotyp wurden auch die Schlußsätze in der Komödie: ἐξάραντες ἐπικροτήσατε (Menand. fr. 304), das „plodite" der Römer.[7]) Von dem hellenistisch-römischen Brauch der Lyriker, sich am Schlusse eines Werkes nach dem Schema des

---

1) Vgl. H. Lieberich, *Studien zu den Proömien in der griech. und byzant. Geschichtschr.* (Progr. Realg. München I 1898. II 1899).

2) πῶς δεῖ ἱστ. γρ. 14—18.

3) c. 53 gibt er Einleitungsprinzipien an.   4) Men. peripl. § 3 M.

5) Bei Eustathios II. 2 p. 239.

6) Fr. Mayerhoefer, *Über die Schlüsse der erhaltenen griech. Tragödien* (Diss. Erlangen 1908 p. 42).

7) Quint. VI 1, 52: *illud quo veteres tragoediae comoediaeque cluduntur: plodite*

bibliothekarischen βίος vorzustellen, haben wir schon in anderem Zusammenhang gesprochen.[1])

Wiederum bildet die Rhetorik auch den Epilog am kunstvollsten
aus. Neben den Prooimiensammlungen gab es auch Epiloghand-
bücher von Kephalos, Antiphon u. a. Ebenso handeln rhetorische
Anweisungen darüber, so Aristoteles (rhet. III 19), Longinos (I 301
—302), mit vielen Beispielen Apsines (I 384—391) und ein Anonymos (I 453—460).

So ähneln sich denn auch die Schlußformeln der Reden. Der
Redner ist fertig und hält seine Zuhörer für genügend informiert: Lys.
31, 34. 14, 47. Isaios 7. 8. Demosth. 20. 33. 36. 38. 54, ebenso in einer
staatspolitischen Rede: Olynth. 3. Welch eine Zukunft, wenn der An-
geklagte seinen Lüsten ungestraft fröhnen darf: Isaios 9, 36. Aisch.
Ktesiph. 257; Demosth. Timokr. 39 ff.; Cicero Catil. IV 11. Die Richter
sollen das Gesagte und Ungesagte in Erwägung ziehen: Lys. 14, 47,
31, 34. Aisch. Ktesiph. 260. Der Redner lenkt das Mitleid der Richter
vom Angeklagten ab, steift sie zur Standhaftigkeit: Lys. 14, 16—45.
30, 23 ff.; er malt die Zukunft des Angeklagten aus, der schon soviel
erlitten und durch eine etwaige Verurteilung vernichtet ist: Lys. 18,
23. 22, 25. Demosth. 28, 20 ff.; Cicero pro Mur. 40, 86; pro Sulla 32, 89;
er zeigt die Konsequenzen, wenn allen dasselbe erlaubt wäre: Antiph.
2, 1, 10. Demosth. 24, 215 ff.; im Falle der Straflosigkeit des Angeklagten werden die noch Zaudernden viel leichter zum Bösen sich ent-
schließen: Lys. 30, 23. Aisch. 1, 117. Demosth. 56, 48; es gibt für die
absichtliche Tat keinen Milderungsgrund: Antiph. 5, 92. Demosth. 24,
49 u. ö.; man vergleiche, wie geringere Vergehen bestraft wurden: Lys.
30, 25. Demosth. 45, 43 f.; Abwesende, auch abstrakte Personifikationen
werden als Zeugen und Mithelfer angerufen: Aisch. Ktes. 260; Lys. 12,
99 und der Epilog der 27. Demosthenischen Rede.

c) GEMEINPLÄTZE.

Neben diesen Hilfsmitteln für Einleitungen und Schlüsse gab es
noch Kollektaneen von Gemeinplätzen[2]), die man als Einlagen
gelegentlich verwerten mochte. So berichtet Cicero nach Aristo-

---

1) Siehe oben S. 175.
2) Vgl. Reichel p. 69 u. 121. Über die herkömmlichen Typen der Gerichtsrede siehe das Register bei Frohberger unter „Redner“; über die Mahnreden des
Feldherrn bei Geschichtschreibern vgl. Jos. Albertus, *Die παρακλητικοί in der
griech. u. römischen Literatur* (Diss. philol. Argentor. sel. XIII 2. 1908). Das Schema,
schon bei Thukydides nachweisbar, erhält sich im ganzen Jahrhunderte hindurch.

teles[1]) Protagoras habe fertige Exkurse über oratorische Glanzpartien —
man darf wohl an Ausführungen über die Vaterlandsliebe, Gerechtig-
keit, Weisheit, Kampf gegen die Perser und derlei allgemeine Themata
denken — geboten, die auf die verschiedenste Art angewandt und
eingestreut werden konnten; ebenso habe Gorgias Amplifikationen *in
bonam et malam partem* bereitgestellt, um die Affekte der Zuhörer
für seine Zwecke zu steigern. Auch dem Thrasymachos von Chalkedon
werden derlei Musterstücke ὑπερβάλλοντες (von Protagoras sollen κατα-
βάλλοντες stammen), προοίμια und ἔλεοι zugeschrieben[2]); ob nun diese
in seinem Lehrbuch der Rhetorik standen oder Einzelwerke waren,
wissen wir nicht; auch von Lysias hören wir[3]), er habe derlei Prunk-
themata aufgezeichnet; vielleicht haben wir es nur mit einem Exzerpt
aus lysianischen Reden zu tun.

Die Zuhörer, meint einmal Aristoteles[4]), hören gern allgemeine
Gedanken. Und die Erörterung von Licht- und Schattenseiten, jene
*ancipites disputationes, in quibus de universo genere in utramque partem
disseri copiose licet,* wie Cicero (de or. III 107) sagt, wurde eine Spe-
zialität der akademischen und peripatetischen Schule. Und Themata über
die Tugend, Pflichten, über das Gute und Rechte, über Wert und
Nutzen, Ehre und Schande, Belohnung und Strafe werden unzählige
Male mit denselben Argumenten in Poesie und Prosa abgewandelt.[5])
So finden sich auch in den Reden aller Gattungen stets wiederkehrende
Gemeinplätze; ebenso in den Digressionen der Historiker, Geographen,
bei den Moralschriften der Stoiker und Kyniker, in Dramen und Satiren, Elegien und Episteln.

In den Lehrbüchern der Rhetorik wird die Lehre von den Gemeinplätzen (τόποι κοινοί) ausführlichst erläutert und mit Beispielen
belegt, so von Hermogenes (II 9—11), einem Anonymos (I 448—451),
Aphthonios (II 33—35) gibt als Musterbeispiel den dutzendmal wie-
derkehrenden τόπος κοινὸς κατὰ τυράννου. Theon (II 67) schält aus

---

1) Brut. 46 f.: *Scriptas fuisse et paratas a Protagora rerum illustrium disputationes, quae nunc communes appellantur loci; quod idem fecisse Gorgiam, cum
singularum rerum laudes vituperationesque conscripsisset* . . .
2) Vgl. Drerup, *Untersuchungen* (1902) p. 226.
3) Markellinos zu Hermogenes IV 352 W: εἰσὶ γὰρ τοιοῦτοι τόποι γεγυμνασ-
μένοι τῷ Λυσίᾳ ἐν ταῖς παρασκευαῖς. λέγει γὰρ οἵους ἀπεργάζεται ἡ πενία καὶ
οἵους τὸ πλουτεῖν καὶ ἡ νεότης καὶ τὸ γῆρας.
4) rhet. II 21: χαίρουσι γὰρ, ἐάν τις καθόλου λέγων ἐπιτύχῃ τῶν δοξῶν.
5) Vgl. Cic. Or. 118: *nihil enim de religione, nihil de morte* . . ., *de pietate,*
. . . *de caritate patriae,* . . . *de bonis rebus aut malis,* . . . *de virtutibus aut vitiis,*
. . . *de officio,* . . . *de dolore,* . . . *de voluptate,* . . . *de perturbationibus animi et erro-
ribus* . . .

attischen Klassikern Musterstellen heraus: aus Demosthenes den Topos über die Taten der Vorfahren, aus Lykurgos den Gemeinplatz κατὰ μοιχοῦ, aus Hypereides κατὰ τῶν ἑταιρῶν. Die μαρτυρίαι, βάσανοι, ὅρκοι, alle Formen des direkten und indirekten Beweises, die ganze Topik der demegorischen und epideiktischen Rede fällt darunter und die einzelnen Gestaltungen sind von den Progymnastikern bis ins kleinste schematisiert.[1]) So stellt z. B. Menandros[2]) als Teile des τόπος ἐγκωμιαστικός auf: γένος, γένεσις, φύσις, ἀνατροφή, παιδεία, ἐπιτηδεύματα — Schablonen, die sich bis in unsere jüngsten Aufsatzbücher fortgeerbt haben. Über die allgemeine Wertschätzung des *locus communis* verbreitet sich Quintilian (X 5, 12f.): *qui haec recta tantum et in nullos flexus recedentia copiose tractaverit, utique in illis plures excursus recipientibus magis abundabit eritque in omnes causas paratus. Omnes enim generalibus quaestionibus constant. Nam quid interest, . . . „Milo Clodium rectene occiderit?" veniat in iudicium an „Oporteatne insidiatorem interfici vel perniciosum reipublicae civem, etiamsi non insidietur?"... De personis iudicatur, sed de rebus contenditur.*

In der Tat können wir eine Menge ähnlich benrbeiteter *loci communes* in den verschiedenen Reden nachweisen.[3]) So über den Wert der βάσανοι (Foltergeständnisse), dagegen: Antiphon (5, 31 ff.); dafür Isokrates (17, 54), Demosthenes (30, 37), Lysias (7, 36) und Isaios (8, 28) für die ὅρκοι: Lykurgos (adv. Leocr. 79) und Demosthenes (54, 40); mit gleichem Feuer spricht aber Demosthenes (49, 65) dagegen.[4]) Nach Theon wanderte das ὕβρις-Motiv von Lysias über Isaios und Lykurgos zu Demosthenes.[5]) Von der Einschüchterung der Zeugen handeln in ähnlichen Ausführungen Demosthenes (40, 58) und Aischines (1, 90ff.). Sehr beliebt ist die Form der *divisio* des Dilemmas, eine Frageform, die den Gegner immer schachmatt setzen muß; vergleiche Demosthenes (18, 196. 217, von Hermogenes zitiert; 16, 23. 24, 122. 32, 16 u. ö.), Lykurgos (34, 76), Lysias (12, 34. 13, 76). Den τόπος ἐκ

---

1) Hermogenes II 9f.; Theon II 106f.; Nikolaos Soph. III 470—477.
2) διαίρ. ἐπιδ. I p. 631 W.
3) Ern. Pflugmacher (*locorum communium specimen*: Diss. Greifswald 1909 p. 12 ff.) untersucht den Panegyrikos des Isokrates nochmals genau nach den auch anderwärts behandelten Gemeinplätzen und stellt eine Reihe von Parallelen mit Antiphon, Gorgias, Thukydides, Lysias und Platon fest. Inwiefern etwa noch ältere, gemeinsame Stoffquellen in Betracht zu ziehen wären, ist bei dem Verlust älterer Meister wie Korax, Tisias, Protagoras, Thrasymachos, Theodoros u. a. nicht mehr zu bestimmen.
4) Vgl. dazu die scharfe Äußerung des Lykurgos (31), es sei Sache der Sykophanten, ζητεῖν τὰ χωρία ταῦτα, ἐν οἷς τοὺς παραλογισμοὺς κατὰ τῶν ἀγωνιζομένων ποιήσονται. 5) Vgl. oben S. 39.

τοῦ μᾶλλον καὶ ἧττον sehen wir angewendet bei Aischines (4, 78), Isokrates (4, 109. 8, 113. 17, 34), Lysias (1, 31) und Demosthenes (23, 109. 38, 22).

Der Gemeinplatz der sog. Abschreckungstheorie, von den Theoretikern empfohlen (Anaximenes I 189 und ad Herenn. II 30, 48), ist bei den attischen Rednern sehr beliebt; so bei Lysias 14, 12; 15, 9; 22, 19. 20; 30, 23; Andokides 4, 40; Demosthenes 25, 17; 21, 37; 32, 68; Isokrates 20, 22. Auch Platon (Protag. 324 B) erläutert in ähnlicher Weise das Wesen der Strafe. — Die commoratio, das wiederholte Zurückkommen auf denselben Punkt der Beweisführung, treffen wir bei Antiphon (5, 46), Demosthenes (19, 63: von Hermogenes zitiert; u. ö.); über die διαβολή vergleiche die ähnlichen, aber formell ganz verschiedenen Ausführungen bei Isokrates (15, 18 f.) und Lysias (19, 5 f.), dazu Aristoteles (rhet. III 15) und Anaximenes (rhet. I 2 p. 67 H). Für die Bescheltung[1]) hatte sich eine feste Topik herausgebildet, bei der in der Regel folgende Gesichtspunkte entwickelt wurden: Sklave, fremde Herkunft, schändliches oder unfaires Gewerbe der Eltern, Diebstahl, sexuelle Vergehungen, Impietät gegen Sippen und Magen, σκυθρωπότης, äußerliche Mängel, Feigheit im Krieg, pekuniäre Wirrnisse u. dgl. In den Gerichts- und Staatsreden, in der Komödie, in den wissenschaftlichen Streitschriften, in den διατριβαί der Kyniker, den Vorläufern der Satire, herrscht diese Art der Invektive.

Die rhetorisierende Zeitströmung stellte schließlich für alle Gelegenheiten Musterbeispiele auf, aus denen man sich Gedanken und Anlage holen konnte; so weist Theon (II 66) für die χρεία auf Platons Politeia (I 329) hin, für den μῦθος auf Herodotos (Arion), Philistos (περὶ τοῦ ἵππου), Theopompos (περὶ τοῦ πολέμου καὶ τῆς ὕβρεως) und Xenophon (ἀπομ. II 7, 13: περὶ τοῦ κυνὸς καὶ τῶν προβάτων). Oder es werden Mustergemeinplätze ausgearbeitet, so von Theon (II 123) für die θέσις: εἰ πολιτεύεται σοφός oder (126): εἰ προνοοῦσι θεοὶ τοῦ κόσμου. Für die epideiktische Gelegenheitsrede gibt Menandros Schemata, die aus der Praxis der Literatur entnommen sind, so: πῶς χρὴ πόλεις ἐπαινεῖν (II 346 ff.; vgl. Genethlios III 346 ff. W.), λιμένας (351), ἀκρόπολιν (352), ἀπὸ γένους πόλιν ἐγκωμιάζειν (353), ἀπὸ ἐπιτηδεύσεων (359); für Lobreden auf Menschen bietet eine Schablone Anaximenes (3, 35), Aristoteles (rhet. I 9) u. a., auf Götter Genethlios III 333 ff., Alexander (III 4 ff.), auf ein Land Genethlios (III 344 ff.), auf Tiere und Pflanzen Hermogenes (II 13). Wie solche Themen in

---

1) Süß, W., Ethos (Leipz. 1910) II cap. 25.

den Rhetorenschulen mit fester Tradition geübt wurden, ersieht man
aus den Progymnasmata des Libanios, der für μῦθος, διήγημα, χρεία
je drei Beispiele, für die κατασκευή zwei, den κοινὸς τόπος vier, die
σύγκρισις fünf, für ἐγκώμιον und ψόγος je acht, die ἔκφρασις 24 und
ἠθοποιΐαι 26 Beispiele anführt.

Gerade in der Disposition bildete die ununterbrochene Tradition
Formen aus, die schematisch wurden. Das ἐγκώμιον eines Menschen
findet schon bei Platon (Menex. 237 A) eine Disposition, die im pseudo-
demosthenischen Epitaphios (152 C) ebenso wie in der Lobrede des
Isokrates auf Euagoras und Helena wie noch in der des Julianos auf
Konstantinos (p. 4 C) angewendet wird.[1]) Man vergleiche ferner das
gleiche Schema im Lobe Athens bei Isokrates (Paneg. 21—132) und
in den Enkomien des Aristeides auf Rom und Smyrna (14 u. 15).
Wie sehr rhetorische Schemata auch andere Stilgattungen außer der
Rede durchdrangen, das zu erkennen war im einzelnen erst unseren
Zeiten vorbehalten, wobei die Analyse mancher poetischen und prosaischen Abschnitte überraschende Ergebnisse erzielte. Das Programm,
das Isokrates in die knappen Worte kleidete (paneg. 8): οἱ λόγοι τοιαύτην ἔχουσι τὴν φύσιν, ὥσθ᾽ οἷόν τ᾽ εἶναι περὶ τῶν αὐτῶν πολλαχῶς ἐξηγήσασθαι, erfüllte sich in der Folgezeit in allen Form-
gebungen, die künstlerische Wirkungen beabsichtigten.[2])

Ohne daß irgendwelche Vollständigkeit angestrebt ist, sei auf
einige loci communes hingewiesen, die immer und immer wieder in den
verschiedensten Literaturgattungen und Zeiten auftauchen. Ein dank-
bares Feld bot vor allem die ἔκφρασις[3]), die Nikostratos zuerst als
eigenen Literaturzweig zu Ehren gebracht haben soll. Besonders beliebt wurde sie als Einlage in Geschichtswerken, wie ihrer Dionysios
von Halikarnassos (rhet. 10, 17) Erwähnung tut: τὰς καλουμένας ἐκφράσεις, πολλαχοῦ χειμῶνα γράφειν καὶ λοιμοὺς καὶ λιμοὺς καὶ παρα-
τάξεις καὶ ἀριστείας oder wie sie Nikolaos Sophistes (III 491f.) aufzählt: ἐκφράζομεν δὲ τόπους, χρόνους, πρόσωπα, πανηγύρεις, πράγματα.
Aphthonios bietet als Musterbeispiel (II 47): ἔκφρασις τῆς ἐν Ἀλεξαν-
δρείᾳ ἀκροπόλεως. Auf die bekannten Einlagen bei Herodotos[4]), Thukydides[5]), Polybios[6]), Dionysios Hal.[7]) wird oft verwiesen. Das

---

1) Vgl. Rohde, Kleine Schr. I 256. 263.
2) Burgeß (a. O. 166—180) verfolgt die prosaischen Formen der epideiktischen Rede bei den Dichtern, ein nachahmenswertes Verfahren.
3) Vgl. Reichel p. 71.   4) IV 71. I 24. VI 125. VII 210—212. 223—225.
5) VII 43—44. II 47. I 70.   6) III 107—117 (Schlacht bei Cannä).
7) Arch. II 77—90: σύγκρισις; VII 70—73 (röm. Spiele).

Muster einer poetischen Schönbeschreibung sehen wir bei Homer im Schilde des Achilleus (Σ).[1] Dies lockte zur Nachahmung. Und so hören wir vom Schilde des Herakles bei Hesiodos, von der ἡφαιστό-τευκτος πανοπλία des Memnon in der Aithiopis, dem κρατήρ, den Polyxenos dem Odysseus in der Τηλεγονεία schenkt, dem bestickten Mantel des Jason bei Apollonios von Rhodos (I 730—767), dem äolischen Holzbecher bei Theokritos (5, 26 ff.), dem τάλαρος der Europa bei Moschos (1, 37—62), dem Schilde des Bakchos bei Nonnos (41, 294 ff.)[2] — ein Motiv, das in der römischen Literatur ebenso häufig in verschiedenen Wandlungen wiederkehrt wie in der Renaissance herauf bis zur Tabakspfeife in Voßens Luise, Schillers Prunkbecher in den „Pikkolomini" und Mörikes Kachelofen im „Turmhahn". Ebenso werden ἐκφράσεις von Gemälden, Naturbildern (Wiese, Frühling, Sonnenaufgang, Häuser, Städte), Menschen und Tieren überall eingestreut, seitdem man an der beschreibenden Manier der Alexandriner Gefallen gefunden hatte, besonders in den Romanen; andrerseits gehen sie auch als poetische und prosaische Kabinettstücke unter selbständiger Flagge; es sei nur an die entsprechenden Niedlichkeiten in der griechischen Anthologie, an des Lukianos περὶ τοῦ οἴκου, an die εἰκόνες und ἐκφράσεις des Philostratos und Kallistratos erinnert, die in den ἐκφράσεις des Paulus Silentiarius, Eugenikos u. a. Byzantiner poetische Nachahmer fanden.[3] In der Anlage, in einzelnen Motiven, in typischen Wendungen stoßen wir auf Koinzidenzen, die plagiatartig wirken können. Aber überall tritt das charakteristische Streben hervor, den Vormann zu überflügeln, ein angedeutetes Motiv näher auszuführen, schwächere Stellen besser auszugestalten, Veraltetes durch Zeitgemäßes zu ersetzen u. dgl.

Zu den beliebtesten Motiven zählt die Schilderung der Pest. Nach dem Vorgang Homers (A) finden wir dies Thema variiert bei Thukydides (II 47), Hippokrates (epid. 3, 3 p. 1081), unter den Römern bei Lucretius (6, 1136), Ovidius (met. 7, 518), Vergilius (georg. 3), Manilius (astr. 880), Silius Italicus (14, 581), Lucanus (6, 80), Seneca (Oedip. 35) und anderen.

Nach Athenaios (VIII, 338 A) war die ἔκφρασις des Seesturmes im Nauplios des Timotheos berühmt, jedenfalls wegen der musikalisch

---

1) Vgl. Eustathios, der (zu Σ 474) sich über die Gewohnheit Homers ἐκφράσεις einzustreuen gut verbreitet.

2) Schild des Polyphem bei Senec. suas. I 12.

3) Über ἐκφράσεις vgl. Rohde, Gr. R. 735 f.; Beispiele bei den Römern bietet Reichel S. 74.

raffinierten Tonmalerei. Aber nicht minder Anerkennung fand die anschauliche Schilderung bei Philetas, wo Odysseus dem Aiolos τὰ περὶ
Τροίας ἅλωσιν καὶ ὃν τρόπον αὐτοῖς ἐσκεδάσθησαν αἱ νῆες κομιζομένοις
ἀπὸ τῆς Ἰλίου (Parth. 2) erzählt. Kallimachos behandelt (nach dem
Scholion N 66) denselben Stoff. So geht das Motiv auf die römische
Dichtung über, bis zum Überdruß auch in den Rhetorschulen wiederholt. Besonders die Romanliteratur, in denen die ναυάγια eine wichtige
Rolle spielen, läßt sich den dankbaren Stoff nicht entgehen.[1])

Beliebt war auch das Thema „Die Insel der Seligen" (Atlantis),
das bald zur Schilderung des χρυσοῦν γένος bei Empedokles (fr. 128 D),
Aratos (Phain. 100—136), Lukianos (II 13 ff.) u. a., bald zur Ausmalung
des ἀρχαῖος βίος bei Kratinos in den Πλοῦτοι, bei Krates in den Θηρία,
Telekleides in den Ἀμφικτύονες, Pherekrates in den Μεταλλῆς und
Πέρσαι, Metagenes in den Θουριοπέρσαι[2]) u. a. aufgegriffen wurde.[3])

Man denke ferner an die „Höllenfahrten"[4]) herauf bis zu der ἐπι
δημία Μάζαρι ἐν Ἅιδου (15. Jahrh.). Auch hier deutliche Anschlüsse
an die Vorgänger, die typischen Beispiele besonders der „Büßer". Hier
überboten sich namentlich spätere Rhetoren in der. Ausmalung der
Tartarosqualen: alle Tyrannenkünste aller Völker und Zeiten fließen hier
zusammen. In den Romanen treffen wir derlei Motive mit gräßlicher
Drastik wieder, und die christliche Literatur überträgt die Topik der
menschlichen Grausamkeit auf die Legenden der Märtyrerakten.[5])

Aber auch einzelne τόποι κοινοί — von den spezifischen Arten
der Verteidigungs- und Anklagerede ganz abgesehen — pflanzten sich
fort, wie einzelne stereotype Beispiele und Vergleiche in unseren Schüleraufsätzen.

So gewisse Exempelnester. Schon Isokrates (panath. 16) beklagt sich darüber, daß sich andere seiner παραδείγματα bedienten, als
ob er nicht selber hier im Glashause säße! So führt Plutarch (cons.
ad Ap. 18 D) in derselben Reihenfolge wie Ailian. (v. h. III 2 ff.) Demosthenes, Perikles, Antigonos, Xenophon und Anaxagoras an, offenbar nach einem gemeinsamen Vorbild. Ebenso treffen wir bei Cicero
(de n. d. 2, 62 u. ö.), Horatius (c. 3, 3 = ep. 2, 1, 5 u. c. 1, 12) und Silius

---

1) C. Liedloff, De tempestatis . . . descriptionibus (Diss. Leipz. 1884).

2) Athenaios VI 267 f.

3) Vgl. F. J. Pöschel, Das Märchen vom Schlaraffenland (Beitr. z. Gesch.
der deutschen Spr. u. Lit. V 2); Sander, F., Über die platonische Insel Atlantis
(Ges. Vortr. u. Aufsätze I (Breslau 1894) S. 197—247).

4) Hieronymus ep. I; Greg. Naz. 35, 917 Mign. u. a.

5) Bei dem bekannten Streite zwischen Harnack und Geffcken ist sicherlich Geffckens Hinweis auf die literarische Tradition ausschlaggebend.

Italicus (Pun. 15, 69 ff.) als Beispiele der Apotheose Hercules, Bacchus, Castor und Pollux, Aesculapius und Romulus angeführt. — Ebenso ist das Kallisthenes-Motiv von dem rauhen und freimütigen Philosophen, der nach Ptolemaios' Angabe von Alexander gefoltert und gehängt wurde, ein stehender Vorwurf der Redner und Wanderphilosophen geworden; vgl. Dion von Prusa (p. 597), Seneca qu. n. VI 23; Seneca rhet. suas. 1 p. 6; Themist. or. p. 94. 129. 176, so daß Cicero (ad Qu. fr. 2, 13) von einem *vulgare et notum negotium* sprechen kann.

Der Preis der Athener wird ebenfalls ein stehendes Motiv. Das Preislied auf Athen, das Aischylos (Eum. 916 ff.), Sophokles (OC 107. 260), Euripides (Herakl. 314 ff., Medea 824, Rhes. 941) angestimmt, wird in unzähligen Wendungen wiederholt. — Bei dem Hinweis auf die Autochthonic Athens wird mit Vorliebe auf die Amazonen hingewiesen: so bei Lysias (4), Isokrates (Pan. 68), Himerios (2, 10, 11) und Aristeides (1 p. 89) oder auf Eumolpos, den Stifter der eleusinischen Mysterien, so bei Platon (239 B), Demosthenes (1391, 4), Lykurgos (Leokr. 98. 99), Isokrates (Pan. 68, Panath. 193), Aristeides (Panath. 191) u. a. Und wenn Himerios (λόγ. πολ. 2 f.) sagt: ἀλλ' ὁμοῦ τε Ἀθηναίους εἴρηκα, καὶ μετὰ τῆς ἐπωνυμίας δηλῶ τοὺς αὐτόχθονας, so greift er denselben Gedanken auf, den Thukydides (2, 36), Isokrates (pan. 24), Platon (Menex. 237 B), Hypereides (ep. 7), Pseudo-Lysias (17) und Pseudo-Demosthenes (ep. 4) schon ausgesprochen hatten.

Und wie die πολυθρύλητα παραδείγματα des Leonidas und seiner Schar,[1] so wird der Tag von Marathon[2] in unerschöpflichen Wendungen immer wieder herangezogen, seit Isokrates auf die Marathonsiege hingewiesen (4, 91. 5, 147. 8, 38. 12, 195. 15, 306) und Demosthenes (23, 196. 13, 22) die Athener seiner Tage an jene glorreichen Zeiten gemahnt hatte. Das Μαραθώνιον ἔργον wurde so stereotyp, daß der Sophist Ptolemaios aus Naukratis den Spitznamen Μαραθών erhielt, weil er jenes Wort immer im Munde führte (Philostrat· 2, 15). Noch Diophantos ruft im Epitaphios auf den Sophisten Proairesios († 368) aus: Ὦ Μαραθὼν καὶ Σαλαμίς, νῦν σεσίγησθε. οἵαν σάλπιγγα τῶν ὑμετέρων τροπαίων ἀπολωλέκατε. Mit Recht wohl konnte der Spötter Lukianos den Sophistenlehrling ermahnen, er solle nur überall Marathon hineinverweben; denn diese Punkte, Marathon, Miltiades, Kynaigeiros seien die fruchtbarsten Stoffe der Rhetorik. — Aus dem Milieu der Perserkriege, auf Xerxes bezogen, stammt die gorgianische Antithese

---

1) Siehe P. Kohlmann, *Rh. Mus.* 29, 463 ff.
2) Siehe die Stellensammlung bei Cresoll, *theatr. rhet.* (1620) S. 192 ff.

von der „Seeschlacht auf dem Lande und der Landschlacht zur See". Das
Bonmot fand die verschiedenste Anwendung bei Isokrates (paneg. 89),
Ps.-Lysias (epit. 29), Platon (leg. 699), Aischines (Ktes. 132), Thukydides
(4, 14), Polemon (p. 5, 23 = 13, 16. 31, 21), Aristeides (13 p. 259. 276),
Achilles Tatios (4, 1), Heliodoros (Aith. 1, 30), Himerios (2, 27), Dion
Prus. (3, 110 f.), Lukianos (dial. mort. 20; rhet. praec. 20)[1]) u. a.

Ein wanderndes Motiv ist ferner das Traumthema. Wie dem
Hesiodos im Prooimion der Theogonie die Musen im Traum erscheinen,
so fühlt sich Kallimachos eingangs der *Aïtia* zum Helikon im Traum
entrückt. Wie Pindaros von der Phrixossage (Pyth. 4, 163) sagt: ταῦτά
μοι θαυμαστὸς ὄνειρος ἰὼν φώνει, so ist Cassius Dion durch Träume
zu seinem Werk angeregt (72, 23, 2 ff.; 78, 10, 1 ff.) und Aristeides gibt
in den Götterreden (2, 4 u. 7) deren Entstehung durch visionäre Träume
ausdrücklich an (vgl. 26, 507 ff.). Ebenso ist auch Androkles zur Lobrede auf Herakles durch einen Traum angeeifert.[2]) Nicht zu vergessen
den „Traum" des Lukianos.[3])

Damit im Zusammenhang stehen die Visionen. Bekannt ist die
Meisterszene, wie bei Aischylos in den „Persern" (176—200) die Königin-
mutter Atossa durch die Erzählung ihres visionären Traumes die düstere
Stimmung vorbereitet; damit vergleiche man den ahnungsvollen Traum
des ἡνίοχος im Rhesos (771—779) und der Iphigeneia in dem gleichnamigen Stück des Euripides (Taur. 42—59); ferner das Sophokles-
fragment aus dem „Akrisios" (fr. 62) u. a.[4]) — So sind auch die Prophe-
zeihungen *post eventum* beliebt, wie wir sie bei Bakchylides antreffen,
den nachweislich Horatius (c. 2, 5) nachahmt, im delischen Hymnos des
Kallimachos und in der Hekale, wo eine Krähe Vergangenes und Künftiges erzählt,[5]) ferner im Herakliskos des Theokritos und in Lykophrons
Alexandra.

Welche Bedeutung der Traum zur aitiologischen Erklärung alter,
aber nicht mehr verstandener Bräuche und Gründungssagen hat, läßt
sich aus vielen Beispielen ersehen.[6])

Wie sich Sentenzen fortpflanzen, zeigt v. Leutsch[7]) vortrefflich
an Theognis. Wie dieser selber Motive aus Homer, Hesiod u. a. auf-
nimmt, wird er hinwiederum von Späteren, Pindar, den Tragikern,

---

1) Vgl. Norden, AK I 385 f; Morawski 239 ff.
2) Lukian, Charid. 3.
3) Vgl. Rohde, *Gr. R.* S. 92. — Vollmer zu Statius, silv. I 3, 23.
4) Vgl. Fr. O. Hey, *Der Traumglaube der Antike* (Progr. Realg. München
1908, 22).
5) v. Wilamowitz, *Gött. Nachr.* 1893, 734.   6) Hey, 30.
7) Philolog. 29, 515 f.

Herodot, den Megarikern, Xenophon, bei den Römern von Lucilius bis Ammianus Marcellinus immer wieder variiert.

Nicht minder deutlich zeigt sich die immanente Tradition in der Topik einzelner Stilgattungen. So sagt Wendland[1]) auf Grund der Diatribeforschungen von Weber und Hense zusammenfassend: „*Was wir von stoischen, kynischen, neupythagoreischen Moraltraktaten haben, ist in der Wahl der Themata, Tendenz, Haltung gleichartig, nur in Ton und Nuance verschieden*". Greifen wir einige Punkte heraus! Die schöne Sentenz vom steilen Weg zur Tugend bei Hesiodos (op. 291) geht in der philosophisch-didaktischen Literatur von Hand zu Hand, über Tyrtaios, Simonides, bis zu Babrius, Quintus Smyrnaeus, Onetas in der Anthologie.[2]) — Der Gedanke: „*Nicht Mauern, sondern Bürgertugenden schützen eine Stadt*", den Plutarchos als lakonisches Diktum aufzeichnete (apophth. Lac. 29), kehrt wieder bei Aischylos (Pers. 3, 52); Sophokles (*OT* 56); Thukydides (VII 77); Demosthenes (19, 84 cf. 18, 299f.), Lykurgos (Leocr. 47), Hypereides (epit. 19), Epiktet (Stob. 4, 111). — Das schlechte Beispiel der Götter kommt seit Xenophanes (fr. 7) in der heidnisch-griechischen Literatur öfters zur Debatte, so bei Lukianos (deor. com. 8), Philostratos (Apoll. 175, 6 K.), Seneca (de vit. beat. 26, 6) u. a., fortwährend aber in jedem christlich-apologetischen Traktate. — Ebenso wird das Fußbadbecken, aus dem Götterbilder gemacht werden können (Herod. 2, 172), seitdem Amasis darauf hingewiesen hatte, bei den christlichen Autoren fortgesetzt vorgeführt (Athenagoras, πεϱβεία 31, Acta Apollonii 17; Iustin. Ap. I 9; Minucius Felix 23, 12; Tertullian ap. 12, 8; Theophilos 1, 10 u. a.). — Ein vielgebrauchter Topos der Popularphilosophie ist die Schlechtigkeit der Weiber. Hesiods Gedanke (op. 702) wird von Semonides im Frauenspiegel breit ausgesponnen und der ψόγος γυναικῶν, dessen Quintessenz in den Exzerpten bei Stobaios (ογ´) gesammelt vorliegt, verschwindet in der Weltliteratur überhaupt nicht mehr.[3])

Ebenso kehren dieselben Gedankengänge in den πϱοτϱεπτικοί, die Antisthenes und Aristoteles in die Literatur eingeführt hatten, bei Theophrastos, Chrysippos, Galenos, Iamblichos u. a. wieder,[4]) um in den christlichen ὁμιλίαι in der Mahnung zu einem gottgefälligen Leben oder zur Selbstvervollkommnung auszumünden. Eine stereotype Wiederholung

---

1) *Die hellenistisch-römische Kultur*, S. 45.
2) Maaß, *Aratea* p. 235³⁵.
3) Bolte, *Ztschr. des Vereins für Volkskunde 1901* S. 252 ff.
4) Th. C. Burgess, 229 ff. und P. Hartlich, *De exhortationum ... historia et indole* (Leipz. Studien z. class. Phil. 11 (1889), 207 ff.

ist die Lobpreisung der Philosophie, die sich dann in entsprechender
Umänderung auch auf andere Wissensgebiete beziehen läßt. οἱ περὶ
τέχνης ἐθέλοντες διαλαβεῖν τὸ χρήσιμον τοῦ σκοποῦ προδεικνύουσι,
τέχνης γὰρ οὐδὲν χρησιμώτερον, sagt ein Anonymos.[1])

Eine Fundgrube gleicher Gedankenkomplexe sind auch die βασιλικοὶ
λόγοι, deren Kern schon bei Pindaros in der 2. Pythischen Ode steckt.
Unter den rhetorischen Ausführungen ist der Euagoras des Isokrates
die bekannteste, unter den poetischen das 17. Gedicht des Theokritos.
Der Rhetor Menandros bespricht die Gattung eingehend (III 368 ff.)
und Musterbeispiele bietet Aristeides (9), Iulian (1), Libanios (12 u. 60)
und vor allem Themistios (5 u. ö).[2]) Das Motiv vom Herrscherideal,
das in „Fürstenspiegeln" immer wieder erklingt, pflanzt sich meist mit
denselben Gedanken von Mund zu Mund. Wir erkennen noch die Reihe
Philon, Dion von Prusa, Plutarchos, Ailios Aristeides, Themistios, Libanios, Julianos, Basileios, Synesios. Dion hält sich in der Hauptsache
an Xenophon; an diesen und Dion schließt sich Aristeides und Julianos
an.[3]) — Die ähnliche Definition der Königspflichten bei Ailianos (n. a.
113, 27), Dion von Prusa (1—4), Antisthenes (Κῦρος) u. a. stammt
aus kynischer Quelle.[4]) — Der τόπος περὶ φιλοψυχίας, wie er uns zum
erstenmale bei Homer (M 322 ff.) entgegentritt, ist paraphrasiert von
einem Anonymos im Protreptikos des Iamblichos,[5]) bei Ps.-Lysias (epit.78),
Theopompos (fr. 77), Lesbonax (Protreptikos 1, 18) und Prokopios von
Gaza; in etwas anderer Auffassung bei einem Komiker (III 429 K).[6])
— Pindars Diktum: νόμος ὁ πάντων βασιλεὺς θνατῶν τε καὶ ἀθανά-
των erscheint in Variationen bei Hippias, Agathon, Alkidamas u. a.[7])

Unter den epideiktischen Reden nehmen die consolationes (παρα-
μυθητικοὶ λόγοι) eine hervorragende Stellung ein[8]), wofür Dionysios
von Halikarnassos (rhet. c. 6) und Menandros (III 413ff.Sp.) die ge-
bräuchlichsten Motive verzeichnen. Trostreden in Abhandlungsform
waren seit Krantors Vorgang, dessen Buch περὶ πένθους in Cicero,
Plutarchos und Seneca die bedeutendsten Nachahmer fand, ein beliebtes
Thema philosophischer Schriftsteller; über die Anlage mag auch die
Rede 11 des Aristeides (εἰς Ἐτεωνέα ἐπικήδειος) belehren. All die Ge-

---

1) Bekker, anecd. II 647.   2) Burgeß p. 129 ff.

3) G. Barner, *comparantur inter se Graeci de regentium hominum virtutibus
auctores* (Diss. Marburg 1889).

4) E. Weber, *Leipz. Studien* X 106 ff. 174. 176.

5) Diels, *Vorsokratiker* II 632.   6) Brinkmann, *Rh. Mus.* 63, 619.

7) Vahlen, *Sitzungsber. der Wiener Ak. 1863*, 493 f.

8) C. Buresch, *Consolationum a Graecis Romanisque scriptarum hist. crit.*
(Leipz. Stud. 9, 99 f.). Skutsch unter *consolatio* bei *P. W.*

danken, wie wir sie auch in den poetischen Resten, der *consolatio ad
Liviam*, in Ovids *Fasti* (I 479—496) u. dgl. finden, kehren in den Grabinschriften wieder.[1]) Auch Heroen und Göttersöhne entrannen dem Tode
nicht; Städte gehen unter, Völker sterben aus. Das Scheiden aus dem
Leben befreit uns oft von Ungerechtigkeiten, unbilligem Schicksal; die
Seele strebt wieder dahin, woher sie kam. Das Leben ist nur eine
Reise[2]); den Tod erweichen nicht Schätze, nicht Tränen. Ist die Seele
sterblich, so ist das Totsein für den Unfühlenden kein Schmerz; ist sie
unsterblich, beginnt ein schöneres Leben; für alle Fälle gibt es einen
passenden Trost zu finden.

Im Zusammenhang damit stehen die λόγοι ἐπιτάφιοι der sophistischen Zeit, die an die berühmten Lobreden der Klassiker anknüpften,
wofür Menandros (III 418 ff.) im Anschluß an die uns fast ganz verlorenen ἐπιτάφιοι des Aristeides eine Analyse gibt. Da das Lob der Ge-
storbenen der Zweck der Rede ist, so werden auch hier, wie Dionysios
(rhet. c. 6) bemerkt, die gewöhnlichen Topen[3]) des Enkomion gebraucht:
Vaterland, Geschlecht, persönliche Anlagen, Taten und so erklärt es
sich leicht, daß dieselben Gedankenverbindungen und Beispiele oftmals
wiederkehren, wie denn auch dies für die ἐπιτάφιοι des Gorgias, Thukydides, Archinos, Lysias und Isokrates festgestellt ward.[4])

Eine Sonderart der *consolatio* ist der τόπος περὶ φυγῆς, wie er uns
bei Euripides (Stob. fl. 40, 9) oder in der Trostrede, die Philiskos zu
Athen an den verbannten Cicero richtet (Dion C. 38, 18 ff.) oder bei
Ovidius (Fasti I 479—494) und als rhetorisches Schema seit Teles[5])
und Ariston über Plutarchos, Musonius, Cicero, Seneca entgegentritt.[6])

Daß gewisse Topen auch in der Poesie angewandt werden, erhellt
besonders deutlich in den Reden, die Schutzflehende bei den großen
Tragikern halten. Sie sind ganz nach rhetorischem Vorbild abgefaßt
und lassen sich den späteren Vorschriften der rhetorischen Handbücher
zwanglos einreihen.[7])

Die Tradition eines langgepflegten Kunststiles, der in der alten
Lyrik seine Wurzel, in der attischen Tragödie und Komödie seine
Weiterbildung, in der alexandrinischen Genrepoesie, in den romanhaften
Problemen der rhetorischen Progymnasmata und in den Romanen selber

---

1) Br. Lier, Philol. 62, 445—477. 563—603; 63, 54—65.
2) Vgl. Roßbroich, *de Pseudo-Phocylideis* (Diss. Münster 1910 p. 73).
3) Burgeß 150—153.   4) Siehe oben S. 16.
5) *Teletis reliquiae* ed. Hense p. 14 ff.
6) Alfr. Giesecke, *de philos. veterum quae ad exilium spectant sententiis*
(Leipz. Diss. 1891).
7) Kurt Witte, *Quaestiones tragicae* (Diss. Breslau 1908 p. 20—58).

seine Seitentriebe fand, zeigt ganz besonders die Liebespoesie, deren
Einheitlichkeit trotz aller Variationen und Verschiedenheiten, deren
Gleichförmigkeit trotz aller subjektiven Färbungen sich keineswegs aus
den ewig gleichklingenden Regungen des Sexuallebens erklären läßt.
Man findet sich bei einem Götterfeste zusammen[1]); Eros straft die
stolze Sprödigkeit; wie schön ist die Geliebte! Vergleiche mit Milch,
Schnee, mit Rosen und Lilien und Anemonen schlagen sich; Artemis,
Aphrodite, Chariten und die schönsten Frauen der Sage und Geschichte
werden in Vergleich gezogen; die Körperbeschreibungen bis ins kleinste
ziehen sich bis tief in die byzantinische Literatur herab.[2]) Die ganze
Pathologie des Liebesleides wird dargestellt: das Gefühl des Krankseins,
die einzelnen Symptome, Tod aus Liebe; die feinsten psychologischen
Verzweigungen werden analysiert: die Schüchternheit, die Sucht nach
Einsamkeit, die Sehnsucht, die wünscht als Vogel, Biene, Rose, Delphin,
Ring, Windhauch zur Geliebten zu kommen; die Listen, die Amor er-
findet, um die Liebenden zu vereinen; die suggestive Macht der Geliebten; der Liebende zum Knecht, der Tapfere zum Weichling, der Philosoph zum Liebesnarren umgewandelt; die Untreue der Geliebten, die
Kokette, die alternde Buhlerin, all die Motive kehren in allen Variationen in Prosa und Poesie wieder.[3]) Nach Photios (bibl. 158, 101 b) hat
Phrynichos seiner σοφιστικὴ παρασκευή ein Kapitel ἐρωτικοὺς τρόπους
eingefügt; schade, daß wir diese Sammlung nicht mehr besitzen!

Auch für den Liebeszauber entwickelte sich eine stehende Formelsprache: der ῥόμβος (auch ἴυγξ), die Drehscheibe, die schon Aphrodite
dem Jason schenkt, damit er Medeias Herz fessele[4]), das Brauen von
Liebestränken aus dem Saft bestimmter Kräuter und Knochen und
andere „Sympathiemittel", das Beschwören von Geistern und Gestirnen
und wie sie alle lauten jene Geheimnisse, die bis herein in unsere Tage
im Volksaberglauben weiterleben, bilden den ständigen Apparat des
Liebeszaubers.[5]) — Und wie berühmte Liebespaare immer wieder zitiert
werden, so finden einzelne erotische Episoden stets neue Gestaltung.
So wird der Galateastoff, seitdem der Dithyrambiker Philoxenos die

---

1) Reiche Stellensammlung bei Dilthey, Cydippe 49[2] und Rohdes Ergänzungen
dazu: Gr. R. 146[1].
2) Norden in *Fleckeisens Jahrb.* Suppl. 19, 372. *Hermes* 29, 292.
3) Vgl. Rohde, *G. R.* 152 ff.
4) Theokritos 2, 17 und R. Wünsch, *Hess. Bl. f. Volkskunde* VIII 2, 111—131.
5) Vgl. R. Bürger, *de Ovidi carm. am. inventione et arte* (Wolfenbüttel 1901
p. 10 f.). L. Fahz, *de poetarum Rom. doctrina magica qu. sel.* (Religionsgesch.
Vers. und Vorarb. II 3, Gießen 1904); *de necromantia* p. 110—121; *de amatoria arte
magica* p. 122—143 (mit Beiziehung der sog. Zauberpapyri).

Liebe Polyphems zu Galatea episodisch verwertet hatte, wiederholt bei
Bion, Theokritos, Kallimachos, Nikias, bei dem Komödiendichter Niko-
chares (I 254 *M*), Alexis (I 390), Apollodoros (I 467), so bei römischen
Dichtern wie Ovidius (met. 13, 750 ff.), in ungezählten Opern alter und
neuer Zeit bis herauf zu Leconte de Lisles prächtiger Neugestaltung.
So las man die Geschichte vom schönen Hyakinthos bei Euphorion,
Bion und Nikandros; von Hermes bei Philitas und Eratosthenes, von
Glaukos bei Kallimachos, Alexandros Aitolos, Hedylos, Cicero u. dgl.

So verlaufen auch die Romane — sie sind ja fast ausschließlich
Liebesgeschichten — in herkömmlicher Schablone: die Liebenden finden
sich, werden nach kurzem Glück auseinandergerissen, durch furchtbare
Abenteuer zu Wasser und zu Land getrennt, nach endlosen Prüfungen
der Treue und Standhaftigkeit zu seliger Vereinigung geführt.[1]) Was
das Epos, die Lyrik, die Dramatik an wirksamen Motiven gepflegt
hatte, das wird im Abenteuerroman zusammengehäuft.

Über die Formelsprache des **Epigramms** klären uns neuere Einzel-
arbeiten wenigstens teilweise auf.[2]) Auch hierbei sehen wir oft zu unserer
Überraschung, daß Wendungen, die uns bei der Lesung einzelner Gedichte originell anmuten, konventionell geworden sind. Besäßen wir
ebenso für die Topik der chorischen Lyrik und anderer Stilgattungen
systematische Untersuchungen, so würde uns ersichtlich werden, daß
gar manches Bild, das wir der dichterischen Anschauung oder Phantasie
zuweisen, gar manches Gleichnis, das wir für eigentümlich ansehen, gar
manche Gedankenverbindung, die wir als eine glückliche Inspiration betrachten, einer traditionellen Topik entstammt.

7. SELBSTÄNDIGE VERARBEITUNG DES WERKSTOFFES.

Aber wenn auch das Werkmaterial[3]) in Menge vorlag, wenn auch
gemeinsame Stoffquellen und eine traditionelle Topik in gewisser Hinsicht eine unverkennbare Gleichförmigkeit in der Stoffentwickelung her-

---

1) Rohde, *Gr. R.* 171 f.
2) Ad. Menk, *de Anth. Pal. epigr. sepulcr.* (Marburger Diss. 1884); Br. Lier,
Topica carminum sepulcralium Latinorum (Philol. 62, 445 ff. 563 ff. 63, 54 ff.). Schöne
Parallelen bietet neuerdings K. Prinz: *Martial und die griech. Epigrammatik*
(Wien-Leipzig 1911).
3) Von neueren Arbeiten zur Stoff- und Motivgeschichte seien erwähnt:
Biese, Alfr. *Einige Wandlungen des Wunschmotivs in antiker und moderner
Poesie* (Zschr. f. vgl. Lit. N. F. 1 (1887/8) S. 411—425).
Dreßler, Fr. R. *Triton u. die Tritonen in der Literatur und Kunst der
Griechen und Römer* (Progr. Wurzen 1892. 1893).
Gerber, Ad. *Naturpersonifikation in Poesie u. Kunst der Alten.* (Jahrb. f.
klass. Phil. 13 suppl. 239 ff.).

beiführte, so ist von einer wörtlichen Herübernahme außer in beabsichtigten Fällen, von einem bloßen Abschreiben, wie es bei mittelalterlichen
Autoren gang und gäbe ist, bei stilistisch ausgearbeiteten Werken nirgends die Rede. Was die Theorie, wie wir oben darlegten, verabscheute,
das konnte die Praxis, die Mutter der Theorie, nicht lieben. Die παρασκευή
λέξεως, die dogmatische Forderung der antiken Schriftstellerei, heischte
vor allem Einheitlichkeit des Stiles. Deswegen allein schon verbot sich von selbst das Ansetzen fremder Flicken und Fetzen, die Verquickung mit Fremdkörpern, die nicht mit dem Organismus verwachsen
waren. Aus diesem Grunde verfuhr die Antike auch mit den Zitaten
wesentlich anders als wir es gewohnt sind.

a) VERARBEITUNG DER ZITATE.

Wir haben oben die verschiedenen Arten der wörtlichen Zitate
behandelt und ersehen, daß uns noch in sehr vielen Fällen die Absicht
des wörtlichen Zitierens erkennbar ist. Wo eine solche Absicht nicht
besteht, zitiert der antike Autor frei.

Zunächst ist darauf hinzuweisen, daß Zitate aus bekannten, besonders Schulautoren in der Regel aus dem Gedächtnis erfolgen. In
den griechischen Schulen wurde, wie im Altertum überhaupt, viel mehr
memoriert als heutzutage und, meint Aischines (Ktes. 135) treuherzig:
διὰ τοῦτο γὰρ οἶμαι ἡμᾶς παῖδας ὄντας τὰς τῶν ποιητῶν γνώμας ἐκ-
μανϑάνειν, ἵν' ἄνδρες ὄντες αὐτοῖς χρώμεϑα. Man zitierte gern und
viel. Römer hat unwiderleglich nachgewiesen[1]), daß Aristoteles sämt-

---

Holland, G. R. de Polyphemo et Galatea (Leipz. Stud. 7 (1884), 139 ff.).

Koepp, Fr., de Gigantomachiae in poeseos artisque monumentis usu (Diss.
Bonn 1883).

Mocker, G. B., de Musis a poetis Graecorum in componendis carminibus in-
vocatis (Diss. Lips. 1893).

Zahn, R., Die Darstellung der Barbaren in griech. Literatur u. Kunst der
vorhellenistischen Zeit (Diss. Heidelb. 1896).

Müller, C. H., de similitudinibus imaginibusque apud veteres poetas elegiacos
(Diss. Götting. 1887).

Dieterich, Albr., Schlafszenen auf der attischen Bühne (Rh. Mus. 46, 25 ff.).

Harries, H., Tragici Graeci qua arte usi sint in describenda insania (Diss.
Kiel 1891).

Auch die zahlreichen Untersuchungen über die Motiventwicklung der Oidi-
pus-, Telephos-, Medeia-, Prometheus-, Iphigeneia-, Orestes-, Philoktetessagen u. dgl.
bieten Zweckdienliches zur Beobachtung der Stoffvariationen.

1) Sitzungsberichte der bayer. Ak. 1884, 278 ff.; vgl. dazu die ergänzenden
Ausführungen Vahlens (Über einige Zitate in Aristoteles' Rhetorik: Sitzungsber.
d. Berl. Akad. 1902, 166—194) gegenüber Marx (Aristoteles' Rhetorik: Ber. d.
sächs. Ges. 1900, S. 263 f.). Vgl. auch Ludwich zu I 592. K 1. Σ 95. Ψ 405.
β 406. ι 270.

liche Homerverse gedächtnismäßig wiedergibt. Man vergleiche ferner
das Herakleitosfragment 105 mit dessen Zitierung bei Aristoteles (Eth. II
2, 1105ᵃ 7) oder die Lysiasstelle 12, 100 mit der Anführung bei Aristoteles
(rhet. III 1420ᵃ)! Man dachte früher daran, die eine Stelle nach der andern
zu verbessern, während doch die Verschiedenheit aus dem gedächtnis-
mäßigen Zitieren herrührt. Ebenso zitiert Ps.-Longinos frei nach dem
Gedächtnisse, wie ein Vergleich von p. 128 mit Platon rep. IX 568ᵃ, von
p. 135 mit Demosthenes Timokr. 208 oder p. 139 mit Demosthenes
Phil. 1, 10 ergibt. Lukianos wie Plutarchos zitieren fast alle Klassikerstellen nach dem Gedächtnis[1]), woraus sich manche Versehen, Irrtümer
und Abweichungen vom Original erklären. Plutarchos legt den Ausspruch, es sei eine königliche Eigenschaft, sich tadeln zu lassen, wenn
man recht handle, Alexander d. Gr. bei[2]), andere dem Antisthenes[3]);
nach Plutarch[4]) soll Platon unterlassen haben, einen Sklaven zu strafen,
weil er im Zorne war; nach Seneca soll Socrates diese Selbstbeherrschung
geübt haben. Offensichtlich handelt es sich in beiden Fällen um einen
Gedächtnisfehler. Aristoteles legt[5]) die Verse μ 219 f. der Kalypso in
den Mund; in der Tat spricht sie Odysseus. Nach Gellius (XV 6)
läßt Cicero in seiner Schrift *de gloria* (fr. 9) einen von ihm übersetzten
Homervers des Hektor (*H* 89—91) fälschlich den Ajas sprechen. Denselben Spruch teilt Diogenes Laert. einmal (VI 1, 3) dem Antisthenes,
ein andermal (IV 7, 48) dem Bion Borysthenes zu. Nach Sext. Emp.
(adv. math. I 295) sprach Δημάδης ὁ ῥήτωρ nach der Schlacht bei Chaironeia, als ihn Philippos zum Schmause einlud, die Odysseeverse
χ 383 ff. Nach Diogenes Laertios (IV 9) soll der Akademiker Xenokrates,
als er nach dem lamischen Krieg als Gesandter der Athener von Antipatros zum Mahle eingeladen wurde, dieselben Verse gesprochen haben
(Teufer p. 9, 10 erklärt dies anders). — Als Alexander verwundet wurde,
soll er nach Plutarch (apophth. Al. 16) E 340 zitiert haben; Diogenes
von Laërte (IX 60) teilt den Ausspruch dem Philosophen Anaxarchos,
Seneca (suas. 1) dem Kallisthenes, Aristobulos aus Kassandra (nach
Athen. VI 251 a) einem Athener Dioxippos zu. Wenn so ungemein häufig
Dikta den verschiedensten Gewährsmännern zugeschrieben werden[6]), so
spielen jedenfalls nicht selten Gedächtnisfehler mit herein. Wenn Aristoteles (rhet. 1417 a, 32) zitiert: μητρὸς δ᾽ ἐν Ἅιδου καὶ πατρὸς βεβηκό-
των, wo wir bei Sophokles (Ant. 911) κεκευϑότοιν lesen oder anderswo

---

1) Vgl. Brambs 37 ff.   2) Alex. 41.
3) Diog. L. 6, 3. M. Aurel. 7, 36 u. a.   4) Mor. 10 d. 551 a u. ö.
5) Eth. Nik. II 9 p. 1109ᵃ 30.
6) Sternbach, *de gnomol. Vatic.* (Wiener St. 9, 181 ff.: Kommentar).

(rhet. 1015ᵃ, 31): *ἀλλ' ἡ βία με ταῦτ' ἀναγκάζει ποιεῖν*, wo bei Sophokles (El. 256): *γὰρ ταῦτ' ἀναγκάζει με δρᾶν* steht, so darf uns kein Gedanke an Textänderung aufsteigen. — Platon zitiert (Polit. 568 *B*) Euripides statt Sophokles; verwechselt (pol. III 405 *E*) die Heilmittel des Patroklos (*Δ* 845 f.) mit denen der Hekamede (*Δ* 639 ff.). Aristoteles zitiert (rhet. II 19 p. 1392 b 11) einen isokratischen Gedanken aus der Rede gegen Euthynos, während er in jener gegen Kallimachos steht; ein andermal teilt er (Nik. Eth. IH 8, 4) das vielzitierte Feldherrnwort (*B* 391 ff.) dem Hektor zu statt dem Agamemnon, ebenso wie Plinius (n. h. XIII 16, 30) *in deliciis Circes* schreibt, wo er im Hinblick auf *ε* 360 nur die Umgebung Kalypsos meinen kann; Aischines (c. Tim. 141) ruft: *εὑρήσετε καὶ τὸν Ὅμηρον πολλάκις ἐν τῇ Ἰλιάδι λέγοντα· Φήμη δ' εἰς στρατὸν ἦλθε.* In der Tat aber findet sich dieser Vers im ganzen Homer nicht.

Daß derlei Zitierungsfehler nicht bloß als *lapsus memoriae* aufzunehmen sind, sondern hie und da auch andere Gründe dafür vorliegen, zeigt Aristophanes, der (ran. 661) einen Vers als *ἰαμβον Ἱππώνακτος* angibt; in der Tat gehört er aber, wie der Scholiast bemerkt, nicht dem Hipponax, sondern dem Ananios. Das Versehen des Aristophanes erklärt sich leicht daraus, daß die Gedichte der beiden in einem und demselben Buch standen.[1]) Aus dem gleichen Umstande lassen sich gar manche Divergenzen in den Zitaten herleiten. Aber nicht selten wurden auf Grund von Gedächtnisfehlern und sonstigen verschiedenartigen Zitierungen Plagiate konstruiert. — Sogar in Scholien, die doch auf gelehrte Studien zurückgehen, begegnen wir solchen Gedächtnismängeln. So sagt das Scholion *T* zu *K* 13: *ἀλλὰ καὶ ἐν τῇ Ὁπλοποιΐᾳ φησίν. αὐλοὶ σύριγγές τε*, obschon Homeros nur die Koppelung *αὐλοὶ φόρμιγγές τε* (*Σ* 495) kennt. Bei schol. *BT* zu *B* 23 wird *δαΐφρων* als Epitheton der Penelope aufgeführt, eine Notiz, die sich bei Cramer, anecd. Ox. I 116, 4; Etym. Magn. 245, 14; Et. Gud. 133, 20 forterbt; aber hierbei ist Penelopeia mit Antikleia, der Mutter des Odysseus (*O* 356) verwechselt.[2]) Das Scholion zu *ϑ* 224 schreibt: *ὁ δὲ Εὔρυτος Ἀπόλλωνι ἤρισεν, ὡς ἐν Ἰλιάδι φησίν· οὔτ' Εὐρύτῳ, ᾧ περὶ τόξον ἑκηβόλος οὐδ' ἀπόνητο.* Der Vers (*Εὐρύτου, ᾧ πόρε τ. ε. ἀ.*) steht aber bei Apollonios von Rhodos I 88. — Eustathios bemerkt zu Il. 23, 508: *νῶτος εὔλοφος παρὰ Σοφοκλεῖ.* Der Vers stammt aber von Lykophron (Al. 776); die Verwechselung erklärt sich aus einer ähnlichen Stelle der Antigone (V. 291). — Ebenso teilt er zu Od. 10, 169 einen Vers dem Oidipus zu, den in der

----

1) Crusius unter Ananios bei P.—W.   2) Ludwich 137.

Tat Kreon spricht. — Zu Od. 4, 528 lesen wir: Σοφοκλῆς ᾿Αγαμεμνό-
νειον δαῖτα λέγει τὴν κατ᾽ ἔτος γινομένην; nach Elektra (V. 281)
feiert Klytaimestra monatlich den Tag des Gattenmordes.

Solche Versehen[1]) ließen sich unschwer in allen Scholien nachweisen und sind auch neueren Zeiten nicht fremd; ich möchte nur an
Lessings „Rettungen des Horaz" erinnern, der (S. 95 Z. 26 H.-B.) Aeneas
mit Odysseus (Od. 10, 1 ff.) verwechselt, wenn er ihn die Winde in
Schläuchen mit fortnehmen läßt. Diese Gedächtniszitate haben schon
viel Verwirrung in der höheren Kritik angerichtet — es sei nur an
die verschiedenartigen Bibelzitate bei den Apologeten und Kirchenvätern
gemahnt — und haben schon zu vielen willkürlichen Textumänderungen
Pate gestanden. Und doch hätte das Beispiel unserer Tage, die selbst
so leicht handliche Autoren wie Schiller und Goethe in Zitaten ent-
stellen, zur Vorsicht raten dürfen. Um so verzeihlicher und erklärlicher
sind sie für jene Zeiten, da das Nachschlagen der volumina keineswegs
so bequem und mühelos war.

Während wir unbedenklich poetische und prosaische Zitate un-
geändert in unsere Darstellung aufnehmen, durch Anmerkungen, die
das Altertum ebensowenig kannte, wie die Renaissance, das Auge des
Lesers mitten aus dem Satzgefüge lenken und so selbst eine wohl-
gerundete Darlegung zerreißen, eine Stilunsitte, die nicht bloß in wissenschaftlichen Werken als Fortsetzung der Randscholien sich eingebürgert
hat, sondern sogar in dichterischen Werken, Romanen, Novellen u. dgl.
als Zeichen unkünstlerischen Stilempfindens eingeschlichen ist, ist
dementgegen der antike Schriftsteller von einer uns Deutschen schwer
verständlichen Strenge der Stileinheitlichkeit, der Wahrung des
ἠϑικόν.

Die Stileinheitlichkeit, ein in der Antike strengbeachtetes Gesetz,
untersagte allein schon ein bloßes Abschreiben von Zitaten, wie sie sich
aus andern Autoren, aus Urkunden, Briefen, Reden, Gesetzen, Beschlüssen,
in verschiedenen Dialekten oder andern Sprachen darboten; das Verarbeiten fremder Bestandteile, das Hineinverweben fremder Fäden in das
eigene Gewebe ward in der ausgebildeten Kunstprosa zur stilistischen
Forderung, bei allen Werken, die nicht bloß wissenschaftliche Materialsammlungen oder Kollektaneen sein wollten. Bei diesen stilisierten Zitaten ist es uns vielfach ganz unmöglich die Nähte zu entdecken, wenn

---

1) Beispiele aus der römischen Literatur bei Perizonius, an. hist. 359 ff.
Daß hierbei auch oft Abschreiberfehler in Betracht kommen, ist selbstverständlich.

uns die Vorlagen verloren gegangen sind, so daß uns sicherlich manch
platonischer, isokratischer oder aristophanischer Seitenhieb entgeht.
Es mag am Platze sein, in kurzen Umrissen die Behandlung
fremder Bestandteile darzulegen. Sehen wir zunächst, wie Dichterzitate verwertet werden. Ursprünglich werden Verse in der *oratio
obliqua* zitiert; direkte Wiedergabe κατὰ λέξιν ist selbst bei ganz kurzen
Dikta selten. Das Hineinverarbeiten in die eigene Darstellung wird mit
der Ausbildung der Rhetorik und Kunstprosa immer mehr zur Regel.
Thukydides verändert an den Versen, die er selten gebraucht, nichts;
Aischines und Lykurgos zitieren einzelne Verse und ganze Versgruppen
wörtlich (bekannte Schulverse); Xenophon, Demosthenes und Platon
bringen mehr aufgelöste als umgeänderte Verse; Isokrates verwebt überhaupt keinen Vers κατὰ λέξιν in seine Reden, zitiert überhaupt so allgemein, daß man die Zitate kaum mehr erkennt.[1]) Hermogenes for-
muliert aus dem guten Brauch der besten Autoren — bei der ἀφθονία
παραδειγμάτων führt er nur einige charakteristische Belege aus Xenophon und Platon vor — die Regel[2]), das Einfügen von eigenen oder
fremden Versen in die prosaische Darstellung sei fehlerhaft, wenn es
die Einheitlichkeit des Stiles störe oder spalte, wenn sie ein so fremdes,
unorganisches Element bildeten wie etwa die Gesetzesparagraphen oder
Urkunden in den Gerichts- und Staatsreden. In einer anderen Schrift,
περὶ μεθόδου δεινοῦ (II 450 Sp.), widmet er der χρῆσις ἐπῶν ἐν πεζῷ
λόγῳ ein eigenes Kapitel. Er erläutert hier, daß auf zweierlei Arten,
κατὰ κόλλησιν und κατὰ παρῳδίαν, Verse in die Prosa gefügt werden
könnten: entweder schweiße man Vers und Prosa zu einem organischen
Ganzen zusammen wie Eisen und Zinn durch Lötung[3]) oder man zitiere
einen Versteil und ergänze das Übrige in selbständiger Prosa, so daß
wenigstens die Einheitlichkeit des Gedankens vorhanden sei[4]), ein Ver-

---

1) Belege bei Seippel in Menge. Ein charakteristisches Beispiel, wie Kephisodoros zitiert, bietet Drerup (*Untersuchungen* p. 342).

2) περὶ ἰδεῶν II 363 Sp.: εἰδέναι ... χρὴ ὅτι αὗται αἱ παραπλοκαί, εἴτε ἰδίων
εἴτε ἀλλοτρίων εἶεν ποιημάτων, εἰ μὴ οὕτω παραπλέκοιντο, ὥστε ἓν δοκεῖν εἶναι
σῶμα αὐτῶν τε καὶ τοῦ πεζοῦ λόγου, ἀλλ᾽ ἐκ διαστάσεως λέγοιντο, ὥσπερ οἱ νό-
μοι καὶ τὰ ψηφίσματα ἐν τοῖς λόγοις, ὅτε ἀναγινώσκοιντο, οὐ ποιοῦσιν ἀκριβῆ τὴν
γλυκύτητα.

3) κόλλησίς .. ἐστιν, ὅταν ὁλόκληρον τὸ ἔπος εὐφυῶς κολλήσῃ τῷ λόγῳ, ὥστε
συμφωνεῖν δοκεῖν. Der Scholiast fügt erläuternd hinzu: κόλλησιν λέγει τὴν τοιαύτην σύναψιν, ὅτι τὰ ἀλλότρια συγκολλῶνται, ὥσπερ τῷ χαλκῷ ὁ κασσίτερος. Der
Scholiast ist unklar. Man kann nur zwei Stücke eines Metalls (hier Eisen) mittels eines leichter flüssigen (hier Zinn) zusammenlöten.

4) κατὰ παρῳδίαν δέ, ὅταν μέρος εἰπὼν τοῦ ἔπους παρ᾽ αὑτοῦ τὸ λοιπὸν
πεζῶς ἑρμηνεύσῃ, καὶ πάλιν τοῦ ἔπους εἰπὼν ἕτερον ἐκ τοῦ ἰδίου προσθῇ, ὡς μίαν
γενέσθαι τὴν ἰδέαν ..

fahren, das auch Menandros[1]) besonders bei allbekannten Dichterversen empfiehlt.

Stilisierung der Zitate ist in guten Zeiten Bedingung. So ist bei Platon einmal ein und dasselbe Diktum an vier Stellen jedesmal anders stilisiert.[2]) Häufig werden Zitate mit ὅτι oder ὡς eingeführt: demgemäß ändert sich die Wortstellung oder Konstruktion[3]) des Satzes. Meistens wird das Zitat zu einem freien Referat, wie wenn Plutarchos (Ages. c. 4) schreibt: ὃ δέ φησιν ὁ Ξενοφῶν, ὅτι πάντα τῇ πατρίδι πειθόμενος ἴσχυε πλεῖστον, ὥστε ποιεῖν ὃ ἐβούλετο. Xenophon aber (Ages. c. 7, 2) sagt: ὅτι δυνατώτατος ὢν ἐν τῇ πόλει φανερὸς ἦν μάλιστα τοῖς νόμοις λατρεύειν.[4]) Oder man beobachte, wie Strabon (VIII 351)[5]) und Athenaios (II 39 D)[6]) Homerverse (Δ 677 u. Θ 229) referierend anführen. Ebenso ungenau bringt Plutarchos das bekannte Horazwort ep. I 6, 45.[7]) Und wie Philistos eine Thukydidesstelle umstilisiert, haben wir oben dargelegt.[8]) Herodot stilisiert auch die kleinsten Anlehen, wie ein Vergleich von Stephanos Byz. unter Χέμμις und Hekataios fr. 279 mit Herodot II 156 bzw. H 5 lehrt. Porphyrios bemerkt richtig, wenn auch unter falscher Schlußfolgerung (X 3, 466 B): βραχέα παραποιήσας. Aristoteles zitiert so, daß er bei Homerversen nur die Stellen heraushebt, die ihm für seine Zwecke passen, unbekümmert um den Zusammenhang, in dem sie beim Dichter stehen (κατὰ παρῳδίαν[9]); aber innerhalb der Bruchstücke läßt er in der Regel den Wortlaut unberührt, während ihn Platon beliebig umändert. Die aristotelische Weise ist zumeist von der Nachwelt angewendet worden. Wie frei die Stoiker, namentlich das reinste Zitatenlexikon Chrysippos mit der Umbildung von Dichterstellen verfuhren, können noch die bei

---

1) III 413 Sp.: οὐ θήσεις δὲ ἐξάπαντος τὰ ἰαμβεῖα . . . διὰ τὸ εἶναι αὐτὰ συνήθη τοῖς πολλοῖς καὶ γνώριμα, ἀλλὰ παραδώσεις (lies: παρῳδήσεις) μᾶλλον.

2) Gorg. 452 D = 456 A = Men. 73 C = Phileb. 58 A; vgl. Seippel p. 10 s.

3) Seippel ausführlich p. 7 ss, den ich vielfach ergänzen kann.

4) Weitere Beispiele bei Bünger, Theopompea, Diss. Straßb. (1874) p. 12 ss.

5) Νέστωρ . . φησὶν . . περιελάσαι παμπόλλην λείαν (Δ 677: ληίδα δ᾽ ἐκ πεδίου συνελάσσαμεν ἤλιθα πολλήν) . . τοσαῦτα δὲ καὶ αἰπόλια (= Δ 679: τός᾽ αἰπόλια πλατέ᾽ αἰγῶν), ἵππους — πεντήκοντα (= Δ 680), ὑποπώλους τὰς πλείστας (= Δ 681: πολλῇσι δὲ πῶλοι ὑπῆσαν).

6) πῇ ἔβαν εὐχωλαὶ ⟨Θ 229: ὅτε δή φαμεν εἶναι ἄριστοι⟩ ὣς ⟨ὁπότ᾽⟩ ἐν Λήμνῳ ⟨κενεαυχέες⟩ ἠγοράασθε ἔσθοντες κρέα πολλὰ ⟨βοῶν ὀρθοκραιράων,⟩ καὶ πίνοντες οἶνου κρητῆρας ἐπιστεφέας (Θ 233: πίνοντες κρητῆρας ἐπιστεφέας οἴνοιο).

7) exilis domus est ubi non et multa supersunt et dominum fallunt et prosunt furibus. Plut. (Luc. 39): εἰς ὃ καὶ Φλάκκος ὁ ποιητὴς ἐπιπεφώνηκεν, ὡς οὐ νομίζει πλοῦτον οὗ μὴ τὰ παρορώμενα καὶ λανθάνοντα πλείονα τῶν φαινομένων ἐστίν.

8) S. 64.

9) Vgl. Römer S. 274. Vahlen a. O. S. 170.

Plutarchos (de aud. poet. c. 11) angeführten Beispiele bezeugen.[1]) Insofern ist auch das Vorgehen des jüdischen Apologeten Aristobulos
nicht unerhört und einzigartig, der nach eigener Aussage[2]) sich eine
Änderung eines Aratosverses erlaubte, indem er „das Wort Zeus, das
im Gedichte stand, unterdrückte, wie es sich auch geziemte; denn dem
Sinne des Gedichtes nach geht es auf den wahren Gott". Ob bei derlei
Abänderungen des Textes immer stilistische Absicht oder Gedächtnisfehler zugrunde liegen, läßt sich natürlich in den wenigsten Fällen erweisen.

Andererseits werden Zitate nicht selten aus zweiter und dritter
Hand übernommen; so können wir nachweisen, daß Polybios die Homerreminiszenzen (12, 21, 3) aus seiner Quelle Kallisthenes, ein Herakleitos-
zitat (4, 40, 3) aus Eratosthenes, einen Vers des Euripides (5, 9, 5),
des Stasinos (23, 10, 10) aus einer Quellenschrift über Philippos III.
(Timaios?) herübernahm.[3]) So machte es Strabon mit vielen Zitaten,
so Dionysios von Halikarnassos hinunter bis Photios, Prokopios und
Anna Komnena. Zugleich aber mit solchen Zitatennestern gingen die
Fehler und ursprünglichen Ab- und Umänderungen von Hand zu Hand,
wie wir solches auch bei modernen Erbzitaten wahrnehmen können.

Aus Gründen der Stileinheit werden auch zumeist die Dialektformen in die Sprache des Zitierenden umgegossen. Man vergleiche
z. B. Ps. Longinos p. 143 H. mit Herodotos VI 11[4]); p. 153 mit Her.
VI 75[5]) und VII 181[6]) u. ö. So zitiert auch Polybios einmal (18, 40, 4)
den bekannten Epicharmosspruch (τὸ παρ' Ἐπιχάρμῳ καλῶς εἰρημένον)
also: νῆφε καὶ μέμνησο ἀπιστεῖν. ἄρθρα ταῦτα τῶν φρενῶν. Hier die
dorische Urform zu korrigieren, wie es Büttner-Wobst will, wäre ganz
irrig, weil in diesem und hundert ähnlichen Fällen das Prinzip der
bewußten Umsetzung in die κοινή verkannt ist. Im Zusammenhang
damit sei auch auf die Zitierung des von 'ναῦται[7]) in der Fischer-
sprache (piscatorio artificio[8])) geschriebenen Neuen Testamentes hin-

---

1) Vgl. Nitzsch, Sagenpoesie S. 336 ff.; πειρᾶται συνοικειοῦν ταῖς δόξαις
(fr. 1078, II p. 316 v. Arnim).

2) Bei Eusebios pr. ev. XIII 12.

3) Vgl. C. Wunderer, Polybiosstudien II 85.

4) εἶναι ἐλευθέροις ἢ δούλοις (H: -οισι) καὶ τούτοις (H: οισι) ὡς δραπέτῃσι
(H: δρηπέτῃσι) ... ἐνδέχεσθαι (H: ἐκδέκεσθαι) ... ὑπερβαλέσθαι τοὺς πολεμίους
(H: ὑπερβαλόμενοι τοὺς ἐναντίους εἶναι ἐλεύθεροι).

5) Freies Referat.

6) Vgl. Hersel, H., Qua in citandis scriptorum et poetarum locis auctor
libelli π. ὕ. usus sit ratione (Diss. Berl. 1884).

7) Celsus bei Origen. c. Cels. I 62.

8) Hierokles bei Lactant. div. inst. V 2, 17.

gewiesen. Der Platoniker Amelios nennt den Verfasser des Johannesevangeliums einen βάρβαρος[1]); die „Heiden" verspotten die Christen
καὶ τῆς τῶν ἀποστόλων κατηγόρουν ἀπαιδευσίας, βαρβάρους ἀποκα-
λοῦντες τὸ γλαφυρὸν τῆς εὐεπείας οὐκ ἔχοντας.[2]) Deshalb zitieren gebildete Christen das NT überhaupt selten und stilisieren die Zitate in
die Schriftsprache um, da es Männern, die im Geiste der griechischen
Rhetorik aufgezogen waren oder sich an ihr übten, widerstreben mußte,
jene ἁλιευτικοὺς σολοικισμούς[3]) in die Feder zu nehmen.

Es darf uns mithin gar nicht wunder nehmen, daß wir in den
Werken der Kunstprosa — abgesehen von rein wissenschaftlichen und
lexikalischen Büchern — verhältnismäßig wenig Dialektzitate besitzen,
da sie eben im einheitlichen Stilorganismus als Fremdkörper auffallen
mußten.

Es mag an zwei Beispielen die Zitierweise der Alten gezeigt
werden, und zwar wähle ich zunächst den bekannten Euripidesvers
aus der Σθενεβοία (fr. 666 N) aus:

$$\text{ποιητὴν δ' ἄρα}$$
$$\text{Ἔρως διδάσκει, κἂν ἄμουσος ᾖ τὸ πρίν.}$$

Plutarchos[4]) referiert also: ὁ δ' Εὐριπίδης εἰπὼν ὡς Ἔρως ποιητὴν
διδάσκει κἂν ἄμουσος ᾖ τὸ πρίν; an anderer Stelle[5]) sagt er mit leichter
Veränderung: πῶς εἴρηται τὸ „μουσικὴν δ' ἄρα Ἔρως — τὸ πρίν'
ἐζητεῖτο. Aristeides[6]) paraphrasiert den Gedanken: (Διονύσιος) ποιεῖ
χορευτήν, κἂν ἄμουσος ᾖ τὸ πρίν. Ps.-Longinos[7]) ergeht sich noch
etwas freier: οὐ γὰρ αὐλὸς — ἀναγκάζει βαίνειν ἐν ῥυθμῷ καὶ συνεξο-
μοιοῦσθαι τῷ μέλει τὸν ἀκροατήν, κἂν ἄμουσος ᾖ παντάπασι. Und wie
Platon[8]) den Gedanken prosaisch übersetzt: πᾶς γοῦν ποιητὴς γίγνε-
ται, κἂν ἄμουσος ᾖ τὸ πρίν, οὗ ἂν Ἔρως ἅψηται, so schreibt auch
Theokrits Freund Nikias von Milet (arg. zu Theokr. id. 11): οἱ . . .
ἔρωτες πολλοὺς ποιητὰς ἐδίδαξαν τοὺς πρὶν ἀμούσους.

Ein anderes Beispiel biete uns ein Euripidesvers aus einem unbekannten Drama (fr. 1018 N):

$$\text{ὁ νοῦς γὰρ ἡμῶν ἐστιν ἐν ἑκάστῳ θεός,}$$

ein Vers, der in dieser Form in die γνῶμαι μονόστιχοι (434) des Menandros eingeschmuggelt wurde; bei Plutarchos aber (70 p. 23) erscheint
der Menandrosvers in dieser Form:

---

1) Eusebios pr. ev. XI 19, 1.
2) Theodoretos 83, 784; vgl. Nordens (AK 516 ff.) interessante Darlegungen
über den Streit wegen der Sprache des NT.
3) Theodoretos 83 945 M.   4) moral. p. 405 F.   5) mor. p. 622 C.
6) or. I p. 51.   7) περὶ ὕψους c. 39, 2.
8) Sympos. 196 E = Stobaios fl. 63, 36.

ὁ νοῦς γάρ ἐστιν ὁ λαλήσων ϑεός,

während das Eigentum des Menandros anderswo (IV 72 M) also lautet:

ϑεός ἐστι τοῖς χρηστοῖς ἀεὶ ὁ νοῦς γάρ, ὡς ἔοικεν, ὦ σοφώτατοι.

Referierend bringt das Zitat Theon (rhet. I 212 Sp.): οἷον Εὐριπίδης
ὁ ποιητὴς τὸν νοῦν ἡμῶν ἑκάστου ἔφησεν εἶναι ϑεόν; vgl. Cicero, Tusc.
1, 26, 65. Anders stilisiert erscheint der Vers bei Marc. Anton. 12, 26:

ἐπελάϑου δὲ καὶ τοῦ ὅτι ὁ ἑκάστου νοῦς ϑεός,

und bei Theophilos (ad Autol. 2, 4 p. 54): ϑεὸν εἶναι μόνον φασὶ τὴν
ἑκάστου συνείδησιν. Erweitert und teilweise umgebogen wird die Sentenz bei Nemesios (περὶ φύσεως ἀνϑρώπου p. 348) gelesen:

Εὐριπίδης δὲ καὶ Μένανδρος ἐν ἐνίοις τὸν νοῦν τὸν ἐν ἑκάστῳ
φασὶ προνοεῖν ἑκάστου, ϑεῶν δὲ μηδένα.

Nichts ist klarer, als daß die Alten mit den Zitaten sehr frei
umgingen; daß somit nichts unkritischer wäre, als derlei stilisierte
Zitate nachträglich emendieren oder als sicheres Argument zur Emen-
dation des Originaltextes benützen zu wollen.

In prosaischen Kunstwerken können auch Urkunden, Reden, Briefe
die Stileinheit stören. Nipperdey[1]) hat für die längst erkannte Tatsache, daß fremde Zutaten von den Autoren in ihren Stil umgesetzt
werden, den inneren Grund entdeckt. Die Alten stehen „in der äußeren
Form ihrer Geschichtswerke unendlich viel höher als die Neueren. Das
Haupterfordernis nun einer vollendeten Form ist die Einheit. Die Rede
muß einen gemeinsamen Charakter, einen gleichmäßig gehaltenen Ton
haben, es darf in ihr durchaus nichts Fremdartiges sein. Die Alten ...
haben alles ausgeschlossen, was ... von einer andern Person und darum
in einem andern Stil verfaßt war."

So werden die Reden[2]), selbst wenn sie wirklich gehalten wurden,
erst in den Stil des betreffenden Autors umgegossen. Thukydides hat
als erster die tatsächlichen Unterlagen und Gedanken der wirklich gehaltenen Reden für seine Umarbeitungen wenigstens teilweise zugrunde
gelegt; ausgesprochenermaßen gibt er sie nicht für authentisch aus
(I 22, 1)[3]), sondern will seine Personen nur so sprechen lassen, wie
sie sich nach seiner Ansicht im gegebenen Falle am angemessensten

---

1) opusc. 418 f.

2) Die eingelegten Reden bei den Historikern sind von Burgeß S. 203—214
zusammengestellt. A. Gudeman hat in seinem Vortrag „Inkonsequenzen in den
Reden der alten Historiker" (Verhandlungen der Grazer Philologenvers. 1909
(Leipzig 1910) S. 94) eine zweckdienliche Klassifikation der Reden empfohlen und
begründet.

3) I 22, 1: ὅσα μὲν λόγῳ εἶπον ἕκαστοι ἢ μέλλοντες πολεμήσειν ἢ ἐν αὐτῷ
ἤδη ὄντες, χαλεπὸν τὴν ἀκρίβειαν αὐτὴν τῶν λεχϑέντων διαμνημονεῦσαι ἦν ἐμοὶ

ausgedrückt haben dürften. Das Verhältnis stilisierter Reden zu den authentischen läßt sich teilweise noch untersuchen: so sehen wir, daß Thukydides das schöne Bild[1]) von der attischen Jugend, die dahin sei wie wenn der Lenz im Jahreslauf fehlte, von Perikles im Epitaphios angewandt, in seiner perikleischen Rede nicht gebraucht; so bildet Cäsars Redeskizze[2]) die Disposition zu den breit ausgesponnenen Tiraden bei Dion[3]) in elf Kapiteln, wobei das sachlich Notwendige weggelassen ist.[4]) Ferner vergleiche man die letzte Ansprache des Kaisers Otho bei Plutarchos (c. 15) und Tacitus (hist. II 47): sie weichen beide in Form und Inhalt ganz voneinander ab. Ein Musterbeispiel bietet Tacitus in der Rede des Kaisers Claudius (ann. 11, 24), die uns zufällig auch auf der sogenannten Lyonertafel erhalten ist.[5]) Disposition und Stil sind völlig verschieden. Vieles ist weggelassen, manche Gedanken sind zugesetzt: nur die γνώμη σύμπασα, der Grundgedanke, ist festgehalten.

Das rein Dekorative dieser „Maskenreden“, die auch in der Renaissance wieder blühten — Guicciardini fügte seiner Istoria d'Italia (1561) Reden ein, die erst Ranke[6]) als unecht nachwies — erscheint am deutlichsten bei Josephos: er läßt den Herodes bei der nämlichen Gelegenheit in seinen beiden Geschichtswerken[7]) zwei inhaltlich und formell ganz verschiedene Reden halten.[8]) — Wenn schließlich Appianos die Reden, die bereits von andern Historikern ausgeführt sind, übergeht oder nur nach dem Gedankengang skizziert, so setzt er wohl einen Brauch fort, der schon vor ihm geübt wurde: Livius verzichtet ausdrücklich auf die Wiedergabe von Reden, die buchhändlerisch vertrieben wurden[9]); Sallustius rühmt die glänzende Rede Ciceros gegen Catilina, erspart sich aber deren Wiedergabe oder Umstilisierung[10]);

τε ὧν αὐτὸς ἤκουσα καὶ τοῖς ἄλλοθέν ποθεν ἐμοὶ ἀπαγγέλλουσιν. ὡς δ' ἂν ἐδόκουν ἐμοὶ ἕκαστοι περὶ τῶν ἀεὶ παρόντων τὰ δέοντα μάλιστ' εἰπεῖν, ἐχομένῳ ὅτι ἐγγύτατα τῆς ξυμπάσης γνώμης τῶν ἀληθῶς λεχθέντων, οὕτως εἴρηται.

1) Aristotel. rhet. I 7: οἷον Περικλῆς τὸν ἐπιτάφιον λέγων, τὴν νεότητα ἐκ τῆς πόλεως ἀνῃρῆσθαι ὥσπερ τὸ ἔαρ ἐκ τοῦ ἐνιαυτοῦ εἰ ἐξαιρεθείη = ebd. III 10.

2) bell. Gall. I 40.   3) 38, 36—46.

4) Vgl. E. Kyhnitzsch, *de contionibus quas C. D. historiae suae intexuit cum Thucydideis comparatis* (Leipz. Diss. 1894, p. 9—25).

5) Vgl. R. Schmidtmayer, *Die Rede des Kaisers Claudius . . .*, Ztsch. f. österr. Gymn. 41, 869—887.

6) Sämtl. W. 34, 29 ff.

7) Arch. 15, 5, 3 u. bell. Jud. I 19, 4.

8) Vgl. Nipperdey a. O. und H. Peter, II 296 ff.

9) 45, 25, 3: *non inseram simulacrum viri copiose id quod dixerit referendo; ipsius oratio scripta extat, Originum quinto libro inclusa;* cf. 38, 54, 10 u. per. 49.

10) Cat. 31, 6.

ebenso will sich Tacitus erlassen, die letzten Ansprachen Senecas „umzusetzen"[1]). Wir haben es hier mit einem bemerkenswerten Umschwung zu tun, der noch wenig beachtet wurde. Auf Reden, die durch Publikation allgemein zugänglich waren, wurde nur hingewiesen, manchmal mit näherer Angabe des Fundortes; dagegen wurden schwerer zugängliche Aktenstücke durch Phantasiereden ersetzt und nebenher liefen natürlich immer noch die fingierten Rhetorenkünste. Aus diesem Verfahren lassen sich nicht selten auch Rückschlüsse auf die Verbreitung gewisser Autoren ziehen.

Urkunden, Gesetze, ψηφίσματα, welche als Beweisstücke in agonistischen Reden[2]) gelten, werden natürlich nach dem Wortlaut zitiert. Sie sind deshalb, als fremde Bestandteile, auch nicht bei der Herausgabe von den Autoren beigefügt und werden vor Gericht oder der Volksversammlung nicht vom Redner, sondern vom Gerichtsschreiber oder Gehilfen verlesen. — In Geschichtswerken ist die Sache anders. In den ausgearbeiteten Teilen hat, nach einer Beobachtung von Wilamowitz[3]) Thukydides urkundliches Material nie im Wortlaut mitgeteilt, sondern stets stilisiert; nur in IV, V und VIII stehen unstilisierte Aktenstücke. Josephos, Eusebios u. a. stilisieren die Urkunden und Inschriften, ebenso wie schon Herodotos, wie wir bei dem Vergleich mit den echten noch nachweisen können.

Aus dem besprochenen Grundsatz ist es hinwiederum erklärlich, wenn Josephos den Anfang des Edikts von L. Cornelius Lentulus dreimal in verschiedenem Wortlaut bringt[4]); andrerseits ist es nur eine Bestätigung der Regel, wenn Polybios, der Feind jedes rhetorischen Aufputzes in der Geschichtschreibung, in fast allen Fällen die Urkunden wörtlich gibt.[5]) Auch Demosthenes zitiert häufig den Wortlaut des inschriftlichen Materials in freier Weise oder mit Auswahl des für seine Zwecke Geeigneten. Das Ehrendekret für Lykurgos im Anhang der vitae X oratorum ist, wie der Vergleich mit dem Original (CIA 240) ergibt, in hohem Grade verändert wiedergegeben. Die Urkunde des Antalkidischen Friedens hat Diodoros (XIV 110, 3) stilistisch umgeändert, wie der Vergleich mit Xenophons authentischem Bericht (Hell. V 1, 31) zeigt.[6]) Auch Platons Apologie gehört in diese Reihe.

Über den Briefstil hatte schon Artemon, ein Zeitgenosse des Aristarchos, vermutlich in der Einleitung zu der Sammlung aristote-

---

1) Annal. 13, 63: *vulgus edita eius verbis invertere supersedeo.*
2) ὅτε ἀναγινώσκοιντο, Hermogenes II 363.   3) Hermes 12, 338[1].
4) Arch. 14, 10, 13; 16; 19.   5) Vgl. H. Peter I 244 ff.
6) v. Scala, Staatsvertr. des Altertums I 110 f.

lischer Briefe den Grundsatz aufgestellt[1]), ὅτι δεῖ ἐν τῷ αὐτῷ τρόπῳ
διάλογόν τε γράφειν καὶ ἐπιστολάς. εἶναι γὰρ τὴν ἐπιστολὴν οἷον τὸ
ἕτερον μέρος τοῦ διαλόγου. Demetrios[2]) schrieb ein eigenes Kapitel
πῶς δεῖ ἐπιστέλλειν.

Sofern man nun in Geschichtswerken fremde Briefe nicht selber
ebenso wie die Reden fingierte, wurden die tatsächlichen auch stilisiert.
So ist der Brief des Nikias bei Thukydides (VII 11f.) ebensowenig
authentisch wie die Korrespondenz zwischen Pausanias und Xerxes. Wie
dasselbe Motiv verschieden bearbeitet wurde, zeigt der in der Kranzrede des Demosthenes (§ 76) und im corpus Demosthenicum (11) er-
haltene Brief des Königs Philippos von Mazedonien, welch letzterer
aus dem 7. Buch der Philippika von Anaximenes entnommen ist.[3])
So bearbeitet der hellenistische Jude Eupolemos in seinem Werke περὶ
τῶν ἐν Ἰουδαίᾳ βασιλέων frei nach Chron. II 2, 3f. seine uns noch erhaltenen Briefe zwischen Salomon und dem König von Ägypten und
Tyros. Die Stilisierung eines Briefes des C. Norbanus Flaccus bei Josephos[4]) erhellt aus der abweichenden Fassung bei Philon.[5]) Wenn
Xenophon[6]) den kurzen Brief des Hippokrates nach dem Tode des
Mindaros sogar mit den dialektischen Nüancen bringt, so bestimmt
ihn wohl dazu die charakteristische Färbung.[7])

Damit in Zusammenhang stehen die Dialoge, wie sie bei Herodotos, Thukydides[8]) und in ausgebildetster Form bei Platon und seinen
Nachahmern sich finden. Stellen sie doch auch Gespräche dar, wie sie
zwischen bekannten Personen geführt werden, und sind sie ebenso wie
die Briefe geeignet, einzelne Wortführer besonders scharf zu charakterisieren. Wir dürfen überzeugt sein, wenn wir es auch im einzelnen
nicht mehr nachweisen können, daß Platon in der Ironisierung des
eitlen Hippias, des einfältigen Jon, der Musterpädagogen Euthydemos
und Dionysodoros, des blasierten Gorgias, des wortklingelnden Agathon,
des burlesken Antisthenes, in der Charakteristik des einfach natürlichen
Sokrates manches Wort, manchen Satz, manchen Gedanken der ange-
zogenen Männer in seine Dialoge verflochten hat; aber alles ist stilisiert, alles dem besonderen Zwecke untergeordnet.

b) SELBSTWIEDERHOLUNGEN.

Wie sehr man auf stilistische Umgestaltung bedacht war, erhellt
auch aus der Art der Selbstwiederholungen. Wir haben im 2. Teil

1) Rh. Gr. III 311.
2) Rh. Gr. III 310f.   3) Entdeckt von Wendland, Anaximenes 17.
4) Arch. 16, 6, 6.   5) Leg. ad Gai. c. 40.   6) Hellen. I 1, 23.
7) So Peter, H., I 329ff.   8) Dialog zwischen Meliern und Athenern V 85ff.

dargelegt, wie häufig wörtliche Selbstzitate aus bestimmten Absichten
gebraucht sind. In sehr vielen Fällen werden uns aber auch mangels
der lückenhaften Literaturreste und der fehlenden Kenntnis besonders
literarischer und politischer Unter- und Gegenströmungen die Schlüssel
zur Deutung verloren sein. Das läßt sich schon daraus erschließen,
daß wir gerade bei Selbstwiederholungen eine sorgfältige Stilumsetzung
festzustellen vermögen.

Man vergleiche, wie Euripides (Medeia 417 ff. und Jon 1090 ff.) in
einem Chorlied dasselbe Thema ausspinnt — die Frau als Gegenstand
des Liedes —, wie ähnlich der Gedankengang, wie verschieden die Ausdrucksweise ist! Oder man beobachte, wie derselbe das nämliche Motiv
— hätte ich Orpheus' Sangesmacht, so würde ich als Opfer in den
Hades gehen — die Tochter und den Gatten ausführen läßt.

　　Iph. Aul. 1212:

　　　　εἰ μὲν τὸν Ὀρφέως εἶχον, ὦ πάτερ, λόγον
　　　　πείθειν ἐπᾴδουσ᾽ ὥσθ᾽ ὁμαρτεῖν μοι πέτρας
　　　　κηλεῖν τε τοῖς λόγοισιν οὓς ἐβουλόμην,
　　　　ἐνταῦθ᾽ ἂν ἦλθον.

Dagegen spinnt den variierten Gedanken Admetos, der Mann, weiter
aus (Alkestis 357):

　　　　εἰ δ᾽ Ὀρφέως μοι γλῶσσα καὶ μέλος παρῆν,
　　　　ὥστ᾽ ἢ κόρην Δήμητρος ἢ κείνης πόσιν
　　　　ὕμνοισιν κηλήσαντά σ᾽ ἐξ Ἅιδου λαβεῖν
　　　　κατῆλθον ἄν, καὶ μ᾽ οὔθ᾽ ὁ Πλούτωνος κύων
　　　　οὔθ᾽ οὑπὶ κώπῃ ψυχοπομπὸς ἂν Χάρων
　　　　ἔσχον, πρὶν εἰς φῶς σὸν καταστῆσαι βίον.

Äußerst interessant ist ein Beispiel aus Isokrates. Er bringt (Philipp. 89—104) den Zug des jüngeren Kyros zur Sprache, wobei er
auf früher Gesagtes (Paneg. 145 ff.) mit der Entschuldigung zurück-
greift (Phil. 93): εἰ μὲν ἐπίδειξιν ἐποιούμην, ἐπειρώμην ἂν ἅπαντα τὰ
τοσαῦτα διαφεύγειν .. σοὶ δὲ συμβουλεύων μωρὸς ἂν ἦν, εἰ περὶ τὴν
λέξιν πλείω χρόνον διέτριβον ἢ περὶ τὰς πράξεις. Obschon er also
versichert, auf die Umstilisierung des Früheren gar keine Mühe verwendet zu haben, gibt ein Vergleich sofort zu erkennen, daß trotzdem
derselbe Stoff mit ganz neuer Ausdrucksweise behandelt ist.

　　Bei Xenophon lesen wir ein und denselben Gedanken in zwei verschiedenen Stilisierungen. So sagt Sokrates bei ihm (mem. II, 3, 4): καὶ
μὴν πρὸς φιλίαν μέγα μὲν ὑπάρχει τὸ ἐκ τῶν αὐτῶν φῦναι, μέγα δὲ
τὸ ὁμοῦ τραφῆναι. ἐπεὶ καὶ τοῖς θηρίοις πόθος τις ἐγγίγνεται τῶν
συντρόφων. Auf persische Verhältnisse und Anschauungen übertragen

heißt es von Kyros (Kyr. II 44): ἐδόκουν δὲ ὠφελεῖσθαι αὐτῷ ὁμοῦ τρεφόμενοι καὶ πρὸς τὸ ἧττον ἀλλήλους ἂν ἐθέλειν ἀπολείπειν. ὅτι ἑώρα καὶ τὰ θηρία τὰ ὁμοῦ τρεφόμενα δεινὸν ἔχοντα πόθον, ἤν τις αὐτὰ διασπᾷ ἀπ' ἀλλήλων.

Demosthenes[1]) wiederholt sich, namentlich in seinen Staatsreden, sehr häufig, was die Wahl der Themata von selbst mit sich bringt. Aber schon die Alten heben seine stilistische Gewandtheit hervor. So Theon (II 63f.), der nach Anführung verschiedener Selbstzitate des Demosthenes bemerkt: ἀλλὰ μὴν καὶ αὐτὸς ὁ Δημοσθένης πολλάκις ἑαυτὸν παραφράζει . . καὶ ἐν ἑνὶ λόγῳ πολλάκις φαίνεται ταὐτὰ μυριάκις εἰρηκώς, τῇ δὲ τῆς ἑρμηνείας ποικιλίᾳ λανθάνει τοὺς ἀκούοντας.[2]) Ebenso erklärt Lord Brougham[3]), er könne Lieblingsstellen des Redners herausheben, die nicht weniger als dreimal in verschiedenen Reden vorkommen, stets mit Änderungen und offenbaren Vervollkommnungen(?). Als Beispiel sei folgender Gemeinplatz angeführt. Der Redner sagt einmal (p. 16): πολλάκις δοκεῖ τὸ φυλάξαι τἀγαθὰ τοῦ κτήσασθαι χαλεπώτερον εἶναι. Später (p. 472) ist der Gedanke also umgebogen: τῶν γὰρ ἀνθρώπων οἱ πλεῖστοι κτῶνται μὲν τἀγαθὰ τῷ καλῶς βουλεύεσθαι καὶ μηδενὸς καταφρονεῖν, φυλάττειν δ' οὐκ ἐθέλουσι τοῖς αὐτοῖς τούτοις. Theon (II 64) führt auch noch folgende Parallele an. In der Rede gegen Meidias (p. 526) sagt Demosthenes: τίς γὰρ ἡμῶν οὐκ οἶδε τοῦ μὲν πολλὰ τοιαῦτα γενέσθαι τὸ μὴ κολάζεσθαι τοὺς ἐξαμαρτάνοντας αἴτιον ὄν, τοῦ δὲ μηδένα ὑβρίζειν τὸ λοιπὸν τὸ δίκην τὸν ἀεὶ ληφθέντα, ἣν προσήκει, διδόναι, μόνον αἴτιον γενόμενον; In der Rede gegen Aristokrates (p. 653) heißt es: οὐ γὰρ εἴ τι πώποτε μὴ κατὰ τοὺς νόμους ἐπράχθη, σὺ δὲ τοῦτο ἐμιμήσω, διὰ τοῦτο ἀποφύγοις ἂν δικαίως, ἀλλὰ τοὐναντίον, πολὺ μᾶλλον ἁλίσκεσθαι διὰ ταῦτα· ὥσπερ γὰρ εἴ τις ἐκείνων ἑάλω, σὺ τάδ' οὐκ ἂν ἔγραψας, οὕτως ἂν σὺ δίκην δῷς, ἄλλος οὐ γράψει. Eine dritte Paraphrase lesen wir in der Rede gegen Androtion (p. 595).

Eine andere Art der Wiederholung beobachten wir in der Timokratea. Demosthenes entschuldigt sich (§ 159), daß er sich wiederholt: λέξω δ' οὐδὲν ὧν ἀκηκόαθ' ὑμεῖς, εἰ μή τινες ἄρα ἐπὶ τοῖς Εὐκτήμονι γιγνομένοις ἀγῶσι παρῆσαν. Demosthenes hatte beide Reden gegen

---

1) Zusammenstellung der Selbstzitate bei Westermann, quaest. Demosth. III. p. 137 ff.; Meier, Opusc. II 318 ff.

2) Vgl. Alexandros (III 14): περὶ γὰρ τῆς πολιτείας πολλάκις λέγων ἁπλῶς καὶ πολλαχῶς καὶ ποικίλως πλάττει τὸν λόγον, οὗ προΐσταται, καὶ περὶ τῆς λύσεως πάλιν τῶν αἰχμαλώτων μεμνημένος συνεχέστερον δὴ τὸν περὶ αὐτῶν πεποίηται λόγον τὸ αὐτὸ πρᾶγμα μεταβάλλων καὶ ποικίλως φράζων; cf. Libanios IV 741 f.

3) 7. Bd. der Werke (Edinb. 1872 p. 325).

Androtion (22) und Timokrates (24) für Diodoros verfaßt; da nun Timokrates für seinen Parteigenossen, den Isokratesschüler Androtion,
eingetreten war, mußte der Ankläger verschiedenes aus der 1. Rede
wiederholen (p. 607 ff. = 750 ff.). Aber nur weniges ist wörtlich wiedergegeben, vieles geändert, weggelassen, was die veränderte Sachlage
entbehrlich machte, vieles neu hinzugefügt, um den Timokrates als
würdigen Genossen des Androtion zu zeichnen. Das Gleiche trifft zu
bei den Selbstwiederholungen Aph. I 217. 221 = III 249. 250 und Pantain. 64. 82 = Nausim. 84. 90. Daß man in solchen Fällen selbst wörtliche Wiederholungen für erlaubt hielt, läßt der bekannte Vorwurf
Platons (Phaidr. 264 B) gegen Lysias ersehen: ἢ φαίνεται τὸ δεύτερον
εἰρημένον ἔκ τινος ἀνάγκης δεύτερον δεῖν τεθῆναι.

Der strengen Art, wie sie Isokrates übt, entspricht es denn auch,
wenn z. B. Dionysios von Halikarnassos sogar ausdrücklich als Selbstzitate bezeichnete Stellen (ep. ad Pomp 758: θήσω δ᾽ αὐταῖς λέξεσιν,
ὡς ἐκεῖ γέγραφα) umstilisiert.[1])

Dementsprechend schreibt Josephos[2]) die Rede, die er dem Herodes in den Mund legt, bei anderer Gelegenheit nicht ab, sondern ändert sie stilistisch um. Demselben Bestreben, Altes zu variieren, entspringen Stellen bei Homer und andern Dichtern, die ein gegebenes
Motiv bei Wiederholungen immer wieder anders gestalten.

Damit vergleiche man, wie die Tragiker, namentlich Euripides,
in ihren Stücken wiederkehrende Motive — Schlafszenen, den ἀναγνω-
ρισμός, den θρῆνος, das „Altarmotiv", Sterbeszenen, Wahnsinnsaus-
brüche —, die Redner die loci communes, die aus der gerichtlichen
und epideiktischen Praxis sich von selbst ergaben — die Prooimion-
phrasen, den Epilog mit seinem pathetischen Aufbau, die Redewendun-
gen über den Wert oder Unwert der βάσανοι, μαρτυρίαι, ὅρκοι —,
die Historiker die Schilderungen von Schlachten, Seekämpfen, Stür-
men, Hungersnöten, Seuchen, Aufständen u. dgl., die Philosophen
die Anpreisungen der Tugenden, der Philosophie, die Verdammungen
der Laster, die Dichter überhaupt die Motive der traditionellen Topik
immer wieder anders gestalten, wenn sie dieselben wiederholen.

Es war und ist ein übler Brauch alter und auch noch moderner
Kommentare, die Selbstwiederholungen der Autoren nur mit nackten
Rück- oder Vorverweisungen anzumerken und so bei manchem Leser
den Anschein zu erwecken, als habe man es in all diesen Fällen mit

---

1) L. Sadée, *de Dionysii Hal. scriptis rhetoricis quaest. crit.* (Diss. Argen-
torati 1878) p. 140 ff. bringt noch mehr Belege.
2) b. Jud. 1, 49, 4 u. arch. 15, 5, 3.

wörtlichen Wiederholungen zu tun. Und doch wäre es eine dankbare
Aufgabe, die noch lange nicht für alle Autoren gelöst ist, diese „Parallelstellen" nicht bloß auf ihre Gedankengleichheit hin zu prüfen, sondern
ihrer verschiedenen stilistischen Gestaltung eine besondere Aufmerksamkeit zuzuwenden. Mancher Irrtum, der sich hartnäckig festsetzte,
könnte hierdurch zerstreut werden; vor allem gewännen wir für die
Topik der verschiedenen Literaturgattungen wichtige Beiträge.

c) UMSTILISIERUNG DES FREMDEN.

War man schon bei der Behandlung von Zitaten und bei der
Wiederholung des eigenen auf Variation der Form bedacht, wieviel
mehr noch bei der Benutzung und Verarbeitung fremder Gedanken und
Stoffe. Gutschmid[1]) bemerkt mit Recht, die antiken Autoren hätten
sich mit Umstilisierungen, Namensveränderungen, Zusätzen, Motiver-
weiterungen u. dgl. nicht so anzustrengen brauchen, wenn das wörtliche Abschreiben der Vorgänger so allgemeine Praxis gewesen wäre,
wie es Klemens hinstelle.

Porphyrios gibt uns selber zur Beurteilung einiger „Plagiatfälle"
Handhaben, die allerdings nicht beabsichtigt waren. Theopompos[2]) nahm
die diplomatischen Verhandlungen zwischen Pharnabazos und Agesilaos
aus Xenophon herüber, aber nicht wie Klemens meint, um sein Plagiat durch stilistische Umgestaltung zu verdecken, sondern weil er eine
wörtliche Wiedergabe für unstatthaft hielt. Demnach erscheint auch
bei Plutarch dasselbe Interview mit demselben Inhalt, aber wiederum
anders stilisiert. — Thukydides hatte (III 39, 4) geschrieben: εἴωθε δὲ
τῶν πόλεων αἷς ἂν μάλιστα καὶ δι' ἐλαχίστου ἀπροσδόκητος εὐπραξία
ἔλθῃ, ἐς ὕβριν τρέπειν. Philistos (fr. 51) wendet denselben Gedanken
von den Staaten aufs Persönliche und gestaltet ihn auch stilistisch
noch viel prägnanter: εἰώθασι γὰρ μάλιστα οἱ παρὰ δόξαν ἀπροσδοκήτως εὖ πράσσοντες εἰς ὕβριν τρέπεσθαι. Klemens[3]) sieht darin kurz-
sichtig ein Plagiat. — Oder man vergleiche andrerseits, wie formver-
schieden Lysias (II 48—53) historische Begebenheiten — Aiginas und
Megaras Kämpfe mit Athen — auf der Grundlage von Thukydides
(I 105) behandelt. Stilistischen Erwägungen entspringen nicht selten
willkürliche Zutaten. So sahen wir oben[4]), wie die Geschichte vom
Plagiat des Aischines, vom Abschwenken des Dichters Diagoras zur
Philosophie[5]), von Platons Timaios[6]), variiert und erweitert wird. —

---

1) S. 12.   2) Siehe oben S. 49.
3) S. 64.   4) S. 15.   5) S. 20.   6) S. 26 f.

Von Archidamos, dem Vater des Agesilaos, wird erzählt, die Ephoren
hätten ihn getadelt, daß er eine kleine Frau heiraten wollte: οὐ γὰρ
βασιλεῖς ἄμμιν, ἀλλὰ βασιλείδια γεννάσει (Plut. v. Ages. 596 F). Von
Herakleides Lembos (bei Athen. XIII 566 A), daß er eine reiche, aber
häßliche Frau sich erkor: ὅτι βασιλίσκους ἀντὶ βασιλέων τοῖς Σπαρ-
τιάταις γεννᾶν προαιρεῖται. Vergleichen wir ferner Herodotos[5]), der
mehrere Stellen aus Hekataios entnahm. Aber wie wir noch nachprüfen
können und auch Klemens bestätigt (βραχέα παραποιήσας), vermied er
es wörtlich abzuschreiben, sondern stilisierte und erweiterte die Vorlage.

Wir müssen uns bei der Anführung von Beispielen auf einige
besonders offensichtliche Belege beschränken, obschon das massenhafte
Material gerade hierin zu den eingehendsten Darlegungen verlocken
könnte.

Isokrates (paneg. 83) stellt die Griechen, welche zehn Jahre lang
mit der Belagerung einer Stadt sich aufhielten, mit den Hellenen in eine
Reihe, welche die ganze asiatische Macht der Perser in kurzem nieder-
zwangen und nicht bloß ihre Vaterstädte retteten, sondern auch ganz
Griechenland befreiten. Ps.-Demosthenes (epit. 10) überträgt den-
selben Gedanken auf die Athener, die nicht bloß die Flotte eines ganzen
Kontinentes abwehrten, sondern auch Rache nahmen für alles Unrecht,
das anderen angetan ward. Im Euagoras (65) wendet Isokrates die
Antithese auf seinen Helden an — ganz Griechenland nahm mit Mühe
eine Stadt, jener an der Spitze einer Stadt ganz Asien —, an anderm
Orte (Phil. 112) auf Herakles, der im Gegensatz zu der zehnjährigen
Belagerung Gesamtgriechenlands in wenigen Tagen und mit wenigen
Leuten Troja einnahm. Hypereides (epit. 28, col. 13) bezieht den
Gegensatz auf Leosthenes, der mit seiner Vaterstadt der ganzen über
Asien und Europa gebietenden Macht der Makedonier (323) Abbruch
tat. Man vergleiche ferner noch, wie dieselbe Sentenz bei Plutarchos
(Perikl. 28) und Cornelius Nepos (Epam. 5, 6) auf Perikles und Epa-
minondas übertragen wird.

Die gorgianische Sentenz von der „Seeschlacht auf dem Lande
und der Landschlacht zur See" nennt schon Isokrates allenthalben gebraucht (ὃ πάντες θρυλοῦσιν). Bei ihm lesen wir (paneg. 89) das
Bonmot auf Xerxes bezogen also: ὥστε τῷ στρατοπέδῳ πλεῦσαι μὲν
διὰ τῆς ἠπείρου, πεζεῦσαι δὲ διὰ τῆς θαλάττης, τὸν μὲν Ἑλλήσποντον
ζεύξας, τὸν δ' Ἄθω διορύξας. Bei Ps.-Lysias (epit. 29) finden wir
eine leichte Umstilisierung: ὁδὸν μὲν διὰ τῆς θαλάττης ἐποιήσατο,

---

1) Siehe oben S. 50 f.

πλοῦν δὲ διὰ τῆς γῆς ἠνάγκασε γενέσθαι, ζεύξας μὲν τὸν Ἑ., διορύξας δὲ τὸν Ἄ· Bei Libanios (IV p. 242) ist die Sentenz prägnant zusammengezogen: πλεύσασα μὲν διὰ γῆς, πεζεύσασα δὲ διὰ θαλάττης. Dion von Prusa (3 p. 110 R) wagt eine glückliche Personifikation: πεζεύεσθαι μὲν τὴν θάλατταν, ... Ξέρξης ... τὴν μὲν γῆν ἐποίησε θάλατταν. Mit leichtem philosophischen Anhauch gefärbt erscheint schließlich das Wort bei Julianos (1, 28 b): Ξέρξου ... ὁ μὲν ἐπειρᾶτο πλεῖν καὶ πεζεύειν ἀπεναντίον τῇ φύσει μαχόμενος. Lukianos (dial. mort. 20) läßt den Menippos zu Xerxes sprechen: εἶτά σε, ὦ κάθαρμα, ἡ Ἑλλὰς ἔφριττε ζευγνύντα μὲν τὸν Ἑλλήσποντον, διὰ δὲ τῶν ὁρῶν πλεῖν ἐπιθυμοῦντα. — Thukydides überträgt das Diktum auf das Verhalten der Athener und Lakedaimonier (IV 14) dem Xerxes gegenüber: οἵ τε ... Λακεδαιμόνιοι ... ἐκ γῆς ἐναυμάχουν, οἵ τε Ἀθηναῖοι ... ἀπὸ νεῶν ἐπεζομάχουν. Der Sophist Jamblichos (ed. Hinck p. IX[1]) sagt in einer μελέτη, in welcher die Soldaten ihren Lohn für die Überschwemmung des feindlichen Lagers verlangen: ὦ μὴ πεζομαχήσαντες ἡμεῖς μόνον, ἀλλὰ καὶ χωρὶς νεῶν ναυμαχήσαντες. Und Polemon (p. 5, 23) spricht von einem, der πρῶτος ἀνθρώπων ἐναυμάχησεν ἐκ γῆς.

Wenn Lysias (30, 28) von den Vorfahren sagt: ἡγούμενοι τοιούτους ἔσεσθαι τοὺς νόμους, οἷοίπερ ἂν ὦσιν οἱ τιθέντες, ähnlich wie Xenophon (πόροι I 1): νομίζω, ὁποῖοί τινες ἄν σε προστάται ὦσι, τοιαύτας καὶ τὰς πολιτείας γίγνεσθαι (= Kyrup. VIII 8, 5), so biegt dies Isokrates (7, 22) ins Persönliche um: τοιούτους γὰρ ἤλπιζον ἔσεσθαι καὶ τοὺς ἄλλους οἷοίπερ ἂν ὦσιν οἱ τῶν πραγμάτων ἐπιστατοῦντες.

Oder man sehe zu, wie Demosthenes im engen Anschluß an seinen Lehrmeister eine Prooimionphrase umgießt! Isaios hatte (8, 4) gesagt: πολλῶν δὲ δικῶν ἐν τῇ πόλει γενομένων, οὐδένες ἀναιδέστεροι τούτων οὐδὲ καταφανέστεροι ἀντιποιησάμενοι φανήσονται τῶν ἀλλοτρίων. Wie wuchtig wirkt derselbe Gedanke bei Demosthenes (27, 3): πολλῶν γὰρ δικῶν ἐν τῇ πόλει γεγενημένων οὐδένα πω δίκην οὔτ' ἀναιδεστέραν οὔτε συκοφαντικωτέραν οἶμαι φανήσεσθαι δεδικασμένον ἧς νῦν οὑτοσὶ λαχὼν εἰσελθεῖν τετόλμηκεν.

Oder man vergleiche, auf welch verschiedene Weise der Gedanke: „Wohlerworbener Reichtum bringt Segen, widerrechtlicher Besitz bringt Fluch" von Solon (13), Theognis (197), Pindar (N. 8, 17), Hesiodos (op. 320) und Euripides (Elektr. 943) ausgeführt ist!

Die Liebe besiegt alles. Auf Theseus anspielend sagt Isokrates (Helen. 18): ἡττήθη τοῦ κάλλους ὁ κρατεῖν τῶν ἄλλων εἰθισμένος. Ein Epigrammatiker (Anth. Pal. IX 495) überträgt den Gedanken auf Achilleus:

Θηλυτέρῃ δ' ἐδάμασσε, τὸν οὐ κτάνε δῄιος Ἕκτωρ.

Und im großen Stil auf ganz Griechenland sich beziehend, sagt Lukianos (ep. 33):

Ἑλλάδα νικήσασαν ὑπέρβιον ἀσπίδα Μήδων
Λαῖς ἔθηκεν ἑῷ κάλλει ληιδίην.[1])

Bekannt ist der Ausspruch: *οὐ λίθοις δεῖ καὶ ξύλοις τετειχίσθαι τὰς πόλεις, ταῖς δὲ τῶν ἐνοικούντων ἀρεταῖς*, der dem Agesilaos (Plut. apophth. Lac. 29, 30) und Lykurgos (Epiktet. bei Stob. 5, 111) zugeschrieben wird. Demosthenes (cor. 299 f.) spricht mit deutlicher Anspielung an jenes geflügelte Wort von sich: *οὐ λίθοις ἐτείχισα τὴν πόλιν οὐδὲ πλίνθοις ἐγώ, ... ἀλλ' ἐὰν τὸν ἐμὸν τειχισμὸν βούλῃ δικαίως σκοπεῖν, εὑρήσεις ὅπλα καὶ πόλεις καὶ τόπους ... καὶ πολλοὺς τοὺς ὑπὲρ τούτων ἀμυνομένους.* Ebenso lesen wir bei [Demades] fr. 2: *τὸν ἡσύχιον βίον, ᾧ τὴν Ἀττικὴν ἐτείχισα, τοὺς ὅρους τῆς χώρας περιβαλὼν οὐ λίθοις, ἀλλὰ τῇ τῆς πόλεως ἀσφαλείᾳ.* — Mit anderer Wendung, die sich zum Teil mit der themistokleischen Deutung des Orakels deckt, sagt Lykurgos (Leokr. 47) von den ruhmvoll Gefallenen: *οὐκ ἐν τοῖς τείχεσι τὰς ἐλπίδας τῆς σωτηρίας ἔχοντες ..., ἀλλὰ τὴν μὲν αὐτῶν ἀνδρείαν ἀσφαλεστέραν φυλακὴν εἶναι νομίζοντες τῶν λιθίνων περιβόλων.* Auf die ethische Erziehung bezieht Epiktetos (Stob. 46, 82) das Diktum: *μὴ τοῖς ἐξ Εὐβοίας καὶ Σπάρτης λίθοις τοὺς τοίχους τῆς κατασκευῆς ποίκιλλε, ἀλλὰ γὰρ τῇ ἐκ τῆς Ἑλλάδος παιδείᾳ τὰ στέρνα τῶν πολιτῶν καὶ τῶν πολιτευομένων διακόσμει. γνώμαις γὰρ ἀνδρῶν εὖ οἰκοῦνται πόλεις, ἀλλ' οὐ λίθοις καὶ ξύλοις.[2])*

Die Zunge ist schärfer wie Eisen. Ps.-Phokylides (v. 124) sagt: *ὅπλον τοι λόγος ἀνδρὶ τομώτερόν ἐστι σιδήρου.* In scharfer Antithese erscheint die Sentenz in dem Menandrosbuch (monost. 393): *ξίφος τιτρώσκει σῶμα, τὸν δὲ νοῦν λόγος.* Die feindliche Macht der Rede hebt Euripides (Phoin. 516) scharf heraus: *πᾶν γὰρ ἐξαιρεῖ λόγος, ὃ καὶ σίδηρος πολεμίων δράσειεν ἄν*, während Themistios (29 p. 415) die Unwiderstehlichkeit der Rede betont: *ὁ λόγος ἄρα ὁ πάντων εὐμηχανώτατος πρᾶγμα ἀπορώτερόν ἐστι τοῦ σιδήρου.*

Man beobachte den Wechsel der Epitheta in den bekannten Versen von guten und schlechten Frauen!

Hesiodos (op. 702) hatte gesagt:

οὐ μὲν γάρ τι γυναικὸς ἀνὴρ ληΐζετ' ἄμεινον
τῆς ἀγαθῆς· τῆς δ' αὖτε κακῆς οὐ ῥίγιον ἄλλος
δειπνολόχου, ἥτ' ἄνδρα καὶ ἴφθιμόν περ ἐόντα
αὔει ἄτερ δαλοῖο καὶ ὠμῷ γήραϊ θῆκε.

---

1) Morawski Cas., Acad. Krakau 1902 s. II t. XIX p. 252 f. 2) Morawski 244 f.

Während Hesiodos die Verschwenderin und Zehrerin im Sinne hat —
vergleiche dazu den Weiberspiegel des Semonides und Phokylides —,
denkt Euripides (Melanippe fr. 497) an den moralischen Unterschied
unter dem weiblichen Geschlechte:

> τῆς μὲν κακῆς κάκιον οὐδὲν γίγνεται
> γυναικός, ἐσθλῆς δ' οὐδὲν εἰς ὑπερβολήν
> πέφυκ' ἄμεινον· διαφέρουσι δ' αἱ φύσεις.

Und Sophokles (Phaidr. 950) hat die Brautwerbung im Auge:

> οὕτω γυναικὸς οὐδὲν ἂν μεῖζον κακόν
> κακῆς ἀνὴρ κτήσαιτ' ἄν, οὐδὲ σώφρονος
> κρεῖσσον· παθὼν δ' ἕκαστος ὧν τύχῃ λέγει.

Längst bemerkt sind die Übereinstimmungen zwischen dem Buch der
Weisheit (Salomons) und den Memorabilien Xenophons; selbst P. Heinisch[1]), der sich sonst bei der Annahme griechischen Einflusses sehr
skeptisch verhält, gibt zu, daß der Hagiograph „*Xenophons Memorabilien selbst gelesen*" (p. 35) hat. Aber man vergleiche die parallelen
Stellen (X. 22 = 2. 3; 32 = 2. 3. 4. 7. 11. 12. 6. 5. 8. 15. 18; 33 = 16.
10. 18. 13. 17) und bemerke, wie der Hagiograph seine Vorlage stilistisch völlig umarbeitet! — Nicht minder bekannt ist, daß sich manche
Teile der beiden Anekdotensammler Ailianos und Athenaios decken,
da sie eben eine gemeinsame Quelle (Favorinos) zugrunde legten.
Aber wie sehr ist namentlich Ailianos, der auf die παρασκευὴ λέξεως
den höchsten Wert legt[2]), bemüht, den gegebenen Stoff stilistisch umzugestalten!

Sehr häufig werden angedeutete Motive von Späteren näher
ausgeführt. So wählt Simonides einen Homervers (Z 146) zum Thema
einer Elegie (Pl III⁴ 425 fr. 85 B). Hesiodos spann τὸ περὶ τοῦ πίθου
μύθευμα (op. 96) nach der Homerischen Andeutung (Ω 527) aus, wie
schon Aristarchos bemerkt. Theognis, auch die Tragiker und besonders
Didaktiker glossieren Sprichwörter.[3]) Der ἀγὼν Ἡσιόδου ist aus einer
Hesiodstelle (op. 650 ff.) herausgewachsen; Euripides führt den Gedanken des Xenophanes (357 B) von der Überschätzung der körperlichen Leistungen gegenüber der σοφίη im Autolykos (fr. 284) im ein-

---

1) Die griechische Philosophie im Buche der Weisheit (Münster 1908) =
Alttestamentl. Abh. I 4.

2) Epilog. der Naturgeschichte der Tiere a. E.: ὅπως δὲ αὐτὰ εἶπον καὶ σὺν
ὅσῳ πόνῳ, τό τ' εὐγενὲς τῆς λέξεως ὁποῖον καὶ τῆς συνθήκης τῶν τ' ὀνομάτων καὶ
τῶν ῥημάτων τὸ κάλλος, ὁπόσοις ἂν μὴ χρήσωμαι πονηροῖς κριταῖς ἐκεῖνοι εἴσονται.

3) Vgl. oben S. 53 u. 62.

zelnen aus.[1]) Quintus Smyrnaeus erweitert die berühmten Verse der
Ilias (A 312 f.) zu einem Epyllion in der Schilderung der Wasserflut
(B 83). Der Gedanke bei Demosthenes (cor. 205) findet bei Platon
(Kritias p. 51) und Hierokles (Stob. 75, 14) ausführliche Erweiterung.

Glücklich eingeführte Motive werden wiederholt nach verschiedenen Weisen behandelt; ich erinnere nur an die den Griechen sehr
sympathische Deutung von Namen (nomen et omen). Schon Homer
hatte etymologische Deutungen von Odysseus (τ 408) und Astyanax
(Z 403) versucht; bei den Tragikern treffen wir derlei Namendeu-
tungen öfters an, so bei Aischylos für Prometheus (Pr. 85), Helena
(Agam. 667) und Apollon (Ag. 1051); bei Sophokles für Ajas (Ai. 403);
bei Euripides für Polyneikes (Phoin. 636) und Meleagros (fr. 521 N) u. ö.

Erweiternde Übertreibungen, willkürliche Zutaten eigener
Erfindung werden oft gemacht, um ja das bloße Herübernehmen aus
den Vorlagen zu vermeiden. Bezeichnenderweise nennt Hesiodos die
Erfindungen der Musen $\psi\varepsilon\upsilon\delta\acute\varepsilon\alpha$ (theog. 27); Isokrates gestattet das
Überschreiten der Wahrheit aus stilistischen Gründen ausdrücklich
(Bus. 4): $\mathring\alpha\pi\acute\alpha\nu\tau\omega\nu$ $\varepsilon\mathring\iota\delta\acute o\tau\omega\nu$ $\mathring o\tau\iota$ $\delta\varepsilon\tilde\iota$ $\tau o\mathring\upsilon\varsigma$ $\mu\mathring\varepsilon\nu$ $\varepsilon\mathring\upsilon\lambda o\gamma\varepsilon\tilde\iota\nu$ $\tau\iota\nu\alpha\varsigma$ $\beta o\upsilon\lambda o\mu\acute\varepsilon$-
$\nu o\upsilon\varsigma$ $\pi\lambda\varepsilon\acute\iota\omega$ $\tau\tilde\omega\nu$ $\mathring\upsilon\pi\alpha\varrho\chi\acute o\nu\tau\omega\nu$ $\mathring\alpha\gamma\alpha\vartheta\tilde\omega\nu$ $\alpha\mathring\upsilon\tau o\tilde\iota\varsigma$ $\pi\varrho o\sigma\acute o\nu\tau$' $\mathring\alpha\pi o\varphi\alpha\acute\iota\nu\varepsilon\iota\nu$, $\tau o\mathring\upsilon\varsigma$
$\delta\mathring\varepsilon$ $\kappa\alpha\tau\eta\gamma o\varrho o\tilde\upsilon\nu\tau\alpha\varsigma$ $\tau\mathring\alpha\nu\alpha\nu\tau\acute\iota\alpha$ $\tau o\acute\upsilon\tau\omega\nu$ $\pi o\iota\varepsilon\tilde\iota\nu$. Cicero läßt seinen Freund
Attikus noch ein größeres Zugeständnis machen (Brut. 42): *concessum
est rhetoribus ementiri in historiis, ut aliquid dicere possint argutius*,
ebenso wie er dem Advokaten dem Richter gegenüber einräumt (off.
II 51): *patroni (est) nonnunquam veri simile, etiamsi minus sit verum,
defendere* und Cornificius (I 9, 16) wie Quintilian geben für erdichtete
Erzählungen genaue Rezepte. Hermogenes (II 441) fragt sich, wann
der Redner lügen dürfe und antwortet: $\mathring o\tau\alpha\nu$ $\tau\mathring o$ $\psi\varepsilon\tilde\upsilon\delta o\varsigma$ $\sigma\upsilon\mu\varphi\acute\varepsilon\varrho\eta$ $\tau o\tilde\iota\varsigma$
$\mathring\alpha\kappa o\acute\upsilon o\upsilon\sigma\iota$, und führt als Beleg Demosthenes' Kranzrede (24) an gegen-
über Aischines (III 65). Erlogen sind auch, wie der Scholiast anmerkt
(p. 699, 1), die Ausführungen des Demosthenes über das Regiment der
dreißig gegenüber der Tyrannis des Androtion. Durch das Wörtchen
„$\varphi\alpha\sigma\acute\iota$" werden häufig Erdichtungen maskiert, wie z. B. von Lysias
6, 10. Ja, vor Gesetzesfiktionen schrecken athenische Gerichtsredner
nicht zurück (Andokides I 110 und 115).[2])

Seitdem die Rhetorik auch die Geschichtschreibung beherrscht, ist
die $\pi\alpha\varrho\alpha\sigma\kappa\varepsilon\upsilon\mathring\eta$ $\lambda\acute\varepsilon\xi\varepsilon\omega\varsigma$ alles, so daß schließlich eine $\mathring\upsilon\pi\varepsilon\varrho\beta o\lambda\mathring\eta$ $\tau\varepsilon\varrho\alpha$-

---

1) Trotz der Verschiedenheit auch in der Gedankenfolge schreibt Athenaios
(X 413 C): $\tau\alpha\tilde\upsilon\tau$' $\varepsilon\mathring\iota\lambda\eta\varphi\varepsilon\nu$ $\mathring o$ $\mathrm{E}\mathring\upsilon\varrho\iota\pi\acute\iota\delta\eta\varsigma$ $\mathring\varepsilon\kappa$ $\tau\tilde\omega\nu$ ... $\mathring\varepsilon\lambda\varepsilon\gamma\varepsilon\acute\iota\omega\nu$ $\Xi\varepsilon\nu o\varphi\acute\alpha\nu o\upsilon\varsigma$.

2) Römer, *Abh. der b. Akad. d. W.* 22, 26 ff.; mehr bei H. Peter, *W. u. K.*
176 ff.

τείας einriß, wie der Feind der rhetorisierenden Historiker, Polybios (16, 18, 2), klagt. Und schon Thukydides (I 20) bedauert die Gleichgültigkeit seiner Landsleute der geschichtlichen Wahrheit gegenüber. Man faßte, wie Norden[1]) richtig darlegt, die Geschichte als Gericht auf; die Historie wird zum Tribunal: der Historiker wird je nach seinem Standpunkt Ankläger oder Verteidiger und ordnet demgemäß seinen Stoff; er verfaßt entweder ein ἐγκώμιον oder einen ψόγος, beides nach den bewährten Regeln und Kniffen der Gattung. Die Tatsachen sind *publici iuris*, ein Teig, den man nach Belieben knetete. So erklärt denn Cicero im Orator (66): Der epideiktischen Rede *historia finituma est, in qua et narratur ornate et regio saepe aut pugna describitur, interponuntur etiam contiones et hortationes*.[2]) Es entspricht den tatsächlichen Verhältnissen, wenn Herodianos (I 1, 1) zusammenfassend meint: οἱ πλεῖστοι τῶν περὶ συγκομιδὴν ἱστορίας ἀσχοληθέντων ἔργων τε πάλαι γεγονότων μνήμην ἀνανεώσασθαι σπουδασάντων ...
τῆς μὲν ἀληθείας ἐν ταῖς ἀφηγήσεσιν ὠλιγόρησαν, οὐχ ἥκιστα δὲ ἐπεμελήθησαν φράσεώς τε καὶ εὐφωνίας. Und wie Strabon (p. 27) ausführt, ist es auch die Kunst der Dichter seit Homeros, Erdichtetes auf Tatsächlichem aufzubauen, um die Wahrscheinlichkeit zu erhöhen, ein Satz, den Lactantius (inst. 1) prägnant wiedergibt: *non (ergo) res ipsas gestas finxerunt poetae: quod si facerent, essent vanissimi; sed rebus gestis addiderunt quendam colorem*. Man fand es auch gar nicht anstößig, dieselbe Sache einmal so und einmal anders zu erzählen, wie Isokrates (Panath. 172) offen eingesteht: καὶ μηδεὶς οἰέσθω με ἀγνοεῖν ὅτι τἀναντία τυγχάνω λέγων οἷς ἐν τῷ Πανηγυρικῷ λόγῳ (58) φανείην ἂν περὶ τῶν αὐτῶν τούτων γεγραφώς.

Daraus erklären sich die willkürlichen Zutaten, Erweiterungen, Auslassungen, die wir so häufig beim Vergleich von Original und Kopie wahrnehmen. Das jüngste Beispiel bietet hierfür das neugefundene Fragment eines Historikers[3]), das die Ereignisse des Jahres 396/5 behandelt. Xenophon liegt offenbar zugrunde; aber die Erzählung Xenophons in den Ἑλληνικά ist teils ausgeschmückt mit neuen — erfundenen? — Einzelheiten, teils zusammengeschnitten in eben der Weise, die wir schon in dem Pharnabazos-Interview bei Xenophon-Theopompos beobachteten[4]), so daß wohl Theopompos auch als Autor dieses Frag-

---

1) A K 82 ff.
2) Andere Belege über diese antike Theorie bei Norden AK 83 f. und H. Peter, *W. u. K.* passim.
3) Bd. V der Oxyrhynchos Papyri.
4) Busolt, Hermes 43, 255 ff. analysiert das Fragment eingehend.

ments angenommen werden darf. Oder man lese nach, wie die Geschichte von Skedasos und seiner Tochter, die wir zuerst bei Xenophon
(Hellen. 6, 4, 7) hören, mit mannigfachen Verschiedenheiten der Details
bei Diodoros (15, 54), Plutarchos (Pelop. 20) und Pausanias (IX 13, 3)
erscheint! Oder man sehe die Beispiele genauer ein, wie Dion Cassius
das Tatsachenmaterial mit allem Raffinement der rhetorischen Künste
aufputzt und mit Schlaglichtern versieht![1]) Gutschmid[2]) weist auf
Curtius hin, bei dem sich größere Partien mit den bei Diodoros vorliegenden Auszügen aus Kleitarchos aufs engste berühren, so daß alle
Details und Motive wiederkehren, jedoch in anderer Folge und Verbindung, besonders mit auffälliger Veränderung der Namen. Ebenso
wird von den römischen Annalisten die Aufopferung eines Militär-
tribunen am Flüßchen Kamerina fast gleichlautend wiederholt, aber
zumeist mit Hinzufügung eines neuen Nebenumstandes und Übertragung der Hauptsache auf einen andern Namen. Das gleiche Verfahren
haben wir oben[3]) bei Theopompos wahrgenommen, der die von Andron
erzählten Wundergeschichten von Pythagoras mit Umänderung von
Einzelheiten auf Pherekydes übertrug. Namentlich Prunkstücke aus der
Geschichte werden durch immer neue Ansätze ins Unglaubliche vergrößert. So fiel nach dem einfachen Bericht des Herodotos der tapfere
Kallimachos (ἀνὴρ γενόμενος ἀγαθός 6, 114); nach Himerios (λόγ.
πολ. 20) blieb er von Lanzen durchbohrt auch tot noch stehen; nach
Polemon (19, 22 ff.) ward seine Seele, da er infolge der vielen in ihm
steckenden Geschosse nicht umfallen konnte, zur Unsterblichkeit gezwungen. Oder man vergleiche, mit welchen rhetorischen Übertreibungen Justin (2, 9) die ohnehin schon bewundernswerte Tapferkeit
des Kynaigeiros ausmalt! Nicht minder unbedenklich verfuhr man mit
Zahlenangaben. Naeh Josephos (b. Jud. 1, 19, 3) kamen bei dem großen
Erdbeben 30000 Leute um; anderswo (arch. 15, 5, 2) begnügt er sich
bei der Erwähnung derselben Katastrophe mit 10000 Opfern. Herodianos bekennt ganz offenherzig: τὸ μὲν οὖν πλῆθος τῶν ἑκατέρωθεν
ἀνῃρημένων ἢ ἁλόντων ὡς ἕκαστος ἠβουλήθη τότε συγγραψάντων,
ἱστόρησεν . . .

Daß man vor reinen Erfindungen nicht zurückschreckte, zeigt Cicero (Brut. 43), der von Kleitarchos berichtet, er habe für Themistokles
eine besonders wirksame Todesart erfunden: *hanc enim mortem rhetorice
et tragice ornare potuit*. Wie man mit der Chronologie nach Belieben

---

1) Vgl. Schwartz, PW III 1707.　　2) S. 12.
3) S. 48 f.

schaltete, so mit den Tatsachen: die wirksame, packende und drastische
Zurichtung des Stoffes war die Hauptsache. Bei Quellenuntersuchungen
hat man dies rhetorische Moment viel zu sehr außer Acht gelassen,
wenn man bei Abweichungen von einer sonst offensichtlichen Quelle
auf eine unbekannte schließen wollte.

Es kommt sogar vor, daß einzelne Autoren zur Ergänzung ihrer
Werke auffordern. So überläßt es Prokopios (de aedif. 6, 7) jedem, zu
seiner Aufzählung der justinianischen Bauten Zusätze zu machen.
Ausonius fordert in den Distichen, die er einem von ihm zusammen-
gestellten Konsularindex beigab (fast. v. 382), seinen Sohn und alle
Leser auf, denselben bis auf ihre Zeit weiterzuführen: *hactenus ad-
scripsi fastos. si fors volet, ultra adiciam; si non, qui legis, adicies* (p. 119
Sch.). Unter diesem Gesichtswinkel ist auch die Fortsetzung des thukydideischen Werkes durch Xenophons und Theopompos' Ἑλληνικά, der
historiae Pollios durch Sallustius u. a. zu beurteilen. Wenn Verwandte
oder Söhne die nachgelassenen Schriften berühmter Väter herausgaben,
waren Zusätze nicht selten. So vervollständigte Demophilos, des Ephoros Sohn, das Geschichtswerk seines Vaters durch Hinzufügung des
30. Buches; von den Schriften des Hippokrates, die sein Sohn Thes-
salos herausgab, berichtet Galenos im 3. Buche περὶ δυσπνοίας: ὡμο-
λόγηται .. τὰ μὲν αὐτοῦ τοῦ πατρὸς ἐν διφθέραις τισὶν ἢ δέλτοις εὑρόντα ὑπομνήματα, προσθέντα δέ τινα καὶ αὐτὸν οὐκ ὀλίγα (συνθεῖναι).
Die gleiche Notiz überliefert Origenes von den Büchern des Neuen
Testamentes[1]), die den weittragendsten Hypothesen über nachträgliche
Interpolationen Vorschub leistet: πολλὴ γέγονεν ἡ τῶν ἀντιγράφων
διαφορά .. καὶ ἀπὸ τῶν τὰ ἑαυτοῖς δοκοῦντα ἐν τῇ διορθώσει προστι-
θέντων καὶ ἀφαιρούντων. So wurden auch die Florilegien, als Fundgrube ethisch-religiöser Weisheit, zu apologetischen Zwecken christlich
gefärbt und interpoliert.[2])

Bei dem Dichter führte das Bestreben, sich vom Original unab-
hängig zu machen, dazu, *ut suppleat quae deerant*, wie sich Horatius
ausdrückt. Da völlig freie Erfindung der Fabel einerseits der religiösen
παράδοσις — die Wahrung des gottesdienstlichen Charakters im Mythos — andererseits der literarischen Tradition widersprach, überdies
die in Epos, Dithyrambos und Drama so häufig wiederholten Heroen-
sagen sich abnützten, so kam es für den späteren Dramatiker hauptsächlich darauf an, entlegene oder weniger bekannte Lokalmythen auf-

---

1) *Comment. in Matthaeum* III p. 671 *de la Rue.*
2) Elter, *Byz. Ztschr.* VII 445 ff.

zusuchen, die alten Sagen umzugestalten, Nebenmotive zur Haupthandlung zu gestalten, verschiedene Sagen zu kontaminieren. So läßt
Euripides die Antigone mit Haimon sich vermählen, nach eigener Erfindung; wendet das Helena- und Andromedamotiv ganz nach eigenem
Ermessen um. Hierin folgen ihm auch die Alexandriner. So kennen wir
zur Sage von der Byblis nicht weniger wie sieben verschiedene Versionen[1]): der Ausgang der verbrecherischen Neigung von Bruder und
Schwester läßt eben verschiedene psychologische Möglichkeiten zu. So
kehrt die Ursprungssage der Insel Ἀνάφη, von Apollonios (IV 1694
bis 1730) berührt, in Ἀργοῦς οἰκισμοί des Kallimachos erweitert wieder[2]);
ebenso ist der Aufenthalt der Argonauten in den Syrten (Apollon. IV
1228ff.) von Kallimachos zu einem Epyllion im 2. Buche seiner Αἴτια
ausgearbeitet.[3]) So kehrt die Sprödigkeit jungfräulicher Seelen gegen
die Macht des Eros, besonders bei Jägerjungfrauen, aber auch bei
Männerindividualitäten, wie Hippolytos, in Dutzenden von Gestalten
immer wieder: anderswo ausgearbeitete Motive werden kurz abgemacht,
dagegen etwa nur gestreifte oder gar nicht berührte Punkte mit psychologischer Feinheit ziseliert. Die Umarbeitung und Erweiterung und
Vertiefung erstreckt sich von der Paraphrasierung ganzer Abschnitte
bis zur Abänderung einzelner Worte. Man erinnere sich, wie Euripides
(Ino fr. 417) den Vers des Aischylos (Prom. πυρφόρος):

$$\sigma\iota\gamma\tilde{\omega}\nu \; \vartheta' \; \ddot{o}\pi o \upsilon \; \delta\epsilon\tilde{\iota} \; \varkappa\alpha\grave{\iota} \; \lambda\acute{\epsilon}\gamma\omega\nu \; \tau\grave{\alpha} \; \varkappa\alpha\acute{\iota}\varrho\iota\alpha$$

umbiegt in das wetterwendische:

$$\sigma\iota\gamma\tilde{\alpha}\nu \; \vartheta' \; \ddot{o}\pi o\upsilon \; \chi\varrho\grave{\eta} \; \varkappa\alpha\grave{\iota} \; \lambda\acute{\epsilon}\gamma\epsilon\iota\nu \; \ddot{\iota}\nu' \; \dot{\alpha}\sigma\varphi\alpha\lambda\acute{\epsilon}\varsigma.$$

Oder wie die sophokleische Sentenz (fr. 445):

$$\tau\grave{o} \; \mu\grave{\eta} \; \gamma\grave{\alpha}\varrho \; \epsilon\tilde{\iota}\nu\alpha\iota \; \varkappa\varrho\epsilon\tilde{\iota}\sigma\sigma o\nu \; \mathring{\eta} \; \tau\grave{o} \; \zeta\tilde{\eta}\nu \; \varkappa\alpha\varkappa\tilde{\omega}\varsigma$$

bei Euripides (fr. 599) zur schärferen Antithese gestaltet ist:

$$\tau\grave{o} \; \mu\grave{\eta} \; \zeta\tilde{\eta}\nu \; \varkappa\varrho\epsilon\tilde{\iota}\sigma\sigma\acute{o}\nu \; \dot{\epsilon}\sigma\tau' \; \mathring{\eta} \; \zeta\tilde{\eta}\nu \; \varkappa\alpha\varkappa\tilde{\omega}\varsigma.$$

Nach Aristoteles (poet. c. 22) änderte Euripides auch den Vers des
aischyleischen Philoktetes:

$$\varphi\alpha\gamma\acute{\epsilon}\delta\alpha\iota\nu\alpha\nu \; \mathring{\eta} \; \mu o\upsilon \; \sigma\acute{\alpha}\varrho\varkappa\alpha\varsigma \; \dot{\epsilon}\sigma\vartheta\acute{\iota}\epsilon\iota \; \pi o\delta\acute{o}\varsigma$$

in: $$\varphi\alpha\gamma\acute{\epsilon}\delta\alpha\iota\nu' \; \dot{\alpha}\epsilon\grave{\iota} \; \mu o\upsilon \; \sigma\acute{\alpha}\varrho\varkappa\alpha \; \vartheta o\iota\nu\tilde{\alpha}\tau\alpha\iota \; \pi o\delta\acute{o}\varsigma$$

und findet damit den lebhaften Beifall des Kritikers, daß er das vulgäre ἐσθίει durch ein gehobeneres Wort ersetzte.

Bei Sophokles (inc. fr. 698) lesen wir:

$$\gamma\upsilon\nu\alpha\iota\varkappa o\mu\acute{\iota}\mu o\iota\varsigma \; \dot{\epsilon}\mu\pi\varrho\acute{\epsilon}\pi\epsilon\iota\varsigma \; \dot{\epsilon}\sigma\vartheta\acute{\eta}\mu\alpha\sigma\iota\nu.$$

---

1) Rohde, *Gr. R.* 97[3].
2) Knaack, *Callimachea* (Stettin, Progr. 1887 S. 1—5).
3) Ebenda S. 13—16.

Mit offensichtlicher Sucht, den Ausdruck zu überbieten, gestaltet Euripides den Vers (Antiop. fr. 185):

$$\gamma v \nu \alpha \iota \kappa o \mu \iota \mu \omega \; \delta \iota \alpha \pi \varrho \epsilon \pi \epsilon \iota \varsigma \; \mu o \varrho \varphi \omega \mu \alpha \tau \iota.$$

Auch polemische Gründe können zu Umarbeitungen und Erweiterungen bestimmen, zumal das Theater nicht selten auch das Podium für die Kritik abgab. So kritisiert Euripides (El. V. 230) die Unwahrscheinlichkeit, daß der sophokleische Orestes seine Schwester 100 Verse lang über seine Person im unklaren läßt; V. 883 bemäkelt er die Fiktion der pythischen Spiele; die beiden Verse 530/31 treffen in ihrer beißenden Kürze mehr Aischylos als Sophokles, da bei diesem Elektra im Gegensatz zu Chrysothemis wegen der niedergelegten Haarlocke nicht an die Rückkehr des Bruders glaubt.[1]) In den Phoinissen (761) wendet sich der Dichter mit den Worten: $\tau \iota \; \delta \epsilon \tilde{\iota} \; \mu \alpha \kappa \varrho \eta \gamma o \varrho \epsilon \tilde{\iota} \nu$ gegen die Breite der aischyleischen Details; in den Ἱκετίδες (846 ff.) polemisiert er gegen die malerische Beschreibung der Schilde und Schildzeichen zur ungelegenen Zeit, wenn er sagt:

$$\tilde{\epsilon} \nu \; \delta' \; o \dot{v} \kappa \; \dot{\epsilon} \varrho \dot{\eta} \sigma o \mu \alpha \iota \; \sigma \epsilon \; \mu \dot{\eta} \; \gamma \dot{\epsilon} \lambda \omega \tau' \; \ddot{o} \varphi \lambda \omega,$$
$$\ddot{o} \tau \omega \; \xi v \nu \dot{\epsilon} \sigma \tau \eta \; \tau \tilde{\omega} \nu \; \delta' \; \dot{\epsilon} \kappa \alpha \sigma \tau o \varsigma \; \dot{\epsilon} \nu \; \mu \dot{\alpha} \chi \eta$$
$$\ddot{\eta} \; \tau \varrho \alpha \tilde{v} \mu \alpha \; \lambda \dot{o} \gamma \chi \eta \varsigma \; \pi o \lambda \epsilon \mu \dot{\iota} \omega \nu \; \dot{\epsilon} \delta \dot{\epsilon} \xi \alpha \tau o.$$
$$\kappa \epsilon \nu o \iota \; \gamma \dot{\alpha} \varrho \; o \tilde{v} \tau o \iota \; \tau \tilde{\omega} \nu \; \tau' \; \dot{\alpha} \kappa o v \dot{o} \nu \tau \omega \nu \; \lambda \dot{o} \gamma o \iota$$
$$\kappa \alpha \iota \; \tau o \tilde{v} \; \lambda \dot{\epsilon} \gamma o \nu \tau o \varsigma,$$

ähnlich wie in unseren Opern die Sterbenden noch ganze Arien singen.

Den Vers:

$$o \ddot{\iota} \kappa o \iota \; \mu \dot{\epsilon} \nu \epsilon \iota \nu \; \chi \varrho \dot{\eta} \; \tau \dot{o} \nu \; \kappa \alpha \lambda \tilde{\omega} \varsigma \; \epsilon \dot{v} \delta \alpha \dot{\iota} \mu o \nu \alpha \; -$$
$$\kappa \alpha \iota \; \tau \dot{o} \nu \; \kappa \alpha \kappa \tilde{\omega} \varsigma \; \pi \varrho \dot{\alpha} \sigma \sigma o \nu \tau \alpha \; \kappa \alpha \iota \; \tau o \tilde{v} \tau o \nu \; \mu \dot{\epsilon} \nu \epsilon \iota \nu,$$

den Klemens (VI 2. 7. 6) dem Aischylos, Stobaios (flor. 39, 14) dem Sophokles zuschreibt, kritisiert Menandros (fr. 145) also:

$$o \ddot{\iota} \kappa o \iota \; \mu \dot{\epsilon} \nu \epsilon \iota \nu \; \chi \varrho \dot{\eta} \; \kappa \alpha \iota \; \mu \dot{\epsilon} \nu \epsilon \iota \nu \; \dot{\epsilon} \lambda \epsilon \dot{v} \theta \epsilon \varrho o \nu,$$
$$\ddot{\eta} \; \mu \dot{\eta} \kappa \epsilon \tau' \; \epsilon \tilde{\iota} \nu \alpha \iota \; \tau \dot{o} \nu \; \kappa \alpha \lambda \tilde{\omega} \varsigma \; \epsilon \dot{v} \delta \alpha \dot{\iota} \mu o \nu \alpha.$$

So treffen wir auch öfters offene und versteckte Polemik bei Apollonios und Kallimachos[2]); so ist zweifellos eine Stelle im Apollonhymnos des Kallimachos (97 ff.) gegen Apollonios (II 705 ff.) gerichtet und Theokritos verbessert offensichtlich die Ungeschicklichkeiten des rhodischen Epikers (Ende das 1. u. Anf. des 2. B.) in seinem Hylas (13) und den Dioskuren (22).[3]) —

Eine ebenso bewußte Polemik lesen wir in dem Kyprienvers des Stasinos:

---

1) Vgl. Steiger, H., *Philol.* 56, 561 ff.
2) Gercke, *Rh. Mus.* 44, 137 u. 145; maßvoller Knaack, *PW* unter Ap.
3) Knaack, *Hermes* 23, 137.

νήπιος ὃς πατέρα κτείνας παῖδας καταλείπει

gegen das Wort des Homer (γ 196):

ὡς ἀγαθὸν καὶ παῖδα καταφθιμένοιο λιπέσθαι ἀνδρός.[1])

Umänderungen können auch durch Verkürzung der Vorlagen erfolgen. So ist das schöne .Gleichnis Homers (ε 394 ff.) im „Schilde" des Hesiodos (52/3) in zwei Verse zusammengeschrumpft. So zog Cicero (de off.) die drei Bücher seiner Vorlage (Panaitios) in zwei zusammen.[2]) Hierher zu zählen sind auch die *ἐκτομαί*, wovon wir schon gesprochen haben.

Häufig sehen wir fremde Motive auf andere Sujets übertragen, etwa wie Schiller den Tellstoff aus Tschudis Erzählung dramatisiert, oft sogar mit Beibehaltung des Wortlautes. Berichtet doch Polybios (VI 46, 10) von Ephoros, daß dieser seine eigene Darstellungsform auf gleichartige Stoffe überträgt: *ὁ δὲ Ἔφορος χωρὶς τῶν ὀνομάτων καὶ ταῖς λέξεσι κέχρηται ταῖς αὐταῖς ὑπὲρ ἑκατέρας ποιούμενος τῆς πολιτείας ἐξήγησιν, ὥστε εἴ τις μὴ τοῖς κυρίοις ὀνόμασι προσέχοι, κατὰ μηδένα τρόπον ἂν δύνασθαι διαγνῶναι περὶ ὁποτέρας ποιεῖται τὴν διήγησιν.* Dieselbe Beobachtung ist auch bei Diodor schon oft gemacht worden. Um so häufiger sind Übertragungen fremder Motive. Wenn Eupolis in seinen *Ταξίαρχοι* den Dionysos auf die Suche nach einem guten Feldherrn ausgehen läßt, so schickt Aristophanes den Gott in die Unterwelt, um den Euripides wiederzubringen.

Wenn Eupolis (fr. 1) in seinen *Πόλεις* die einzelnen Städte, die den Chor bildeten, einzeln mit einem witzigen Beiwort vorstellt:

> *Τῆνος αὕτη*
> *πολλοὺς ἔχουσα σκορπίους.*
> *αὕτη Χῖος, καλὴ πόλις*

u. dgl., so tut das Gleiche Ameipsias im *Κόννος*, indem der Chor der Phrontisten den Platon und die einzelnen Sophisten mit den entsprechenden Anspielungen kennzeichnet. So bedient sich Dion Cassius zur Ausschmückung der cäsarischen Schlachten herodotischer, ja homerischer Motive und Szenen, so daß dadurch die eigentliche Quelle, Cäsars Kommentare, ganz verschüttet wurde und erst später wieder herausgeschält werden mußte. In der Schlacht zwischen Cäsar und Ariovist kämpfen die Germanen mit Hand und Mund (38, 49, 3) wie die Marathonhelden bei Herodotos (7, 225); zur Seeschlacht des D. Brutus gegen die Veneter liefert Thukydides die Farben.[3]) Pausanias wiederholt (9, 17, 4) den Satz

---

1) Die Parallelen dazu nebst den ethologischen Schlußfolgerungen bei Hofinger, *Progr. Schweinfurt* 1896 S. 5 f.

2) Schmekel p. 23.   3) Melber, *Comment. Woelfflinianae* 291—97.

seines Vorbildes Herodotos (4, 205): ἀνθρώποισι αἱ λίην ἰσχυραὶ τιμω-
ρίαι πρὸς θεῶν ἐπίφθονοι γίνονται und überträgt ihn von Pheretime auf
Antiope, die wegen der von ihrem Sohne an Dirke genommenen Rache
wahnsinnig wurde. Die Geschichte vom Schatze des Rhampsinit (Herod.
II 121ff.) überträgt Pausanias fast wörtlich auf den Schatz des Del-
phischen Apollon und auf Trophonios und Agamedes (IX 37, 5ff.). Ebenso wendet er die herodotische Darstellung vom Tode des Kambyses
(III 64) auf Hannibals Tod an (VIII 11, 11). Der Zug der Gallier gegen Delphi (X 22, 12ff.) findet sein stilistisches Vorbild in dem Perser-
einfall bei Herodot (VIII 35—39). — Noch Prokopios putzt alle Teile
seiner Kriegsgeschichte mit Motiven aus der thukydideischen Belagerung von Plataiai aus. Die orphische Theogonie bediente sich, wie wir
sahen[1]), eines Odysseeverses und ein orphischer Hymnos auf Dionysos
eines Iliasgleichnisses. Das jüngst entdeckt Lied „Helenas Freier"[2])
zeigt deutlich, wie ohne Bedenken ganze Verse und Formeln aus Homer und Hesiod herübergenommen und in das neue Gewebe eingeschla-
gen wurden. Ebenso wurde aus der ebenfalls erst gefundenen Paraphrase
des Orpheushymnos „über den Raub der Persephone"[3]) offenbar, daß
die orphische Darstellung viele und große Stücke des sogenannten homerischen Demeterhymnos, wörtlich und leise geändert, wiederholt. —
Den Schreckenstraum der Klytaimestra nahm Aischylos (Choeph. 32—41.
521—32. 538—48) kunstvoll umgestaltet aus Stesichoros herüber, der
ihn nachweislich zuerst behandelte[4]); Sophokles (Elektra 410—27. 459f.
644—47 u. ö.) modifiziert ihn im Anschluß an Herodots Erzählung
vom Traume der Mandane. Wenn Homeros (λ 556) den Ajas πύργος
Ἀχαιῶν nennt, so überträgt Kallinos (1, 20B) das Bild auf den κρατε-
ρόφρων ἀνήρ überhaupt:

ὥσπερ γάρ μιν πύργον ἐν ὀφθάλμοισιν ὁρῶσιν,

Euripides (Alk. 311) auf den schützenden Vater:

παῖς μὲν ἄρσην πάτερ᾽ ἔχει πύργον μέγαν.

Den oft zitierten Satz des Hesiodos (op. 235): τίκτουσιν δὲ γυναῖκες
ἐοικότα τέκνα γονεῦσιν deutet Plutarchos (mor. 63D) hübsch also um:
ἐοικότα γε τέκνα φύεται γονεῦσιν ἐν φιλοσοφίᾳ. — Wenn Plutarchos (de sent. prof. 85A) mahnt, τίθεσθαι πρὸ ὀφθαλμῶν τοὺς ὄντας
ἀγαθοὺς ἢ γεγενημένους, eine Mahnung, die nach Seneca (ep. 11)
epikureischen, nach Epiktetos (ench. 33) stoischen Ursprunges ist
(τί ἂν ἐποίησεν ἐν τούτῳ Σωκράτης ἢ Ζήνων;), so überträgt Ps.-Lon-

---

1) Siehe oben S. 67f.   2) Berl. Klass.-Texte V 1 (S. 28—44).
3) Berl. Klass.-Texte V 1 (S. 7—18).   4) Plutarch. mor. 555a.

ginos (π. ὕψ. 14) den Satz in das literarische Gebiet, wenn er sagt:
πῶς ἄν, εἰ τύχοι, ταὐτὸ τοῦθ' Ὅμηρος εἶπεν; πῶς δ'ἂν Πλάτων ἢ Δημοσθένης ὕψωσαν; ἢ ἐν ἱστορίᾳ Θουκυδίδης; Synesios besingt mit
den Tönen des Alkaioshymnos auf Apollon die Herabkunft Christi
(hymn. 9). Theodoros Prodromos biegt die lukianische βίων πρᾶσις
um in eine βίων πρᾶσις ποιητικῶν καὶ πολιτικῶν. Wie dort Lukianos
die einzelnen Philosophen versteigern läßt, die in ihren Dialekten reden, so läßt der Byzantiner berühmte Dichter und Staatsmänner des
Altertums, die zum Verkaufe aufgeboten werden, fast durchgängig in
Fragmenten ihrer Werke reden. Oder man vergleiche, wie Julianos (or.
1, 26bc) die berühmte Einleitung des Demosthenes zur Schlacht bei
Chaironeia modernisiert: ἦν μὲν γὰρ ὁ χειμὼν ἐπ' ἐξόδοις ἤδη.., ἧκε
δὲ ἀγγέλων τις, ὡς Γαλατία μὲν συναφεστῶσα τῷ τυράννῳ ἀδελφῷ
τῷ σῷ ἐβούλευσέ τε καὶ ἐπετέλεσε τὸν φόνον, εἶτα ὡς Ἰταλία καὶ Σι-
κελία κατείληπται. —

Hierher zählen auch die Übertragungen heidnischer Mythen in
christliche Legenden. Vgl. die Sage von den frommen Brüdern Amphi-
nomos und Anapi(a)s, die ihre Väter vor dem Feuertode retteten, aus
denen später zwei christliche Heldenjungfrauen wurden[1]); so schwimmt
der Kopf des hl. Mauritius nach Vienne, ähnlich dem Haupte des Orpheus; Oidipus wird zu Gregorius auf dem Steine; die Danaësage er-
wacht wieder in Barbara und Eirene. — Ebendaher gehören auch die
christianisierten Heidengötter: den Dionysos tragenden Herakles finden
wir wieder in St. Christophoros mit dem Jesuskind; die Dioskuren in
Kosmos und Damianos; den Sostheneskult in der Verehrung des hl.
Michael u. a. m.[2])

Eine besondere Art der Übertragung liegt in der Ethisierung
Homers. Es sei nur daran erinnert, wie Euripides (Androm. 936) das
Sirenenmotiv umdeutet:

κἀγὼ κλύουσα τούσδε Σειρήνων λόγους
σοφῶν πανούργων ποικίλων λαλημάτων,
ἐξηνεμώθην μωρίᾳ..;

wie schon Sokrates (bei Xenophon mem. I 3, 7) die Geschichte von
den durch Kirke in Schweine umgewandelten Odysseusgefährten ins
Ethische deutet — vergleiche dazu Dikaiarchos bei Athenaios (I
10EF) —; wie seit Herakleitos die Philosophen, insbesondere die
Stoiker die allegorische Exegese von Dichterstellen betrieben, von der
wir in der horazischen Epistel I 2, in den Homerscholien, bei Cor-

---

1) Belege bei Gruppe, *Gr. Myth.* S. 652.   2) Gruppe S. 1654.

nutus u. a.[1]) Proben lesen. Ein wenig bekanntes Beispiel sei noch
hergesetzt. Vielgenannt war die Grabschrift des Sardanapalos[2]) (AP
VII 325):

> τόσσ᾽ ἔχω, ὅσσ᾽ ἔφαγόν τε καὶ ἔ⟨μ⟩πιον καὶ μετ᾽ ἐρώτων
> τέρπν᾽ ἐδάην. τὰ δὲ πολλὰ καὶ ὄλβια πάντα λέλειπται.

Der Kyniker Krates (fr. 8 S. 219f. Diels) überträgt das Diktum auf
das geistige Gebiet, wenn er sagt (vgl. Simonides fr. 161):

> ταῦτ᾽ ἔχω, ὅσσ᾽ ἔμαθον καὶ ἐφρόντισα καὶ μετὰ Μουσῶν σέμν᾽ ἐδάην

und in etwas anders gewendeter Fassung erscheint er bei Chrysippos[3]):

> ταῦτ᾽ ἔχω, ὅσσ᾽ ἔμαθον καὶ ἐφρόντισα καὶ μετὰ ταύτων ἔσθλ᾽ ἔπαθον.

Im Zusammenhang damit ist die **Umbiegung in andere Stilgattungen** zu betrachten. So werden die alten Dithyrambosstoffe dramatisiert; andrerseits treffen wir Tragödienszenen und Motive in Epigramm und Elegie[4]), ebenso Komödienmotive im Mimos, in Diatriben,
in der Satire, in Dialogen. Den Stoff der *Δαναΐδες* finden wir bei Bakchylides zur 19. Chorode verarbeitet, von Aischylos dramatisiert; den
Σκύλλα-Stoff von Stesichoros zu einem episch-lyrischen Chorlied verwertet, von Timotheos in einem Dithyrambos behandelt, ebenso wie
Korinna den von Aischylos dramatisierten Stoff der Ἑπτὰ ἐπὶ Θήβας
in einen Dithyrambos umbiegt. Alte, tendenzlose Volksmärchen werden
in lehrhafte Fabeln und Erzählungen umgegossen[5]); historische Erzählungen in mythische umgesetzt. — Die Persëis des Choirilos ist, wie
die offenbare Anlehnung zeigt, eine poetische Umsetzung der Perserkriege des Herodotos, ähnlich wie Akusilaos und Eumelos in ihren
Γενεαλογίαι Hesiodos teilweise in Prosa auflösen, wie Aratos die Φαινόμενα des Eratosthenes seinem Gedicht unterlegt oder Apollonios von
Rhodos die Βιθυνιακά des Kleon zur Grundlage seiner Argonautica
nimmt.[6]) Nonnos verwertet im 45. Buch in seiner Geschichte des Pen-

---

1) A. Bate Hersman, *Studies in Greek allegorical interpretation* (Diss. Univ.
Chicago 1906).

2) Vgl. Gerhard, Phoinix 181 ff., der den verschiedenen Versionen nachgeht.

3) III S. 200 Arnim.

4) Beispiele bei Reitzenstein, *Hellen. Wundererzählungen* 152 ff.

5) Marx, *Griech. Märchen von dankbaren Tieren* S. 131 ff.

6) Schol. Apoll. I 623: ὅτι δὲ ἐνθάδε Θόας ἐσώθη καὶ Κλέων ὁ Κουριεὺς
ἱστορεῖ καὶ Ἀσκληπιάδης ὁ Μυρλεανός, δεικνὺς ὅτι παρὰ Κλέωνος τὰ πάντα μετήνεγκεν Ἀπολλώνιος, d. h. der Myrleaner notiert in einer seiner zahlreichen
Sammelschriften, daß Apollonios das Prosawerk des Kleon zugrunde legte. Die
Βιθυνιακά des Asklepiades behandeln die ältesten Sagen des Landes. Der Nord-
rand Bithyniens gehörte aber mit zu jenen von den Argonauten bestrichenen Gegenden. Es lag somit nahe, auf die verschiedenen Quellen der Argonautensage
näher einzugehen.

theus die Bakchen des Euripides. Hierher zu zählen ist auch der Wett-
eifer der sophistischen Hymnologen mit den poetischen Vorgängern:
so will Menandros (III 437) trotz Homeros, Hesiodos und Pindaros περὶ
Σμινθιακοῦ reden und auch im κατευναστικὸς λόγος nicht hinter den
Dichtern zurückstehen (405, 19 ff.). Himerios weist in seinem ἐπιθαλά-
μιος λόγος ausdrücklich auf das Vorbild der Sappho hin. Der große
Umwandlungsprozeß, der sich seit dem Beginn der hellenistischen Literatur deutlich verfolgen läßt, insofern ausgelebte Stilgattungen durch
neue Formen abgelöst werden, die alten Stoffe immer wieder in neuen
Gestaltungen aufleben — man denke an die Reihe: Dithyrambos, Drama; Roman; Epos, Idyll, ἔκφρασις, Elegie, Epigramm; Rede, μελέτη
(προγύμνασμα), Predigt —, geht am Ende auf ein Überarbeiten des
Vorhandenen, an ein Umbiegen alter Formen in neue hinaus. Wie un-
gerechtfertigt sind infolgedessen die Klagen der Komiker, die ihren
Konkurrenten den Raub von Ideen vorrücken, ja selbst die Angriffe
auf gleiche Personen wie Kleon und Hyperbolos vorwerfen, da doch
alle von den Vorgängern zehren und Nutzen ziehen; wie ungerechtfer-
tigt des Babrius Angriff gegen seine Nachahmer, da doch, aisopische
Fabeln in Poesie umzuwandeln, jedem frei stand.

Selbstverständlich spielt bei der Umarbeitung fremder Stoffe auch
die aemulatio eine nicht zu unterschätzende Rolle. Ein certamen ist
es, wenn Aischylos in der Schilderung des Ätnaausbruches (Prom. 355—76)
das pindarische Vorbild (P. I, 15—28) überbieten will; wenn er den
gleichen Stoff der Phoinissen des Phrynichos zu übertreffen trachtet.
Ein Wettkampf ist das Dramenspiel der Philoktete der drei großen
Tragiker — vergleiche die 52. Rede des Dion von Prusa —; bei Aischylos eine überraschend naive Ökonomie, bei Sophokles die gesteigerte
Kunst der psychologischen Motivierung, bei Euripides der Gipfel poetischer Rhetorik. Mit Glück verbessert zweifellos Sophokles in der
Elektra (907 f.) die Erkennungsszene, wie sie bei Aischylos in den Choe-
phoren (160 ff.) erscheint. Der Vergleich des Dichters mit einem Adler
ist bei Bakchylides sicherlich gelungener (5, 16 ff.) wie bei seinem Vorbild Pindaros; ebenso zieht er zur Charakterisierung des weltumspan-
nenden Ruhmes des Herakles den Nil und Thermodon viel geschickter
herein (9, 41 ff.) als dies Pindaros (J 2, 41 f.) getan hatte. Ebenso er-
greift in der situationsgleichen Szene bei Sophokles (Elektr. 1458 ff.)
und Aischylos (Choeph. 875 ff.) Klytaimestra bei jenem viel geschickter
und wirksamer das Wort als hier Aigisthos. So findet auch der sym-
metrische Aufbau der sieben Kampfpaare in den „Sieben" des Aischylos, wo nur die letzten zwei Paare individualisiert sind, in den Ἱκετίδες

des Euripides eine prächtige Vervollkommnung. Die Schilderung des
Wettrennens in der sophokleischen Elektra (180 ff.) tritt offenbar in
beabsichtigten Wettstreit mit dem homerischen Vorbild (Ψ 351 ff.) und
dem Wagenrennen im Glaukos Ποτνιεύς des Aischylos (fr. 38); ebenso
wie Euripides in den Phoinissen (88 ff.) — vergleiche dazu die Bemerkung des Scholions — die Teichoskopie der Helena bei Homer im
Auge hat. — Längst beachtet ist, wie sich Apollonios der Rhodier ab-
müht, die abgegriffenen Gleichnisse der alten Epik durch neue, lyrisch
anmutende, zu ersetzen; wie er die abgedroschenen homerischen Wendungen (τὸν δ' ἀπαμειβόμενος προσέφη, τὸν δ' ἠμείβετ' ἔπειτα u. dgl.,
die noch Antimachos unbedenklich gebraucht) völlig unterläßt; ebenso
fast immer auf neue Übergangsformeln sich besinnt. Euripides (El. 151)
will das von Aischylos (Ag. 1137) und Sophokles (El. 147) übernommene homerische Gleichnis (τ 518) von der Klage der Nachtigall um
ihre Jungen nicht wiederholen und setzt dafür den Schwan ein (so
auch Herakl. 692. Iph. T. 1104. Jon 162). — Eine scherzhafte Verbesserung der homerischen Stelle von den zwei Toren der Träume (Od. 19,
560—70) treffen wir in den „Wahren Geschichten" des Lukianos (2,32).

　　Das Ringen mit großen Geistern, sagt so schön Ps.-Longinos, ist
für jeden Fall ehrenvoll; ἐν ᾧ καὶ τὸ ἡττᾶσθαι τῶν προγενεστέρων
οὐκ ἄδοξον. Wie Hesiodos und die Kykliker bewußt den Homer nachahmen — über ⅕ der Verse und Halbverse der Theogonie sind aus
Ilias und Odyssee, wie aus der Ausgabe von Rzach ersichtlich ist —,
so suchen die ältern Lyriker die Brücke zum Epos zu spannen, indem
sie durch bewußte Anlehnungen das Abhängigkeitsverhältnis oder die
Tradition deutlich machen; so weist bei Archilochos fr. 88 auf Hesiodos „Werke und Tage" (op. 202 ff.) hin, fr. 85 auf die Theogonie (120);
Alkmans Fragment 106 klingt ebenfalls an die Theogonie (961), Alkaios (fr. 39) an „Werke und Tage" (584 ff.) an; das Fragment 118
des Archilochos spielt auf den pseudohomerischen Margites an. Ein
ζῆλος ist die Odysseestelle χ 240 ff. Hier schaut Athene als Schwalbe
dem Freiermorde vom Deckbalken aus zu, gerade wie in der Ilias
(H 58 ff.) Athene und Apollon „an Gestalt zwei hochfliegenden Geiern
vergleichbar" von der skaiischen Eiche herabsehen, wie Hektor zum
Zweikampf herausfordert. Ein ζῆλος mit Hektors Abschied bei Homer
(Z 413 ff.) ist die ähnliche Szene beim sophokleischen Ajas (514 ff.);
zum Vergleiche fordern geradezu heraus die glänzenden Schilderungen
von den scheugewordenen Rennpferden bei Sophokles (El. 743—56)
und Euripides (Hippol. 1230—48). Ebenso offensichtlich ist der Wettstreit, den der Dichter des Morgenliedes im Rhesos (527—64) mit

der ähnlichen Szene im euripideischen Phaethon eingeht, wie das
neue Phaethonfragment[1]) zeigt; ferner die Erzählung von dem rüh-
renden Abschied der Frauen von Haus und Lager, wie sie bei Euripides (Alk. 158ff.) der θεράπων, bei Sophokles (Trach. 899ff.) der
τροφεύς vorbringt. Die Scholiasten erwähnen häufig[2]) derlei Nachahmungen, in denen nicht selten nacheifernde Beweggründe zu suchen
sind. Bewußte Anlehnung an den Stil eines Vorgängers wird ebenfalls
häufig beobachtet, mochte nun der Kopist damit einen ξῆλος anstreben
oder bescheiden sein, wie Plinius, der einmal (VII ep. 30) sagt: *orati-*
onem Demosthenis habui in manibus, non ut aemularer (improbum ac
paene furiosum) sed tamen imitarer et sequerer. Ohne ein mißbilligendes
Wort werden die Fälle registriert, in denen ein stilistisches oder stoff-
liches Abhängigkeitsverhältnis feststeht. So ist Eupolis nach dem Anonymus περὶ κωμῳδίας ein ξηλῶν Κρατῖνον; der Scholiast zu Nikandros 4 (Theon?) sagt: ἔστι δὲ ὁ Νίκανδρος ξηλωτὴς Ἀντιμάχου.
διόπερ πολλαῖς λέξεσιν αὐτοῦ κέχρηται. Ephoros sagt bei Athenaios
(XIII 352 C) von Stratonikos: ξηλωτὴς δὲ ⟨διὰ Wilam.⟩ τῶν εὐτρα-
πέλων λόγων τούτων ἐγένετο ὁ Στρατόνικος Σιμωνίδου τοῦ ποιητοῦ.
Dionysios von Hal. meint von Demosthenes (Thuk. 53): Θουκυδίδου
ξηλωτὴς ἐγένετο und ein andermal (ad Pomp. p. 777): δοκεῖ τὰ ἐνθυμήματα αὐτοῦ μάλιστά γε καὶ ξηλῶσαι Δημοσθένης. Theophrastos
nennt bei Diogenes Laert. (VIII 55) den Parmenides einen ξηλωτὴν
des Empedokles καὶ μιμητὴν ἐν τοῖς ποιήμασι. So ist Xenophons
Kyrupaideia Vorbild für des Marsyas Ἀλεξάνδρου ἀγωγή, des Lysimachos περὶ τῆς Ἀττάλου παιδείας, des Damaskeners Nikolaos Καίσαρος ἀγωγή und all jener Fürstenspiegel bis Wieland herauf. Appianos
und Dion Cassius imitieren den Stil des Polybios; Lukianos und Dion
von Prusa nehmen sich hauptsächlich zum Stilmuster die Sokratiker,
Herodes, der Attiker, den Kritias; Aristeides, der Sophist, den Demosthenes, Arrianos den Herodotos und Xenophon; der Geschichtschreiber
Herodianos den Thukydides; Hegesias den Lysias; Lesbonax im Kanon
der jüngeren zehn Sophisten den Thukydides. Kallimachos will dem
befreundeten Dichter Aratos ein hohes Lob spenden, wenn er von
dessen Κατὰ λεπτόν sagt (Anth. IX 507): Ἡσιόδου τό τ' ἄεισμα καὶ
ὁ τρόπος. Ein ungenannter Dichter bekennt sich[3]) ausdrücklich als
Nachahmer der Sappho. Und daß es in der Antike ebensolche Kopi-
sten gab, wie bei uns zeitweise die Heine-, Scheffel-, Geibel- und
Nietzschemanier wütete, bezeugt Plinius (ep. 9, 22, 1), der von Passen-

---

1) Berl. Klass. V 2, 81.　　　2) Siehe oben S. 28ff.
3) PLG HI⁴ p. 706, 62 Bgk.

nus Paullus berichtet: *in litteris veteres aemulatur, exprimit, reddit, Propertium in primis, a quo genus ducit, vera soboles eoque simillima illi, in quo ille praecipuus. Nuper ad lyrica deflexit, in quibus ita Horatium, ut in illis illum alterum effingit.* Aus derlei Nachahmungen und Nacheiferungen, die auch in den Rhetorschulen gehegt wurden, erwuchsen jene Zusätze zu Theognis, jene Nachblüten der Anakreonteen, die vielen, großen führenden Geistern untergeschobenen Werke, die den Stil der Vorbilder so getreu trafen, daß wir sie oft nicht mit den feinsten Mitteln der Hermeneutik und Kritik mit Sicherheit unterscheiden können, zumal oft die Alten selber in Zweifel kamen.

IV. UNBEWUSSTE ENTLEHNUNGEN.

Zweifellos ist bei der kunstmäßigen Arbeitsweise der antiken Autoren die bewußte Technik das Vorwiegende; aber sicherlich läuft nebenher auch die unbewußte Anlehnung und Aneignung, die selbstverständlich in den meisten Fällen nicht nachweisbar ist, da zufällige Momente („Kryptomnese“) den Ausschlag geben. Auch ist die Grenze zwischen bewußter und unbewußter μίμησις oft gar nicht festzusetzen; manches haben wir vielleicht im obigen bestimmter Absicht zugesprochen, was ungewollt war, und manches wird dem Zufall überwiesen, was als gewollte Anspielung offenbar würde, wären uns nicht so viele Quellen verschüttet.

Daß wenigstens die stilistische Kryptomnese den Alten nicht entging, sahen wir oben[1]), wo wir auch auf einige bekannte musikalische Reminiszenzen verwiesen. Aus der modernen Literatur ließen sich Dutzende von Belegen anführen; wir dürfen nur an die Bibel- und Homerreminiszenzen[2]) in Schillers „Jungfrau von Orleans“ erinnern, an die vielen Umprägungen und Wiederholungen von antiken Sentenzen, die nur beweisen, *„daß die antike Erbschaft und die ihrerseits sehr abhängige Produktion seit der Renaissance ein Gemeingut war“* wie Erich Schmidt so treffend bemerkt. Nur einige weniger bekannte Beispiele mögen angeführt werden, um zu zeigen, wie leicht sich ungewollte Reminiszenzen einschleichen können.

Heines Zeilen:

> *„Hände küssen, Hüte rücken,*
> *Knie beugen, Häupter bücken,*
> *Kind, das ist nur Gaukelei;*
> *Denn das Herz denkt nichts dabei“*

---

1) S. 964[4]f. 2) Peppmüller, R., *Archiv f. Literaturgesch.* II 181 ff.

finden sich fast wörtlich bei Logau:

> *„Hände küssen, Hüte rücken,*
> *Knie beugen, Häupter bücken,*
> *Worte färben, Rede schmücken,*
> *Meinst du, daß das Gaukelei*
> *Oder echte Freundschaft sei?"*

In Schillers „Jungfrau von Orleans" ruft der König aus:

> *„Kann ich Armeen aus der Erde stampfen?"*,

nach einer Reminiszenz aus Plutarch, bei dem Pompejus sagt: *„Wo immer in Italien ich mit dem Fuß die Erde stampfe, werden Armeen ... auftauchen."* Pope, dem Goethe nachspricht, sagt einmal: *the proper study of mankind is man.* Vor ihm aber hatte der Kanzelredner Charron in dem vielgelesenen Traité de la Sagesse (1595) das Wort geprägt: *„la vrai étude de l'homme, c'est l'homme"*. Solche Belege ließen sich zu Hunderten anhäufen; indes genügen für unsere Zwecke solche herausgegriffenen Hinweise.

Bei den Alten sind derlei Kryptomnesen um so begreiflicher, da das Gedächtnis viel besser gepflegt und beansprucht war, als heutzutage und da die formelle Übung in den Rhetorenschulen dem Schriftsteller von vornherein eine Unzahl stehender Ausdrücke, Übergänge, Formeln, Gemeinplätzen zur Verfügung stellte, ebenso wie dem Dichter das Versmaß eine Menge gleichlautender Wortverbindungen aufzwang, wie sie die nachahmende Humanistengilde in den gradus ad Parnassum zusammenstellte. Um uns eine lebhaftere Vorstellung von der Formgewandtheit jener entwickelten Kulturzeiten zu erwecken, dürfen wir nur an die sichtbarste Frucht der rhetorischen Schulung erinnern, die Improvisation.[1]) Im certamen Homeri et Hesiodi, dessen Grundform auf ein altes, schon von Alkidamas benütztes Volksbuch zurückgeht, begegnen wir zuerst Improvisationen[2]); Aristoteles spricht von einem Syrakusaner Marakos, der in Ekstase besser dichtete als sonst; Strabon (p. 675) erzählt von einem tarsischen Philosophen Diogenes, der Dichtungen nach einem gegebenen Thema, hauptsächlich tragische, vortrug; ebenso berichtet er (p. 674), daß die Kunst, aus dem Stegreife nach einem gegebenen Thema endlos zu improvisieren, bei den Tarsern heimisch war; er fügt hinzu, wie ein tarsischer Bürger Boethos den M. Antonius durch diese Kunst für sich einzunehmen verstand. Auch

---

1) Vgl. Welcker, *Kl. Schr.* II p. XC—XCII; Fernow, *Römische Studien* (Zürich 1806) 2. Teil; Rohde, *Gr. R.* 308 f. und Nachträge dazu: *Kl. Schr.* II 449 ff. Über Improvisatoren im heutigen Italien: *Tägl. Rundsch.* 1883 n. 10.

2) S. Nietzsche, *Rh. Mus.* 25, 539 f.

Diogenes Laert. (4, 58) weiß von einem Tragödiendichter zu erzählen τῶν Ταρσικῶν λεγομένων. Cicero (de or. III 194) erinnert an Antipater aus Sidon, der Hexameter und andere Verse in verschiedenen Rhythmen extemporierte und fährt fort: *tantumque hominis ingeniosi ac memoris valuit exercitatio, ut, cum se mente ac voluntate coniecisset in versum, verba sequerentur.* Ebenso kannte Cicero den Improvisator Archias aus Erfahrung[1]) (pro Arch. 18): *quotiens ego hunc vidi, cum litteram scripsisset nullam, magnum numerum optimorum versuum de eis ipsis rebus, quae tum agerentur, dicere ex tempore! quotiens revocatum eandem rem dicere commutatis verbis atque sententiis!*[2]) Man erinnere sich vergleichsweise an den glänzenden Stegreifdichter Bernardo Accolti († 1535), an den Hofimprovisator Napoleons I., Giovanni Francesco († 1822), an den deutschen Künstler O. L. B. Wolff († 1851), für den sich Goethe sehr interessierte und an dessen glücklichen Nachahmer Langenschwarz, der sogar eine Theorie des Improvisierens versuchte, von der Kunst Hoffmanns v. Fallersleben u. a., aus dem Stegreife Verse zu schmieden, ganz zu schweigen.

Viel ausgedehnter, weil leichter, war noch die Kunst der pro-saischen Improvisation. Schon Gorgias war berühmt durch seine Stegreifreden, von dem Cicero (de fin. II 1, 1) sagt: *primus est ausus Leontinus Gorgias in conventu poscere quaestionem id est iubere dicere, qua de re quis vellet audire.* Wie sehr sich diese Kunst später ausdehnte und entwickelte, ersieht man wiederum aus Cicero, der anderswo erklärt (de or. I 103): *postea vero vulgo hoc facere coeperunt hodieque faciunt, ut nulla sit res neque tanta neque tam improvisa neque tam nova, de qua se non omnia, quae dici possint, profiteantur esse dicturos.* Plinius (ep. II 3) schildert uns das Gebahren des Rhetors Isaios. Er bringt mehrere Rechtsfälle in Vorschlag und überläßt den Zuhörern die Auswahl. *Saepe etiam in parte surgit, amicitur, incipit; statim omnia ac paene pariter ad manum. Sensus reconditi: occursant verba; sed qualia! quaesita et exculta. Lectio in subitis multa . . . incredibilis memoria (repetit altius, quae dixit ex tempore), ne verbo quidem labitur.* Und dabei hatte der Sophist, als ihn Plinius hörte, schon das 60. Lebensjahr überschritten! Mehr noch wissen wir von den Improvisatoren der späteren Kaiserzeit.[3]) Diese Sophistenvorträge gehören zweifellos zu den erlesensten Genüssen eines kunstverständigen Publikums und zu den

---

1) Reinach, Th., *de Archia poeta* (Par. 1890).

2) Im Konservatorenpalast zu Rom befindet sich der Grabstein eines Knaben, der Improvisator war, samt einem seiner Gedichte.

3) Vgl. die prächtige Schilderung bei Rohde a. a. O. und Schmid, *Attizismus* I 36f.

reifsten Früchten einer langgeübten Rhetorik, die ihr Instrument mit
Virtuosität handhabte, so daß ihre Stegreifvorträge in Augenblicken
allgemeiner Spannung und innerer Erregung enthusiastischen Zuständen
gleichkamen. *Si calor ac spiritus tulit, frequenter accidit, ut successum
extemporalem consequi cura non possit*, bemerkt der sonst kühl abwä-
gende Quintilian (X 7, 13 f.)

Aber nicht bloß in Gerichts- und Prunkreden ließen sich Improvisatoren hören, auch in philosophischen Erörterungen. So kann schon
Cicero sagen (de fin. II 4, 18): *hoc institutum postea translatum ad
philosophos nostros*. So galt, nach Suidas, Kallisthenes, ein Schüler des
Aristoteles, als εὐφυὴς πρὸς τὸ αὐτοσχεδιάζειν καὶ ῥύμῃ πολλῇ φέρε-
σθαι, und nach Plutarchos (Ant. 80) war der Philosoph Philostratos
von Alexandreia ein ἀνὴρ εἰπεῖν μὲν ἐξ ἐπιδρομῆς τῶν πώποτε σοφιστῶν ἱκανώτατος.

Solche Kunstfertigkeit konnte nur dadurch erreicht werden, daß
einzelne Abschnitte, Prooimien, Epiloge, Gemeinplätze für alle möglichen Fälle, Schilderungen, Erzählungen u. dgl. schon im voraus gemacht waren und nach Bedarf eingelegt wurden. Die rhetorische
Schulung sorgte ja hierfür in reichem Maße: sie bearbeitete μελέται
(über fingierte Anlässe); θετικαί (über allgemeine Themen: der entdeckte Ehebrecher [Philostr. v. s. 53, 12]) oder ἐσχηματισμέναι (über
bestimmt begrenzte Themen: εἰκόνος ἐρῶν [Phil. 101, 18]). Namentlich die Themen über allgemeine Sätze oder Situationen konnten äußerst
fruchtbringend sein, da sie sich auf jeden bestimmten Fall zurecht-
legen ließen.

Aus dieser rhetorischen Schulung verbunden mit eindringlicher
Lektüre werden auch manche Reminiszenzen bei den Autoren fließen.
Bei den unzähligen Homer- und Hesiodanklängen bis in die spätesten
Tage sind Schuleinflüsse ohne weiteres erklärlich, wie denn auch die
römische Prosa der Kaiserzeit von Vergilianischen Floskeln erfüllt ist,
wie sich bei uns Bibel- und Klassikerstellen als geflügelte Worte forterben. So treffen wir bei Euripides manche Sentenz, die mit dem
Theognisbuch auffällig übereinstimmt: man[1]) nimmt mit Recht unbewußte Reminiszenzen an. Die verschiedenen Anspielungen auf ältere
Dichter bei Aristophanes konnten nur dann auf allgemeines Verständnis rechnen, wenn die betreffenden Stellen schulmäßig bekannt waren.[2])

---

1) Phoin. 438 = Th. 718; El. 941 = Th. 318; Bakch. 877 = Th. 339 f.; fr. 734,
857 = Th. 867 u. a.; vgl. Hofinger S. 11.

2) Wenn Plutarch (comp. Ar. et Men. 3 p. 854 A) sagt: τῶν διδασκόντων οἱ
μὲν πρὸς τοὺς ὄχλους καὶ τὸν δῆμον γράφουσιν, οἱ δὲ τοῖς ὀλίγοις, so sind Komödien
alten Stils hauptsächlich für „Gevatter Schneider und Handschuhmacher" bestimmt.

Bei manchen Autoren, die nach längerer Unterbrechung wieder beliebt wurden, läßt sich die Häufigkeit der Reminiszenzen mit den Zeiten verfolgen. Vielleicht dürfen wir auch manche Anklänge dem Einflusse des Theaters zuschreiben, wie dies bei den thukydideischen Reminiszenzen an Aristophanes, Pindaros und die Tragiker angenommen wird.[1]

Daß die intensive Lektüre abfärbt, ist sicher, um so mehr bei Autoren, die sich bewußt auf die Kopierung eines Autors verlegen. Die bewußt archaisierende Art mutete wohl den antiken Leser und Hörer ebenso heimlich an, wie uns etwa die vielen frühere Sprechweise imitierenden Romane und Erzählungen oder die Gedichte von O. Kernstock. Mit der ganzen Stilfärbung mag nun der Gorgianismus wieder fröhliche Urständ feiern bei Philostratos, Himerios, bei Achilles Tatios, Theophylaktos u. a., oder der Attikismos bei Libanios, Themistios, Prokopios von Kaisareia, Photios u. a. wieder wach werden, fließen unzählige Redefloskeln und Phrasierungen mit, die dem Autor in die Feder unbewußt rinnen.

Wir müssen noch eine Quelle der unbewußten Aneignung nennen, das zufällige Zusammentreffen von Übereinstimmungen. Die Geschichte der Naturwissenschaften kennt verschiedene Beispiele merkwürdiger Zusammenfälle. So entdeckten den Sauerstoff gleichzeitig Priestley und Scheele 1774; das chemische Element Scandium gleichzeitig Nilson und Cleve 1878; so verfiel Goethe selbständig wie Oken auf das Aperçu von der Wirbellehre. In den *„Meteoren des literarischen Himmels“* macht Goethe unter dem Worte *„Antizipation“* darauf aufmerksam, daß *„zu derselben Zeit große Wahrheiten aus verschiedenen Individuen hervordringen“* können, daß *„manchmal gewisse Gesinnungen und Gedanken schon in der Luft“* umherziehen, *„so daß sie mehrere erfassen können“*, daß *„gewisse Vorstellungen reif werden durch eine Zeitreihe“*. So bemerkt Albrecht von Haller zu der viel zitierten Stelle (*„Gedanken über Vernunft...“* 1729):

„Unselig Mittelding von Engeln und von Vieh“.

„Dies ist einer der Gedanken, die der Verfasser mit Pope gemein hat; er ist aber einige Jahre eher von dem Schweizer als vom Engländer gebraucht worden“. In der Tat erschien Popes *Essai on Man* erst 1733 und 1734. Dieser Vergleich war aber |vor beiden schon im 16. Jahrh. von Marc. Palingenius (*Zodiacus vitae* VIII 961) geprägt worden:

homo medius bruta inter et ipsos
Caelicolas.[2] —

---

1) Büdinger, *Denkschr. d. k. k. Ak.* Wien 1890. S. 31.
2) Imelmann, *Symb. Joachim.* (Berlin 1880) I 126 f.

So verfaßte auch Kästner[1]) ein Epigramm, dessen Analogon er, wie er selbst angibt, erst 10 Jahre später im Französischen las. Racan dichtete mit 19 Jahren 1608 folgende Verse:

> *Estime qui voudra la mort épouvanable,*
> *Et la fasse l'horreur de tous les animaux,*
> *Quant à moi je la tiens le point désirable,*
> *Où commencent nos biens et finissent nos maux.*

Später erfuhr er, daß Mathieu in seinem Buche *Les tablettes de la Vie et de la Mort* dieselben Verse wörtlich niedergeschrieben hatte, die Racan nie gelesen. Begegnen doch selbst Nietzsche, der auf seine Originalität so stolz ist, öfters unbewußte Gedankenparallelen mit andern[2]), die wohl auf Zufälligkeiten beruhen. Gleiche Situationen, Kulturbewegungen, ethische Stimmungen erzeugen oft gleiche Gedankenkomplexe. So schreibe ich solcher Ideenkoinzidenz die schon erwähnte[3]) Parallele Euripides-Platon hinsichtlich des Frauenkommunismus zu. Ebenso merkwürdig, aber aus ähnlichen ethischen Stimmungen heraus erklärlich, ist das Zusammentreffen von biblischen Gedanken mit Homer[4]), Aischylos[5]) u. a. Nur völlige Unkenntnis mit der Psychologie des literarischen Schaffens[6]) konnte jene beklagenswerte Verirrung erzeugen, der auch Klemens unterlegen ist, die Abhängigkeit der Antike vom alten Testamente erweisen zu wollen.

Auch die Musik kennt zufällige Übereinstimmungen, die natürlich die Antipathie zu Plagiaten stempeln kann. So ist der Hagelchor in Händels „*Israel in Ägypten*" zum Teil die Kopie einer Kirchenkomposition Stradellas; mehrere Themen der Pastoralsymphonie Beethovens sind als kroatische Volksweisen aufgedeckt; wenn Hans Sachs bei Richard Wagner in den „*Meistersingern*" sagt:

> „*Mein Freund! In holder Jugendzeit,*
> *Wenn uns von mächt'gen Trieben*
> *Zum sel'gen ersten Lieben*
> *Die Brust sich schwellet hoch und weit*",

so hören wir dazu die populäre Melodie aus der Ouvertüre zu den „*Lustigen Weibern von Windsor*".

---

1) *Verm. Schr.* 1772, II S. 231.
2) Vgl. *Literarisches Echo* V 284.   3) S. 65.
4) Vgl. E. Stemplinger, *Studien zum Fortleben Homers* (St. zur vgl. Lit. 1906 S. 8 ff.   5) Vgl. Aisch. Ag. 179 f. = Hiob 33, 15.
6) Vgl. die Ausführungen R. M. Meyers über die Kriterien der Aneignung (N. J. 17, 349 ff.).

ZUSAMMENFASSUNG.

Damit haben wir den Gang durch die Praxis der griechischen Literatur vollendet. Wir mußten vor allem einen wesentlichen Unterschied in der Zitierweise der Antike und Moderne feststellen, aus welchem erhellt, daß unterlassene Quellenangaben selbst bei wörtlichen Zitaten noch nicht zum mindesten Vorwurf der Unselbständigkeit berechtigen. Im Gegenteil vermied es die alte Zeit z. B. Tatsachen, die jedermann aus dem Munde von Leuten, aus Inschriften und Urkunden erfahren konnte, dem, der sie zuerst erzählt, wörtlich nachzusprechen, schon um die Einheitlichkeit des Stilcharakters nicht zu stören. Wir haben ferner die verschiedenen Arten der wörtlichen Zitate besprochen mit dem Ergebnis, daß wörtliche Zitate in der Regel aus bestimmten Gründen gebraucht werden, also wiederum aus Motiven, die in Stilgesetzen wurzeln. Die Praxis konnte uns wie die Theorie bestätigen, daß, wenn nicht Gründe, die wir noch zu bestimmen vermögen oder auch mangels der lückenhaften Literatur nicht mehr erkennen können, vorhanden sind, die eine wörtliche Wiedergabe des eigenen oder fremden Gutes bestimmen, die freie Übertragung die Regel ist. Freilich sind die Grenzen der freien Übertragung ziemlich weit gezogen: die Übersetzung als Neuschöpfung, nicht Verdolmetschung, höher gewertet als im landläufigen Sinne; nächst ihr die Paraphrase, ebenfalls eine Umwandlung in andere stilistische Form; die Diaskeue, eine Kontamination in größerem Umfange und zugleich ein stillschweigender Verbesserungsversuch; das Exzerpt, eine Zusammenziehung und Verkürzung, richtig betrieben, sicherlich auch keine geringe Geistesarbeit — all diese Umformungen wurden bei den Alten höher eingeschätzt wie bei uns. Aber auch sonst werden die Übergangs-, Einleitungs-, Schlußformeln, die Gemeinplätze, wie sie in Dutzenden von Handbüchern und Lehrgängen zur Hand lagen, mit Mühe umgemodelt, die Motive, die immer wieder auftauchen, die Topen, wie sie mit der Zeit konventionell erstarrten, die Themen, wie sie das Leben, die gleichen Gelegenheiten, dieselben Ereignisse, die nämlichen Schicksale immer wieder hervorriefen, die Gefühlskreise, wie sie die Menschenbrust unaufhörlich durchzittern, mit immer neuen Umdichtungen, Umformungen, Kombinationen und Permutationen zum Ausdruck gebracht. Alles Fremde, Unorganische, Entlehnte wird in den eigenen Saft und Blutlauf aufgenommen, organisch verarbeitet, in neuer Form wiedergegeben, mit der σφραγίς des eigenen Stils gestempelt. Freilich werden Schule und Lektüre, bisweilen sogar Zufälligkeiten auch unbewußte Anklänge und Wiederholungen mit

sich gebracht haben; aber diese Ausnahmen liegen außer der Bewußt-
seinssphäre des schaffenden Künstlers, jenes Autors, der nicht wie so
viele byzantinische Chronisten nur der Kopist fremder Werke ist.

SCHLUSSWORT.

Wir haben den Ring unserer Untersuchung geschlossen. Wenn
sie sich nebenher zu einer Studie über die Schaffensweise der antiken
Autoren entwickelte, wenn sie gelegentlich zu näherer Beleuchtung
Schlaglichter aus der verwandten Zeit der Renaissance borgte, wenn
sie zur Unterstützung und Erläuterung antiker Theorie und Praxis
nicht selten Aussprüche und Parallelen moderner Meister heranzog,
wenn sie zur Stütze öfters Belege aus den Schwesterkünsten der
Musik und bildenden Künste beibrachte, so ist das Ziel nur schärfer
ins Auge gefaßt, das Thema erschöpfender umfaßt worden. Die Ergebnisse unserer Untersuchung stimmen mit den Ansichten der erleuch-
tetsten Geister alter und moderner Zeiten überein, daß es ein geistiges
Eigentum im absoluten Sinne nicht gibt; daß die juristische Okku-
pationstheorie und Arbeitstheorie auch auf das geistige Urheberrecht
anwendbar ist; daß Proudhons Paradoxon: *la propriété c'est le vol* im
letzten Grunde auch für das geistige Eigentum zutrifft, daß infolgedessen die Plagiatstöberei eines Klemens oder Porphyrios vom historischen und ästhetischen Standpunkt verfehlt war und dank der ge-
sunden Ästhetik der griechischen Literarhistoriker in der Blütezeit
antiker Kritik und Ästhetik nicht zum Worte kam.

Wir haben uns im ganzen auf die griechische Literatur beschränkt,
aber die römische nicht ausgeschlossen, zumal wenn es sich darum
handelte, ästhetische Grundsätze zu belegen oder aufzudecken, die zweifellos der griechischen Ästhetik entstammen. Es hätte oft nahe gelegen,
auf die Plagiate der römischen Literatur einzugehen, die ja nicht selten
in Bausch und Bogen als „Plagiat" im großen betrachtet wird. Indes
sind die Grundbedingungen der römischen Literatur, ihre Entwicklung
so wesensverschieden, daß sich diese Frage nicht als Anhang lösen ließ.

LITERATURNACHWEISE.

Vorbemerkung: Autorenausgaben werden hier nicht besonders verzeichnet; Sammelwerke und Zeitschriften mit den gebräuchlichen Abkürzungen zitiert, nur einmal angezogene Schriften an Ort und Stelle näher bezeichnet.

Adam, L.: Über die Unsicherheit literarischen Eigentums bei Griechen u. Römern (Düsseldorf 1907).

Ahrens, H. Lud.: Kleine Schriften (Hannover 1891).

Albrecht, P.: Lessings Plagiate (Hamb. 1890/91).

Arnim, H. von: Leben u. Schriften des Dio von Prusa (Berl. 1898).

Bachmann, W.: Die ästhetischen Anschauungen Aristarchs in d. Exegese u. Kritik der homerischen Gedichte (Progr. Nürnberg A G 1902 u. 1904).

Barner, G.: Comparantur inter se Graeci de regentium hominum virtutibus auctores (Diss. Marburg 1889).

Bartoli, Dan.: Vertheidigung der kunstliebenden u. gelehrten anständigen Sitten, verdolmetscht durch den kunstliebenden G. Adam Khuffstein. (Nürnberg. 1654).

Baumgart, H.: Handbuch der Poetik (Stuttg. 1887).

Le Beau, L.: Lysias' Epitaphios als echt erwiesen (Stuttg. 1863).

Beccard, Th.: de scholiis in Homeri Iliadem Venetis A (Berl. 1850).

Behaghel, O.: Bewußtes und Unbewußtes im dichterischen Schaffen (Ak. Pr. Gießen 1906).

Beheim-Schwarzbach, F.: Libellus περὶ ἑρμηνείας qui Demetrii nomine inscriptus est quo tempore compositus sit (Diss. Kiel 1890).

Bernheim, E.: Lehrbuch der historischen Methode (Berlin[2] 1894).

Berger, H.: Geschichte der wissenschaftlichen Erdkunde bei den Griechen (Leipz.[2] 1903).

Bidez, I.: La biographie d'Empédocle (Thèse. Gand 1894).

Bieber, Dora: Studien zur Geschichte der Fabel in den ersten Jahrhunderten der Kaiserzeit (Diss. München. Berlin 1906).

Billeter, G.: Die Anschauungen vom Wesen des Griechentums (Leipz. 1911).

Blaß, Fr.: Die attische Beredsamkeit (Leipz.[2] 1887—1898).

Blau, Aug.: De Aristarchi discipulis (Diss. Jena 1883).

Boeckh, Aug.: Graecae tragoediae principum, Aeschyli, Sophoclis, Euripidis . . num genuina omnia sint (Heidelb. 1808).

Boll, Fr.: Sphaera (Leipz. 1903).

Borinski, Karl: Die Poetik der Renaissance (Berl. 1886).

Brambs, J. G.: Studien zu den Werken Julians (Pr. G. Eichstätt 1897. 1899).

Brzoska, J.: De canone X oratorum Atticorum (Diss. Bresl. 1883).

Burckhardt, J.: Griechische Kulturgeschichte (hrsg. v. Oeri, Basel 1900).

Buresch, C.: Consolationum a Graecis Romanisque scriptarum historia critica (Leipz. Stud. 9 (1887)).

Burgeß, Th. C.: Epideictic Literature (Stud. of Class. Phil. III 1902).

Bünger, C.: Theopompea (Diss. Straßb. 1874).

Bürger, R.: De Ovidi carm. am. inventione et arte (Wolfenbüttel 1901).

Cauer, P.: Palaestra vitae (Berlin[2] 1907).

Cobet, C. G.: Observationes criticae in Platonis comici reliquias (Amsterd. 1840).

Cresoll, L.: Theatrum veterum rhetorum (Par. 1620).

Croiset, M. et A.: Histoire de la littérature grecque (Par. 1887—99).

Crönert, W.: Kolotes u. Menedemos (Leipz. 1906).

Crusius, O.: Analecta critica ad paroemiographos Graecos (Lips. 1883).

—, Erwin Rohde. Ein bibliographischer Versuch (Tübingen 1902).

Diels, H.: Doxographi graeci. (Berol. 1879).

—, Die Fragmente der Vorsokratiker (Berlin² 1906).

—, Sibyllinische Blätter (Berl. 1890).

Dilthey, C.: De Callimachi Cydippa (Lips. 1863).

Dümmler, F.: Akademika (Gießen 1889).

Ellinger, G.: Die antiken Quellen der Staatsschriften Macchiavellis (Tübing. 1888).

Elter, A.: De gnomologiorum Graecorum historia atque origine. Ramenta (Progr. acad. Bonn 1893—1897).

Eusebii Pamphili evangelicae praeparationis l. XV ed. C. H. Gifford (Oxonii 1903).

Fahz, L.: De poetarum Romanorum doctrina magica quaest. selectae (Religionsgesch. Versuche u. Vorarb. II 3) (Gießen 1904).

de Faye, F.: Clément d'Alexandrie (Par. 1898).

Festschrift, Th. Gomperz dargebracht zum 70. Geburtstag (Wien 1902).

Gabrielsson, J.: Über Favorinus u. seine παντοδαπὴ ἱστορία (Upsala-Leipz. 1906).

Georgii, W.: Die antike Aeneiskritik (Stuttg. 1891).

Gerhard, G. Ad.: Phoinix von Kolophon (Leipz. 1909).

Gersdorf, Ch. G.: Synopsis repetitorum Demosthenis locorum (Altenburg 1833).

Geyso, E. v.: Studia Theognidea (Diss. Straßburg 1892).

Giese, C.: De Theone grammatico eiusque reliquiis (Diss. Münster 1867).

Giesecke, A.: De philosophorum veterum quae ad exilium spectant sententiis (Diss. Leipz. 1891).

Giurati, D.: Il plagio (Milano 1903).

Goethe: Gespräche mit Eckermann, hrsg. von L. Geiger (Leipzig, Hesse 1902).

Gomperz, Th.: Aus der Hekale des Kallimachos (Sep. A. Wien 1893).

Goßmann, Elsa: Quaestiones ad Graecorum orationum funebrium formam pertinentes (Diss. Jena 1908).

Graeven, J.: Cornuti artis rhetoricae epitome edidit . . (Berol. 1891).

Griesinger, R.: Die ästhetischen Anschauungen der alten Homererklärer (Diss. Tübingen 1907).

Günter, H.: Legendenstudien (Köln 1906).

Gurlitt, W., Über Pausanias (Graz 1890).

Gutschmid, Alfr. v.: Kleine Schriften I (Leipz. 1889).

Haas, A.: Quibus fontibus Aelius Aristides in componenda declamatione, quae inscribitur πρὸς Πλάτωνα ὑπὲρ τῶν τεττάρων, usus sit (Diss. Greifsw. 1884).

Hahn, L.: Rom u. Romanismus. (Leipz. 1906).

Harnack, Ad.: Dogmengeschichte (Freiburg-Leipz.³ 1898).

Hartman, J. J.: De Phaedri fabulis commentatio (Leiden 1890).

Hartung, J. A.: Lehren der Alten über die Dichtkunst (Hamburg-Gotha 1845).

Heinisch, P.: Die griechische Philosophie im Buche der Weisheit (Münster 1908 = Alttestamentl. Abh. I⁴).

Heinze, R.: Vergils epische Technik (Leipz.² 1908).

Hersman, A. B.: Studies in Greek allegorical interpretation (Diss. Chicago 1906).

Heumann, J.: De epyllio Alexandrino (Diss. Leipz.-Königsee 1904).

Hey, O.: Der Traumglaube der Antike (Pr. Rg. München 1908).

Hirzel, R.: Der Dialog (Leipz. 1895).

— Untersuchungen zu Cicero's philosophischen Schriften (Leipz. 1877—1883).

Hölzer, V.: De poesi amatoria a Comicis Atticis exculta et ab elegiacis imitatione expressa (Diss. Marburg 1899).

Hofinger, F.: Euripides u. seine Sentenzen I. II. (Progr. G. Schweinfurt 1896 u. Landau 1899).

Jacobs, J.: De progymnasmaticorum studiis mythographicis (Diss. Marburg 1899).

Kann, S.: De iteratis apud poetas antiquae et medicae comoediae Atticae (Diss. Gießen 1909).

Kayser, J.: De veterum arte poetica quaest. (Diss. Leipz. 1906).

Kayser, W. C.: Historia critica tragicorum Graecorum (Göttingen 1845).

Keil, B.: Analecta Isocratea (Prag-Leipz. 1885).

Klemens Alex.: Stromata (Die griech. christl. Schriftsteller der ersten drei Jahrh. XIV. XV.) ed. O. Stählin (Leipz. 1906).

Knaack, G.: Callimachea (Progr. Marienstiftsg. Stettin 1887).

Koch, M.: Geschichte der deutschen Literatur (Leipz.⁵ 1903).

Köpke, E.: De hypomnematis Graecis. (Berlin Progr. Friedr. Werder-Gymn. 1842).

Kordt, A.: De Acusilao (Diss. Basel 1903).

Korn, O.: De publico Aeschyli, Sophoclis, Euripidis fabularum exemplo (Bonn 1863).

Küllenberg, R.: De imitatione Theognidea (Diss. Straßb. 1877).

Kyhnitzsch, E.: De contionibus, quas Cassius Dio historiae suae intexuit cum Thucydideis comparatis (Diss. Leipz. 1894).

Lehrs, K.: De Aristarchi studiis Homericis (Königsb. 1833).

—: Die Pindarscholien (Leipz. 1873).

—: Quaestiones epicae (Königsb. 1837).

Leo, Fr.: Die griechisch-römische Biographie nach ihrer literarischen Form (Leipz. 1902).

Lieberich, H.: Studien zu den Proömien in der griechischen und byzantinischen Geschichtschreibung (Pr. Rg. München 1898 u. 1899).

Liedloff, C.: De tempestatis, necyomanteae, inferorum descriptionibus, quae apud poetas Romanos I. p. Ch. saeculi leguntur (Diss. Leipz. 1884).

Lohan, E.: De librorum titulis apud classicos scriptores Graecos nobis occurrentibus (Diss. Marburg 1890).

Löwy, E: Inschriften griechischer Bildhauer (Leipz. 1885).

Ludwich, A.: Aristarchs homerische Textkritik nach den Fragmenten des Didymos (Leipz. 1884. 1885).

—: Die Homervulgata (Leipz. 1898).

—: De Joanne Philopono (Ind. lect. Königsb. 1888).

Maaß, E.: Aratea (Philol. Unters. 12) (Berl. 1892).

Mahaffy, J. P.: The Flinders Petrie Papyri (Dublin 1891).

Marx, F.: Griechische Märchen von dankbaren Tieren (Gießen 1885).

Mayerhoefer, F.: Über die Schlüsse der erhaltenen griechischen Tragödien (Diss. Erlangen 1908).

Meier, Mor. H. Ed.: Opuscula academica II. (Halle 1863).

Meineke, A.: Analecta Alexandrina (Berol. 1843).

—: Menandri et Philemonis reliquiae (Berl. 1823).

Melber, J.: Der Bericht des Dio Cassius über die gallischen Kriege Cäsars. (Progr. Maxg. München 1891).

Menk, A.: De Anthologiae Palatinae epigramm. sepulcr. (Diss. Marburg 1884).

Meyer, W.: Anfang u. Ursprung der lateinischen u. griechischen rhythmischen Dichtung (München 1885).

Misch, G.: Geschichte d. Autobiographie (I Leipz. 1907).

Müller, E.: Geschichte der Theorie der Kunst bei den Alten (Breslau 1834 bis 1837).

Nassal, Frz.: Ästhetisch-rhetorische Beziehungen zwischen Dionysius von Halikarnaß u. Cicero (Diss. Tübingen 1910).

Nauck, Aug.: Aristophanis Byzantïi grammatici Alexandrini fragmenta (Halle 1848).

Navarre, O.: Essai sur la rhétorique Grecque avant Aristote (Par. 1900).

Nitzsch, G. W.: Die Sagenpoesie der Griechen (Braunschw. 1852).

Norden, E.: Die antike Kunstprosa (Leipz. 1898).

—: Aeneis VI. (Leipz. 1903).

Ofenloch, E.: Caecilii Calactini fragmenta (Leipz. 1907).

Ouvré, H.: Les formes littéraires de la pensée Grecque (Par. 1900).

The Oxyrhinchos Papyri, VII ed. by
A. S. Hunt (Lond. 1910).

Panzer, F.: Das althochdeutsche Epos
(Halle 1903).

Peter, H.: Die geschichtliche Literatur
über die römische Kaiserzeit bis Theo-
dosius I. u. ihre Quellen. II (Leipz. 1897).

Pfudel, E.: Die Wiederholungen bei
Homer (Progr. Ritterak. Liegnitz 1891).

Piton, O.: Die typischen Beispiele aus
der römischen Geschichte bei den be-
deutenderen römischen Schriftstellern
Progr. G. Schweinf. 1906).

Poehlmann, R.: Sokrates und sein
Volk (Leipz. 1899).

Reich, H.: Der Mimus (Berl. 1903).

Reichel, G.: Quaestiones progymnas-
maticae (Diss. Leipz. 1909).

Reitzenstein, R.: Hellenistische Wundererzählungen (Leipz. 1906).

Riedner, G.: Äußerungen der römischen
Dichter über ihre Begabung, ihren
Beruf u. ihre Werke (Pr. Nürnberg
NG. 1903).

Rohde, E.: Der griechische Roman u.
seine Vorläufer (Leipz.² 1900).

—: Psyche I³. (Leipz.-Tübingen 1903).

Röhricht, Aug.: Quaestiones scaenicae
ex prologis Terentianis petitae (Diss.
Straßb. 1885).

Rothe, C.: Die Bedeutung der Wiederholungen für die homerische Frage
(Festschr. d. frz. G. Berlin 1890).

Rutherford, W. G.: A Chapter in the
History of annotation (schol. Aristoph.
III) (Lond. 1896).

Sadée, L.: De Dionysii Halicarnassen-
sis scriptis rhetoricis quaestiones criticae (Diss. Straßb. 1878).

Scheck, Ad.: De fontibus Clementis
Al. (Progr. G. St. Stephan Augsburg
1889).

Scherrans, W.: De poetarum comicorum Atticorum studiis Homericis
(Diss. Königsberg 1893).

Schmekel, A.: Die Philosophie der
mittleren Stoa in ihrem geschichtlichen
Zusammenhange dargestellt (Berlin
1892).

Schmid, Cölestin: Homerische Studien
(Progr., G. Weiden 1908 u. 1909).

Schmid, W.: Über den Zusammenhang
u. die kulturgeschichtliche Bedeutung

der griech. Renaissance in d. Römer-
zeit (Leipz. 1898).

—: Der Attizismus in s. Hauptvertretern
von Dionysius von Halikarnaß bis auf
den 2. Philostratus (Stuttgart 1887).

Schmidt, L.: Die Ethik der alten
Griechen (Berlin 1882).

Schöb, A.: Velleius Paterculus u. seine
literarhistorischen Abschnitte (Diss.
Tübingen 1908).

Schopenhauer, A.: Sämtl. Werke,
hrsgeg. von E. Grisebach (Leipz.
Reclam (1892)).

Schröder, F.: De iteratis apud tragicos Graecos (Diss. philol. Argentor.
sel. 6, 1882).

Schürer, E.: Geschichte des jüdischen
Volkes (Leipz.³ 1898).

Seippel, R.: De veterum scriptorum
Graecorum ratione auctores laudandi
(Diss. Greifsw. 1903).

Sievers, G. R.: Das Leben des Liba-
nius (Berl. 1868).

Sittl, K.: Die Wiederholungen in der
Odyssee (Preisschrift. München 1882).

Sitzler, J.: Theognidis reliquiae (Heidelberg 1880).

Spengel, L.: Συναγωγὴ τεχνῶν (Stuttg.
1828).

Spielhagen, F.: Beiträge zur Theorie
u. Technik des Romans (Berl. 1883).

Staesche, Tr.: De Demetrio Ixione
grammatico (Diss. Hal. 1883).

Steinmann, H.: De artis poeticae ve-
teris parte quae est περὶ ἠϑῶν (Diss.
Götting. 1907).

Stemplinger, E.: Das Fortleben der
horazischen Lyrik (Leipz. 1906).

Stengel, Jul.: De ratione, quae inter
carminum epicorum prooemia et hymnicam Graecorum poesin intercedere
videatur (Diss. Breslau 1908).

Striller, Fr.: De Stoicorum studiis
rhetoricis (Bresl. philol. Abhdlg. I 2
1886).

Sudhaus, S.: Philodemi vol. rhet. suppl.
(Lips. 1895).

Süß, W.: Ethos (Leipz. 1910).

Susemihl, F.: Die genetische Entwicklung der platonischen Philosophie
(Leipz. 1855—60).

—: Aristoteles über die Dichtkunst
(Griechisch u. Deutsch Leipz.² 1874).

Susemihl, F.: Geschichte der griech. Literatur der Alexandrinerzeit (Leipz. 1891. 1892).

Talvj, C.: Versuch einer geschichtlichen Kritik der Volkslieder (Leipz. 1840).

Teufer, J.: De Homero in apophthegmatis usurpato (Diss. Lips. 1890).

Töpffer, Joh.: Attische Genealogie (Berl. 1889).

Trüber, H.: De hymno in Venerem Homerico (Diss. philol. Halenses XV 2).

Ullrich, F.: Das literarische Gastmahl von Aristoteles bis Methodios (Pr. NG. Würzb. 1909).

Usener, H.: Epicurea (Leipz. 1887 = Anastatischer Neudruck 1908).

—; Dionysii Halic. librorum de imitatione reliquiae epistulaeque criticae duae (Bonn 1889).

Valckenaer, L. C.: Diatribe de Aristobulo (ed. Luzac 1806).

Volkmann, R.: Die Rhetorik der Griechen u. Römer (Leipz.² 1885).

Wachsmuth, C.: Einleitung in das Studium der alten Geschichte (Leipz. 1895).

—: Sillographorum Graecorum reliquiae (corpusc. poesis epicae graec. ludib. f. II) (Lips.² 1885).

Wagner, E. A.: Die Erdbeschreibung des Timosthenes v. Rh. (Diss. Leipz. 1888).

Walter, J.: Die Geschichte der Ästhetik im Altertum (Leipz. 1893).

Wartensleben, G. von: Begriff der griechischen Chreia und Beiträge zur Geschichte ihrer Form (Heidelberg 1901).

Wegehaupt, J.: De Dione Chrysostomo Xenophontis sectatore (Diss. Götting. 1896).

Weichert, V.; Demetrii et Libanii qui feruntur τύποι ἐπιστολικοί (Diss. Leipz. 1910).

Weißenberger, B.: Die Sprache Plutarchs von Chaeronea u. die pseudoplutarchischen Schriften (Pr. G. Straubing 1895. 1896).

Welcker, F. Th.: Theognidis reliquiae (Francof. 1826).

Wendland, P.: Die hellenistisch-römische Kultur in ihren Beziehungen zu Judentum u. Christentum (Tübingen 1907).

—: Anaximenes von Lampsakos (Berlin 1905).

Wernicke, C.: De Pausaniae periegetae studiis Herodoteis (Berl. 1884).

Westermann, A.: Βιογράφοι. Vitarum scriptores Graec. min. (Brunsv. 1845).

—: Quaestiones Demosthenicae (Lips. 1834).

Weyh, W.: Die Akrostichis in der byzantinischen Kanonesdichtung (Diss. München 1907 = Byz. Ztschr. 17).

Wilamowitz, Ulr. von: Antigonos von Karystos (Ph. U. 4. Berl. 1881)

—, Euripides Herakles (Berl.² 1895).

Wilisch, E.: Über die Fragmente des Epikers Eumelos (Progr. G. Zittau 1875).

Witte, C.: Quaestiones tragicae (Diss. Breslau 1908).

Wolf, Eug.: Sentenz und Reflexion bei Sophokles (Leipz. 1910).

Wunderer, C.: Polybiosforschungen II (Leipz. 1901).

Zeller, E.: Philosophie der Griechen in drei Teilen (Leipzig⁴ 1876—1903).

Zeuthen, H. G.: Die Lehre von den Kegelschnitten im Altertum (Kopenhagen 1886).

Ziebarth, Er.: Aus dem griechischen Schulwesen (Leipz. 1909).

SACHVERZEICHNIS.

Druck von B. G. Teubner in Leipzig